미디어와 공론정치

정치평론이란 무엇인가?

미디어와 공론정치

정치평론이란 무엇인가?

(사) 한국정치평론학회 편

인간사랑

미디어와 공론정치

정치평론이란 무엇인가?

C O N T E N T S

| 목 차 |

서 문

이 저술은 한국언론진흥재단의 지원을 받아 수행한 "미디어와 공론정치 : 정치평론이란 무엇인가?"에 대한 연구의 결과물입니다. 이 연구과제는 2010년에 하반기에 시작하였지만 그 주제는 (사)한국정치평론학회의 구성원들이 오랫동안 고민해 왔던 것입니다. 정치평론의 정신과 미디어의 역할에 대한 이론뿐 아니라 그 실천을 두루 섭렵하기 위해서 본 연구팀은 3개의 큰 범주를 설정하였습니다. 제1부에서는 정치평론과 이론, 제2부에서는 정치평론과 한국, 제3부에서는 정치평론과 세계의 주제를 다룸으로써 미디어와 정치평론의 상관관계 등을 언론사적 · 정치적 관점에서 종합적이고도 체계적으로 다루고자 했습니다.

주지하다시피 민주주의의 발원지는 고대 그리스의 도시국가인 아테네였습니다. 함께 모여 공론을 형성하는 광장이었던 아고라(agora)에서 아테네 시민들은 지배나 강제가 없는 완전한 정치적 자유와 평등을 향유했으며, 언어를 통한 논쟁과 설득에 의해 공적 현안들을 다루곤 했습니다. 그리고 이 과정에서 보다 나은 의견이 공론으로 승화되어 정치적 결정으로 채택되고 집행되었던 이른바 공론의 정치는 아테네 직접 민주정치의 핵심 요체였습니다. 그런 아테네의 민주정치는 오늘날을 살아가는 우리에게도 희구의 대상으로 남아 있습니다. 현대의 신문 방송 등의 저널리즘 매체인 미디어는 종종 현대판 아고라 내지 공론영역으로 간주됩니다. 특히 정치평론가는 곧잘 고대 아테네의 시민에 비견되곤 합니다. 현실정치에서 직접 행위하고 활동하는 정치가와는 달리 정치평론가는 주어진 역사의 특정한 정치현실에서 발생하는 문제점을 비판하면서 그 대안을 찾아내고, 이러한 자신의 의견을 다른 사람들에게 전달함으로써 그들과 소통하여 공감이나 합의를 이끌어내고 이를 공론으로 승화시켜내는 데 주력하는 사람입니다.

이러한 맥락에서 현대 민주주의 사회에서 정치평론이 수행하는 역할과 기능 등은 아무리 강조해도 지나치다고 할 수 없을 것입니다. 이 책의 전반부에서는 고대 아테네의 직접 민주정치와 소통 그리고 언어의 차원들을 중심으로 정치평론에 대해 이론적으로 분석했으며, 이를 바탕으로 제2부에서는 조선 시대부터 현대 한국에 이르기까지 정치평론의 정신을 발휘한 인물이나 그 시대를 정치평론의 입장에서 조망하고자 노력한 글을 담았으며, 마지막으로는 앞서 민주주의를 이끌었던 서구와 일본에서의 정치평론의 정신을 고찰하고자 하였습니다. 부디 이 책에 실린 내용들이 정치평론의 정신과 역할 그리고 그 역사적 변화와 발전 등을 이해하는 데 도움이 되었으면 합니다.

마지막으로 이 책에 실린 논문들의 필진들에게 깊은 감사의 말씀을 드리고자 합니다. 이 분들의 노력이 없었다면 아마도 이 책은 세상의 빛을 보지 못했을 것입니다. 나아가 무엇보다도 이 절실한 연구를 단행본으로 엮을 수 있게 재정적 지원을 해주신 한국언론진흥재단에 감사드립니다. 그리고 이 책의 중요성을 인식하고 출판을 맡아준 인간사랑 출판사의 여국동 사장님과 편집부 직원들에게도 감사의 마음을 전해드립니다.

2011년 8월 31일

(사)한국정치평론학회

회장 **문 창 극**(중앙일보)

01

정치평론과 이론

공적 영역으로서의 저널리즘에 관한 사유

임상원(고려대)

한나 아렌트(H. Arendt)는 고대 그리스의 도시국가 아테네에서 가장 이상적인 공공영역(public sphere)을 발견한다. 이곳에서 시민들은 완전한 정치적 평등을 향유했다. 지배나 강제는 부재하며 정치적 관계는 오직 말과 설득을 통해 이루어졌다. 의회든 아고라(agora)에서든 시민은 말 그대로 자유를 향유한다. 공공영역에서 시민은 동료 시민들에 의해 인정을 받고 그들과 논쟁하고 그들을 설득하며 정치적 결정에 참여하는 자유를 누렸다. 아테네 정치의 요체는 아렌트에 의하면 끊임없는 공적 담론의 정치였다. 정치적이 된다는 것, 도시국가에서 산다는 것, 그것은 모든 것이 말과 설득을 통해 이루어진다는 것이다. 말, 바로 말 그것이 의미를 낳고 그리고 모든 시민들의 중심적인 관심사는 상호간의 대화를 통해 해결되었다.

오늘 21세기에 와서도 우리는 이런 아고라와 공공영역을 희구한다. 현대의 민주주의자들은 신문·방송매체를 현대판 아고라와 공공영역으로, 그리고 저널리스트는 시민의 대리인(代理人)으로 자칭하고 간주한다. 시민 6, 7만의 고대 아테네에서 일대일의 면대면(面對面) 대화로 이루어지던 직접민주주의가 현대 국가에서는 불가능해졌다. 고대 아테네의 공공영역 혹은 아고라는 불가능한 것이 된 것이다. 그래서 대신 저널리즘 매체가 아고라로, 저널리스트가 시민으로 나타나게 된 것이다. 그러나 아고라는 아고라이고 저널리스트는 저널리스트이다. 아고라와 대중매체, 시민과 저널리스트는 다른 것들이다. 물론 개념적으로는 같을 수 있다. 그리하여 우리는 신문·방송이 아고라이고 저널리스트는 고대 아테네의 시민이라고 생각하고 그렇게 주장하곤 한다.

그러나 과연 그런가? 이런 질문에 앞서 우리는 이 점을 상기해 볼 필요가 있다. 고대 아테네의 아고라도 완전한 것은 아니었다는 사실을 말이다. 아고라가 있었지만 소크라테스(Socrates)는 독배를 마시고 죽었다. 사실 소크라테스는 아고라와 그곳에서의 대화에 대해 비판적이었고 그 속에서 재판을 받았다.

소크라테스가 아테네 시민에게 호소한 것은 정치적 토론과 판단은 사고(thought) 또는 도덕적 성찰을 대신할 수 없다는 급진적 개인주의의 주장이었다. 다시 말하면 사고와 성찰은 '아고라' 혹은 공공영역에서 토론에 의해 성취될 수 있는 것이 아니라는 것이다. 이 점에서 그는 아테네 최고의 민주주의 정치지도자 페리클레스(Pericles)와는 대척점에 서 있다. 페리클레스가 그의 1차 펠리폰네소스 전쟁 후 전몰병사를 추모하는 그 유명한 연설(the Funeral Oration)에 담겨 있는 공중(public)이라는 가치에 대해 소크라테스는 개인(private)의 자기 심문(self-examination)을 호소했다는 점에서 그렇다는 것이다. 소크라테스의 주장은 그의 『변론』에서 누누이 나오는 것처럼 자신의 영혼(psyche)을 돌보라는 것이다. 이를 위해서 그는 개인이 자신만의 사적인 영역에 머물 것을 주장한다. 소크라테스에게 무엇보다 중요한 것은 단독자로서의 개인이다. 적극적인 시민 그리고 정치적 연설 속에서 묻혀 사는 일상성으로부터 벗어나 자기 삶을 객관화하면서 보라는 것이 그의 충고이다. 소크라테스는 관습이나 다수 의견에 지배받지 않는 시민들의 윤리적 감각을 계발하려고 하였다.

여기서 우리는 아고라와 공공영역의 한계를 읽고 그것들이 원래가 억압적이라는 것을 확인하게 된다. 신문 · 방송과 같은 공론장은 그런 의미에서 본래적으로 억압적이다. 이런 의미에서의 억압은 치유불가능한 질병이다. 권력의 망으로 덮혀 있다는 어느 현대 철학자의 말은 그런 의미에서 맞다. 그러나 그런 권력의 망이 제거될 것으로 기대하지 말라는 또 다른 현대 철학자의 말도 맞는 말이라고 나는 생각한다. 앞의 철학자는 푸코(M. Foucault)이고 뒤의 철학자는 로티(R. Rorty)이다.

아마도 저널리즘 분야에서 이런 아고라와 공중에 대해 가장 강렬한 회의론을 제기한 인사 중 하나로 나는 리프만(W. Lippmann)을 생각한다. 잘 알려진 것처럼 리프만은 그의 저서 『여론』(*Public Opinion*)에서 여론이라는 것은 전쟁을 해야 할 때는 전쟁을 반대하고 전쟁을 하다가 이를 끝내야 할 때도 반대한다고 하면서 여론의 부조리와 변덕스러움을 비판하고 있다. 그러면서 그는 『환영의 공중』(*Phantom Public*)이란 저서에서는 한 걸음 더 나아가 공중(public)은 '환영'이라고 말한다. 실체가 아니라 유령이라는 것이다. 리프만의 이런 생각을 극단적으로 끌고 가면 아고라는 유령들이 유희하고 유령이 만들어지는 놀이터라는 말이 된다. 소크라테스가 아테네 시민에게 아고라에서 정치적 연설에 혼을 빼앗기고 날뛰는 공중의 하나가 아니라 자기 심문에 철저한 회의적인 개인이 될 것을 충고했다면 리프만은 전문가로서의 저널리스트, 즉 엘리트 저널리즘을 주장했다는 점에서 두 철학자 사이에는 공유하는 점이 상당히 깊은 곳까지 미치고 있다고 할 수 있다.

그러나 내가 제기하고 싶은 문제는 이런 이론적인 것이 아니라 현실적이고 구체적인 우리들의 지금 문제이다. 그러면서 다시 생각하게 되는 것은 시민들이 모두 자유롭고 평등하며 말과 설득만이 넘쳐 흐르는 아렌트의 공공영역, 소크라테스의 회의적이지만 양심적인 개인주의, 리프만의 전문적이고 엘리트적인 저널리즘 이런 것들이 우리 저널리즘 혹은 공론장의 당면 문제와 얼마만큼의 연관성을 가질 수 있는가 하는 것이다. 쉽게 말해 이들이 문제 해결을 위한 어느 정도의 도움을 주는 답이 될 수 있는가 하는 것이다.

우리가 당면한 문제를 말하자면 수없이 많다. 그 중에는 추상적인 것도 있고 구체적인 것도 있다. 하나씩만 이야기해 보자. 먼저 다소 추상적인 것으로 기술이 저널리즘에 강제하고 있는 정체성의 변화이다. 새로운 기술은 매체의 수와 종류를 거의 무한에 가깝도록 확대시키고 있다. 동시에 매체들 간의 통합을 낳으면서 복잡성을 증대시키고 있다. 이러한 기술은 전통적인 저널리즘 그리고 저널리스트의 의미를 바꾸고 있다. 이른바 정체성의 변화를 낳고 있는 것이다. 뿐만 아니라 저널리즘과 저널리스트들의 작업대상도 변화시키고 있다. 전통적으로 저널리즘은 사실(fact) 혹은 실체(reality)를 다루었다. 뉴스는 사실과 동일한 것으로 간주되었고, 저널리스트는 사실에 충실하는 것이 기본이다. 그러나 기술은 실체와 허구, 원본과 모사 간의 구분을 의미 없게 만들었다. 실체가 허구이고 허구가 실체인 세상이 되었다. 저널리즘의 실체란 무엇인가를 다시 생각해야 하게끔 되었다.

신문이나 방송의 뉴스와 광고 사이의 영역 구분도 사라지고 있다. 이 이야기를 길게 설명할 수는 없지만 이와 같은 추세 혹은 변화는 단순히 윤리적 차원의 문제로 간주할 수 없게 되었다. 니체(Nietzsche)식 선악(善惡)의 저편의 문제가 되어가고 있다. 나는 이를 반(反)저널리즘 현상으로 부르고 싶은데, 이런 반(反)저널리즘 현상—전통적 의미의—이 급속히 확산되고 있는 것이다.

전통적으로 저널리즘은 제도적으로 다른 사회제도로부터 독립적이라는 신화를 갖고 있었다. 그러나 지금은 달라졌고 또 점점 더 달라지고 있다. 자본, 기술, 저널리즘, 권력은 모두가 하나의 먹이사슬이 되었다. 그래서 서로 물고 물리면서 어느 것이 어느 것에 예속되었다고 할 수 없게 되었다. 서로가 서로에게 예속되었고 또 예속시키고 있다. 서로가 서로를 생산하고 소비하고 있다는 말이다.

이런 현상을 일상에서 경험하면서 우리가 묻게 되는 질문은 이런 것이다. 이것이 현실이다. 그런데 그렇다고 해서 무엇이 문제인가, 왜 문제인가? 그리고 그것이 진정 문제라면 우리는 어떤 대안을 추구해야 하고 희망할 수 있는가? 아렌트의 정치적 우애가 깊은 공공영역과 같은 공론장, 소크라테스의 공적 영역에서 벗어난 회의적이고 양심적인 개인, 리프만의 엘리트 저널리즘이 과연 노스탤지어가 아니라 현실적인 대안이 될 수 있는가? 이들이 이론으로서는 의미가 있지만 현실적으로는 그렇게 도움이 못 되는 것 같다. 아니면 대단히 제한적인 의미를 가질 뿐이라고 생각되기도 한다. 그런 이유에서일 것이다. 요즘의 언론 연구자들이나 평론가들은 대부분이 야전의 소총수 같다. 작고 구체적인 표적을 대상으로 소총을 쏘는 일과 같은 것을 논의의 대상으로 삼는다. 발등에 떨어진

붙이나 끄자는 것이다. 거시적이거나 관념적인 문제에는 관심을 두지 않는다. 그런 것이 어떻다는 것이냐 하는 식으로 말이다. 하루하루 살아가는 일이 급하다는 식으로 말이다. 거시적이고 관념적인 이론 당위적인 주장은 헛소리이고 정치적 선동으로 들릴 뿐이다. 사실 그렇지 않다고 할 수도 없다.

여기서 나는 눈을 좀 돌려 다른 문제를 이야기하려고 한다. 그것은 소위 공적 영역에 대한 우리의 편견 혹은 순진하다고밖에 할 수 없는 애정(?)에 관한 것이다. 이것은 공적 영역에 대한 과도한 이론화 혹은 이성화, 그리고 아폴론화라고 할 수 있는 것이다. 공적 영역은 아렌트의 말대로 다원성의 영역이고, 그렇다면 관용이란 덕목은 불가피한 것이다. 그러나 우리는 쉽게 이를 잊곤 한다. 소크라테스나 칸트 혹은 헤겔까지도 그들의 철학에는 이들 가치들이 녹아 있다고 해야 한다. 소크라테스의 경우도 그의 비정치적인 삶에 정치가 녹아 있고 그의 개인의 사적 삶도 폴리스라는 공동체의 삶 속에서 산 것처럼 말이다.

어떻게 공적 영역을 양심과 이성의 마당으로 만들 수 있는가 하는 문제는 고전적인 문제이다. 인간과 시민이 하나가 되어 같이 춤추는 광장을 희망해도 되는가 하는 문제도 마찬가지이다. 이런 고민은 정치철학자들도 많이 했지만 저널리스트들도 암묵적이지만 많이 한다. 어떤 의미에서는 저널리스트들이 정치철학자들보다 더 이 문제에 더 매달려 있는 것 같다. 너무 단순화하는 것이지만 아마도 그 이유는 저널리즘이 우리들의 구체적인 삶에 뿌리를 두고 있고 과학적인 이론화의 압력을 덜 받기 때문이라고 할 수도 있다.

소위 휴먼 인터레스트(human interest) 기사라는 것은 시민보다는 인간에 기울어진 것이다. 저널리즘의 연성기사를 좋게 보면 이렇게 볼 수 있을 것이다. 저널리즘의 연성화는 이 시대의 징후이다. 뉴스 매체는 대부분의 지면과 시간을 놀이(Ludens) 기사로 채우고 있다. 오래 전 심리학자 출신 커뮤니케이션 학자인 스티븐슨(William Stevenson)은 뉴스의 놀이적 성격을 이론화한 일이 있다. 그의 이론은 호이징하(Johan Huizinga)의 유희적 인간(Homo Ludens)에 의존한 것이다. 놀이란 현실(reality)이 아닌 환상(fantasy)을 의미한다. 스티븐슨이 이야기한 것은 인간의 삶에는 생산과 함께 놀이도 있다는 것이다. 근대 이래 인류의 화두는 생산이었다. 그래서 놀이도 생산이 되어 힘든 일이 되었다.

공적 영역을 논의하는 자리에서 놀이를 거론하는 것은 근대의 지성에게는 불편한 일일 수 있다. 왜냐하면 우리의 전통적 이해는 공적 영역은 쉬고 유희하는 곳이 아니라 엄숙하고 경건한, 그리고 일하는 곳이기 때문이다. 그러나 고대 그리스의 경우 공적 영역은 제의를 지내는 곳이기도 하다. 그리스 3대 비극 작가의 하나인 소포클레스는 『안티고네』에서 신에 대한 인간의 죄와 오염을 정화하는 제의과정을 보여준다. 공적 영역은 이렇게 씻어내는 장소였다. 디오니소스 축제도 바로 이런 제의였다. 요컨대 공적 영역은 놀이의 장소도 된다는 말이다. 물론 이것은 고대의 이야기이다. 근대나 현대에는 그렇지 않다.

그러나 현대에도 놀이적 성격을 갖고 있는 공적 영역이 있다. 그것은 저널리즘이다. 저널리즘은 공적 영역이다. 아렌트에 따르면, 다시 말하지만 공적 영역의 본성은 공개성과 다원성이다. 저널리즘은 이런 측면에서 전형적인 공적 영역이다. 이렇게 공적 영역이지만 저널리즘의 디오니소스적인 경향성은 결코 무시할 수 없다.

언론철학자 메릴(J. Merrill)은 저널리스트의 경향성을 아폴로적인 것과 디오니소스적인 것으로 이분화하면서 전자는 이성(reason), 후자는 감성(emotion)으로 말한다. 디오니소스는 니체의 『비극의 탄생』에 나오는 주신(酒神)으로 그것은 감성, 신비, 자유, 직관, 비합리성, 그리고 일종의 암흑을 상징한다. 반면 아폴로는 이성, 미, 질서, 지혜, 개인성, 실용주의, 빛을 상징한다. 저널리즘의 이와 같은 디오니소스적 성격은 오래 전 뉴저널리즘이란 이름으로 유행했던 시절도 있었다. 이런 디오니소스적 경향성은 요즘의 포스트모던 경향성과 어느 정도는 조화로운 것으로 받아들여지기도 한다.

정치분야의 공적 영역 혹은 공론장 논의는 저널리즘에서보다는 보다 아폴로적인 것으로 보인다. 좋게 말하자면 이론적이다. 사회과학 분야 가운데서도 가장 행동과학이나 이성주의와 거리를 두고 있는 정치학의 경우도 그렇다.

이제는 구체적인 문제를 언급하자. 현재 우리 저널리즘이 당면하고 있는 아주 부끄러운 문제의 하나인데 매체와 기자의 부패문제이다. 이 문제는 최근 어느 중견 언론인들의 모임에서 나온 이야기이기도 한데 그 내용은 이렇다. 현재 한국에는 기자의 수가 약 5만 명에 이른다. 그 가운데 그래도 다소 수준급 기자라고 할 수 있는 기자협회에 등록된 인원이 8천 명 가량 된다. 그런데 이들의 환경이 대단히 열악하다. 5만 명 가운데 대부분이 지방지 기자의 경우 월급 받는 기자들은 거의 없다. 각자 알아서 출입처이든 아니면 이권 부서에서 생계비를 스스로 마련한다. 예를 들면 인구 1백만 정도의 비교적 큰 규모의 지방도시이지만 신문이 10개가 넘는 경우도 있다. 이곳 사정도 마찬가지이다. 사실 이 문제는 언론자유를 가장 위협할 수 있는 문제이다. 또 나는 한참 전 지방의 한 국립대 교수로부터 이런 이야기를 들은 적이 있다. "저널리즘 교육을 하면서 졸업 후 신문사에 취직한 제자를 보고 참으로 죄의식을 느끼곤 한다. 그가 하는 일은 거의 신문을 강매하거나 이권을 챙기는 일이어서 기자인지 브로커인지 모른다. 어떻게 학생들에게 저널리즘 교육을 하고 저널리스트가 되라는 말을 할 수 있는가."

서울의 경우도 근본적으론 다르지 않다. 메이저 신문이라고 하는 전국지 몇 곳을 제외하곤 중견 기자 월급이 1백만 원 정도인 경우가 적지 않다. 기본 생계비에도 훨씬 못 미치는 수준이다. 문제는 지금 우리 한국 저널리즘 세계에 사이비 기자, 무급 기자, 저임금 기자들이 셀 수 없이 많아졌다는 것이다. 방송이라고 신문과 크게 다른 것 같지는 않다. 기본 생활이 안 되는데 기자에게 저널리즘의 본분이 어떻고 기자 윤리가 어떻고 하는 것은 아무런 의미가 없다. 이것이 현실이다. 그래서 1980년대 5공 시절 나왔던 프레스카드 문제가 다시 거론되고도 있는 것이다. 5공 때의 불행한 언론 통폐합을 낳은 구실이었던 구조적 문제가 재발하고 있는 것이다. 강제로 언론사를 정리하는 그런 식의 일은 지금은 불가능한데 어떻게 해야 하는가 참으로 막막한 일이다.

이것이 부패의 한 축이라면 다른 부패도 있다. 그것도 역시 돈문제이다. 공론장, 즉 매체수가 많아지니 매체들은 서로 경쟁을 한다. 저마다 관중이 모이는 공연을 해야 한다. 그래야 광고가 붙고 돈이 들어오기 때문이다. 그래서 요즘 TV에서 보는 것처럼 시청률은 최고 선(善)이다. 돈 되는 프로그램, 즉 시청률이 높은 것은 무엇이든 무대에 올린다. 된 것 안 된 것 가릴 것 없이 말이다. 사실 뒤집어 보면 매체가 돈 버는 경쟁을 해야 하는 것은 당연한 것처럼 보인다. 왜냐하면 돈 벌지 못하면 시청률 높은 프로그램을 만들 수도 없고, 그렇게 되면 경쟁에서 뒤처져서 생존해 가기 어렵기 때문이다. 돈을 많이 주지 않으면 인기 있는 연예인을 쓸 수 없고 신문의 경우 취재도 불가능하고 좋은 글을 받지도 못한다.

이야기가 다소 거칠어지고 투박해졌다. 현실적인 모습을 그대로 이야기하자니 그럴 수밖에 없었다. 나는 이런 현실을 어떤 이름을 부쳐 명명(命名)하는, 그러면서 정명(?)이 어쩌고 저쩌고 하는 식의 진단과 구호는 허언이고 수사일 뿐이라고 생각한다. 흔히 지식인은 우리의 역사적 상황에 대한 이론적 이해를 필요로 한다든가, 미래가 어떻게 전개될 것인가 하는 문제에 대한 사회이론 및 모든 것을 모든 것과 통합하는 전략이 필요하다는 생각을 주장하곤 하는데 나는 이에 대해 회의적이다. 요즘의 학문적 도덕가와 사회이론가들은 모든 것을 하나의 정교한 패키지로 묶어낸 후 정책을 기획한다. 그러나 이러한 기획은 통상 의도했던 결과로 이어지지 않는다. 한 곳에서 문제 해결이 한 종류의 고통을 제거하더라도 다른 곳에서의 다른 종류의 고통은 증대시킨다. 모든 사회적 정책은 예견하지 못한 부작용을 낳는다. 하나의 정책이 다른 정책을 방해하지 않게 할 수 있다는 생각은 망상이다. 공론장의 문제가 아마도 그런 것일 것이다.

나는 공론장과 기자의 부패문제를 지적하면서 우리가 이를 완전히 정화할 수 있다는 생각을 갖고서 한 말은 아니다. 단지 이 부분, 즉 부패가 심해졌다. 더구나 소위 공적 영역으로서의 공론장을 정화해서 살려야 한다는 구호를 업고 역설적으로 악을 심화시키고 있다는 것을 지적하고 싶었다. 그래서 이러한 고통을 조심스럽게 축소하려 하고 개선해 가려는 겸허한 소망을 가져야 한다는 뜻에서 말이다. 또 정치평론이란 이런 고통을 해소하기 위한 목적을 갖고 있는 것이 아닌가 하는 생각에서 말이다. 또 아렌트의 공공영역, 소크라테스의 도덕적 저널리스트, 리프만의 엘리트 저널리즘은 목표나 방법 혹은 지식으로서가 아니라 우리에게 삶의 지혜로서 교훈을 안겨줄 수 있다는 뜻에서 길게 말했다.

말과 정치

김홍우(서울대)

(1)

인간사회는 원래 구두로 말을 주고받음으로써 형성된 것으로서 아리스토텔레스의 『정치학』은 이를 잘 밝혀주고 있다. 그러나 우리는 너무나도 문자 위주로 사물을 생각하는 데에 익숙해 왔기 때문에 의사소통이나 사고하는 데 있어 구술로 하는 말이 인간세계의 근저를 떠받치고 있다는 사실을 종종 망각한다.

구술어의 중요성은 정치학의 경우 더욱 절실한 문제라고 생각한다. 구술적 말하기에 대한 이해 없이 '의회'와 '심의민주주의' 또는 '정치' 그 자체의 의미를 이해하는 데는 한계가 있다. 실제로 정치나 정치적 행동은 말을 매개하지 않고서 직접적으로 인식하는 것은 불가능하다. 이런 이유에서 아렌트(H. Arendt)는 정치가 침묵의 행동이 아닌 말하는 행동을 통해서 전개된다는 점을 누누이 강조한다.

구슬언어를 도외시한 오늘날의 정치학과 그와 마찬가지로 사회과학은 오직 저자의 목소리를 통해서만 대상의 소리를 듣도록 우리를 강제한다. 이것은 마치 변사의 목소리를 통해서만 작중인물들의 목소리를 들을 수 있었던 "무성영화 시대"를 방불케 한다. 반면 돈 아이디(Don Ihde)의 『소리의 현상학』(예전사, 2006, pp. 261-414)은 대상의 소리를 직접 들을 때 생겨나는 놀라운 '생동감'(生動感)에 대해 다음과 같이 기술한다.

> … 나는 생전 처음으로 파리에 있는 노트르담 성당에 가본 적이 있다. 성당 안의 공허한 느낌과 높고 둥근 천장이며 어두운 실내 분위기는 외경스러우면서도 어떤 불멸의 역사성을 증언해 주고 있었다. 그 성당은 오랜 과거의 문명을 회상시켜 주는 유령적 존재였고, 실내의 소리 없는 벽들은 무수한 관광객들이 발 옮기는 소리에만 잔잔히 반향하고 있었다. 그런데 그 후 내가 그곳을 다시 찾아갔을 때에는 성가대가 대미사곡을 부르고 있었다. 그러자 먼젓번에는 소리 없던 벽들이 갑자기 울리고 되울리면서 노랫소리가 성당 안을 가득 채웠다. 성당의 영혼이 되살아났고 지나간 시대의 소리 없는 성경말씀이 예배의 순간에 다시 살아 돌아오고 있었다. 바로 그곳에서 시각과 음향의 짝지어진 '지역들'이 극적인 풍요성 속에서 '종합' 되고 있었다(p. 123).

시각은 '대상화'(objectify)시키는 반면 소리는 '인격화'(personify)시킨다. '페르소나'(persona)라는 말은 원래 '소리를 통한'(per-sona) 또는 '소리에 의한'을 의미했다. 음성이 없으면 '소리를 통한 인격'(per-sona)이 뒤로 물러나며 그곳에는 '비인격화'(de-personalization)의 가능성이 들어서게 된다. 각 사물의 음성은 그 사물의 '품성'(稟性, per-sona)에 관한 그 무엇을 말해준다. [특히 사람의] 음성 속에는 개인의 역사와 상황에 관한 그 무엇이 포함되어 있다. 말할 때 나는 살아 있는 언어 속에서 나의 출신과 처지에 관한 그 무엇을 나도 모르게 드러낸다. 기독교의 신은 말씀 가운데서 스스로를 현전시키는 음성의 신이다(pp. 49, 63, 345, 347, 347, 289, 393-397). 이런 점에서 요한복음의 '태초의 말씀'은 '페르소나' 중의 '페르소나' 또는 '소리' 중의 '소리'라 할 수 있다. 필자는 '사고'(thinking)와 정신은 이와 같은 '소리'로서의 말에 깃드는 것이지 '텍스트'나 '문자'에 깃드는 것이 아니라고 본다.

바흐친(Mikhail Bakhtin, 1895-1975) 역시 사고하는 인간 의식은 '말', 즉 '구술어'의 자유로운 행위 속에서만 포착가능하다고 말한 바 있다 : "인간의 사고는 타인의 목소리에서, 즉 타인의 말로 표현된 의식에서 구현된 타인의 사고와 살아 있는 접촉을 할 때만이 비로소 진정한 사고가 되는 것이다." 이런 점에서 그는 '사고'를 개인적 의식이 아니라 의식들 사이의 대화적 교류이며 두 개 혹은 몇 개의 의식이 대화적으로 만나는 점에서 연출되고 있는 살아 있는 사건"(『도스또예프스키 시학』, p. 129)이라고 본다.

아울러 사마천의 『사기』에 나오는 다음의 구절도 깊이 명심할 필요가 있다. 그는 '말'이 인간의 구체적 삶인 먹고 입는 문제와도 직결되어 있음을 다음과 같이 밝히고 있다.

> 民之有口也, 猶土之有山川也,
>
> (민지유구야, 유토지유산천야)
>
> 財用於是乎出, 猶其有原隰衍沃野,

(재용어시호출, 유기유원습연옥야)

衣食於是乎生, 口之宣言也,

(의식어시호생, 구지선언야)

善敗於是乎興. 行善而備敗,

(선패어시호흥. 행선이비패)

所以産財用衣食者也.

(소이산재용의식자야)

백성들에게 입(口)이 있는 것은 대지에 산천이 있어서,

여기서 재물이 나오는 것과 같다. 또한 대지에 평야, 습지, 옥토가 있어서,

입을 것과 먹을 것이 여기에서 나오는 것과 같다. 백성들이 마음껏 말하도록 하면,

정치를 잘하고 못함이 여기에서 반영되어 나오는 것이다. 좋은 일을 행하고, 잘못된 일은 보완해 나가면,

이것이 바로 입고 먹는 데 부족함이 없도록 재물을 생산하는 까닭이라 할 것이다.

『史記』, 「周本紀」 "厲王"편에 나오는 召公의 말)

여기서 사마천은 공동체(polis)의 토대는, 보다 정확하게 말해서 공동체(polis)의 '경제' 적 토대는 '말' 에 있음을 분명히 하고 있다.

(2)

이상에서 필자는 정치에 있어서 구술어의 중요성에 대해 살펴보았다. 필자는 한 걸음 더 나아가 국가를 건강하게 하는 말하기에 대해 언급하고자 한다. 이를 위해 3가지 서로 다른 '말하기'를 구분할 필요가 있다. 하나는 '따라서 말하기' (speak after)이고, 다른 하나는 '대항해서 말하기" (speak against)이며, 세 번째는 '대해서 말하기' (speak to)이다. 이 중 국가를 건강하게 만드는 '말하기'는 '대해서 말하기'와 깊은 관계가 있다.

'대해서 말하기'는 '따라서 말하기'와 구분되는 한편 '대항해서 말하기'와도 구분되는 제3의 '말하기'라고 생각된다. 여기서 특히 강조하지 않을 수 없는 것은 '대해서 말하기'가 종종 '대항해서 말하기'로 오해되고 있다는 것과 이것은 대단히 '치명적 오해'라는 점이다.[1] 필자의 생각을 다시 말한다면, '대항해서 말하기'는 "대해서 말하기'라는 과녁을 지나쳐버린 '일탈적' 말하기라고 한다면, '따라서 말하기'는 아직 과녁의 지점까지 도달하지 못한 '미숙한' 말하기라는 것이다.

우리 인류 역사상에는 '대해서 말하기'의 본을 보여준 세 사람의 위대한 인물이 있다. 한 사람은 『성서』(*the Bible*)에 나오는 '아브라함'이고, 다른 한 사람은 『서경』(書經)에 나오는 '이윤' (伊尹)이며, 세 번째 예는 미국 건국 초기의 대법원장(The Chief Justice) 존 마샬(John Marshall)을 들 수 있다.

*Leading Up*이라는 책의 저자이며 펜 대학(Penn University)에서 현재 경영학을 강의하는 마이클 유심(Michael Useem) 교수는 아브라함을 신과 논쟁하여 승리를 거둔 최초의 인간으로 평가한다. 유심 교수는 이 점을

소돔과 고모라에 관한 이야기에서 밝혀낸다.

아브라함은 신이 소돔과 고모라를 멸망시킬 계획임을 알게 되었다. 아브라함은 이 사실 때문에 몹시 괴로워했다. 마침내 그는 신에 비하면 먼지보다도 못한 존재이지만 신의 계획에 대해서 직접 물어보기로 결심했다. ("Let me take it upon myself to the Lord") 그는 조심스럽게 신에게 물었다 : "그 도시에 올바른 사람이 50명 있다 해도 그곳을 쓸어 없애시겠습니까?" 그러자 신은 의외로 부드럽게 말씀하였다 : "내가 소돔에서 50명이라도 올바른 자들을 찾아낸다면 그들 때문에라도 도시 전체를 용서할 것이다." 계속해서 아브라함은 "의인 45명이라면?" "40명이라면?" "30명이라면?" "20명이라면?" "그리고 10명이라면 어떻게 하시겠는가?"라고 물었다. 아브라함은 "신의 인내심이 거의 한계에 이르지" 않을까 하는 두려움에도 불구하고 힘을 내어 신의 계획에 대해서 물었고, 전지전능하신 신은 놀랍게도 아브라함의 말을 경청했고 또 당신의 계획까지도 수정했다는 것이다.

여기서 유심은 이렇게 말한다 : "신의 언명이 광대한 차원에서 보면 항상 정당하지만 인간의 차원에서 보면 정당하지 못할 때가 가끔 있다"는 것이다. "따라서 선지자는 신이 결정적인 현실 체크(crucial reality check)를 할 수 있도록 돕는다"는 것이다. 이것이 바로 고대 이스라엘의 선지자들이 수행했던—때로는 목숨을 걸고 수행했던—중재의 역할이었다는 것이다. 여기서 유심은 신과 인간을 중재하는 선지자란 단순히 신의 말을 충실히 전달하고 따르기만 하는 데 그치지 않고 신에 '대해서 말하기'를 감행하는 자라는 것이며, 10인(人) 의인화(義人話)는 바로 그러한 말하기의 대표적 예라는 것이다.

두 번째 예로는 고대 중국 '은' 나라의 재상 이윤(伊尹)을 들 수 있다.

탕(湯)왕의 뒤를 이은 태갑(太甲)왕은 즉위 초부터 전(前) 왕의 신망을 받았던 재상 이윤의 말을 따르지 않고 제멋대로 행동했다. 이윤은 두 차례에 걸쳐 태갑에게 선왕(先王)의 도를 따라 다스릴 것을 간하였으나 그는 이를 받아들이지 않았다. 여기서 우리는 먼저 두 번씩이나 같은 말을 반복했다는 것이, 그것도 특히 찬성이 아닌 반대일 경우 현실적으로 결코 쉽지 않다는 점을 염두에 둘 필요가 있다. 세 번째에 이르러 마침내 이윤은 돌아간 선왕, 탕의 능 가까이에 궁을 세워 왕을 여기에 연금시키고 왕권을 정지시키는 등 동서고금의 역사를 통해서 그 유례를 찾아보기 어려운 초강수의 조치를 단행했다. 그 후 왕은 마음을 비우고 돌이키게 되었고, 이윤은 왕권이 정지된 지 3년이 끝나는 해에 태갑을 다시 왕으로 모셔들이는 복권의 예를 올리게 되었다. 이윤은 그의 호 아형(阿衡)이 잘 말해주듯이 아첨과 회유, 향응과 위해(危害) 등 온갖 왜곡수단이 난무하는 정치세계의 중심부에서 과감한 '대해서 말하기'를 수행함으로써 정치의 건강을 회복시켰다는 점에서 아무리 높이 평가해도 부족한 위대한 인물이라 할 수 있다.

세 번째 예는 마베리 대 메디슨(Marbury v. Madison) 사건의 주심을 맡은 존 마샬 미 대법원장이다. 그의 판결이 나올(1803) 당시의 미국은 독립혁명 이후 무엇이든지 영국적인 것에 대해서는 강한 적개심을 나타내고 있었고, 이러한 흐름을 타고 프랑스 법이 크게 환영을 받던 시기였다. 로스코 파운드(Roscoe Pound)는 그의 저서 『코먼로의 정신』(*The Spirit of the Common Law*, New Brunswick : Transaction Publishers, 1999)에서 이러한 분위기를 다음과 같이 전해준다.

> 독립혁명 이후 일반 공중은 영국과 모든 영국적인 것에 대하여 극도

로 적의를 가졌기 때문에 보통법도 영국에 기원하는 것이라는 비난을 면치 못했다. 재판관들과 입법자들도 대체로 이와 같은 일반적 감정에 영향을 받았으나 그에 대하여 항거할 만큼 잘 훈련된 법조인들은 없었다. 필라델피아(1787년 미연방 헌법 초안을 작성하기 위해 모인 대륙 연방회의-필자주)에는 다수의 위대한 법률가들이 있었고, 전국 여러 곳에도 좋은 법률가들이 없었던 것은 아니었다. 그러나 법조계의 대부분은 독립전쟁의 군대 또는 대륙회의의 의사당에서 온 사람들이었으며, 이들은 그간의 경험을 통해 보통법에 대해 나쁜 감정을 가졌으며 또 종종 이에 대해 무지했다. 따라서 영국의 법전문가들의 견해를 진지하게 검토하는 것에 대해 분노를 느끼고, 또 그들의 무지를 애국심을 과시함으로 감추려고 노력한 것은 당연했다. 더군다나 거대한 영향력 있는 정당이 열성적으로 불란서 법의 계수를 지지하는 쪽으로 기울어졌다. 「재판소의 의견 가운데서 영국 판례의 인용은 급진주의자들을 격분시켰다. 이와 같은 선례들이란 전제주의의 걸레조각에 불과하며, 그 판결을 내린 재판관들은 폭군이요, 아부자들이요, 인민의 압제자요 자유의 적이었다.」 … 이러한 관념의 영향으로 뉴저지·펜실베니아 및 켄터키 주에서는 영국 판례의 인용을 금지하는 입법을 하였다. 뉴햄프셔에도 그러한 인용을 금지하는 규칙이 있었고, 그 이외의 주에서도 자신의 면전에서 인용된 영국 판례의 권위에 대해 욕설을 퍼붓는 판사가 한둘이 아니었다(pp. 116-117, R. 파운드 저/김증한 역, 『영미법의 정신』, 민중서관, 1956, pp. 118-119 참조).

그러나 마샬은 이러한 편견을 극복하고 영국 보통법의 전통을 지켜냈을 뿐만 아니라, 그 당시 가장 강력한 정치세력이었던 제퍼슨 대통령과 그를 둘러싼 혁명적 공화주의자들(the Republicans)의 정치 우위적 담론에 대해서 법 우위의 담론을 과감하게 펼침으로써 종국적으로는 '위헌심사제' (the Judicial Review)라는 새로운 전통을 확립하는 데 기폭제 역할을 담당했던 인물이었다.

(3)

필자는 '대해서 말하기' 가 비단 정치공동체의 '건강' 뿐만 아니라 학문공동체의 건강을 위해서도 필요한 '말하기' 의 패러다임이라고 본다.

'따라서 말하기' 에 의해 우리는 예를 들면 '힘' 또는 '사회세력' 으로서의 '정치학' 을 발전시킬 수 있다. 그러나 정치학이 갖고 있는 고유한 내적인 힘, 다시 말하면 'insight' 와 일찍이 슈츠(Alfred Schutz)가 말한 바 있는 '지식자원' (stock of knowledge)은 이러한 말하기로서는 충분히 발현될 수 없으며, 이를 위해서는 다른 유형의 말하기가 요구된다. 그것은 다름 아닌 '대해서 말하기' 라고 생각한다. 이와 같은 주장은 다른 영역에서도 마찬가지로 통용될 수 있다.

'따라서 말하기' 가 지배하는 한 '힘으로서의 경제학', '힘으로서의 사회학', '힘으로서의 법학' 은 혹 발전할 수 있을지 모른다. 그러나 '경제학' 의, '사회학' 의, '법학' 의 영역 깊숙이에 침전되어 있는 insight와 '지식자원' 들, 그리고 그것들이 갖고 있는 엄청난 에너지는 이와 같은 '말하기' 만으로는 각성될 수도 촉발될 수도 없다. 그것은 자유롭고 활기찬 '대해서 말하기' 에 의해서만 되살아날 수 있다고 본다.

(4)

community는 만들어지는 세계가 아니다. 그것은 자라나는 세계이다. 서구의 대학과 우리나라의 대학 간에는 태생적 차이가 존재한다. 서구의 대학은 '자라난' (grown up) 공동체인 데 반해 우리나라의 대학은 대부분이 '만들어진' (made up) 조직체이다. community는 communication을 통해서 자라나는 세계이다. 그것은 함께 말하면서 함께 자라나고 함께 나이먹는 공동세계이다. community는 명령을 통해서 만들어지는 organization과는 다른 속성을 갖고 있다. organization은 도구적이고 법적인 속성이 강한 집단임에 반해서 community는 목적적이고 정신적인 집단이다. 명령, 즉 order는 질서, 즉 order를 만들어낸다. 그리고 그러한 질서는 또한 '부'—아담 스미스(Adam Smith)가 말한 'Wealth'—의 증대를 가져올 수도 있다. 그러나 그것은 '풍부함' (riches)을 만들어낼 수는 없다. 왜냐하면 '풍부함'이란 다양하고 다성악적(polyphonic)인 'communications' 속에서만 자라나고 꽃피울 수 있기 때문이다.

(5)

이제 필자는 세 가지 점을 되풀이해 강조함으로써 이 글을 끝맺고자 한다.

첫째로, 우리는 communication을 회복하고 community를 복원시켜야 한다. 그러나 communication의 회복은 '대해서 말하기'라는 좁은 통로를 통과하지 않고서는 결국 겉도는 얘기로 끝날 수밖에 없다.

둘째로, '따라서 말하기' 만으로는 다양한 사회적 영역에 감추어져 있는 보물들, 다시 말하면 insight들을 자극하고, 발굴하고, 활성화하고, 성장시킬 수 없다.

셋째로, 각 사회영역에 숨어 있는 insight와 '지식자원' 들이 그동안의 길고 긴 동면에서 깨어나 환희의 소리를 지르고 합창의 찬가를 부르면서 활기를 띠게 될 때 이와 더불어 새로운 정치가 출현한다고 본다. 이러한 정치를 필자는 '정치의 힘', 즉 'power of politics' 라고 불러본다. 이것은 지금까지 우리가 경험했고 익숙했던 '힘의 정치', 즉 'power politics' 와는 질적으로 다른 새롭고도 놀라운 정치라 할 수 있다.

주

1. 이와 관련하여 한 정치학자의 말을 인용해 본다.
한국 사회에는 도처에 회의가 많다. 회의에 끌려다니느라 일할 시간도 없다는 불평이 터져나올 정도이다. 한편 회의를 그렇게 많이 하는데도 사람들 사이에 소통이 증진되고 오해가 줄어드는 것 같지는 않다. 회의가 효율적이지 못해 대개 쓸데없이 시간을 잡아먹고, 그러면서도 막상 중요한 쟁점에 관해서는 기탄없는 토론이 이뤄지지 않기 때문이다. 심지어 회의를 통해 이견이 해소되기보다는 오히려 싸움이 커지는 경우도 대단히 많다.
나는 토론이 생산적으로 이뤄지지 않는 발본적인 원인은 한국인들이 같은 편끼리 속마음을 공유하는 데에는 익숙하지만, 차이나 반대 혹은 비판을 곧 적대감으로 과잉해석하고 자기 보호본능을 조급하게 드러내기 때문이라고 본다(박동천, 『깨어 있는 시민을 위한 정치학 특강』, 모티브북, 2010, p. 371).

정치평론에서의 lexis와 logos[*1)]

이동수 (경희대)

1. 서론

필자는 예전의 한 논문에서 정치세계를 구성하는 정치적 인간(political man)을 세 종류로 나누어 설명한 바 있다.[2)] 정치행동가(political actor), 정치사상가(political thinker), 정치평론가(political critic)가 그것이다. 먼저 정치행동가란 정치세계의 현장에서 자신의 정치적 신념을 직접 행동으로 옮기며 적극적으로 구체적인 현실을 움직여 나가는 사람을 일컫는다. 이 가운데 공직을 담당하거나 공적으로 책임 있는 역할을 하는 사람을 정치가(statesman)라 부른다. 둘째, 정치사상가는 끊임없이 정치의 이념과 사상을 천착함으로써 보편적인 정치 일반(politics in general)에 대해 고민하는 사람이다. 그는 정치현실로부터 어느 정도 거리를 두고 자신이 생각하는 정치 일반에 비추어 정치세계를 바라보고 평가한다. 셋째, 정치평론가는 이 두 부류의 중간쯤에 있는 사람이다. 그는 정치행동가와 같이 직접적인 정치행위를 하지는 않지만 현실정치에 몸담고 있으며, 정치사상가처럼 고상한 정치 일반에 대한 지적인 탐구를 하지는 않지만 현실정치에 대해 말하고 대화하며 비판하는 사람을 가리킨다.

아렌트(Hannah Arendt)의 주장처럼 정치세계가 행위(deed)와 말(word)로 구성되어 있다고 볼 때[3] 정치행동가란 직접적인 행위를 통해 정치세계에서 활동하는 사람을 지칭하며, 정치사상가와 정치평론가는 주로 말로써 정치세계와 관계하는 사람을 의미한다. 물론 정치행동가도 말을 사용한다. 하지만 그는 본시 말보다 실천적 행동을 더 중요시하기 때문에 그의 말은 수단적 성격을 지니고 있다. 즉 정치행동가의 말은 자신의 목적을 달성하기 위해 동원하는 일종의 수사적(rhetoric) 말이다. 이런 말은 대개 연설이나 선언형식으로 나타나며, 이 말이 지향하는 궁극적 목표는 청자(聽者)들로 하여금 그 말을 믿고 따르도록 하는 것이다.

반면 정치사상가와 정치평론가는 무엇보다도 말을 통해 정치세계와 관계한다. 하지만 정치사상가가 사용하는 말과 정치평론가가 사용하는 말은 그 종류에 있어서 다르다. 정치사상가는 보편적인 이념과 사상을 추적하기 때문에 무엇보다도 logos로서의 말을 사용한다. 이 logos로서의 말은 진리추구적 · 논리적이라는 점에서 철학적 언어이며 episteme(진리 혹은 진리적 지식)[4]를 지향한다. 하지만 그렇기 때문에 그 말은 현실세계와 동떨어진 경우가 많으며, 말의 논리적 정합성은 있을지 모르지만 그 말이 그 상황에 적합한 말인지는 의문이다. 그런 점에서 정치사상가의 말은 비록 그것이 옳다 하더라도 당대의 정치세계에서는 받아들여지지 않는 경우가 많으며, 그 대신 후세에 윤리적 지침으로 작동한다.

이에 비해 정치평론가의 말은 어느 특정한 정치현실 속에서 화자가 다른 사람들에게 자신의 의견을 알려 서로 소통하며, 사회적으로 공분과 공론을 불러일으키고 정치현실을 비판하면서 대안을 찾고자 하는 데 사용된다. 이러한 언어는 보편적인 진리를 추구하거나 episteme적이라기보다는 화자(話者)의 개인적·주관적 의견(subjective opinion)을 표명하는 것으로서 doxa적이며, 무엇보다도 이야기로서의 말, 즉 lexis적 성격을 지닌다. 여기서 lexis로서의 말은 언어(language)의 정합성이나 논리성에 입각한 말이 아니라, 당시의 고유한 상황에 대하여 화자가 자신의 주관적 경험이나 의견을 포함시켜 타자와 소통하기 위해 실제적으로 이야기하는 말이다. 그런 점에서 정치평론가의 말은 보편성(universality)이 아니라 고유성(uniqueness)을 갖는다.

그러나 lexis적 정치평론이 화자의 주관적 의견에만 머무르지 않고 다른 사람들에게 말해지고 그것이 다른 사람들과 소통하여 하나의 공동세계(common world)를 구성하는 역할을 한다면 그 말은 청자들에게 그 의견에 대한 공감이나 합의를 이끌어내게 된다. 그리고 이러한 공감이나 합의는 lexis로서의 말에 logos적 차원을 부여한다. 왜냐하면 하버마스(Jürgen Habermas)의 주장처럼 logos적 차원이 없다면 그 말에 대한 공동이해나 합의가 이루어지지 않으며, 언어의 본질적 목적은 바로 이해와 합의에 있기 때문이다.[5] 그리고 이러한 이해와 합의가 없다면 개인의 주관적 의견이 공적인 의견, 즉 공론(public opinion)으로 승화되지는 않을 것이다. 이러한 말의 logos적 차원을 하버마스는 의사소통적 이성(communicative reason)이라 부른다.

정치평론은 정치행동과 정치사상의 중간지점에 있다고 볼 수 있다. 정치사상이 말의 진리를 지향하고 정치행동이 권력을 추구한다고 할 때 정치평론은 '말의 권력화'를 추구한다. 하지만 이것보다 더 우리가 주목해야 할 것은 정치평론에서 사용되는 권력화의 말이 갖는 이중적 성격이다. 위에서 지적한 바와 같이 정치평론의 말은 언어의 lexis와 logos적 측면을 모두 갖고 있으며, 또 이 경우에만 정치평론의 역할을 온전히 수행할 수 있다. 이런 점에서 정치평론은 자신의 위상을 정립하기가 매우 힘들다. 그리고 현실의 정치평론들은 이러한 이중성에 직면하여 lexis로서의 말에 그치거나 logos로서의 말에 국한시키는 경향이 있다. 혹은 정치평론에서의 logos를 정치사상에서의 logos로 착각하는 경우도 더러 있다.

이 글은 정치평론에서 사용되는 말이 lexis적 차원과 logos적 차원을 동시에 지니고 있어야 훌륭한 정치평론이 될 수 있다는 주장을 전개하고자 한다. 이를 위해 먼저 아렌트의 lexis로서의 말에 대해 알아보고, 하버마스가 말하는 상호 이해와 합의로서의 logos적 차원을 살펴본 후 이 두 차원이 서로 어떻게 연관되는지에 대해 논하고자 한다. 또 이러한 이론적 틀에 비추어 오늘날 우리 사회에서 행해지고 있는 정치평론에 대한 평론적인 입장을 표명해 보고자 한다.

2. 아렌트에 있어서 말의 lexis 차원

아렌트는 정치를 경제와 구분한다. 사사로운 사적 영역(private realm)에서 자신의 생존과 생활을 영위하기 위해 수행하는 경제활동과 달리, 정치란 시민들이 공적 영역(public realm)에서 자신을 드러내어 타인과 소통하면서 공동체를 형성하고 그 속에서 행위(action)를 통해 불멸성

(immortality)을 획득하고자 하는 활동이다. 이러한 정치적 활동은 말(lexis)과 행동(praxis)으로 구성된다.

정치평론과 관련하여 우리가 주목해야 할 것은 바로 말로 행하는 정치활동의 측면이다. 말이 중요한 정치적 행위인 이유는 그것이 단지 의사소통이나 정보교환을 위한 수단적 도구이기 때문이 아니라, 말을 통해 시민들이 자신의 개성을 드러내고 그 개성들이 인간의 조건인 다원성(plurality)을 이루며 세계를 구성함으로써 결국 인간을 공동체적 존재로 만들어 가기 때문이다.[6]

특히 아렌트는 정치적 말의 목적이 설득하는(to persuade, peithein) 데 있다고 본다. 정치적이라는 것은 폴리스라는 공동체를 구성하여 거기서 타인들과 함께 산다는 것이고, 이를 위해서는 폭력의 사용을 피하고 말로 설득하는 것이 필요하기 때문이다. 고대 그리스인들이 자신을 야만인과 구분하면서 사용했던 기준은 바로 정치적 문제를 강압(compulsion)에 의해서가 아니라 말, 즉 설득(persuasion)을 통해 해결하고자 하는 태도였다. 또 설득의 여신인 페이토(Peitho)의 신전이 아테네에 있었다는 사실도 설득의 정치적 중요성을 잘 나타내 준다. 요컨대 고대 그리스인들은 설득을 가장 높고 진정으로 정치적인 기술로 간주했던 것이다.

설득은 화자가 말을 통해 자신의 의견을 제시하고 주장하는 것을 의미한다. 그러나 이때 주의해야 할 점은 이 말이 지나치게 개인의 자의적인 말이라거나 혹은 반대로 절대적인 진리추구적인 말이어서는 안 된다는 점이다. 그리스어로 의견(doxa)이란 "나에게 드러나는 것"(dokei moi : what appears to me)을 말로 나타내는 것을 의미한다. 즉 의견이란 "나에게 열려지는 것 그 자체로서의 세계를 이해"[7]하는 것이다. 뿐만 아니라 의견이란 진리(episteme)와 같이 모두에게 절대적이고 타당한 것도 아니다. 왜냐하면 세계는 사람들에게 자신이 속한 위치에 따라 서로 다르게 열리기 때문이다. 그렇지만 이것이 자의적이지 않은 이유는 우리가 서로 다른 위치에 있음에도 불구하고 동일한 세계가 우리 모두에게 열리기 때문이다. 요컨대 의견이란 동일한 세계가 서로 다른 위치에 있는 화자를 통해 나타나는 것으로서, 이때 어떤 의견이 다른 의견과 차이가 나는 것은 그 의견을 말한 화자 자신의 개성이 스스로 드러나는 데서 비롯된다.

어느 의견이 제시될 때 사람들은 자신의 취향(taste)에 따라 쾌/불쾌를 나타내며 그것을 판단한다. 그런데 이 판단이 사적이고 주관적인 것은 아니다. 아렌트는 이 판단이 기본적으로 공통의 감각에 입각한 판단으로서 화자와 청자 사이에 의사소통이 이루어진 결과라고 본다. 즉 취향이라는 우리의 감각이 작용할 때에는 우리가 다른 사람과 공통적이라는 느낌에 바탕을 두고 "누구나 다 나와 같을 것"이라는 전제하에서 판단을 내리기 때문에 그 속에는 타인에 대한 고려가 간접적으로 개입되어 있다는 것이다.

아렌트는 이와 같이 판단의 기초가 되는 것, 즉 취향의 바탕을 이루는 것을 칸트를 좇아 공통감(sensus communis)이라고 부른다. 그것은 "우리로 하여금 공동체에 어울리게 해주는 … 고유의 감각"이라는 의미에서 공동체 감각(community sense)으로 해석되거나, 혹은 한 공동체의 구성원이 공유하고 있는 공동의 감각이라는 의미에서 공통감각(common sense)으로 해석될 수 있다. 아렌트는 바로 이 공통감이 판단을 하기 위해 의사소통하는 것을 가능케 해주는 근거가 되며, 이를 통해 인간은 의사소통 공동체의 일원이 된다고 본다.[8] 이런 점에서 어느 화자가 자신의 의견을 주장하고 청자가 그것을 청취하여 판단하는 동안에 그들 사이에는 공통감에 바탕한 의사소통적 공동체가 형성되는 것이다. 따라서 말을 하는 행위는 "고립 속에서는 결코 가능하지 않으며", 말을 하지 않고 "고립된다는 것은 행위능력을 박탈하는 것"[9]과 같다. 한 사람의 말은 타인과의 밀접한 연계망 속에서 존재하며, 그럼으로써 말은 가장 정치적인 행위인 것이다.

요약하면, 정치적 말의 목적은 자신의 의견을 주장하면서 설득하는 데 있으며, 이때 화자의 의견은 단순히 자의적이지 않고 비록 개별적 개성을 드러내는 행위이기는 하지만 공동세계를 바탕으로 하는 말이다. 또한 화자가 그 의견을 청취할 때에는 판단이라는 정신작용을 하는데, 이것은 자기 혼자만의 판단이 아니라 자신 외에도 발언한 화자나 다른 청자들과의 공통감 속에서 내리는 판단이다. 이와 같이 의견주장과 설득을 행하고 그에 대한 판단이 이루어지는 과정 속에서 화자와 청자는 모두 공동의 의사소통 공동체의 일원이 되며, 따라서 말은 가장 정치적인 행위이다. 고대 그리스에서는 이와 같이 말을 통한 의사소통적 행위가 인간의 정치적 삶의 특권으로 간주되었던 것이다.

그러나 플라톤 이후 의견과 설득은 더 이상 중시되지 않았다. 아렌트가 보기에 원래 플라톤의 스승인 소크라테스는 그리스적 전통 속에서 대화를 통하여 상대방을 설득하려는 태도를 견지하고 있었다. 그가 사용했던 산파술(maieutic)[10]은 사람들의 의견을 논파하는 것을 목적으로 삼은 것이 아니라, 그 의견의 진실성 속에서 진리적인 것이 드러나도록 하는 것을 의도했다. 즉 산파술이란 사람들의 의견을 향상시키고 더 진실되게 만드는 방법인 것이다. 따라서 철학자란 단순히 철학적 진리를 말하는 사람이 아니며, 또한 그 철학을 무기로 삼아 도시를 지배하려는 의도를 갖고 있는 사람도 아니다.[11]

하지만 플라톤은 자기 스승인 소크라테스가 아테네 법정에 피소되었을 때 산파술을 이용해 자신의 무죄를 입증하는 데 실패하는 것을 보고 의견과 설득에 대해 회의를 품기 시작했다. 플라톤은 소크라테스의 실수가 법정에서도 여전히 일대일 방식의 산파술로 대화를 시도했기 때문이라고 본다. 왜냐하면 이 방법으로는 다수의 재판관들을 동시에 설득시킬 수 없기 때문이다. 다수의 대중들에게 올바른 판단을 내리게 하기 위해서는 의견을 드러내어 설득하기보다는 어떤 절대적인 기준(absolute standard)을 내세워 아무도 반대하지 못하도록 만들어야 한다. 만일 인간사의 영역에 절대적인 기준을 도입하지 않는다면 모든 것은 상대적인 것이 되며, 따라서 소크라테스와 같이 진리를 말하더라도 결국 인간사회에 받아들여지지 않을 위험은 상존하기 마련이다.

그리하여 플라톤은 "사람들을 설득함으로써 일시적인 선(temporal good)을 추구하는 것이 아니라, 아예 사람들을 설득할 필요가 없는 영원한 진리"(eternal truth)[12]를 부과함으로써 철학자의 진리가 통하게 되고, 또 그것이 도시를 지배하게 되는 '진리의 전제정'(the tyranny of truth)을 기획하게 된다. 진리란 자명한(self-evident) 것이기 때문에 설득할 필요 없이 사람들을 정신적으로 강제할 수 있으며, 따라서 폭력이라는 외적 수단을 사용하지 않고도 설득(persuasion)이나 주장(argument)보다 훨씬 효과적으로 이성을 통한 강제에 도달할 수 있다. '진리의 전제정'은 한편으로 물리적인 폭력의 사용 없이, 또 다른 한편으로는 설득의 어려움 없이 도시를 지배하는 것을 의미한다.

진리를 탐구하는 철학은 경이(traumadzein), 즉 존재의 기적에 대한 놀라움에서 시작된다. 경이는 무엇을 응시하면서도 어떤 것도 보거나 들을 수 없는 완전한 부동의 상태에서 찾아오며, 이러한 놀라움은 말을 필요 없게 만든다. 즉 "경이에서 시작된 진리는 말문이 막히는 놀라움(speechless wonder)으로 끝난다."[13] 궁극적 진리란 말을 초월하는 것이다. 따라서 철학자는 다른 사람과의 대화를 불필요하다고 느낀다. 철학자의 경이에 대한 경험은 말을 통한 대화 속에서가 아니라 타인과의 절대적 분리 상태에서 나타난다. 따라서 철학자는 복수의 인간(men)이 아닌 단수로서의 인간(man in singular)으로 존재하며, 단수로서의 인간은 더 이상 대화를 필요로 하지 않는다.[14] 이러한 철학자의 경험은 말을 필요로 하는 정치영역으로부터 벗어난다.

그 결과 철학적 경험과 정치적 경험은 분리되고 "사유하는 인간과 행위하는 인간은 각자 다른 길을 걷게"[15] 된다. 그러므로 비록 철학에서 말을 사용하더라도 그것은 정치의 영역에서 사용하는 말과 다르다. 철학자가 사용하는 말은 사유 속에서 발견한 진리를 설파하고 전달하기 위한 수단으로서의 말이다. 정치행동가의 말이 자신의 정치적 목적을 달성하기 위한 수단으로 사용되는 반면, 철학자의 말은 객관적인 진리를 전파하기 위한 수단으로 사용된다. 이 두 경우에 공통적인 것은 말 그 자체가 목적이 아니라는 점이다. 이와 달리 정치적인 말은 그 자체가 목적으로서 공동의 세계를 구성하는 사람들 앞에서 자신에게 드러나는 세계를 의견으로 제시하는 말이며, 자신의 의견을 주장하고 설득하기 위해 다른 사람들과 공유하는 말이다.

진리란 사람들 '사이'(between)에 존재하는 것이 아니라 '위'(above)에 군림하면서 그 자체로 존재한다. 또한 진리는 모든 인간들에게 공통적으로 적용되는 척도로 부과되기 때문에 그들을 설득할 필요를 느끼지 않는다. 달리 말하면 그것은 타당성을 얻기 위해 의견의 지지를 받을 필요가 없는 것이다. 이런 점에서 진리는 비정치적(unpolitical)이다. "진리는 의견을 파괴하고 시민들의 고유한 정치적 실재를 파괴"[16]한다. 진리를 추구하는 대가는 의견을 억압하는 것이고, 따라서 의견의 다원성과 의사소통으로 이루어지는 정치세계는 멸망의 길을 걷게 된다.

뿐만 아니라 단수로 존재하는 철학자는 정치적 인간이 아니라 결국 지배자로 군림하게 된다. 원래 행위(action)는 그리스어 archein(beginning)과 prattein(achieving)에 어원을 두고 있는데, 여기에는 한 사람이 시작한다는 뜻과 다수가 참여하여 실행한다는 뜻이 결합되어 있다. 그러나 '진리의 전제정'을 추구했던 플라톤은 시작한다는 뜻과 실행한다는 뜻을 분리시키면서 시작을 지배로 연결시킨다. 즉 행위란 시작하는 자가 자신이 시작했던 일의 완전한 주인으로 머물면서 그것을 수행하기 위해 타인을 설득하거나 타인의 도움을 받을 필요 없이 그 일에 대한 지배권을 확보하여 타인들로 하여금 단지 그에 따르도록 만드는 것이다.

이에 근거하여 플라톤은 정치의 본질을 "시의의 적합성과 관련하여 가장 위대한 형태로 시작하고 지배하는 방법을 아는 것"[17]이라고 규정한다. 즉 정치란 진리를 아는 자가 그것에 기준하여 어떤 행위를 시작하고, 그 행위가 진리적인 것이기 때문에 그 사람은 그 행위가 실행되어 성취될 때까지 상황을 지배해야 한다는 것이다. 결국 진리로서의 정치는 지배를 강화하는 것이다. 이 지배는 비록 물리적 폭력(physical violence)과는 다른 형태이기는 하지만 강제(compulsion)를 부여함으로써 더 이상 말과 의견, 설득, 토론 등과 같은 정치적 행위를 못 하도록 방해한다. 그리하여 진리라는 강제성의 지배가 물리적 폭력을 대신하게 되는 것이다.

이러한 진리의 폭력과 달리 말을 통한 의견의 주장과 설득을 통한 의사소통 과정은 궁극적으로 사회의 진정한 권력을 형성하는 행위이다.[18] 아렌트는 정치적 지배양식으로서 권력(power, Macht)과 폭력(violence, Gewalt)을 구분한다. 여기서 폭력이란 집단의 목표를 실현하기 위해 어느 정치지도자(혹은 철학자)가 그것을 통해 규범적 결정에 도달하고 집행하는 것으로서 자원들을 조작하거나 강제하는 수단적 힘을 의미하며, 반면 권력이란 피지배자들이 의사소통 행위를 통해 동의하는 힘을 의미한다.

특히 아렌트는 권력을 한 사람의 소유물이거나 한 사람에 의해 발생되는 것으로 간주하는 대신, "사람들이 함께 행동할 때 발생하며 사람들이 흩어지는 순간 사라져 버리는"[19] 것으로서 다른 사람들과 공적 영역에서 함께 상호 행동할 때 발생한다고 본다. 또한 권력이란 "단순히 사람들이 행동하는 능력이 아니라 콘서트적으로(in concert) 행동하는 능력과 상응한다."[20] 이때 콘서트적이라는 것은 두 가지 의미를 내포한다. 먼저 콘서트를 연주하듯이 다양한 말과 의견이 어우러져 조화를 이룬다는 의미이며, 또한 콘서트적인 것은 혼자 연주하는 것보다 여러 소리가 조화롭게 합쳐져 더욱 강렬한 소리를 낸다는 뜻이다. 그리하여 콘서트적이라는 말은 모인 사람들이 각자 자신의 목소리를 내면서도 화합하고 또한 전체 공동체를 강하게 만드는 것을 지칭한다.

이러한 권력이 없다면 의견을 주장하고 설득하며 그에 대한 판단행위를 하면서 공동체를 구성하는 것은 불가능해진다. 폭력은 공동체를 강제로 유지시키는 힘이며, 권력은 말과 대화, 그리고 의사소통 과정을 통해 공동체를 형성하는 힘이다. 아렌트는 권력에 대해 다음과 같이 말한다.

> 먼저 정치공동체의 기저에 놓여 있다가 후에 그것을 죽이게 되는 것은 권력을 잃어버려서 궁극적으로 무기력해질 때이다. 권력은 폭력의 도구들처럼 저장되거나 위급한 때를 위해 미리 준비되어질 수 없다. 권력이 실현되지 않는 곳에서 권력은 사라지며, 역사는 아무리 물질적으로 풍요한 것이라도 이 권력의 상실을 보상해 줄 수 없다는 예들로 가득

차 있다 … 권력은 공적 영역을 유지하게 해주는 것이며, 행동하고 말하는 사람들 사이에서 모습을 드러낼 수 있는 잠재적 공간을 실존하게 해 주는 것이다.[21)]

그러나 아렌트에 의하면 역사는 권력으로 공동체를 형성하는 대신 폭력—물리적 폭력 혹은 진리적 폭력—을 통해 강제로 전체 사회를 통제해 온 과정이었다는 것을 보여준다. 앞서 살펴본 플라톤의 '진리의 전제정'이 그러한 시도였으며, 현대 사회의 전체주의적(totalitarian) 국가들—예컨대 나치주의 국가, 스탈린주의 국가—은 단순히 폭군에 의한 지배체제일 뿐만 아니라, 시민들을 탈정치화시켜 그들 상호간의 말과 의견이 출현하는 의사소통적 행위를 못 하게 하는 체제였다.

이러한 현상은 비단 전체주의적 국가에서만 발생하는 것이 아니라 모든 대중민주주의(mass democracy) 국가의 기저에서 발견된다. 대의민주주의나 정당제도 모두 지나치게 관료화된 공적인 행정체계, 정당, 이익집단들의 매개를 통해 이루어지고 있으며, 또한 개인의 사생활이나 사적인 삶을 강화시키고 확대시키는 방향으로 전개되고 있을 뿐이다. 현대 자유민주주의는 실제적으로 공적 영역을 축소시키고 개인들의 사적 삶만 강조함으로써 여전히 의사소통적 상호 행동의 가능성을 차단하고 있으며, 따라서 진정한 의미의 권력과 정치행위는 존재하지 않는다.

그런 점에서 정치평론에게 주어진 임무는 막중하다. 진정한 정치공동체를 구성하기 위해서는 물리적 폭력과 진리의 전제정을 넘어 구성원들로 하여금 자신의 의견을 말하고 설득하면서 의사소통할 수 있는 공론의 장을 제공하여 시민들이 자발적으로 '의사소통적 권력'(communicative power)[22)]을 형성하는 것이 필요하다. 이를 위해 lexis로서의 말을 통한 정치행위의 활성화, 즉 정치평론이 요구되는 것이다. 요컨대 아렌트적 의미의 정치평론이란 정치현상에 대해 주관적·개별적 의견을 말하고 그것을 공통감에 바탕하여 설득 및 판단을 통해 하나의 의사소통적 공동체를 형성하는 정치적 행위인 것이다.

3. 하버마스에 있어서 말의 logos 차원

앞절에서 우리는 정치적 말에 관한 아렌트의 논의에 대해 살펴보았다. 아렌트에 있어서 정치행위로서의 말은 진리추구적·철학적 말이 아니라 시민들이 화자의 입장에서 각자 자신의 의견을 드러내고 그것을 다른 사람들의 공통감에 호소하면서 설득하고, 다른 한편 청자로서는 공동세계 속에서 판단하는 행위를 수행함으로써 화자와 청자 모두 의사소통 공동체를 만들어 그 공동체를 물리적 폭력이나 진리적 폭력이 아닌 의사소통적 권력을 통해 구성하는 lexis적 말을 일컫는다.

그런데 '의견들의 다원성'(plurality of opinions)을 추구하는 의사소통적 행위와 콘서트적으로 행동함으로써 형성되는 권력을 통해 의사소통적 공동체가 형성된다손 치더라도 그 공동체가 유지되기 위해서는 어떤 정책을 결정하고 집행하는 일이 필요하다. 이때 정책결정과 그 집행이 자의적이거나 강제적인 것이 되지 않기 위해서는 의사소통적 공동체로부터 타당성을 인정받은 의견에 근거해야 하며, 따라서 의사소통 행위는 개인적 의견의 차원을 넘어서 합의(consensus)를 통한 공적 의견 혹은 공론(public opinion)의 수준에 도달할 것을 요구한다. 뿐만 아니라 다양한 의견들의 주장과 설득이 합의에 도달하기 위해서는 단순히 의견을 이해하는 것이 아니라 '상호 이해'라는 보다 높은 차원의 이해가 필요하다. 이것은 말의 보다 보편적인 속성과 구조를 전제해야 한다.

이런 점에서 정치적 행위로서의 말은 lexis적 속성뿐만 아니라 logos적 성격도 갖고 있어야 한다. 그러나 여기서 요구되는 logos는 앞에서 살펴본 플라톤적 의미의 logos, 즉 진리를 찾아 그것을 강제하는 경직된 logos가 아니라, 주관적 의견이 공적 의견으로 받아들여지기 위해 필요한 언어적 조건으로서의 logos이다.

이러한 logos를 의사소통적 logos라 할 수 있으며, 필자는 하버마스가 말하는 언어 속에 포함되어 있는 '의사소통적 이성'(communicative reason)이 이런 특성을 갖고 있다고 생각한다. 하버마스의 의사소통적 이성이란 우리가 사용하는 말이 소통되고 설득되기 위해서는 하나의 언어적 해석공동체가 공통의 이해에 도달하여 어느 주장을 타당한 것으로 수용할 수 있는가에 관계되는 이성으로서, 하나의 주관적 의견이 언어를 통해 타자들에게도 공적 의견으로 수용되는 보편적 조건을 규정하는 것과 관계된다. 이 절에서는 하버마스의 논의에서 정치적 말의 logos적 특성이라 할 수 있는 측면을 살펴보기로 한다.

먼저 하버마스는 말이 episteme적이기보다는 doxa적이라는 데 동의한다. 그러나 그는 의견을 말하는 것이 상호 이해되고 합의에 이르기 위해서는 구체적인 사실성(facticity)에 바탕을 둘 뿐만 아니라 타당성(validity)을 갖고 있어야 한다고 본다. 그런데 소위 진리적 언어에는 타당성은 있을지언정 사실성은 결여되어 있고, 말의 lexis적 속성은 사실성은 갖고 있을지언정 타당성을 담보해 주지는 않는다. 이와 달리 사실성과 타당성을 보유하고 있는 상호 이해와 합의를 위해서는 최소한의 말의 logos적 차원이 필요하며, 이것은 말하자면 앞서 살펴본 아렌트와 관련지어 생각해 볼 때 공통감각이 형성되는 logos적 조건과도 같은 것이다.

하버마스는 말의 사실성과 타당성을 동시에 확보하기 위해 화용론(pragmatics)의 입장에서 언어를 바라본다. 화용론이란 통사론(syntax)이나 의미론(semantics)과는 달리 언어뿐만 아니라 언어 사용자들을 변수로 도입하여 언어의 측면을 연구하는 방법이다. 그런데 하버마스가 보기에 단순한 경험화용론(empirical pragmatics)은 경험적이고 제한된 의사소통의 조건만 따지기 때문에 담론적 사회철학을 정초하는 데 한계가 있다. 이에 비해 보편화용론(universal pragmatics)은 가능한 모든 의사소통의 조건을 밝힘으로써 언어가 성공적으로 유통되는 데 필연적으로 요구되는 전제조건들을 해명할 수 있다.

이와 같은 보편화용론의 목적을 달성하기 위해 하버마스는 오스틴(J. L. Austin)과 서얼(J. Searle)의 언어행위이론(speech act theory)에 의존한다. 우선 서얼에 의하면 의사소통의 기본 단위는 상징이나 단어 또는 문장 자체가 아니라 언어행위를 하는 데 있어서의 상징, 단어, 문장의 생산 또는 발화이다. 달리 말하면 언어행위이론은 언어를 관찰할 때 우리가 어떤 것을 말함으로써 무엇인가 하게 된다는 점에 관심을 집중한다.

한편 오스틴은 언어행위를 발화행위(locutionary act), 발화수반 행위(illocutionary act), 발화효과 행위(perlocutionary act)로 구분한다. 이때 발화행위란 어떤 것을 말하는 것이 어떤 것을 행하는 것이라고 할 때 어떤 것을 말하는 행위를 일컬으며, 발화수반 행위란 말함으로써 화자와 청자 사이에 어떤 상호적인 인간관계가 성립되는 것을 말하고, 발화효과 행위란 화자가 행한 언어행위의 결과로 성취된 것을 의미한다. 그리고 말을 통해 화자와 청자가 어떤 인간관계로 진입해 들어가게 하는 힘을 발화수반력(illocutionary force)이라 부른다.

여기서 하버마스는 보편화용론의 핵심이 발화수반력에 있다고 본다. 즉 언어행위가 이해에 성공하느냐 아니면 실패하느냐는 발화수반력에 달려 있다는 것이다. 특히 언어행위가 성공하기 위해서는 "청자가 발화된 문장의 뜻을 이해할 뿐만 아니라 동시에 화자가 의도한 상호 관계 속에 진입"[23)]해야 하는 것이다.

이러한 언어행위가 가능하기 위해서는 보다 합리적인 의사소통 과정이 요청된다. 주지하다시피 하버마스는 이러한 의사소통 과정에서의 합리성을 이해가능성(understandability), 진리성(truth), 성실성(appropriateness), 정당성(rightfulness)이라는 '타당성 요구'(validity claims)로 설명한다. 요컨대 하버마스에 있어서 이해한다는 것은 단지 어느 언어적 표현에 대해 그 의미내용을 '이해'하는 것이 아니라, 그 의미가 보편적으로 수긍될 수 있도록 그것을 '상호 이해'의 수준에서 정당화하여 참된 의미로 확정하는 것을 뜻한다. 이런 점에서 언어는 단순히 하나의 주관적 의견을 자의적으로 청취하고 내 나름대로 이해하는 것을 넘어 적어도 청자와 화가가 그 발언된 말의 의미를 어떤 상호 합의된 것으로 받아들이는 logos적 차원이 개입되어 있다. 즉 말이 이해되고자 한다면 그것은 청자와 화자 간의 합의를 전제해야 한다는 것이다.

『사실성과 타당성』에서 하버마스는 언어철학의 논리를 따라 자신의 견해를 보다 구체적으로 설명한다. 그는 먼저 프레게(G. Frege)의 논지를 따라 '표상'(representation)과 '사상'(trhought)을 구분한다. 프레게에 의하면 표상이란 특수한 시간과 공간 속에서 표상주체에게만 귀속되는 언어행위이다. 이에 반해 사상은 개인적인 의식의 경계를 넘어 상이한 주체들이 상이한 시간과 장소에서도 동일하게 이해할 수 있는 언어의 측면을 가리킨다. 언어의 표상작용 속에서는 단지 대상(object)만 존재하지만 사태(a state of affairs)나 사실(fact)은 사상을 통하여 파악된다. 표상은 하나의 명사나 호칭, 지시어를 통해 개별적인 대상만 표현하지만 사상은 하나의 명제적 구조로서 사태나 사실을 재현해낼 수 있다. 따라서 언어의 사상적 측면은 개인적인 체험이나 의식과는 독립적으로 상이한 시간과 장소에서 동일한 의미를 가질 수 있다는 것을 함의한다. 이것은 또한 언어를 사용하는 사람들이 하나의 언어기호와 문법적 표현을 동일한 방식으로 사용하고 있다는 것을 전제한다.[24)]

그러나 하나의 사상이 진술 속에서 표현될 때에는 동일한 언어기호와 문법사용에 의한 개념과 의미의 일반성에 대한 가정 외에 또 하나의 언어적 차원으로서 그 사상의 진위 여부가 동시에 제기된다. 요컨대 문장으로 표현된 하나의 사상은 그것이 참된 것으로 인정될 때에만 타인들에게 수용될 수 있다. 즉 한 사상의 내용이 참일 때에만 그 사상은 보편적으로 수용될 수 있는 것이다. 하버마스는 이를 퍼스(C. S. Peirce)의 견해에 따라 '타당성' (validity)의 차원이라고 말한다.

하나의 예를 들어보자. 어느 화자가 "이 공은 붉다"라고 진술했다고 가정하자. 만일 이 진술을 단지 문법적인 규칙구조가 만들어내는 개념과 의미의 차원에서만 이해한다면 그것은 우리가 동일한 의미로 그 문장을 받아들이고 있음을 나타낼 뿐이다. 그러나 타당성의 차원에서 이 진술을 "공이라는 대상이 적어도 하나 있으며 그것이 붉다는 말이 타당하다"라는 말로 확장해 보면 이 진술은 전혀 다른 차원에서 이해된다. 즉 이 진술이 의미하는 바는 여기에 공이라는 대상이 '실재' 하며, 그것이 붉다는 것이 '사실' 임을 표현하는 것이다. 또 이 진술은 단언적(assertive) 언어행위의 차원에서는 "나는 공이라는 대상이 실제로 존재한다고 주장하고 있으며, 그것이 붉다는 것이 타당하다고 주장한다"라는 의미를 전달하고 있는 것이다. 그러므로 "이 공은 붉다"라는 진술은 단순히 의미론의 차원에서 제기되고 있는 것이 아니라 붉은 공이 실제로 존재한다는 진리주장을 그 속에 포함하고 있는 것이다.[25)]

따라서 타당성 차원에서는 참된 진술(true statement) 속에서만 실재하는 것이 드러나며, 이때 참이라는 말은 화자가 제시한 명제가 청자에게 참된 것으로 인정될 때에만 그 명제가 성립된다. 달리 말하면 화자의 주장을 청자가 합리적으로 수락했을 때 그것이 참이 된다는 것이다. 화자는 진술 속에서 청자에게 자신의 주장이 참임을, 즉 자신의 주장이 '타당함'을 제시하고 청자에게 왜 자신의 주장이 참인지에 대한 적절한 이유를 제시할 수 있어야 한다. 청자가 화자의 주장을 타당하다고 수용했을 때에만 그것은 참된 주장이 되는 것이다. 이러한 상호적인 타당성 요구 과정을 통하여 화자와 청자는 상호 주관적인(intersubjective) 합의에 이르게 되고, 그 결과 원래 갖고 있던 자신의 입장을 초월하여 합의된 보편적인 타당성을 획득할 수 있게 된다.

이와 같이 하버마스는 의사소통적 이성을 통해 서로 다른 의견을 가지고 있는 대화 상대자들이 상호적인 '타당성 요구' 과정을 통하여 규범적인 문제에 관해서도 합의에 이를 수 있다고 가정한다. 달리 말하면, 의사소통적 이성은 초월적인 진리를 가정하지 않으면서도 동시에 개인의 서로 다른 가치기준에서 나오는 주관적 의견을 넘어서 보편적으로 적용될 수 있는 말에 있어서의 규범에 대한 합의를 가능하게 해준다는 것이다. 따라서 말은 단순히 사실적 차원에서의 주관적인 견해 표시가 아니라 상호 주관적인 규범으로 받아들일 수 있는 공공적 상호 이해의 합의과정의 차원을 갖고 있으며, 이것이 바로 말의 logos적 차원인 것이다.

이러한 logos적 차원 때문에 말은 단순히 개인의 의견을 표시하는 단계에서 벗어나 공동의 합의된 의사로 상승할 수 있으며, 이렇게 사회적으로 합의된 의사를 체계화시킨 것이 바로 법이다. 따라서 주관적 의견을 공적 의견으로 만들고 그것을 계속 체계화의 틀 속에서 유지하기 위해서는 법을 제정하는 것이 필요하다. 요컨대 의사소통적 행위를 통한 의사소통적 공동체의 최종적 정치행위는 법을 제정하는 것이다. 그리하여 개인의 의견을 주장하고 설득하는 lexis적 말은 비록 진리적이지는 않지만 의사소통 과정에서의 타당성을 바탕으로 합의되어 공적 의견으로 상승하고, 그것이 법의 제정에까지 이르는 logos적 차원까지 결합함으로써 공론장(public sphere)에서 말이 갖는 중요성은 극대화될 수 있다.

따라서 시민들은 공론장에 적극적으로 참여하여 토의하거나 정치평론적 행위를 하는 말의 정치를 수행하는 것이 요구된다. 이때 정치평론은 다양하고 다원적인 개인들의 의견을 토론(debate)과 토의(deliberation)를 통해 공적 의견(public opinion)으로 합의해 가는 언어적·의사소통적 행위로서 언어의 lexis가 의사소통적 logos와 더불어 나타나는 정치적 행위이다. 따라서 개인의 주관적 의견 개진으로 시작된 정치평론의 장은 "개인의 다양한 의견에 열려 있으며(open), 공적 의견을 형성하기 위해 참여자들(participants)이 상호 협력하는(collaborating) 일종의 토론장(forum) 혹은 경연장"(arena)[26] 역할을 수행하게 되는 것이다.

결국 하버마스에 있어서 정치평론이란 시민들이 공론장에서 자신의 의사를 말하고 서로 논쟁하는 의사소통적 행위를 통해 공적 의견을 형성하는 데 적극적으로 참여하는 정치적 행위이다. 생활세계의 시민들은 이런 의사결정 과정에의 참여를 통해 비로소 정치적인 주재자(author)가 될 수 있다. 그리고 이를 위해서는 개인의 lexis는 언어적 logos로 승화되어야 하는 것이다.

4. 결론

이상의 논의를 요약하면 다음과 같다 : 첫째, 아렌트에 있어서 정치란 시민들이 lexis적 말과 행위를 통해 공적 영역에서 자신의 의견을 주장하고 설득하는 한편, 공통감에 근거하여 그것을 판단하는 의사소통적 과정 속에서 공동체를 형성하는 것이다. 이와 같이 공동체를 형성하는 힘은 의사소통적 권력으로서 공동체를 강제로 엮으려는 의도를 지닌 폭력이나 진리의 전제정과는 구별된다. 둘째, 하버마스는 lexis로서의 말이 단순한 이해가 아니라 상호 이해되기 위해서는 타당성의 요구가 필요하며, 또 주관적인 의견의 다양성을 넘어 공론장에서 공적 의견으로 합의되기 위해서는 말의 logos적 차원, 즉 의사소통적 이성이 포함된 말로 전환되어야 한다고 본다. 이러한 말의 최종적 결과물은 법의 제정이며, 공론장은 토론과 토의를 통해 합의와 자기 입법(self-legislation)에 이르는 토론장이다.

필자는 정치평론이 정치평론다워지기 위해서는 이러한 아렌트와 하버마스적 의미가 서로 결합되어야 한다고 본다. 즉 정치평론에서의 말은 아렌트적 lexis와 하버마스적 logos의 두 차원을 동시에 만족시켜 주는 말이어야 한다는 것이다. 정치평론은 현실세계에 관심을 두고 그것을 말로 그려내는 것이기 때문에 현실세계의 언어들, 즉 구술어와 여러 의견들과 같은 생활세계를 구성하는 원자료로서의 말에 바탕을 두어야 하며, 다른 한편 그 의견들이 상호 이해되고 합의에 이를 수 있도록 하기 위해서는 언어적 틀로서의 logos 차원도 함께 있어야 한다는 것이다.

여기서 말의 lexis적 차원에서는 무엇보다도 다양한 의견의 개진이 중요하다. 다양한 doxa를 하나의 episteme로 바꾸려는 시도는 아렌트가 지적한 바와 같이 '진리의 전제정'을 초래하기 쉽다. 하버마스가 말하는 언어의 logos적 차원에서도 이런 진리에 대해서는 반대한다. 그가 주장하고자 하는 바는 언어의 logos적 성격이란 말의 lexis적 차원의 진실성(truthfulness)에 있다는 점이다. 즉 lexis로서의 말이 어떤 의도나 목적을 갖고 그것을 실현하기 위한 수단으로 말해지는 것이 아니라, 화자가 사태에 대해 진심에서 우러나오는 것을 말하고, 그 말이 다른 목적을 위한 것이 아니라 그 자체를 위한 것이며, 이러한 진실성과 진정성이 타인에게 상호 이해될 때에만 어떤 합의에 다다를 수 있는 것이다. 이때 합의의 내용은 의사소통 과정의 결과물일 뿐이지 그 전제조건은 아니다. 하버마스적 logos는 단지 어떤 합의를 이끌어내기 위한 언어와 언어조건에 내재하는 logos를 의미한다.

이러한 아렌트와 하버마스의 논의를 종합하여 정치평론에 대해 생각해 보면 올바른 정치평론이란 일반대중들이 사적인 공간에서 나누는 정치에 관한 대화나 정치행동가들의 정치연설과 구분되며, 또한 정치사상가들이 탐구하는 정치에 대한 철학적 담론과도 다르다. 먼저 일반대중들의 정치에 관한 대화의 경우, 이는 화자의 정치에 대한 인식을 lexis적 차원에서 말하고 있기는 하지만, 그 안에 언어의 logos적 요소가 결여되어 있음으로 해서 타인과의 공감대 형성이나 합의를 지향하지는 않는다. 그 말을 듣는 청자들도 그것이 화자의 개인적인 의견이라고만 생각할 뿐 상호 이해를 통한 공적 의견 구성과는 상관없다고 생각한다. 따라서 이런 종류의 대화는 '정치에 대한 대화'(dialogue on politics)일 뿐 '정치적 대화'(political dialogue)는 아니며, 그런 점에서 정치평론이라 부르기는 어렵다.

어떻게 보면 그들은 현실세계의 당사자로서 말한다고 볼 수 있지만, 이때 흔히 일어나는 현상은 타인들과 의사소통하기 위해 말하기보다는 자신의 입장을 표명하거나 변명하는 데 그친다. 여기서 발화된 말은 분명 lexis적 차원은 갖고 있지만 그것이 너무 지나쳐 자신의 lexis를 사회적이고 정당한 logos와 연관시키지 않음으로 해서 그 lexis의 진실성마저도 의심받을 수 있다. 아렌트가 지적한 것처럼 lexis적 말은 자신의 의견을 설득하는 것이며, 이 설득과정에서는 타인이 그것을 어떻게 받아들일까에 대한 진지한 고민이 수반되어야 하고, 그렇기 때문에 의사소통이 가능해지는 것이다. 그런데 타인이 어떻게 받아들일까에 대한 고려가 없는 상태에서 아무리 사실을 이야기한다손 치더라도 그것은 단지 일방적으로 말하는 것으로서 결국 말의 단절을 초래할 뿐이다.

한편 정치가나 정치행동가들의 연설이나 주장도 정치적 대화라고 보기는 어렵다. 앞서 논의된 lexis적 차원과 logos적 차원을 모두 결여하고 있기 때문이다. 일찍이 아리스토텔레스도 고대 아테네의 민주정에 대해 비판적으로 논한 바 있다. 아테네 민회에서의 의사소통은 토론보다는 주로 연설이라는 양식을 사용하는데, 이때 연설이란 서로 묻고 대답하는 2자양식의 토론과 달리 연설자가 청중이라는 제3자에게 자신의 의견을 말하는 3자양식에 의존한다. 이 경우 진정한 대화가 아니라 일방적인 전달에 불과하다. 즉 연설자들이 원하는 것은 말을 통한 시민과의 소통과 공동체 형성이 아니라, 수사(rhetoric)를 사용하여 청중을 휘어잡아 자신의 의견을 관철하려는 데 있다는 것이다.[27] 이런 정치연설에서는 선동이 가능하고, 따라서 데마고그들에 의한 정치적 농단이 난무한다. 이런 말의 정치 속에서는 공동선이 아니라 권력을 추구한다.

오늘날에도 정치행동가의 연설은 여전히 비소통적이다. 그런데 요즘은 정치인들이 TV토론이나 신문의 오피니어 난 등을 통해 직접 정치평론적 행위를 하는 경우도 있는데, 이 경우에 있어서도 그들의 정치평론은 평론적이라기보다는 정치선전이나 홍보에 더 가깝다. 왜냐하면 이들의 정치평론은 타인과 상호 이해하고 공공 의견에 합의를 이루어 나가려는 최소한도의 logos도 없는 말들이 너무나 많기 때문이다. 독자는커녕 토론자들끼리의 이해와 의사소통조차 시도하지 않으면서 그저 허무한 독백으로 끝나버리기 일쑤이며, 그런 점에서 어떻게 그들에게 정치가란 용어를 붙일 수 있는지 의문이다. 뿐만 아니라 말의 lexis적 차원도 갖고 있지 못하다. 자신의 경험과 의견을 진정성에 바탕하여 이야기하는 대신 정치인은 어떤 개인적 · 당파적 목적을 달성하기 위해 자신의 주의주장만 늘어놓는다. 이런 정치평론은 독자들에게 공감을 불러일으키기는커녕 오히려 반감만 초래한다.

한편 정치사상가들의 정치에 대한 논의의 문제점은 무엇보다도 lexis적 요소가 결여되어 있다는 데 있다. 고매한 진리와 이상을 추구하는 정치사상가들은 현실정치로부터 거리를 두고 관찰하면서 이상적 정치에 대해 논한다. 그런데 이런 작업을 하는 경우 정치사상가 자신의 개인적인 이야기나 주관적인 의견은 최대한 배제한 채 객관적이고 보편적인 논리만 제시하려 한다. 이런 경우 플라톤에서와 같이 청자들을 '진리의 전제정' 속으로 몰아넣기 쉽다.

만약 정치사상가가 정치평론을 한다면 이 경우에도 자신의 경험과 현실에 대한 애정에서 우러나오는 것을 말하기보다는 너무 객관적인 사실이나 보편적인 진리에 입각해서 말하기 때문에 말의 진실성(truthfulness)과 진정성(authenticity)이 없어 보인다. 또한 정치평론을 통해 청자들을 설득하려고 노력하기보다는 계몽하려는 태도를 갖는다. 그리고 자신의 정치평론에 대해 반응이 별로 안 좋은 경우, 그들은 자신이 너무 전문적인 이야기를 하고 있기 때문에 독자들이 잘 이해하지 못해서 그럴 것이라고 생각할지 모른다. 그러나 사실 청자의 입장에서 생각해 보면 그들이 너무 동떨어진 이야기를 하고 있기 때문에 가슴에 별로 와닿지 않아서 그러는 것일 뿐이다. 요컨대 아렌트적 의미의 lexis가 결여되어 있어서 독자들의 공감을 불러일으키지 못한다고 볼 수 있다.

요약하면, 일반인들의 경우 정치에 대한 대화는 lexis적 요소가 있기는 하나 너무 주관적인 의견에만 집착하기 때문에 logos적 차원을 결여하여 공적 의견으로 승화되지 못하며, 정치행동가나 정치인들의 연설이나 정치평론은 자신의 주관적인 lexis를 청자들이 그대로 공적인 의견으로 받아들이기를 원하는 이기적인 평론에 불과하다. 한편 정치사상가의 말과 정치평론은 지나치게 객관적이고 보편적인 logos적 요소만 추구한 나머지 자신의 lexis가 없으며, 따라서 청자들로 하여금 그 의견에 공감하거나 그것을 공적 의견으로 받아들이기를 어렵게 만든다.

이 경우들에 비하면 정치평론을 본업으로 삼고 있는 언론인들의 정치평론은 그래도 lexis와 logos의 균형을 가장 잘 유지하고 있는 것처럼 보인다. 그러나 언론인의 정치평론의 경우에도 문제점이 나타난다. 우선 언론인들의 정치평론은 너무 직업적이다. 이것은 평론을 위한 평론이 되어 의사소통과 공론장 형성에 방해가 되기도 한다. 또한 너무 평론을 직업적으로 생각한 나머지 그것이 의사소통 공동체를 이루기 위한 토론장이라는 사실을 망각하고 어떤 내용을 전달하는 데 전념하는 경우가 많다. 이 경우 정치평론은 정보나 의견을 전달하는 전달의 장으로 전락한다.

이러한 상황을 고려해 볼 때 lexis와 logos가 균형을 이루는 올바른 정치평론은 아직은 이념형에 그치는 것 같다. 여전히 현실에서의 정치평론은 정치평론이라기보다는 정치선전, 정치정보의 전달, 정치적 진리에 입각한 주의주장, 정치적 계몽, 정치적 당파의 이해 반영 등과 같은 형태로 나타난다. 따라서 정치평론이 의사소통적 공동체의 형성과 그 공동체 속에서 토론과 토의의 활성화라고 하는 본연의 역할을 다하기 위해서는 아직 갈 길이 멀어 보인다. 그러나 민주화 과정에서 볼 수 있듯이 한국인의 정치에 대한 관심이나 열정은 대단하다. 다만 이 관심과 열정을 lexis와 loogs가 합쳐진 정치적 말을 통한 소통과 합의 그리고 공동체 통합의 길로 잘 이어질 수 있는 방안을 다시 찾아보아야 할 것 같다.

주

* 이 글은 『정치와 평론』 제7집에 수록된 논문이다.

1. 이 글에서는 그리스어인 lexis와 logos를 한글로 번역하지 않고 그대로 사용하고자 한다. 여기서 lexis는 스토리적인 말(speech)을 의미하며 logos는 말이 정리되고 체계화된 논리(logic)의 측면을 지칭하는데, 이 두 용어가 하나의 언어(language) 속에 내재되어 있는 두 차원이라는 대조성을 잘 드러내기 때문이다. 그리고 이와 같이 언어의 두 차원을 나누어 살피는 것은 흔히 사용되는 언어학자 소쉬르(F. Saussure)의 구별법과 다른 면이 있다. 소쉬르는 언어의 형식에 주목하여 문자적인 속성(langue)과 구술적인 속성(parole)으로 나누고 있는 데 비해 여기서의 구별법은 언어의 내용에 관한 것으로서 자기구술적이며 체계화되지 않은 원재료적 언어로서의 lexis와 체계화되고 논리적인 언어로서의 logos를 나누는 것이다.
2. 이동수, "함석헌과 정치평론," 『한국정치학회보』, 제35집 4호(2001), p. 88.
3. Hannah Arendt, *The Human Condition*(Chicago : The University of Chicago Press, 1958), p. 24. 이하 *HC*로 약함.
4. lexis와 logos의 경우와 마찬가지로 episteme(진리)와 doxa(의견)에 있어서도 한글로 번역하는 대신 그리스어를 그대로 사용하고자 한다. 왜냐하면 이 개념들이 진리와 의견이라는 번역된 용어보다 그 둘 사이의 대조성을 더 잘 두드러지게 나타내기 때문이다. 다만 문맥상 필요한 경우 doxa는 의견이라는 말로 번역되어 사용될 것이다.
5. Jürgen Habermas, *The Theory of Communicative Action*, vol. 1(Boston : Beacon Press, 1984), p. 287.
6. 바흐친(Mikhail Bakhtin) 역시 말이 공동체를 구성한다고 본다. 특히 그는 대화의 중요성을 강조하는데, 대화 속에서는 자아성(ipseity)이 아니라 타자성(alterity)을 찬양하게 되어 타인을 이해하고 공동체를 구성하게 된다는 것이다. Mikhail Bakhtin, *The Dialogic Imagination : Four essays by M. M. Bakhtin*, ed. Michael Holquist and trs. Caryl Emerson and Michael Holquist(Austin :

University of Texas Press, 1981).

7. Hannah Arendt, "Philosophy and Politics," *Social Research*, vol. 57, no. 1(1990), p. 80. 이하 "PP"로 약함.
8. Hannah Arendt, *Lecture's on Kant's Political Philosophy*, ed. Ronald Beiner(Chicago : The University of Chicago Press, 1982), pp. 69-71.
9. Hannah Arendt, *HC*, p. 188.
10. 아렌트에 의하면, 플라톤은 의견을 존중하는 태도를 가진 소크라테스의 산파술을 변증법(dialectic, dialegesthai)이라 칭하면서 의견을 무시하고 진리를 발견하기 위한 방법론으로 왜곡시켰다.
11. Hannah Arendt, "PP," p. 81.
12. *Ibid.*, p. 78.
13. *Ibid.*, p. 99.
14. 옹(Walter J. Ong)에 의하면 대화의 중요성이 인지되지 않는 이유는 구술문화(orality)의 쇠퇴와 관계가 깊다. 구술문화에서는 텍스트가 없기 때문에 이야기 상대가 있어야 하는 것이 필수적인 데 비해 문자문화(literacy)에서는 대화상대자를 필요로 하지 않는다. 하나의 저작도 남기지 않은 소크라테스의 철학과는 달리 플라톤 이후의 철학은 문자문화에 의존하고, 그럼으로써 대화의 중요성에 대한 인지 없이 선험적 진리성을 추구하는 철학이 되었다고도 볼 수 있다. Cf. Walter J. Ong, *Orality and literacy : The Technologizing of the Word*(New York : Metuen, 1982).
15. Hannah Arendt, *HC*, p. 17.
16. Hannah Arendt, "PP," p. 90.
17. Plato, *Statesman*, 305 ; Hannah Arendt, *HC*, p. 222에서 재인용.
18. 아렌트의 권력 개념과 그에 대한 하버마스의 수용 및 비판에 대해서는 이동수, "하버마스에 있어서 두 권력," 『정치사상연구』, 제5집(2001), pp. 163-168 참조.
19. Hannah Arendt, *HC*, p. 200.
20. Hannah Arendt, *On Revolution*(New York : The Viking Press, 1965), p. 71.
21. Hannah Arendt, *HC*, p. 200.
22. 아렌트 자신이 직접 '의사소통적 권력'이라는 용어를 사용한 것은 아니다. 이 용어는 하버마스가 아렌트의 권력 개념에 의사소통적 요소가 농후하다고 해서 '의사소통적 권력'이라 칭한 것이다. 필자는 이런 하버마스의 개념

규정이 적절하다고 생각되어 이 용어를 사용하기로 한다. Jürgen Habermas, *Between Facts and Norms : Contributions to a Discourse Theory of Law and Democracy*, tr. William Rehg(Cambridge : The MIT Press, 1996), chap. 4. 이하 *BFN*으로 약함.

23. Jürgen Habermas, "What Is Universal Pragmatics?" *Communication and the Evolution of Society*(Boston : Beacon Press, 1979), p. 59.
24. Jürgen Habermas, *BFN*, pp. 10–12.
25. *Ibid.*, pp. 12–13.
26. *Ibid.*, p. 361.
27. Aristotle, *Rhetoric*.

참고문헌

김대영. 2002. "정치평론과 민주적 공론장 : Koestler, Orwell, Lippmann에 관한 비교연구." 서울대학교 정치학 박사학위논문.

김비환. 2001. 『축복과 저주의 정치사상 : 20세기와 한나 아렌트』. 서울 : 한길사.

김선욱. 2002. 『한나 아렌트의 정치판단이론』. 서울 : 푸른숲.

김주성. 2008. "심의민주주의인가, 참여민주주의인가?" 『한국정치학회보』. 42집 4호.

김홍우. 2007. 『한국 정치의 현상학적 이해』. 고양 : 인간사랑.

이동수. 2007. "민주화 이후 공화민주주의의 재발견." 『동양정치사상사』. 제6권 2호.

______. 2006. "한나 아렌트와 한국정치 : 권력정치에서 소통정치로." 『철학과 현실』. 제71집.

______. 2001. "하버마스에 있어서 두 권력." 『정치사상연구』. 제5집.

______. 2001. "함석헌과 정치평론." 『한국정치학회보』. 35집 4호.

장명학. 2002. "한나 아렌트의 공동권력과 정치." 『한국정치연구』. 제11집 제2호.

장춘익 외. 1996. 『하버마스의 사상 : 주요 주제와 쟁점들』. 서울 : 나남.

정호근 외. 1997. 『하버마스 : 이성적 사회의 기획, 그 논리와 윤리』. 서울 : 나남.

Arendt, Hannah. 1958. *The Human Condition*. Chicago : The University of Chicago Press.

Arendt, Hannah. 1965. *On Revolution*. New York : The Viking Press.

Arendt, Hannah. 1982. *Lectures on Kant's Political Philosophy*. Ed. Ronald Beiner. Chicago : The University of Chicago Press.

Arendt, Hannah. 1990. "Philosophy and Politics." *Social Research*. Vol. 57, No. 1.

Aristotle. *Rhetoric*.

Bakhtin, Mikhail. 1981. *The Dialogic Imagination : Four essays by M. M. Bakhtin*. Ed. Michael Holquist and trs. Caryl Emerson and Michael Holquist. Austin : University of Texas Press.

Benhabib, Seyla. 1986. *Critique, Norm, and Utopia : A Study of the Foundations of Critical Theory*. New York : Columbia University Press.

Calhoun, Craig. 1992. *Habermas and the Public Sphere*. Cambridge : The MIT Press.

Canovan, Margaret. 1992. *Hannah Arendt : A Reinterpretation of Her Political Thought*. Cambridge : Cambridge University Press.

Dallamayr, Fred R. 1984. *Language and Politics : Why Does Language Matter to Political Philosophy*. Notre Dame : University of Notre Dame Press.

Deflem, Mathieu. 1996. Habermas, *Modernity and Law*. London : Sage Publications.

Habermas, Jürgen. 1979. "What Is Universal Pragmatics?" *Communication and the Evolution of Society*. Boston : Beacon Press.

Habermas, Jürgen. 1983. "Hannah Arendt : On the Concept of Power." *Philosophical–Political Profiles*. Cambridge : The MIT Press.

Habermas, Jürgen. 1984. *The Theory of Communicative Action*, vol. 1. Tr. Thomas McCarthy. Boston : Beacon Press.

Habermas, Jürgen. 1989. *The Structural Transformation of the Public Sphere : An Inquiry into a Category of Bourgeois Society*. Trs. T. Burger and F. Lawrence. Cambridge : The MIT Press.

Habermas, Jürgen. 1996. *Between Facts and Norms : Contributions to a Discourse Theory of Law and Democracy*. Tr. William Rehg. Cambridge : The MIT Press.

Ong, Walter J. 1982. *Orality and literacy : The Technologizing of the Word*. New York : Metuen.

Parekh, Bhikhu. 1981. *Hannah Arendt and the Search for a New Political Philosophy*. Atlantic Highlands : Humanities Press.

Plato. *Statesman*.

Young–Bruehl, Elisabeth. 1982. *Hannah Arendt : For Love of the World*. New Haven : Yale University Press.

정치평론과 소통*

쾨슬러의 민감한 판막

김대영(동북아역사재단)

메를로-퐁티가 '객관주의'로 비판한 쾨슬러의 정치평론은 상호 주관적인 오웰과 리프만의 정치평론과 비교할 때 상대적으로 비관주의적 성향이 강하게 드러난다. 그렇다고 해서 필자는 결코 쾨슬러의 정치평론이 상대적으로 잘못된 정치평론이라든지 바람직하지 않다든지 또는 지양해야 한다고 판단하지 않는다. 필자는 오히려 쾨슬러, 오웰, 리프만의 정치평론을 모두 뛰어난 것으로 인정하며, 그들의 정치평론이 특별히 독자나 청중에게 감동을 주고 설득력을 갖게 된 이유가 무엇인지를 찾고자 했다. 이제 쾨슬러가 카산드라의 외침을 잘 하기 위해 어떻게 '민감한 판막'을 울렸는가에 대해 고찰해 보고자 한다. 그가 주장한 정치평론의 방법을 고찰한 토대에서 실제로 그 자신의 정치평론 속에 그 같은 방법론이 어떻게 나타나고 있는지를 고찰하고자 한다.

1. 들어가면서 : 쾨슬러의 생애와 정치평론

쾨슬러(Arthur Koestler)는 『백주의 암흑』이라는 소설로 유명한 소설가이자 사상가인 동시에 정치평론가이다. 쾨슬러는 1905년 헝가리의 부다페스트에서 출생하여 1983년 영국 런던에서 사망했다. 쾨슬러는 빈 대학교를 졸업한 후에 언론인으로 활동했는데, 독일 신문과 영국 신문의 특파원으로 활동했다. 이 과정에서 1931년에는 독일공산당에 입당했으며, 1936년 스페인 내전에서는 종군기자로 일하다가 프랑코 정권에 의해 투옥당하기도 했다. 1938년 모스크바의 대숙청을 계기로 공산당을 탈당하여 공산주의에 반대하는 좌파 언론인으로 활동했으며, 1940년 영국에 망명한 이후 주로 저술가로 활동했다.

쾨슬러의 저작으로는 대표적인 『백주의 암흑』(*Darkness at Noon*, 1940) 외에도 스페인 내전의 경험과 사형수의 체험을 담은 소설 『스페인의 유언(죽음과의 대화)』(1938)과 『투사』(1939) 및 『도착과 출발』(1943) 등의 창작 문예작품이 있다. 이들 작품에서도 정치적 책임의 문제가 주제로 다루어졌다. 철학 저작으로는 동양의 신비주의를 연구한 『연꽃과 로봇』(1960), 과학과 예술의 창조과정을 설명한 『창조행위』(1964), 진화와 인간의 두뇌구조의 상호 관계를 다룬 『기계 속의 영혼』(1967), 생명과 과학에 대한 철학서 『야누스』(1978) 등이 있다. 그리고 자서전으로 『보이지 않는 글』(*The Invisible Writing*, 1954)이 있다.

쾨슬러의 논문집으로는 정치문제에 초점을 맞춘 『요기와 코미사르』(*The Yogi and the Commissar and Other Essays*, 1945)가 있으며, 과학과 예술 및 윤리의 기초를 탐구한 논문집 『통찰과 조망』(*Insight and Outlook*, 1949)이 있다. 정치평론의 관점에서 쾨슬러를 조망하는 데에는 정치평론집 『요기와 코미사르』[1]가 가장 중요하다. 이 책이 출간된 1946년 이후[2] 쾨슬러는 현실정치로부터 과학으로 관심의 초점을 바꾸고 있기 때문이다.

쾨슬러의 정치사상을 연구하는 학자들의 주요 관심은 그의 공산주의 비판에 초점이 맞춰져 있다. 그리고 그의 정치사상을 이해하기 위해 인용되는 저술은 주로 소설 『백주의 암흑』과 정치평론 「요기와 코미사르」 [『지평』(*Horizon*) 1942년 6월호]에 국한된다. 쾨슬러의 정치사상을 연구한 대표적인 저서는 메를로-퐁티(Maurice Merleau-Ponty)의 『휴머니즘과 공포』(*Humanism and Terror*)이다. 이 책에서 메를로-퐁티는 쾨슬러의 정치사상을 단순히 반공주의로 이해해서는 안 된다고 강조한다. 그는 쾨슬러의 『백주의 암흑』을 이해하기 위해서는 폭력에 대한 균형잡힌 관점이 필요하다고 다음과 같이 주장한다 : "반공주의자들은 폭력이 보편적이라는 것을 받아들이려 하지 않으며, 공산주의를 동조하는 사람들은 예외 없이 자신의 면전에서 폭력을 목격하지 않는다는 현실을 있는 그대로 수용하려고 하지 않는다. 이 같은 사실을 부정하는 반공주의자나 공산주의 동조자 모두는 『백주의 암흑』을 주의 깊게 읽을 수가 없다."[3] 다시 말해서 공산주의가 폭력을 사용한다는 그 자체만으로도 비난받아 마땅하다는 식으로 쾨슬러의 정치사상을 이해해서는 안 되며, 『백주의 암흑』에 등장하는 소설 주인공 루바쇼프의 언행을 잘 살펴봄으로써 쾨슬러의 정치사상을 제대로 이해할 수 있다는 것이 메를로-퐁티의 주장이다. 주인공 루바쇼프을 통해 메를로-퐁티는 쾨슬러가 역사를 기계적으로 인식하고 있음을 발견한다. 여기에서 그는 "누가 역사를 시계로 비유하고 개인을 톱니바퀴라고 말했는가? 그것은 마르크스가 아니라 쾨슬러이다"[4]라고 비판한다.

메를로-퐁티는 쾨슬러와 쾨슬러가 비판하고 있는 공산주의자 모두를 마르크시즘의 '과학주의적이고 객관주의적인 이탈'(scientistic and objectivistic deviations)로 보고, 이런 관점에서 쾨슬러의 「요기와 코미사르」를 비판한다. 쾨슬러 자신은 코미사르(Commissar, 소련공산당 인민위원)의 철학과 요기(Yogi, 요가수행자)의 철학을 종합하고자 한다고 말했지만, 사실상 그는 코미사르 철학의 근본적인 문제점을 추출하지 못한 채 '종교주의(religiosity)와 도피주의'(escapism)[5]에 매몰되고 말았다는 것이 메를로-퐁티 비판의 요지이다.

세자라니(David Cesarani)는 메를로-퐁티와 다른 관점에서 쾨슬러의 정치사상을 해석한다. 그는 공산당 탈당 이후 쾨슬러의 정치사상은 시오니즘(Zionism)으로 해석하는 것이 타당하다고 주장한다. 세자라니에 따르면, 1929년에서 1937년에 이르는 쾨슬러의 공산당 활동 시기는 그의 전 생애를 이끌어 갔던 시오니즘으로부터 이탈한 이례적 시기이다. 쾨슬러의 공산당 입당은 유태인 문제를 보편적 차원으로 승화시켜 해결하고자 하는 시도였으며, 그의 공산당 탈당은 그러한 시도에 대한 포기였다는 것이다. 세자라니는 공산당을 탈당한 쾨슬러의 정치사상을 시오니즘의 관점에서 다음과 같이 해석한다 : "그[쾨슬러]는 이제 유태인 문제를 해결하기 위해서는 제한된 지역으로부터의 주도성이 필요하다는 사실을 이해하게 되었다. 즉 유태인은 작은 국가에서 일차적으로 거룩한 신전을 찾을 수 있다는 것이다. 그는 범세계적인 보편적 유토피아는 위험하다는 사실을 어렵게 배웠다."[6]

따라서 세자라니는 시오니즘으로 회귀한 쾨슬러의 정치사상을 마르크시즘의 관점에서 해석하는 메를로-퐁티의 견해에 동의할 수 없었다. 이에 세자라니는 메를로-퐁티 방식의 쾨슬러 해석에 대해 다음과 같은 세 가지 문제점을 지적한다. 첫째, 『백주의 암흑』은 소설이다. 세자라니에 따르면, 공산당을 탈당한 쾨슬러는 1936년에서 1938년에 이르는 구 볼셰비키에 대한 재판과정에서 부하린이 자백했다는 사실을 해석하기 위해 스페르베르(Manès Sperber) 등과 더불어 많은 토론을 했다. 그리고 가장 그럴듯한 가설로 부하린이 혁명에 마지막 봉사를 하기 위해 자백을 했다는 결론을 내렸다. 그리고 소설의 형태로 "쾨슬러가 미스터리를 꿰뚫어 중립적 독자들이 '자백이론'을 확신할 수 있는 방식으로 제시하는 데 성공했다"[7]는 것이 세자라니의 주장이다.

둘째, 메를로-퐁티는 쾨슬러의 정치사상을 루바쇼프의 언행을 통해 해석하면서 기본적으로 루바쇼프를 공산주의자로 파악한 반면에, 세자라니는 '니콜라스 살마노비치 루바쇼프'(Nicolas Salmanovich Rubshov)라는 주인공의 이름에서 "가운데 이름 '살마노비치'(Salmanovich, Solomonson)는 주인공을 유태인으로 만들었다"[8]는 사실을 강조한다. 동시에 "루바쇼프의 분명한 종교적 언사는 유태교 전통에 근거하고 있으며", 주인공 루바쇼프가 처형당하기 직전에 "자신을 '약속의 땅에 들어가는 것을 허락받지 못한' 모세와 비교했다"[9]는 점을 강조한다.

셋째, 쾨슬러를 정확하게 이해하기 위해서는 「요기와 코미사르」뿐만 아니라 같은 해(1942년) 『이브닝 스탠다드』(*Evening Standard*) 6월호에 게재된 「대지의 찌꺼기」(Scum of the Earth)와 같은 정치평론에 대해서도 고찰할 필요가 있다. 세자라니는 「대지의 찌꺼기」 안에서 쾨슬러의 시오니즘을 찾았다. "그[쾨슬러]는 피난 계획(refuge scheme)을 포기하지 않았고 구조하고자 하는 사람들을 잊지 않았다"[10]라는 것이다.

쾨슬러의 정치사상에 관한 국내 연구로는 김홍우 교수와 임철규 교수의 연구가 있는데, 이들은 기본적으로 메를로-퐁티의 해석을 수용한다.

김홍우 교수는 쾨슬러의 정치사상을 객관주의로 비판한 메를로-퐁티의 견해에 동의한다. 김 교수는 쾨슬러의 정치사상을 코미사르와 요기의 엄격한 이분법에 따른 것으로서 "객관주의, 즉 외적 변화론 대 주관주의, 즉 내적 변화론의 대립"이라는 틀에서 벗어나지 못했다고 비판했다.[11] 임철규 교수는 폭력 그 자체를 문제시해서는 안 된다는 메를로-퐁티의 비판을—비록 유보적이기는 하지만—기본적으로 수용하면서 다음과 같이 말한다 : "퐁티[메를로-퐁티]는 케슬러[쾨슬러]가 매도한 '혁명적 폭력'을 정당화시키면서—여기에 대해서 우리는 의문점을 제기할 수 있지만—이름뿐인 자유민주주의 체제가 현실적으로 더 억압적이 될 수 있으며, 폭력을 인정하는 체제는 그 속에 보다 더 순수한 휴머니티를 가질지도 모른다는 역설적인 진술을 한 바 있다."[12]

필자는 쾨슬러의 정치사상을 '객관주의'로 비판한 메를로-퐁티의 해석에 기본적으로 동의한다. 쾨슬러의 정치평론에는 그의 객관주의적 정치사상이 짙게 깔려 있기 때문이다. 그렇지만 쾨슬러의 정치사상은 객관주의만으로는 충분히 설명할 수 없다. 세자라니의 견해를 빌릴 필요도 없이 쾨슬러의 정치평론 안에는 유태인 문제를 비롯한 수많은 현실적 문제점에 대한 고뇌와 그 문제를 해결하기 위한 다각적인 모색이 포함되어 있기 때문이다. 다만 그 과정에서 쾨슬러가 비관론에 경도된 원인은 객관주의로 설명할 수 있다. 이 점에서 쾨슬러에 대한 오웰의 비판은 많은 시사점을 던져준다.

오웰은 「아더 쾨슬러」(Arthur Koestler)라는 평론에서 쾨슬러의 이상주의(utopianism)를 경고하면서 "모든 혁명은 실패하지만 모든 혁명이 항상 똑같은 실패를 반복하는 것은 아니다. 이런 점을 받아들이려고 하지 않음으로 해서 쾨슬러의 정신은 일시적으로 어두운 골목길을 걸었다"[13]라고 비판했다. 오웰은 쾨슬러가 "현실에는 아무런 해결책도 없으며, 모든 정치적 행위는 쓸모없고, 다만 어딘가 다른 시공간에서 인간의 생활로부터 현재와 같은 끔찍한 야만적인 상태를 종식시킬 수 있다고 생각하는 의사-신비적 신념" (quasi-mystical belief)[14]에 매몰되어 있다고 비판한다. 이 때문에 쾨슬러는 스탈린주의와 결별한 이후 새로운 정치적 입장을 정립하는 데 실패했다는 것이 오웰의 평가이다. 이 같은 오웰의 해석은 메를로-퐁티의 해석과 깊은 내적 연관성을 갖는다. 쾨슬러가 공산당을 탈당했지만 자신이 비판했던 코미사르적 사고방식으로부터는 벗어나지 못했다고 지적한 점에서 오웰의 해석은 메를로-퐁티의 해석과 일치한다. 메를로-퐁티가 그것을 쾨슬러의 '객관주의'라고 개념적으로 표현한 반면에 오웰이 '유토피아' 혹은 '완전한 세계' 등으로 다양하게 서술적으로 표현하고 있을 뿐, 두 사람 모두 같은 문제점을 지적하고 있다. 다만 오웰은 쾨슬러의 객관주의가 비관론을 초래하고 있다는 점을 부가적으로 제기할 따름이다. 이 점에서 오웰은 쾨슬러의 정치사상에 관한 메를로-퐁티의 해석을 보완한다.

필자는 쾨슬러의 정치평론을 '카산드라의 외침' (Casandra cry)[15]으로 이해하고자 한다. 이러한 해석은 부분적으로 메를로-퐁티 및 오웰의 해석과 일치한다. 비운의 예언자 카산드라는 비록 주변 사람들로부터 인정받지는 못했지만 진실을 예언했다. 쾨슬러의 정치평론은 자신의 정치적 견해가 진실이라는 확신에 입각해 있다. 메를로-퐁티가 해석한 바와 같이 객관주의에 기초하고 있는 것이다. 그렇지만 동시에 카산드라의 삶이 비극으로 끝났듯이 쾨슬러의 정치평론은 비관론으로 빠져들고 말았다. 필자는 이 같은 쾨슬러의 정치평론을 '카산드라의 외침'이라는 쾨슬러 자신의 표현 속에서 이해하고자 한다. 이제 구체적으로 그이 정치평론의 방법론에 대해서 고찰해 보자.

2. 민감한 판막

쾨슬러의 정치평론의 방법을 이해하기 위해 그의 정치평론 「인텔리겐치아」(The Intelligentsia) [『지평』(*Horizon*) 1944년 3월]와 「소설가의 유혹」(The Novelist's Temptation, 1941년 제17차 P.E.N. 클럽 총회 연설문), 「독자의 딜레마」(The Reader's Dilemma) [『트리뷴』(*Tribune*) 1944년 4월] 등을 검토할 필요가 있다. 여기에서 쾨슬러가 강조하는 민감성과 현실감각, 영감, 체험, 다각적 접근, 비교 등은 정치평론의 방법론으로서 손색 없는 것들이다. 쾨슬러는 자신의 정치평론에 대해 비운의 예언자 카산드라의 외침으로 인식했지만 그의 정치평론은 그 스스로가 판단했던 것보다 훨씬 더 큰 영향을 동시대인에게 미쳤다. 특히 고통과 절망 속에서 외치는 그의 비관적인 정치평론은 오웰이 말했듯이 독자와 청중들에게 비관과 좌절을 야기한 것이 아니라, 스스로를 반성하며 타인의 고통에 관심을 갖는 사람의 수를 늘렸으며, 그들이 느끼는 타인의 고통에 대한 강도를 높일 수 있었다.

이 때문에 오웰은 "스스로를 희생자로 상상할 수 있도록" 만들어 주는 쾨슬러의 정치평론을 높이 평가했던 것이다.[16] 이런 점에서 쾨슬러의 정치평론은 좀더 깊이 연구할 필요가 있다. 고통으로부터 터져나오는 외침도 그 방식에 따라 타인에게 영향을 미치는 정도가 다르기 때문이다. 오웰의 평가가 없더라도 쾨슬러의 정치평론은 분명 많은 사람들로 하여금 나치의 잔혹행위와 소련의 전체주의를 생생하게 느끼는 동시에 그에 대해 분노를 터뜨리게 만든다. 그의 정치평론에는 당사자가 느끼는 고통을 타인들도 공감할 수 있게 만드는 그만의 독특한 방식이 있다. 필자는 그것을 '민감한 판막' 으로 해석한다.

쾨슬러는 「인텔리겐치아」에서 당위와 현실 간에 존재하는 엄청난 괴리를 극복하기 위해서는 타성에 빠져 있는 사람들이 독자적으로 사고해야 한다고 주장했다. 그러나 사람들은 저절로 홀로 설 수 없다. 여기에서 필요한 것이 인텔리겐치아의 '민감성' (sensitivity)이다. 대중은 저절로 혁명의 깃발을 들지도 않으며, 그렇다고 해서 대중이 인텔리겐치아의 일방적인 주장에 따라 자동적으로 혁명의 대열에 참여하는 것도 아니다. 흩어져 있는 대중을 묶어세워서 그들 스스로가 독립적으로 판단할 수 있는 새로운 창조적 인텔리겐치아 세력으로 변화시켜 나갈 때 비로소 새로운 사회가 건설된다. 쾨슬러는 이 과정에서 인텔리겐치아가 "민감한 판막" (sensitive membrane)으로 기능해야 한다고 다음과 같이 주장했다.

> 사회적 질서에 안락하게 파묻혀 있는 사람들은 명백히 독립적인 사고(independent thought)를 향한 강한 충동을 갖지 못한다. 그렇다면 어디에서 찾아질 수 있겠는가? 그들에게는 기성의 가치를 파괴할 이유가 없으며 새로운 가치를 건설할 열망도 없다. 지식을 갈망하는 이유는 주로 미지의 것이 초래하는 불안한 상황 때문이다. 행복한 사람들에게 호기심은 거의 없다. 반면에 억압받는 대다수 사람들, 즉 낙오자들에게는 독립적인 사고를 추구하는 데 필요한 기회가 주어지지 않거나 객관적인 조건이 주어지지 않는다. 따라서 인간(Homo)이라는 개념과 지혜(Sapiens)라는 개념 사이의 조화가 양자간에 끼어 있는 사람들에게 필요하게 되며, 이들은 양자로부터의 압력에 노출되기 마련이다. 인텔리겐치아는 서

로 다른 영역 사이에 펼쳐져 있는 일종의 민감한, 침투성 판막(sensitive, porous membrane)이다.[17]

쾨슬러는 정치평론에서 민감한 판막의 기능을 강조한다. 자기 이외 사람들의 고통에 대해서는 기본적으로 쉽게 감지하지 못하는 인간의 둔감성을 극복하기 위해서 카산드라의 외침은 민감한 판막처럼 이질적인 사회구성원 사이에서 고통의 전달을 신속 · 정확히 할 수 있어야 한다. 쾨슬러가 민감한 판막을 강조한 데에는 그의 생리학적인 지식이 뒷받침되고 있다. 쾨슬러는 인간의 신경계통에서 가장 중요한 뇌가 원래는 피부조직에서 변형된 것으로서, "중앙신경체계는 사람들이 생각하듯이 안전한 중심부에서 발생한 것이 아니라 노출된 표면에서 발생했다"[18]는 점을 강조한다. 인간의 판단력과 사고방식은 일차적으로 외부로부터의 자극에 기초하고 있으며, 그 자극을 감지하는 감각기관의 민감성이야말로 올바른 판단의 기본 조건이 된다는 것이다. 이 같은 생리학적 지식의 연장선상에서 쾨슬러는 인간사회에 있어서도 서로 다른 생활을 하고 서로 다른 사고방식을 갖고 있는 사람들의 사고와 감정을 조정해 나가기 위해 일종의 판막이 필요하며, 그것이 제대로 기능하기 위해서는 민감하게 작동해야 한다고 주장했다.

쾨슬러가 강조하는 민감한 판막으로서의 정치평론은 사회의 통합을 지향한다. 그는 이상적으로 통합된 사회의 유형으로 아테네를 들고 있다. 과거 아테네에서는 "최소한 사회 각층에 대한 일종의 대의체계가 상대적으로 높은 정신적 통합을 달성했기"[19] 때문이다. 또 쾨슬러는 부르주아 혁명의 초기에 민감한 판막이 왕성하게 기능했다고 말한다. 수많은 인텔리겐치아가 자유롭지 못한 시민과 농노의 현실을 문제 삼았고, 그들의 떨림으로 말미암아 사회 전체가 함께 고민하고 함께 해결책을 모색했으며, 그 과정에서 하나의 사회가 될 수 있었다는 것이다. 그러나 "혁명적 도시 부르주아지가 보수적 세력으로 변모"했을 때 "더 이상 민감한 판막(sensitive membrane)은 존재하지 않게 되었고, 사회를 통째로 움켜쥔 끈적끈적한 관성적인 아교만이 남았다."[20] 여기에서 문제는 이들 다양한 사회계층을 매개하는 판막이 더 이상 민감하게 기능하지 못하게 되었다는 것이다. 쾨슬러는 근대 사회에서 인텔리겐치아가 보수화함으로써 민감한 판막의 기능이 약화된다고 보았다. 따라서 그는 정치평론이 일반적인 인텔리겐치아의 보수화 경향을 뚫고 계속해서 민감한 판막으로 기능할 것을 주장한다. 그 때문에 쾨슬러의 정치평론가는 "유람선의 선장이 아니라 전투함의 선장"[21]이 될 것을 요구받는다.

정치평론이 민감한 판막으로서 제대로 기능할 때에는 어느 한 집단도 소외되지 않은 상태에서 사회통합의 수준이 높아지는 반면에, 민감한 판막의 소임을 다하지 못할 때 사회는 통합 없는 강제적 획일화로 치닫게 되며, 이 과정에서 많은 사람들이 소외당하고 고통받게 된다. 쾨슬러는 획일화된 사회의 가치체계에 매몰된 보수성을 민감한 판막의 저해요인으로 파악하여 이를 집중적으로 비판했다. 나아가 쾨슬러는 관념성 역시 민감한 판막의 저해요인이라고 비판했다. 러시아 혁명 이후 유럽의 좌파 인텔리겐치아의 몰락과정에서 쾨슬러는 "인텔리겐치아의 타락"(deterioration of the intelligentsia)[22]을 발견했다. 그것은 떨림의 대상을 상실한 결과였다.

러시아 혁명 초기는 민감한 판막이 제대로 기능하는 통합의 시대였다. 좌파 혁명가들은 구체제의 시대착오적인 관행을 비판했고, 새로운 사회와 새로운 사고방식, 새로운 신념체계를 주장했다. 이들의 주장은 사회의 벽을 뚫고 러시아 전체를 활기 있는 통합된 공동체로 변화시켰다. 그러나 유럽의 조건은 러시아와 달랐다. 러시아의 방식은 이미 상당한 지적 수준에 올라 있는 유럽의 노동자들에게 적합한 것이 아니었다. 좌파 인텔리겐치아는 사회주의 혁명을 소리 높여 외쳤지만 그것은 반향 없는 외침이 될 뿐이었다. 쾨슬러는 이 과정을 "민감한 판막은 거칠게 진동했다. 그러나 그것에 맞붙어서 공명할 몸통이 없었다"[23]고 표현한다. 결국 이념적 지향의 좌표를 상실한 유럽의 좌파 인텔리겐치아는 "부르주아지의 퇴폐물" (decadents of bourgoisie)[24]로 타락하고 말았다는 것이 쾨슬러의 판단이다. 이처럼 쾨슬러가 주장하는 '민감한 판막' 은 한편으로는 현실에 안주하면서 타인의 고통에 대해 제대로 전달하지 못하는 정치평론가의 보수성에 대한 비판인 동시에, 다른 한편으로는 들어주는 사람도 없이 자기중심적인 유토피아를 끝없이 주장하는 지적 타락을 비판한다.

한편 쾨슬러는 민감한 판막으로 가는 길에 대해서도 설명하고 있다. 쾨슬러가 주장하는 민감한 판막의 조건은 '약간의 좌절' (a certain amount of frustration)[25]이다. 여기서 강조할 부분은 "약간의"라는 수식어이다. 너무 미약하게 좌절해서도 안 되고 너무 심하게 좌절해서도 안 된다는 것이 쾨슬러의 판단이다. 전자의 예로 현실에 만족하는 상층 인사들을, 후자의 예로 의식이 마비될 정도로 지나친 좌절감을 겪는 밑바닥 인생들을 거론하면서 쾨슬러는 약간 좌절할 때 비로소 인간은 사치(luxury)가 아니라 필요(necessity)에 의해서 생각하게 된다고 말했다. 필요에 의해 끝없이 생각하지 않을 수 없을 때 비로소 정치평론가는 현실과 대중에 대해 민감한 판막으로서 신속하게 반응하고 효과적으로 전달할 수 있게 된다는 쾨슬러의 주장은 왈쩌의 '비판적 거리두기' (critical distance)[26]와 연관성이 있다. 왈쩌는 올바른 사회평론을 하기 위해서는 현실에 완전히 매몰되지도 않고 그렇다고 해서 현실로부터 완전히 이탈하지도 않은 상태로 현실로부터 적당한 거리를 유지할 필요가 있다고 주장했는데, 쾨슬러가 강조한 '약간의 좌절'은 비판적 거리두기의 조건으로 이해할 수 있겠다.

그렇다면 쾨슬러 자신의 정치평론은 민감한 판막으로 기능했는가? 그의 정치평론이 보수성을 벗어나서 민감한 판막으로서 제대로 기능했는지를 살펴보면 필자는 '그렇다'고 자신 있게 말할 수 있다. 그의 정치평론은 기성의 고정된 가치체계와 질서—그것이 부르주아적이건 또는 당시 전세계의 프롤레타리아 운동을 주도하던 코민테른의 것이건 상관없이—를 현실에 비추어 통렬하게 비판하고 있다. 쾨슬러는 그의 정치평론을 통해서 우파의 보수성을 '속물근성'으로, 좌파의 보수성을 '지적 타락'으로 비판하면서 고통받는 사람들의 외침에 귀기울일 것을 주장했다. 이런 점에서 그의 정치평론은 보수성을 벗어난 민감한 판막이었음에 분명하다. 그러나 쾨슬러의 정치평론은 관념성에 매몰된 측면이 강하다. 이미 1944년에 오웰이 「아서 쾨슬러」(Arthur Koestler)에서 비판했듯이 관념적인 객관주의적 정치사상 속에서 쾨슬러는 정치평론의 실천적 의미를 경시했고, 그 결과 비관론에 빠지고 말았다.

쾨슬러는 본격적으로 과학철학에 관심을 집중했던 1946년 이전에 이미 객관주의에 경도되기 시작했다. 1944년 10월에 씌어진 정치평론 「요기와 코미사르(II)」에서 쾨슬러는 '요기의 사고방식'과 '코미사르의 사고방식'의 종합을 지향한다. 그러나 여기에서는 고통받는 사람들의 생활세계보다도 "관조의 방법"(method of contemplation)[27]이 더욱 강조되고 있다. 이를 철학의 관점에서는 좀더 심원한 사색의 길로 접어들었다고 평가할 수도 있겠지만, 정치평론의 관점에서는 민감한 판막의 기능이 상실되어 가는 전조로 판단할 수 있다. 결국 1946년 봄에 쾨슬러는 《맨체스터 이브닝 뉴스》(*Manchester Evening News*)의 정치평론을 대신 맡아달라는 오웰의 제안을 거부하면서 "나는 심리학 책에 깊이 빠져서 점점 내 자신이 정치현실과의 접촉을 상실한 채 경건해지는 것을 느끼기 시작했다"[28]고 말했다. 쾨슬러는 그 스스로가 '지적 타락', '부르주아지의 퇴폐'라고 거듭 비판했던 관념론에 매몰됨으로써 민감한 판막의 기능을 포기한 채 정치평론을 끝내고 말았다.

쾨슬러의 정치평론은 그의 이념적 좌절로부터 시작되었지만 그 좌절을 끝내 극복하지 못한 채 그는 정치평론을 포기했다. 쾨슬러에게 있어서 그가 겪은 체험과 정신적 고통은 '약간의 좌절'을 넘어선 것이었을 수도 있겠다. 그렇다고 하더라도 1946년 이전에 씌어진 그의 정치평론은 그 자신의 평가보다도 더 훌륭하게 고통받는 사람들의 외침을 전하는 민감한 판막으로서 현실 속에서 훌륭하게 기능했다. 이제 민감한 판막으로 기능하기 위해서는 정치평론이 어떻게 현실에 접근해야 하는지 그의 '창문 열기'라는 비유를 통해 살펴보자.

3. 창문 열기

쾨슬러는 「소설가의 유혹」이라는 정치평론을 통해 민감한 판막으로 기능하기 위해서는 현실을 직시하되 영감을 잃지 말 것을 주장했다. 그는 이를 설명하기 위해서 러시아의 한 대문호가 글을 쓰는 모습을 빌려왔다. 러시아의 대문호는 글을 쓰기 위해서 발은 책상 밑에 있는 뜨거운 물통 안에 담가둔 채 방의 창문은 활짝 연다는 것이다. 이 비유에서 '창문’ 은 보수성과 관념성에 빠지지 않으면서 현실세계를 바라보는 정치평론가의 현실감각 또는 정치감각을 의미하는 반면에 ‘뜨거운 물통’ 은 정치평론가의 글을 호소력 있는 것으로 만드는 ‘영감’ (inspriration)이다. 이 영감을 쾨슬러는 “잠재의식 속의 창조적 원천”(subconscious creative source)[29]으로 이해했다. 이 같은 영감과 현실감각이 함께 살아서 정치평론 속에 담겨 있어야 한다. 이 중에서 어느 한쪽도 결코 포기해서는 안 된다는 것이 쾨슬러의 주장인데, 문제는 대문호가 아닌 일반 작가들은 여기에서 벗어나고 싶은 유혹을 받는다는 것이다.

러시아 대문호의 모습과 다른 경우를 가정해 보자면 창문을 완전히 닫는 경우와 창문을 반쯤 닫는 경우, 발을 뜨거운 물통에서 빼는 경우 등을 가정할 수 있겠는데, 쾨슬러는 이들 각각을 ‘유혹’ (Temptation)[30]이라고 불렀다. 그는 예수에 대한 악마의 유혹을 상기하듯이 이들 유혹을 ‘첫 번째 유혹’ (Temptation No. 1), ‘두 번째 유혹’ (Temptation No. 2), ‘세 번째 유혹’ (Temptation No. 3)이라고 고유명사 형태로 표현했다. 이것은 이들 유혹이 피할 수 없는 필연적인 것이라는 의미를 내포하고 있다. 현실세계과 연관해서 반드시 맞부딪힐 이들 세 가지 유혹에 빠지지 않는 것이 민감한 판막으로 기능하기 위한 시련의 과정이다.

첫 번째 유혹은 창문을 열지 않고 닫고자 하는 유혹이다. 쾨슬러는 창문을 닫게 만드는 유혹을 두 가지로 설명한다. 하나는 ‘관심집중’ (concentration)의 유혹이다. 글 쓰는 데 전념하기 위해서 현실을 외면하고자 한다는 것이다. 특히 지식인의 신경은 예민하기 때문에 이 유혹이 가장 위험하다는 것이 쾨슬러의 판단이다. 창문을 닫고자 하는 또 다른 이유는 정신세계에 빠져들고자 하는 욕망 때문이다. ‘평화’ 라든가 ‘아름다움’ 이라든가 ‘신의 공동체’ 등의 고귀한 정신적 가치가 현실세계로부터 눈을 돌리게 만든다. 현실세계의 고통과 잔혹행위로부터 눈과 귀를 닫고 영원의 빛을 찾아나가고자 하는 강렬한 정신적 갈망이 작가로 하여금 창문을 닫게 만든다.

두 번째 유혹은 창밖으로 달려나가고 싶은 유혹이다. 이때는 오히려 열린 창문이 유혹의 원인이 된다. 창밖으로 보이는 거리의 사건들에 감수성이 예민한 작가는 열광할 수 있다는 것이다. 그는 '들끓는 뜨거운 전망'을 가지고 점점 더 창문으로 다가간다. 마침내 자신의 창의력의 원천이라고 할 수 있는 책상 밑의 뜨거운 물통에서 발을 빼고 만다. 글쓰는 사람이 영감을 잃어버리는 순간이다. 이 순간부터 그가 쓰는 글은 타인을 감동시키는 창조적인 작품이 아니라 기계적인 보고서로 전락하고 만다. 마치 러시아 혁명 직후 유럽의 좌파 인텔리겐치아들이 그들의 판막을 격렬하게 진동시켰지만 정작 함께 공명해야 하는 노동계급에게는 아무런 감동을 주지 못한 것처럼, 또 제2차 세계대전 중에 좌파 인텔리겐치아들이 반파시즘 인민전선을 주장했지만 상황에 따라 변하는 그들의 주장이 진실성을 의심받음으로써 설득력이 약했던 것처럼 정치평론가 또한 자기 생각의 원천인 영감을 상실하는 순간 서로 다른 사람들 사이를 매개하고 서로 다른 계층 사이를 매개하는 민감한 판막의 기능을 상실하고 만다.

세 번째 유혹은 앞의 두 가지 유혹을 피하려다가 빠지게 되는 유혹이다. 창문을 닫을 경우 자기만의 세계에 매몰되기 쉽고 창문을 열 경우 현실세계에 규정되어 영감을 상실하기 쉽기 때문에 이들 유혹에 빠지지 않기 위해서 창문을 반쯤 열 수가 있다는 것이다. 이것을 쾨슬러는 '단편적 시각'(fragmentary optic)[31]의 유혹이라고 불렀다. 창문을 반쯤 열어놓은 상태로, 심지어는 창문에 커튼을 드리우고 그 위에 작은 구멍만을 뚫어서 자기가 보고 싶은 것만을 선택적으로 바라보는 '단편적 시각' 에 대한 유혹이 그것이다. 세계에 대한 단편적이고 제한적인 시각을 통해서 작가는 있는 그대로의 현실이 아니라, 자의적으로 재단한 현실 속에 안주하면서 견디기 어려울 정도로 고통스럽고 혼란스러운 현실세계에 대해서 눈감아 버릴 수 있다. 정치평론이 보수성에 매몰되어 제 기능을 하지 못하게 되는 일반적이 경우가 여기에 해당된다.

이들 세 가지 유혹에 대해서 쾨슬러는 단호하게 거부한다. 그것은 대문호의 자세가 아니라는 것이다. 쾨슬러는 장미꽃을 들고 연인을 기다리는 '실비아' 라는 여주인공을 상정하면서 이들 유혹에 대해 비판한다. 창문을 닫고 자기 세계 속에 파묻힐 경우 실비아는 배경을 갖지 못한 주인공이 되고 만다. 실제의 현실에 대해 눈감은 상태에서 작가가 실비아의 배경을 묘사할 경우, 그 배경은 실비아에게 생명력을 주기보다는 오히려 실비아를 우스꽝스럽게 만들고 만다는 것이다.

세 번째 유혹에 빠질 경우에도 마찬가지로 실비아는 생생하게 살려내지 못한다. 창문을 반쯤 열거나 창문 커튼에 구멍을 내는 단편적 시각에 따라 어느 정도 그럴듯한 배경을 삽입하는 데 성공한다고 하더라도, 현실세계의 중차대한 문제에 대해 너무나도 무지한 실비아는 그녀가 내뱉는 무의미한 말과 상투적인 몸짓 속에서 생명력을 상실한 채 밀랍인형이 되어버린다. 그 결과 실비아는 더 이상 자신의 본연의 역할인 '촉매자' (catalytic agent)[32)]가 되지 못한다. 현실세계를 직시하지 못하는 정치평론 또한 이와 마찬가지로 더 이상 서로 다른 집단과 서로 다른 사람들 사이를 매개하는 민감한 판막의 기능을 상실하게 된다.

두 번째 유혹에 빠질 경우도 더 나을 것이 없다고 쾨슬러는 주장한다. 창문 밖으로 머리를 내밀면서 뜨거운 물통에서 발을 빼는 순간 작가는

'계급투쟁의 전선에 선 특파원'이 되고 만다. 이제 그에게는 더 이상 고뇌와 갈등의 원천인 영감이 설자리가 없게 된다. 영감을 상실한 작가는 행복한 앵무새가 되고 만다. 그가 쓰는 글의 주인공들은 "끔찍한 배경에 대해 그림자로서 투쟁하는 2차원의 질량 없는 존재"[33]가 되고 만다. 이 경우 실비아는 더 이상 분홍빛 뺨을 가진 아름다운 생명체가 아니라 현실의 고통을 외치는 육체 없는 유령이 되어버린다. 독자들은 살아 있는 실비아의 외침에 대해서는 반응하겠지만 유령의 외침에 대해서는 외면하고 만다. 정치평론 또한 마찬가지이다. 민감한 판막으로 기능하기 위해서는 독자나 청중에게 생생한 삶의 현실을 영감 있게 그려낼 수 있어야 한다. 딱딱하고 건조한 주장으로는 타인이 느끼는 고통을 함께 느끼게 할 수가 없다. 정치평론이 민감한 판막으로 기능할 때 비로소 다른 사람, 나아가 다른 계층의 사람들이 처한 현실을 나의 일로 공감할 수 있다.

쾨슬러의 정치평론 자체는 그가 '창문 열기'의 비유에서 주장한 바와 같이 현실감각과 영감을 잘 살리고 있다. 그의 관심이 과학철학에 집중되기 전에 발표된 쾨슬러의 정치평론은 대체로 '분홍빛 뺨의 실비아'를 잘 살려내고 있다. 물론 그가 바라본 정치현실은 '애인을 기다리는 실비아'가 아니라 '고통에 몸부림치는 실비아'였지만 그의 정치평론은 현실감각과 영감이 어우러져 살아 있는 실비아를 느끼게 해준다. 이제 쾨슬러 자신의 정치평론 속에서 살아 있는 실비아를 찾아보자.

쾨슬러는 제2차 세계대전 과정에서 발생하는 온갖 참혹한 현실을 영국인들에게 보여주고자 했다. 그렇지만 전쟁에서는 총칼의 대결과 더불어 극단적인 민족주의적 정서와 영웅심리를 부추기는 심리전 또한 활발해진다. 이 와중에서 대부분의 사람들은 흥분된 상태에서 타인의 고통을 되돌아볼 여유를 갖지 못한다. 쾨슬러는 「리차드 힐러리를 기리며」(In Memory of Richard Hillary)라는 정치평론을 통해 전쟁을 신비화하는 경향에 대해 비판했다. 그는 여기에서 전쟁이 잘못되었다든지 또는 전쟁의 과정에서 영웅 만들기에 열중하는 것은 비난의 대상이 된다든지 하는 논리 그 자체를 주장하는 것으로 만족하지 않았다. 그는 리차드 힐러리라는 한 영국 청년의 죽음을 통해 독자들이 스스로 그것을 느낄 수 있도록 했다. 쾨슬러는 리차드 힐러리를 '살아 있는 실비아'로서 영국인들, 나아가 그의 정치평론을 읽는 모든 이들이 마음 속에서 느낄 수 있도록 했다.

리차드 힐러리는 영국 공군에 입대한 젊은 작가였는데 전쟁 중에 전투기 추락으로 심한 화상을 입은 바 있었다. 그러자 영국 언론은 그를 전쟁 영웅으로 칭송했고, 그는 몸이 완쾌되지 못한 상태에서 부대에 복귀하여 복무하던 중 야간훈련 비행과정에서 사고로 사망했다. 영국인들은 거국적으로 그를 추모했으며, 그를 전쟁의 상징으로 만들어 갔다. 이때 쾨슬러는 "그[리차드 힐러리]가 화석화되어 신화 속에 파묻히기 전에 시대에 대항하여 희미해지는 그의 영상을 추적하고, 그를 붙잡고, 그를 움켜쥐는 글"[34]을 쓰고자 했다. 그리고 쾨슬러는 화석화된 전쟁영웅이 아니라 살아 숨쉬는 리차드 힐러리를 그려낼 수 있었고, 그 속에서 재기발랄한 젊은이를 전쟁터로 보내야만 하는 기성세대의 고통과 어쩔 수 없이 전쟁에 참여해야만 하는 청년의 고뇌를 담는 데 성공했다. 특히 쾨슬러는 "그것[어리석음] 때문이 아니라 그것에도 불구하고 우리는 여전히 이 투쟁이 가치 있다고 생각했다"라는 리차드 힐러리의 말을 인용하면서 "우리 모두는 다소간에 무엇 때문이라기보다는 무엇에도 불구하고 이 전쟁에서 싸우고 있다. 거창한 단어와 슬로건은 오히려 우리를 당황하게 만들며, 우리는 그렇게 순진하게 취급당하는 것을 좋아하지 않는다"[35]고 말했다. 거창한 단어와 슬로건을 떼어버린 후 쾨슬러는 한 인간으로서 힐러리를 독자들의 마음속에 되살려냈다.

쾨슬러의 영감은 강제수용소의 생활을 소개하는 「대지의 찌꺼기-1942」(Scum of the Earth-1942)라는 정치평론에서도 잘 보여진다. 유태인으로 구성되어 아무런 국제적 지원도 없이 외롭게 나치와 투쟁했던 국제여단(International Brigaders) 소속의 투사들이 강제수용소에서 얼마나 고통받고 있는지를 보여주기 위하여 쾨슬러는 머독이라는 사람의 체험담을 소개하고 있다. 이 글을 읽는 사람은 비록 그가 유태인을 혐오하더라도, 또는 강제수용소가 사실이 아니라고 생각하더라도 머독이 체험했던 것처럼 함께 매맞고 함께 굶주리고 함께 추위에 떨었을 정도로 쾨슬러는 그들의 실정을 독자의 가슴속에 살려내고 있다. 특히 다음과 같이 수감자들이 죽음을 무릅쓰고 수감조건을 개선하기 위해 투쟁했다는 대목에서는 대부분의 강심장 소유자들도 감동했을 것으로 보여진다.

> 1940년 12월 어느 날 수감자들은 얼어붙은 순무를 시궁창에 묻어버리고 단체행동에 돌입하여 다음과 같이 외쳤다. '우리는 배고프다', '우리의 권리를 보장하라.' 이 같은 행동이 몇 시간 계속되었다. 마침내 수용소장이 총검으로 무장한 부대를 이끌고 철조망 내로 행진해 들어왔다. 그는 말했다. '지금부터 셋을 셀 동안 해산하라.' 그가 셋을 셀 동안 아무도 움직이지 않았다. 그는 머뭇거렸다. 만일 그가 발포를 명령한다면 그가 원하는 만큼 수감자들이 살해당했을 것이다. 그렇지만 그의 부대도 절반은 살해당했을 것이다. 그렇게 되면 그는 파면당할 수도 있었을 것이다. 그가 머뭇거리는 동안 조심스러운 목소리가 들렸다. '왜 당신

은 한 번 더 셋을 세지 않습니까? 수용소장과 그의 부대는 철조망 밖으로 떠났다.[36)]

죽음을 무릅쓰고 먹을 것을 달라고 외치는 사람들, 목숨을 걸고 인권을 갈구하는 사람들의 이야기를 통해서 쾨슬러는 이들에 대한 독자의 관심을 이끌어낼 수 있었다. 전쟁의 와중에서 타국에서 일어나는 남의 일에 대해 공감을 이끌어내는 일은 쉬운 일은 아니었을 것이다. 그렇지만 쾨슬러는 오웰의 격찬을 받을 정도로 이에 성공했다.

쾨슬러의 정치평론은 이처럼 비현실적인 몽상, 죽어 있는 문자, 생경한 주장이 아니라 '살아 있는 실비아'를 독자와 청중의 마음 안에서 형상화시켰다. 그의 현실감각과 영감은 '창문 열기'의 비유에서 그가 주장했듯이 결코 어느 하나를 포기하는 유혹에 빠지지 않고 양자 간의 팽팽한 긴장관계 속에서 생동적인 정치평론으로 구체화되었다. 이를 통해 쾨슬러의 정치평론은 민감한 판막으로서 제대로 기능할 수 있었다. 이제 좀더 구체적으로 쾨슬러가 사용한 민감한 판막의 기법은 어떤 것이었는지 살펴보고자 한다.

4. 논의를 맺으면서 : 확대경적 접근

정치평론이 민감한 판막으로 기능하기 위해서 정치평론가는 보수성과 관념성을 떨쳐버리고 현실에 민감하게 반응하고 또 효과적으로 그것을 전달해야 한다. 또 이를 위해서 정치평론가는 현실감각과 영감 중에서 어느 하나도 포기하지 않고 양자 모두를 포함하는 살아 있는 진실을 전달해야만 한다. 그런데 인간의 둔감성(obtuseness)과 자각의 한계(limitation of awareness)로 말미암아 전달기능에 왜곡이 발생한다. 이러한 인간의 본성뿐만 아니라 쾨슬러는 당시의 시대상황으로 말미암아 대부분의 사람들은 사실을 있는 그대로 수용하지 못한다고 판단했다. 쾨슬러는 자신이 바라본 당시의 시대상황을 '반쪽 진리의 분위기'(climate of half-truths)와 '방어 필터'(protective filter)로 표현한다.

먼저 '반쪽 진리의 분위기'란 당시의 상황에서 가치가 혼란되어 있으며 하나의 도덕적 가치를 추구하고자 하면 동시에 그 과정에서 그 가치 자체를 부정하는 행위가 필요하게 되는 자가당착적인 상황에 대한 표현이다. 분명한 진리가 추구되지 못한 채 반쪽의 진리에 만족할 수밖에 없었던 제2차 세계대전 당시의 시대상황에 대해 쾨슬러는 이렇게 말한다 : "우리는 인종주의에 대항하여 투쟁한다고 하지만 영국계 국가들에서 인종차별은 여전히 기승을 부리고 있다. 또 우리는 민주주의를 위해 투쟁한다고 하지만 우리의 가장 강한 동맹국은 독재국가이다."[37] 이 같은 불완전한 진리, 자가당착적 진리가 횡행하는 속에서 민감한 판막으로서 제 기능을 다하기란 쉽지 않은 일이다.

뿐만 아니라 참혹한 전쟁과 잔혹행위가 자행되는 현실 속에서 인간의 자기 방어기제가 작동하고 있다는 사실을 쾨슬러는 목격했다. 쾨슬러는 이를 '방어 필터'(protective filter)로 표현했다. 참혹한 현실 속에서 "인간의 정신은 엄청난 비극적인 현실을 사소한 일로 치부하는 일종의 방어 필터를 통해서만 균형상태를 유지할 수가 있다"[38]는 것을 쾨슬러는 받아들인다. 이 같은 방어기제를 통해 인간의 정신이 분열상태에 이르지 않을 수 있으며, 특히 영국 사람들의 "말을 아끼는"(under-statement) 습관이야말로 비극에 대처하는 현명한 방법일 수도 있다. 문제는 이 같은 방어 필터를 어떻게 민감한 판막이 뚫고 들어갈 수 있는가 하는 점이다.

쾨슬러는 이를 위해 '확대경적 접근'(far-fetched)방법을 채택했다. 그는 자신의 정치평론집『요기와 코미사르』의 서문에서 간결한 글쓰기 방식을 거부하고 확대경적 접근방식을 채택한다고 말하면서 그 이유를 "확대경적 접근방식이 상식의 간명함보다 더욱 진리에 가까운 경우가 종종 있기"[39] 때문이라고 설명한다. 쾨슬러의 확대경적 접근법이란 정치적 사안을 간결하게 정리하기보다는 약간은 장황하고 잡다하게 논의를 줄여나가겠다는 뜻이다. '반쪽의 진리'가 횡행하고 '방어 필터'가 작동하는 비극적인 현실 속에서 고통받는 사람들의 외로운 외침을 전달하기 위해서는 사실을 전달하는 방식에서 신중할 필요가 있다는 것이다. "이것이 사실이다" 또는 "이것이 진리다"고 말한다고 해서 그것이 이해되고 납득되는 상식적 토대가 붕괴된 상황에서 민감한 판막으로서 기능하기 위해서는 단순한 사실을 전달만으로는 충분하지가 않다. 이에 쾨슬러는 간략한 글쓰기가 아니라 다각적으로 독자를 포위해 들어가는 확대경적 접근기법을 사용했다. 쾨슬러가 사용한 확대경적 접근기법으로는 '체험의 소개', '다각적 진술', '비교' 등의 방법이 있다. 이들을 하나씩 살펴보겠다.

앞서 강제수용소의 참상과 사회주의 이데올로기의 허구성을 독자들과 공유하기 위하여 쾨슬러가 머독이라는 사람의 체험과 자신의 체험을 소개했음을 보여주었다. 오웰이 쾨슬러를 '대표적인 르뽀 작가'로 치켜세웠듯이 쾨슬러는 자신과 타인의 체험을 효과적으로 소개함으로써 자기 주장을 뒷받침했다. 그런데 쾨슬러의 정치평론이 갖는 강점은 그 자신 또는 그의 주변 사람들이 극적인 체험을 했다는 사실에서 연유하지 않는다는 점을 강조하고자 한다. 다시 말해서 쾨슬러 자신이나 머독이 강제수용소를 체험하지 않았다고 하더라도, 또는 쾨슬러 자신이 우크라이나 대기근의 시기에 그곳을 방문하지 않았다고 하더라도 쾨슬러는 자신의 논지에 적절한 체험을 소개함으로써 독자와의 공감대를 넓히고자 했다. 이 같은 필자의 견해를 뒷받침하기 위해 쾨슬러의 정치평론 「독자의 딜레마」(The Reader's Dilemma)를 살펴보고자 한다.

쾨슬러는 「독자의 딜레마」라는 정치평론을 통해 매우 의미심장한 주장을 편다. 계급 지배를 공고히 하는 지식인들의 행태에 대한 비판과 더불어 그것 때문에 지식 자체를 부정하고 지식인과 투쟁해서는 안 된다는 정치적 메시지가 그것이다. 그러나 쾨슬러 글은 이 같은 정치적 메시지와는 전혀 상관없는 두 가지 체험을 중심으로 구성되었다. 하나의 체험은 제프(Jeff)라는 이름의 독자로부터 받은 편지에 관한 것이고, 다른 하나는 프랑스에서 포도주를 마신 경험과 관련된 것이다. 이 두 체험을 엮어 쾨슬러는 심각한 정치적 문제를 파고들었던 것이다. 박봉을 털어 잡지를 사보는 제프에게 그 속의 글들은 "약간 어려웠다."[40] 쾨슬러는 이 같은 제프의 말 속에서 프롤레타리아의 좌절감을 도출해낸다.

일반적으로 프롤레타리아에게 '계급투쟁'은 너무나 추상적이다. 반면에 그들에게 '바리케이드 전투'는 프랑스 혁명을 상기하는 매우 낭만적인 용어이다. 그런데 유식한 사람들은 '바리케이드 전투'라고 표현하지 않고 '계급투쟁'이라는 추상적인 용어를 사용함으로써 무식한 사람들의 기를 죽인다. 쾨슬러는 이같이 유식한 사람과 무식한 사람을 갈라놓는 표현은 계급사회의 유지를 위한 방편이라고 말하면서 "이 같은 장벽을 뛰어넘는 것은 아무런 소용이 없으며, 우리의 과제는 그것을 무너뜨리는 것이다"[41]라고 강조한다. 그러면서 쾨슬러는 프랑스에서 살았을 때 포도주를 음미하는 법을 배우기 위해 애쓰다가 결국은 포기하고 제멋대로 마셔버린 체험을 소개하면서, 포도주를 음미하는 것 자체가 나쁜 것이 아니라 포도나무가 거의 없는 지방에서 자란 자신에게는 익숙하지 않은 것이었을 뿐이었다는 점을 강조한다. 이를 통해 쾨슬러는 문제의 본질을 지적한다. 현학적인 유식한 사람들의 글에 대해 분노하는 것은 독자로서의 당연한 권리이지만 그것이 프롤레타리아의 생활을 좌우하지는 않는다는 것이다.

쾨슬러는 "당신이 반대할 사람은 유식한 사람이 아니라 부유한 사람들이다"[42]는 말로 결론을 맺는다. 이 정치평론을 통해 쾨슬러는 거창한 이론체계를 제시한 것도 아니고 강도 높은 주장을 전개한 것도 아니다. 그는 다만 두 가지 체험을 잘 엮어가면서 담담하게 자신의 정치적 메시지를 전달했다. 그리고 그가 사용한 체험 또한 대단한 것도 아니었다. 쾨슬러는 일상적인 체험을 통해 독자나 청중과 더불어 사실에 대한 감각을 공유, 나아가 일치시키고자 노력했던 것이다.

쾨슬러의 '확대경적 접근' 방법은 다각적인 진술의 형태로 나타난다. 쾨슬러는 하나의 사안에 대해 다각적으로 접근하고 다양한 방식으로 조망함으로써 진실의 실상을 공유하고자 했다. 앞서 인용한 바 있는 「소비에트 신화와 실재」에서 쾨슬러는 '사회주의의 위대한 승리' 라는 이데올로기의 허구성을 입증하기 위해서 자신의 체험뿐만 아니라 다양한 방식으로 소련의 이데올로기를 파고들어 간다. 우선 그는 다양한 반증의 사례를 원용한다. '스탈린그라드 전투' 에서 보여진 민중의 헌신적인 투쟁을 사회주의였기 때문에 가능했고, 이 때문에 독일의 침공을 성공적으로 저지할 수 있었다는 소련의 이데올로기 공세에 대해 타국의 전쟁 사례를 들어 반박한다. 쾨슬러는 만일 그와 같은 논리가 성립된다면 독일군이 훌륭하게 잘 싸우는 것이 나치즘이 옳기 때문이라는 논리가 될 수 있고, 중국군이 막강한 일본군과 10년 넘게 잘 싸워왔기 때문에 서양은 중국의 체제를 본받아야 하는가라고 반문한다. 뿐만 아니라 어느 군대도 일본군의 자살특공대보다 더욱 헌신적이라고 말할 수 없다는 점을 강조한다. 쾨슬러는 나폴레옹 전쟁에서 승리한 사회주의 이전의 러시아를 인용하면서 "만일 소련이 선전하는 바와 같이 1944년의 러시아군의 승리가 스탈린주의와 그 체제의 위대함을 입증하는 것이라면, 1815년의 승리는 프랑스 혁명의 원리보다 짜르의 노예제가 위대하다는 것을 입증하는 사례가 될 수 있다"[43]고 반론을 제기한다.

쾨슬러는 또 소련이 결코 노동자의 낙원이 아님을 입증하기 위해 각종 통계자료와 법령까지 꼼꼼히 제시했다. 우선 노동자의 실질소득은 사회주의 혁명 이전인 1913년보다도 나아진 것이 없다는 점을 소련의 공식 통계를 통해 지적한다. 1913년을 100으로 둔 기준에서 1940년의 물가지수는 2,248인 반면에 임금지수는 1,383으로서 1940년의 노동자 실질임금은 1913년의 62%에 불과하다고 주장한다.[44] 또 소련의 이데올로기는 전반적인 생산력 발전과정을 영웅적인 스타하노프의 사회주의적 신념에 근거하고 있다는 '스타하노프주의'(Stakhanovism)를 주장하고 있지만, 실상은 노동분업의 합리화 과정에 지나지 않다는 것을 소련의 언론에 나타난 보도를 통해 유추해낸다.

그뿐 아니라 쾨슬러는 사회주의 혁명 직후와 비교해서 당시까지 소득수준이 점차 불평등해졌음을 통계수치를 활용해서 주장하며, 사회주의 혁명 이후 소련 법령의 변화과정을 추적하여 상속이 확대되고 있음을 밝혀낸다. 나아가 소련의 관영 언론에 보도된 바를 인용하여 소련 내에 백만장자가 생기는 현상과 새로운 지배계급의 등장을 보여준다. 소련공산당 제17차 당대회에서 전체 대의원의 단지 9.3%만이 생산노동자 출신이라는 사실을 확인하면서 쾨슬러는 "러시아 공산당은 이론과 실천에서 모두 더 이상 노동계급의 정당임을 포기했다"[45]고 말한다. 이상과 같은 쾨슬러의 주장의 타당성을 검토하기 위해서는 정확한 통계기법에 입각해서 그가 인용하고 있는 각종 자료를 정밀하게 검토할 필요가 있을 것이다. 다만 본 논문에서는 그 타당성 여부를 떠나서 쾨슬러가 다양한 진술을 통해서 소련의 이데올로기를 비판해 들어갔다는 점을 강조하고자 한다.

끝으로 쾨슬러의 '확대경적 접근' 방법은 그의 각종 '비교' (comparison)를 통해 잘 이해할 수 있다. 쾨슬러는 「환상의 종말」(The End of an Illusion)이라는 정치평론을 통해 스탈린주의를 비판하면서 다음과 같이 이를 나치즘과 비교한다 : "동유럽에 대한 소비에트와 나치의 정책을 비교하면 유사점과 상이점을 찾아볼 수 있다. 유사점으로는 정복한 국가로부터 목표와 지도력을 박탈하여 공포에 젖은 가축떼로 전락시킨다는 점이며 … ",[46] 상이점은 나치가 점령한 국가의 인구를 적정 수준에 맞추기 위해 학살하는 반면에, 소련은 점령당한 국가의 인민들을 소련으로 이주시켜 강제노동을 시키는 것으로 쾨슬러는 설명하고 있다. 쾨슬러는 이밖에도 비교를 즐겨 사용하는데, 그 중에서 인상적인 것은 소련공산당의 인민위원(Commissar)과 영국의 전형적인 관료(Blimp)를 비교한 것이다.

'코미사르' 나 '블림프' 는 모두 전형적인 인간형으로서 굳어져 있는 대중적인 용어이다. 코미사르가 러시아의 원칙적이고 냉정하며 잔인한 인간형을 의미한다면, 블림프는 영국의 거만하고 속물적이며 뻔뻔한 인간형을 의미한다. 쾨슬러는 이 양자를 비교함으로써 다음과 같이 소련의 잔혹한 관료화를 비판한다 : "쉽게 얘기해서 만일 나에게 코미사르 밑에서 살 것인지 아니면 블림프 밑에서 살 것인지 선택하라고 한다면 나는 주저없이 블림프를 선택할 것이다. 왜냐하면 그는 나를 귀찮은 멍청이 취급을 하면서 내게서 상상력을 박탈해 버리겠지만 코미사르는 내가 동의하지 않을 경우 정중하게 나를 사살해 버릴 것이기 때문이다."[47] 이 같은 비교는 블림프를 혐오하는 영국인들에게는 매우 실감나는 표현이었다.

쾨슬러는 시간의 흐름에 따른 입장의 변화에 대해서도 예리하게 비교한다. 소련이 민족주의에 빠져들어 가고 있음을 '쿠즈마 미닌'(Kuzma Minin)이라는 러시아의 전쟁영웅에 대한 시기별 평가가 다르다는 사실을 통해 설명한다. 그에 따르면, 1930년에 출간된 소련 백과사전에는 쿠즈마 미닌을 "부르주아 역사가들이 민족적 영웅으로 만들기 위해 '성스러운 조국 러시아'를 위해 계급을 떠난 투사로 이념화시켰다"고 표현되어 있는 반면에, 1941년 11월 7일 제24차 소비에트 혁명 기념일의 스탈린 연설에서는 쿠즈마 미닌이 "위대한 조국을 대표하는 인물"[48] 중의 한 사람으로 묘사되었다. 이 밖에도 쾨슬러는 '국가 자본주의'와 '국가 사회주의'를 비교하고, '1933–1939년의 카산드라'와 '오늘의 카산드라'를 비교하며 '요기'와 '코미사르'를 비교한다. 이들 비교를 통해 쾨슬러는 자신이 인식하는 사실을 독자들과 더불어 인식하고자 했으며, 자신이 느끼는 인간의 고통을 다른 사람들과 함께 공감하고자 했다.

주

* 이 글은 『정치와 평론』 제5집에 수록된 논문이다.

1. Arthur Koestler, *The Yogi and the Commissar*(New York : The Macmillan Company, 1946). 이 책은 이하 *YC*로 약칭.
2. 세자라니(David Cesarani)에 따르면 쾨슬러가 과학에 관심을 집중하기 시작한 시점은 1946년 3월에서 6월 사이이다. 이 시기에 쾨슬러는 *Manchester Evening News*의 평론을 대신해서 맡아달라는 오웰의 제안을 거부하면서 "나는 심리학 책에 깊이 빠져서 점점 내 자신이 정치현실과의 접촉을 상실한 채 경건해지는 것을 느끼기 시작했다"라고 답신을 보냈다. 인용문은 쾨슬러가 오웰에게 보낸 미출간 서간문에 담겨 있는 내용으로서 David Cesarani, *Arthur Koestler : The Homeless Mind*(New York : The Free Press, 1999), p. 262에서 재인용.
3. Maurice Merleau-Ponty(tr. by John O' Neill), *Humanism and Terror*(Boston : Beacon Press, 1969), p. 2.
4. *Ibid.*, p. 23.
5. *Ibid.*, p. 163.
6. David Cesarani, *op. cit.*, pp. 143-144.
7. *Ibid.*, p. 173.
8. David Cesarani, *op. cit.*, p. 172. 세자라니는 이 말을 쾨슬러의 자서전 *The Invisible Writing*(London, 1954), p. 394에서 인용하고 있다. 여기에서 세자라니는 루바숍의 가운데 이름 '살마노비치'는 영어식으로는 'Solomonson'으로서 '솔로몬의 아들'이라는 의미를 내포하는 유태인식 작명이라는 점을 강조한다.
9. *Ibid.*
10. *Ibid.*, p. 197.
11. 김홍우, 『현상학과 정치철학』(문학과지성사, 1984), p. 546. 김교수는 쾨슬러의 한계를 극복하는 방안으로서 다음과 같이 '소통지향적 개인주의'를 주

장한다 : "'신체적 주체' 들은 필연적으로 '신체-사이-속에-존재' 하는 주체들로서, 이들 간에 형성된 '사이 신체적 장' 이란 '연결' 의 공간이면서 동시에 '분리' 의 거리라고도 말할 수 있다. 이러한 '사이 신체적 장' 의 2중성 또는 모호성과 여기서 비롯되는 '긴장관계' 는 한편으로는 소통지향적 개인주의를 담보해 줌과 아울러 이를 단순한 '개인주의' (또는 요기주의) 나 '집단주의' (또는 코미사르주의) 로부터 구분해 주는 지렛점이라고 생각한다." *Ibid.*, p. 580.

12. 임철규, "정치와 인간의 운명," Arthur Koestler, 최승자 역, 『한낮의 어둠 : 한길세계문학 7』(한길사, 1982), p. 12.
13. George Orwell, "Arthur Koestler" (Written in 1944 ; Focus 2, 1946), in George Orwell (Sonia Orwell and Ian Angus, eds.), *The Collected Essays, Journalism and Letters of George Orwell* (New York : Harcourt, Brace & World, Inc., 1968), Vol. III, p. 244. 이하 *CEJL*로 약칭. 그런데 총 4권의 *CEJL* 중에서 제3권을 제외한 제1권, 제2권, 제4권은 출판사가 'New York : Penguin Books, 1977' 이며 출판년도는 '1977년' 임을 밝혀둔다. 오웰의 이 글은 그 형식상 쾨슬러의 문학작품에 관한 문학비평이지만 그 내용을 살펴보면 충분히 정치평론으로 부를 수 있을 만큼 현실정치를 평론하고 있다.
14. *Ibid.*, p. 243.
15. 원래 '카산드라' (Cassandra) 는 그리스 신화에 나오는 예언자로, 트로이 최후의 왕 프리아모스와 헤카베 사이에서 태어난 공주이다. 그녀는 태양신 아폴론의 총애를 받아 예언의 능력을 받았으나 아폴론의 요구조건을 거절함으로써 저주를 받게 되었다. 그 결과 사람들은 그녀의 예언을 믿지 않게 되었다. 그녀의 예언을 믿지 않은 트로이는 결국 망했고, 그녀 자신도 전리품 분배과정에서 아가멤논에게 주어졌다. 카산드라의 불행은 여기에서 끝나지 않았다. 아가멤논 역시 그녀의 예언을 믿지 않았기에 그녀와 더불어 살해되고 말았던 것이다. 이후 '카산드라' 는 세상으로부터 신뢰받지 못하는 비운의 예언자의 대명사가 되었다. 쾨슬러는 그의 글 곳곳에서 자신을 카산드라에 비유했다. 이는 현실정치로부터 과학으로 관심의 초점을 옮긴 이후에도 계속되었다. 그의 마지막 철학 저서 『야누스』에서도 카산드라는 살아 숨쉬고 있다. Arthur Koestler, "Le Roi est Mort ··· ," in *YC*, p. 110 ; Koestler, "The End of An Illusion," in *YC*, p. 213 ; Koestler, "The Yogi and the Kommissar (II)," in *YC*, p. 247 ; Koestler (최효선 역), 『야누스』(범양사 출판부,

1993), p. 13 등 참조. 이들 저서에서 쾨슬러는 카산드라의 외침을 때로는 'Cassandra cry' 와 같이 단수로, 때로는 'Cassandra cries' 와 같이 복수로 표현하기도 했다.

16. George Orwell, "Arthur Koestler," in George Orwell(Sonia Orwell and Ian Angus, eds.), *The Collected Essays, Journalism and Letters of George Orwell*(New York : Harcourt, Brace & World, Inc., 1968), Vol. III, p. 235. 이하 *CEJL*로 약칭.

17. Arthur Koestler, "The Intelligentsia," in Arthur Koestler, *The Yogi and the Commissar*(New York : The Macmillan Company, 1946), p. 66. 이하 *YC*로 약칭.

18. *Ibid.*, p. 71.

19. Arthur Koestler, "On Disbeliebing Atrocities," in *YC*, p. 92.

20. Arthur Koestler, "Intelligentsia," in *YC*, p. 67.

21. Arthur Koestler, "The Novelist's Temptations" (Speech at the 17th International Congress of the P.E.N. Club, September, 1941), in *YC*, p. 29.

22. *Ibid.*, p. 71. 여기에서 쾨슬러는 사회의 가장 민감한 부분(most sensitive part)인 인텔리겐치아의 타락을 "지배계급의 부패나 프롤레타리아의 수면병과 같은 증세"로 파악했다. 상호 긴밀한 연관성이 있다는 것이다.

23. *Ibid.*, p. 70.

24. *Ibid.*, p. 71.

25. *Ibid.*, p. 66. 그런데 쾨슬러가 주장하는 '약간의 좌절' 은 정치평론의 조건을 넘어서 정치적 사고 전반으로 확대될 수도 있다. "배부른 돼지가 되느니 차라리 배고픈 소크라테스가 되겠다"는 말도 있듯이 만족감은 사고 자체를 둔화시킬 수 있는 것이다. 다시 말해서 쾨슬러가 말한 '약간의 좌절' 은 아리스토텔레스 이래로 서양 정치학의 중요 화두 중의 하나가 되어온 '심사숙고' (deliberation)의 조건이 될 수도 있다는 것이다.

26. Michael Walzer, *Interpretation and Social Criticism*(Cambridge & London : Harvard University Press), p. 36. 이하 *IS*로 약칭.

27. Arthur Koestler, "The Yogi and the Commissar(II)," in *YC*, p. 245.

28. 인용문은 쾨슬러가 오웰에게 보낸 미출간 서간문에 담겨 있는 내용으로서 David Cesarani, *Arthur Koestler : The Homeless Mind*(New York : The Free Press, 1999), p. 262에서 재인용.

29. Arthur Koestler, "The Novelist's Temptations," in *YC*, p. 22.
30. *Ibid.*, p. 23.
31. *Ibid.*, p. 24.
32. *Ibid.*, p. 26.
33. *Ibid.*, p. 23.
34. Arthur Koestler, "In Memory of Richard Hillary" (*Horizon*, April, 1943) in *YC*, p. 40.
35. *Ibid.*, p. 44.
36. Arthur Koestler, "Scum of the Earth−1942" (*Evening Standard*, June, 1942), in *YC*, p. 84.
37. Arthur Koestler, "The Fraternity of Pessimists," in *YC*, p. 100.
38. Arthur Koestler, "Le Roi Est Mort …," in *YC*, p. 112.
39. Arthur Koestler, "Preface," in *YC*, p. v.
40. Arthur Koestler, "The Reader's Dilemma" (*Tribune*, April, 1944), in *YC*, p. 30.
41. *Ibid.*, p. 34.
42. *Ibid.*, p. 36.
43. Arthur Koestler, "Soviet Myth and Reality," in *YC*, p. 133. 그런데 실제 역사상 나폴레옹의 러시아 원정은 1812년이었다.
44. *Ibid.*, p. 158 참조.
45. *Ibid.*, p. 173.
46. Arthur Koestler, "The End of an Illusion," in *YC*, p. 201.
47. Arthur Koestler, "The Fraternity of Pessimists," in *YC*, p. 106.
48. Arthur Koestler, "Soviet Myth and Reality," in *YC*, p. 190.

참고문헌

강준만. 1994.『커뮤니케이션 사상가들』. 서울 : 한나래.

구영록. 1999.『한국과 국제정치환경』. 서울대학교 출판부.

김대영. 1984. "프란츠 파농의 폭력론 연구." 서울대학교 정치학 석사학위논문.

______. 2000. "당파성과 개체성의 갈등 : 오웰과 쾨슬러의 정치평론."『역사와 사회』. 제3권 25집.

김홍우. 1999.『현상학과 정치철학』. 서울 : 문학과 지성사.

______. "Due Process와 한국정치의 재조명." 미출간 논문.

문익환. 1999. 문익환 전집출간위원회 편.『문익환 전집』. 1권-12권. 서울 : 사계절출판사.

박경서. 1997. "George Orwell의 정치의식과 인간관." 영남대학교 영문학 박사학위논문.

박호성. 2000.『빽소니 정치와 3생(三生)정치』. 서울 : 도서출판 오름.

이동수. 2001. "함석헌과 정치평론."『한국정치학회보』 제35집 4호.

______. 2000. "하버마스에 있어서 두 권력." 제4차 한국정치사상학회 기획논문.

임상원. 2002. "바람직한 선거보도의 방향."『관훈저널』. 82호(봄호).

임철규. 1982. "정치와 인간의 운명." Arthur Koestler. 최승자 역.『한낮의 어둠 : 한길세계문학 7』. 서울 : 한길사.

장명학. 2001."헤겔의 변증법적 권력 개념."『철학사상』 제12호. 서울대학교 철학사상연구소.

장준하. 1985. 장준하 선생 10주기 추모문집 간행위원회 편.『장준하 문집』. 1권-3권. 사상.

조용준. 2000. "김성식의 정치평론 연구 : 시민사회론을 중심으로." 서울대학교 정치학 석사학위논문.

최 명. 1981.『비교정치학 서설』. 서울 : 법문사.

홍성구. 2001. "인터넷과 정치적 공론영역의 복원 : 숙의 민주주의를 중심으로." 고려대학교 신문방송학과 박사학위논문.

Hayes, Carlton J. H. 1953. *Contemporary Europe since 1870*. New York : The Macmillan Company.

Koestler, 1946. Arthur. *The Yogi and the Commissar*. New York : The Macmillan Company,

______. 1949. *Insight and Outlook*, New York : The Macmillan Company.

______. 1956. *The Invisible Writing*, Boston : The Beacon Press.

______. 1967. *The Act of Creation*, New York : Dell Publishing Co. Inc.

______. 1987. 『죽음과의 대화』. 신동란 역. 서울 : 도서출판 남도.

______. 1981. 『일인자와 이인자 : 백주의 암흑』. 박실 역. 서울 : 기린원.

______. 1982. "한낮의 어둠." 최승자 역. 『한길세계문학 7』. 서울 : 한길사.

______. 1993. 『야누스』. 최효선 역. 서울 : 범양사 출판부.

Orwell, George. 1981. *A Collection of Essays*. San Diego, New York. London : Harcourt Brace & Company.

______. 1978. *Inside the Whale and Other Essays*. New York : Penguin Books.

______. 1976. *George Orwell : Animal Farm, Burmese Days, A Clergyman's Daughter, Coming Up for Air, Keep the Aspidistra Flying, Nineteen Eighty-Four*. London : Martin Secker & Warburg, Ltd.

______. 1984. 『카탈로니아 찬가』. 박충선 역. 서울 : 학원사.

______. 1985. 『동물농장』. 김병익 역. 서울 : 문예출판사.

______. 1988. Orwell, Sonia and Ian Angus, eds. *The Collected Essays, Journalism and Stra-uss, Leo, What is Political Philosophy? : And Other Studies*. Chicago & London : The University of Chicago Press.

Walzer, Michael. 1987. *Interpretation and Social Criticism*. Cambridge & London : Harvard University Press.

______. 1997. *On Toleration*, New Haven and London : Yale Univ. Press.

______. 1988. *he Company of Critics : Social Criticism and Political Commitment in the Twentieth Century*. New York : Basic Books Inc., Publisher.

02

정치평론과 한국

정치평론가 이율곡*

최진홍 (서울대)

1. 율곡의 문제의식

우리 학계에서 율곡(1536-1584)이 살았던 16세기는 흔히 성리학의 전성기[1)]로 평가된다. 그러나 율곡을 통해 본 당시의 상황은 절망적이었다. 학문상으로는 성리학이 꽃을 피웠지만 정치적으로는 쇠락의 길로 치닫고 있었다. 따라서 성리학 중심의 연구는 나름대로의 의미를 가지고 있음에도 불구하고 당시의 정치를 분석하기에는 한계를 갖는다.

이 글에서는 성리학자로서의 율곡이 아닌 정치평론가로서의 율곡을 조망하기로 한다. 그 이유는 율곡의 일생을 보면 성리학을 체계적으로 세우려는 노력보다는 당시의 시급한 정치문제 해결에 적극성을 보였기 때문이다. 이런 점에서 율곡은 성리학자라기보다는 정치평론가의 모습에 더 가깝게 여겨진다.

율곡의 관심은 폐(弊)라는 용어에 잘 나타나 있다. 율곡의 관직생활은 전(前) 시대의 권간(權姦)들이 남긴 유폐(遺弊)를 어떻게 극복할 것인가 하는 문제의식으로 시작되었다. 율곡이 주목한 것은 '백성[民]'이 아니라 백성들의 구체적인 삶의 모습인 '민생'(民生)이었다. 율곡은 당시 처참한 민생의 원인이 바로 '폐법'(弊法)에 있음을 인식하고 폐법을 개혁하기 위한 다양한 시도를 벌인다. 율곡은 백성을 사랑하는 애민(愛民)의 차원이 아닌 백성이 편안한 안민(安民)에 초점을 두게 된다.

이후 율곡의 관심은 '폐정'(弊政)이라는 문제로 옮겨가게 된다. 율곡은 폐법이 개혁되지 못하는 이유를 폐정에서 찾고 있었다. 율곡은 당시 조선의 정치현실이 지닌 수많은 문제점을 바로 '폐정'(弊政)이라는 말에 집약하고 이에 대해 자신의 대책을 세우는 것으로 그의 정치적 삶을 살았다. 아래에서는 율곡이 폐정으로 지목하고 비판한 당시의 공론(公論)과 붕당의 문제, 그리고 당시의 대표적 인물인 선조와 퇴계를 중심으로 살펴보기로 한다.

2. 공론(公論) 비판

현대 정치학의 화두가 '민주주의'라면 조선조, 특히 율곡 시기 정치의 화두는 바로 '공론'이었다고 말할 수 있다. 『선조(수정)실록』에 가장 많이 표현된 언사는 신료들이 선조에게 청한 "(이러한 사안이) 공론이옵니다"와 "속히 공론을 따르소서"였다. 그런데 문제는 이들 말 속에 등장하는 공론의 의미이다. 율곡에게 공론은 일반인[國人]들로부터 나오는 자연스러운 여정(輿情)으로, 모든 사람이 옳다고 인정하는 것을 의미한다. 그러나 당시의 위정자들이 인식하는 공론은 바로 삼사(三司 : 사헌부, 사간원, 홍문관)만의 결정이었다.

1) 만장일치와 피혐(避嫌)

율곡은 관직생활 초기에 이미 "위로는 임금의 마음을 바르게 하고 아래로는 백성의 감정을 전달하여 잘못된 폐해를 바로잡는 책임이 바로 간관(諫官)에게 있다"고 하여 간관의 가장 큰 책임은 바로 위와 아래의 진정한 소통에 있음을 밝혔다.[2] 율곡이 강조한 간관의 중요성은 무엇보다도 '백성들의 자연스러운 감정' [輿情]을 조정에 전달하는 소통의 측면에 있었다.

그런데 당시 삼사에서는 이 백성들의 감정[民情]은 방치한 채 도덕의 문제만을 논하고 있었다. 도덕의 문제는 당연히 옳고 그름이라는 시비(是非)의 차원에 그 논점을 두게 되었다. 그리고 이 시비의 논쟁에서 타협과 중재는 설자리를 박탈당했고, 오직 만장일치만을 추구하게 되었다. 하지만 모든 사안이 만장일치를 가져올 수는 없었다. 의견의 일치를 보지 못할 경우 삼사의 관원들은 모두 자리를 사퇴하였다. 이를 피혐(避嫌)이라 하였는데, 의견이 서로 다르므로 함께 직책을 수행할 수 없다는 것이 그 이유였다.

이러한 행태는 결과적으로 "사소한 일로도 피혐을 하고, 서로 용납되지 않는 일에 있어서는 전혀 따져보지도 않고 어지럽게 바꾸어 일을 폐기하는 습성"만을 생산했다.[3] 율곡은 이러한 상황에서는 결코 공론의 정치적 의미를 찾을 수 없음을 인식하고 있었다. 선조 7년 3월에 발생했던 경상도 군적 경차관(軍籍敬差官)[4] 정이주(鄭以周) 면직사건은 이러한 특징을 잘 대변해 주고 있다.

정이주는 재물의 수탈에만 힘쓰고 백성의 어려움은 돌보지 않았다. 한정(閑丁)을 책출(責出)하면서 태형(笞刑)을 매우 혹독하게 가한 데다 무뢰배인 서제(庶弟)를 자기의 이목(耳目)으로 삼아 백성의 비방이 도처에 가득했다. 따라서 사헌부에서 정이주의 교체를 논의하기에 이르렀다. 집의 정지연(鄭芝衍)은 "사명(使命)을 받든 신하를 떠도는 말로 인하여 논파하는 것은 옳지 않다"는 주장을 제기했고, 대사헌 심의겸(沈義謙)은 "이는 떠도는 말이 아니니, 만약 파직시키지 않으면 백성의 원성이 더욱 심해질 것이다"는 주장을 제기하여 의논이 합치되지 않자 결국 두 사람은 피혐을 하기에 이르렀다.[5] 이 일은 율곡에게 "대간이 대단치 않은 일로 으레 서로 용납하지 않는 폐단"으로 인식되었고, 이를 시정하고자 선조에게 다음과 같이 건의했다.

> 사람의 소견이 서로 다를 경우 사정(邪正)과 흑백이 분명하다면 서로 용납할 수 없을 것입니다마는, 만약 하나의 의논이 합치되지 않은 것이라면 어찌 서로 용납하지 못하는 정도까지 이르러서야 되겠습니까. 조종조에서는 대간이 각기 자신들의 뜻으로 아뢰면서 의리의 소재만 볼 뿐 동료의 논의와 서로 어긋난 것을 꺼리지 않았으니, 부화뇌동하여 구차하게 서로 뜻을 합치려 하는 것이야말로 말세의 풍조라 하겠습니다. 정이주가 경망스럽고 각박하게 처리한 잘못과 그 서제가 뇌물을 받은 실상은 떠도는 말에서 나온 것은 아닙니다. 온 고을 내가 시끄러워 마치 병란(兵亂)을 만난 것 같으니, 만약 이주를 파직하지 않으면 영남 천리의 인심을 위로할 수 없습니다. 심의겸이 논핵(論劾)하려고 한 것은 단연코

> 잘못이 없고, 정지연은 그 소견에 일리가 있는 듯하긴 하나 파직하자는 의견보다 분명하고 바르지는 못합니다. 그러나 이는 하나의 의논이 합치되지 않은 것에 불과할 뿐 사정(邪正)이 서로 용납되지 않는 것과는 비교할 수 없으니, 모두 출사를 명하소서.[6)]

그러나 선조는 "의논이 각기 달라서 형세상 서로 용납될 수 없는데 억지로 서로 용납시킨다면 반드시 폐단이 있을 것"이라면서 율곡의 건의를 거부한다. 결국 정지연은 체직되었다. 율곡은 만장일치를 고집하는 대간의 잘못된 관행을 고칠 목적으로 이처럼 논했던 것인데 선조는 규례의 변경을 경솔히 논의한다고 하여 따르지 않았다.

이 사건 이후로는 "대간이 앞을 다투어 하찮은 일로 피혐하여 체직됨으로써 어지럽게 자주 교체되었는데, 1년 동안에 수십 번 대간으로 들어간 자도 있었다." 그래서 사관은 이 일을 두고 "수십 일 동안 재직하게 되면 서로 장난삼아 묻기를 '이미 충분히 임기를 채웠는데 어찌하여 잉임(仍任)하는가' 하였으니, 관법(官法)의 문란함이 극도에 이르렀다 하겠다"라고 평가하고 있다.[7)]

2) 논(論)과 의(議) : 시비와 우열의 문제

율곡이 공론을 강조한 것은 당시의 잘못된 공론인식을 비판하기 위해서였다. 즉 당시의 삼사가 언로를 독점하고 있었으며, 피혐이라는 관례가 가져온 폐해를 비판했던 것이다. 여기서 필자는 '논'(論)과 '의'(議)에 대한 구분을 할 필요가 있다고 생각한다. '논'이란 결론에 가까운 의미가 되며, '의'라는 말은 그 과정에 가까운 의미를 보인다. 당연히 '논'은 가치판단이 개입되기 마련이다. 따라서 '논'을 강조하다 보면 '시비'의 문제를 우선할 수밖에 없다. 반면 '의'는 여럿이 함께 한 사안을 따져보는 의미가 있다. '논'은 혼자서 하는 것이고 '의'는 '더불어 함께'하는 것이다.

하지만 당시 조선조 정치에서는 '의'가 사라져 버렸다. 조선의 최고 의결기관인 의정부(議政府)는 '의정'(議政)의 기능이 상실되었고, 그 결과 의가 사라진 자리를 논만이 무성하게 채우고 있었다. 이렇게 되자 기형적으로 비대해진 삼사가 국정을 천단하고 삼사에 의한 '의(議) 없는 논'(論)은 오직 시비론으로만 귀결되었다. 이 과정에서 논(論) 없는 의(議)는 폐정이 되고 의(議) 없는 논(論)은 폐법이 되고 말았다. 권간(權姦)은 의와 논 자체를 무시했고 유속(流俗)은 의와 논 자체를 회피했다. 폐법은 이러한 권간의 결과이고 폐정은 이러한 유속의 결과물이다.

소통의 핵심은 논의 우월성으로부터 의의 우선성을 지키려는 인간의 정치적 노력이다. 시의(時宜)를 파악하기 위해서 필요한 것은 바로 의(議)이다. 그리고 그 의(議)의 결과로 나온 대책이 바로 논(論)이 된다. 그런데 논에 대한 유혹에서 자유롭지 못한 인간들은 흔히 이 점을 망각하거나 간과하곤 한다.

율곡이 말하는 정치란 '정(政)을 행함으로써 치(治)를 이룩하는 것'으로, '정'(政)은 현실세계의 제 문제를 해결하기 위한 인간의 행위를 가리키는 반면 '치'(治)는 그 행위가 바람직한 상태로 나타난 결과를 가리킨다. 율곡은 이 점에 대해 다음과 같이 말한다.

> 임금이 신하에게 맡기는 것은 천지의 도입니다만, 맡기는 것에 사(邪)와 정(正)이 있어서 치란안위(治亂安危)가 여기에 달려 있습니다. 이러므

로 군자에게 맡기면 정사가 다스려져서 태평하고, 소인에게 맡기면 정사가 천단되어 위태하며, 군자든 소인이든 맡기지 않으면 정사가 흩어져 어지럽게 되는 것은 당연합니다.[8)]

율곡은 여기서 '정'(政)이 그 실행[行政 또는 爲政] 여부에 따라 '정치'(政治), '정천'(政擅), 그리고 '정산'(政散)이라는 세 가지 서로 다른 결과로 나눠지는 것을 보여준다. 그리고 이 세 가지 결과는 현실에서는 다시 '안(安), 위(危), 난(亂)'의 모습으로 나타난다. 결국 율곡에게 정치란 '위험과 혼란이 아닌 편안한 세계를 만들기 위한 것으로서, 인간의 행위가 천단[政擅]되거나 사라지지[政散] 않고 제대로 다스려진[政治] 상태'를 가리킨다.

이런 관점에서 볼 때 율곡이 생각하는 정치에 있어서의 논의는 결과론적 논의가 아닌 과정으로서의 논의로 이해되어야 마땅하다. 특정 사안에 대한 판단의 과정은 생략한 채 판단의 결론만을 공유한 것이 바로 조선조의 공론정치였다. 한편 율곡의 이러한 사고는 가치(價値)와 가격(價格)의 문제로 설명할 수 있을 것이다. 정치의 장에서 소통은 가격의 차원에서 시작하여 가치의 차원으로 마무리해야만 한다. 우선은 그 비용과 손익을 잘 따져보는 것이 중요하다. 하지만 그 가격의 차원에서 끝맺지 말고 가치의 문제까지 연장되어야 한다. 여기서 토론의 과정이 중요하게 대두된다.

초기에는 그 비용을 잘 말하게 놓아두고, 그 뒤에는 비전문가들의 가치의 문제가 개입되어야 한다. 논의의 출발을 도덕이라는 가치로 시작한 사람들은 구체적인 사안에서는 침묵하는 경우가 많다. 도덕주의자들이 자신들의 도덕원칙에만 헌신하고 생활세계는 도외시한다면 이미 이들은 도덕이라는 상품을 파는 장사꾼이다. 율곡의 표현에 의하면 유속, 속유, 시배 등이 된다.

율곡은 시비와 선악보다 우열을 중시한다. 그런데 당시에는 삼사의 공론정치라는 화두가 지배적 담론구조를 이루면서 정치의 다양한 이해득실에 대한 논의가 사라지고 시비와 선악이라는 원칙론만이 횡행하는 모습을 보였던 것이다. 따라서 회의기관인 의정부의 기능이 마비되어 정치가 실종되었던 것이다. 정치의 장에서 의(議)라는 우선성이 논(論)이라는 우월성에 종속되면서 조선조 정치는 붕당화되었다.

3. 붕당 비판

1) 붕당의 발생

일반적으로 조선의 붕당 연구는 그 접근법과 인용 사료에 따라 각기 긍정과 부정의 양면적인 평가를 제공한다.[9] 비록 붕당의 영향에 대해 양면적으로 평가할 수 있다 할지라도 조선의 붕당정치와 그 폐해의 궁극적인 원인은 군신간 또는 당파간 소통의 단절에 기인한다. 그렇기 때문에 당쟁은 '사류정치의 말폐', 즉 '유학의 정치화' 일 수 있다.[10]

붕당의 첫 번째 사례는 선조 8년(1575년, 乙亥年)에 이르러 발생한 을해붕당이다.[11] 그 배경은 이 해 7월에 황해도 재령(載寧)지방에 종이 주인을 죽였는데, 검시(檢屍)의 잘못으로 치사(致死)한 이유를 밝히지 못했던 사건에 기인한다. 의금부에서 국문하여 삼성교좌(三省交坐)하는 과정에서 박순(朴淳)이 위관(委官)이 되었는데 오랫동안 옥사를 판결하지 못한 상태였다.

당시 대사간이면서 '죽은 사람과 족당'이었던 허엽(許曄)이 박순을 추고할 것을 주장했다. 허엽은 당시 사류들 중 젊은 사류들의 종주로 인식되었던 인물로, 김효원 등이 중심이 되어 허엽을 정치적으로 지지하고 있었다. 반면 추고당한 박순은 선배 사류들의 종주로 인식되면서 허엽 중심의 정치세력들과 갈등관계에 놓여 있었다. 율곡은 당시에 대사헌이어서 정치적 이견을 조정하기 위해 어떤 형태로든 개입해야 할 상황에 놓여 있었다.

율곡은 우의정 노수신과의 상의에서 "두 사람은 모두 사류(士類)로서 흑백·사정(邪正)을 구분할 것도 아니며, 또 참으로 틈이 생겨 서로 해치고자 하는 것도 아니"라고 전하면서, "다만 말세의 풍속이 시끄러워 약간의 틈이 벌어진 것일 뿐인데 근거 없는 뜬소문이 두 사람을 어지럽혀 조정이 조용하지 못하니, 마땅히 두 사람을 모두 외직(外職)으로 내보내어 근거 없는 의논을 진정시켜야 할 것"이라는 입장을 표명한다.[12)]

그 결과 노수신이 선조에게 두 사람을 외직으로 보낼 것을 건의했고, 선조는 "한 조정에 있는 사람들은 서로 다 같이 공경하고 합심하여야 되는 것인데도 서로 헐뜯는다 하니 매우 옳지 못하다"고 여겨 김효원을 부령부사(富寧府使)로, 심의겸을 개성유수(開城留守)로 보내는 것으로 마무리했다.

하지만 당시의 상황은 율곡의 의도와 정반대의 방향으로 전개되었다. 조정은 김효원의 외직발령을 기회로 서인 중심으로 재편되었다. 그러자 서인의 권력독점을 경계한 율곡은 김효원과 가까운 동인 이발(李潑)을 이조전랑으로 임용함으로써 전랑에 천거된 서인 윤두수(尹斗壽)의 조카 윤현(尹晛)을 견제하려 했다. 그런데 이발이 체직되었고, 전일 정언으로 있으면서 양사를 체직하여 김효원의 세력꺾기를 주장했던 조원(趙瑗)이 전랑으로 임용되면서 서인들의 독주가 시작되었다. 율곡은 "조원은 쓸 만한 인재가 아"니라며, "인물을 논하지 않고 다만 김효원을 미워하는 사람만 쓰려 하면 반드시 패할 것"이라고 경계했지만 오히려 시비를 분명히 하지 않는다는 비난만 받았다.

율곡의 의도는 김효원의 기세를 약간 꺾어놓고자 한 것이었다. 그런데 김효원의 기세가 한번 꺾이자 서인은 동인을 너무 잔인하게 공격하기 시작했다. 율곡은 김효원이 "명예와 권세를 좋아하고 세상에 좋은 선비들을 거의 다 사귀었지만" 그런 처신이야말로 "단지 좋은 명예를 유지하고 겸하여 세위(勢位)도 굳게 하고자" 함에 있을 뿐, "보잘것없는 소인이 방탕하고 염치없이 이욕과 관록만을 탐내는 것과는 같지 않다"고 판단했다. 율곡의 시각에서 볼 때 김효원은 정치과정을 왜곡시키는 소인은 아니라고 평가했던 것이다.[13]

두 번째 사례는 무인(戊寅) 붕당이다. 이미 을해 붕당으로 표면화되기 시작한 붕당문제는 선조 11년에 이르러서는 또 다른 국면을 맞이하게 되었다.[14] 선조 8년 김효원이 외직으로 나간 뒤 사류는 동과 서로 나뉘게 되었다. 소위 동인에는 청명의 후진이 많고 서인에는 다만 시배(前輩) 몇 명뿐이었으며, 그들을 따르는 사람은 모두 시망(時望)이 없었다.

이에 선비들은 동인이 성하고 서인이 쇠한 것을 알고, 또한 서인이 김효원을 내보낼 때에 거조가 적당치 못하여 공론이 좋아하지 않았기 때문에 진취적인 무리들은 모두 동인이 옳고 서인이 그르다고 하였다. 이발은 동편을 주장하고 정철은 서편을 주장했지만 두 사람 모두 인망이 있고 나라에 봉사하는 점에 있어서는 당대 제일이라 할 수 있었다.

당시 조정에서 윤현의 숙부 윤두수와 윤근수는 모두 요직에 있으면서 서인을 지지하고 동인을 꺾는 주장을 펼침으로써 삼윤(三尹)에 대한 동인의 증오심을 심화시켰다. 그러던 차에 마침 윤두수의 사생활이 청근하지 못해 뇌물을 받는다는 말이 있었다. 그러자 젊은 사류들은 대사간 김계휘(金繼輝)에게 이를 논박하자는 제의를 했는데, 김계휘는 선비들의 분열을 우려하여 거부했다. 이때까지 김계휘는 젊은 사류들로부터 존경을 받아왔으나 이 일로 인해 배척을 받게 되었다. 한편 홍문관 수찬 강서(姜緖)가 경연에서 선비들이 동·서로 분리되었다고 지적함으써 선조가 비로소 '동·서' 붕당의 실체에 대하여 알게 되었다.

이조전랑 김성일이 진도군수 이수(李銖)가 윤두수 형제와 윤현에게 쌀을 뇌물로 보냈다는 말을 듣고 선조에게 처벌을 요구했다. 그러자 이발이 3윤의 집에 숨겨진 나쁜 일에 대하여 그 허실을 알아보지도 않고 비방했다. 부제학 허엽(許曄) 등 동인은 대간이 뇌물 받은 사람을 논박하지 않았다는 이유를 들어 대간의 교체를 관철시켰다. 따라서 새로운 대간은 삼윤의 파면을 요구했고, 선조는 처음에 이를 거부했다.

이때 김계휘는 휴가를 얻어 지방에 있다가 대간이 삼윤을 공격한다는 말을 듣고 곧바로 올라와 윤두수를 옹호하는 말을 아뢰었는데, 말이 과격하여 적당하지 못한 것이 많았다. 이에 대해 동인을 중심으로 하는 젊은 사류들이 반발하고 김계휘를 '나라를 망친 말'을 한 자로 공격함으로써 대사간을 김계휘에서 이산해로 교체하였다.

이 사건을 계기로 오직 동인만이 청류로 자처하고 강개함이 날로 심해졌으며, 정철과 이발의 의론도 크게 틀어져 동인은 정철을 드러내 놓고 배척하여 소인이라 지목하는 등 동·서가 다시 화합할 가망이 없었다. 율곡은 당시의 상황을 다음과 같이 전한다.

조정에서는 식견이 중요하다. 식견이 없으면 현인도 일을 그르칠 수 있다. 지금 선비들의 싸움은 모두 일을 이해하지 못한 데서 나온 것이다. 첫째는 김성일이 그 일을 발단한 것이고, 둘째는 김계휘가 선비들의 노여움을 격동시켜 놓은 것이며, 셋째는 이발이 3윤 일가의 숨은 죄를 허실도 알아보지 않고 추하게 헐뜯은 것이고, 넷째는 정철과 이발이 틀어져서 동·서가 합할 가망이 영영 끊어져 버린 것이다.[15)]

2) 율곡의 붕당론

그렇다면 율곡은 붕당 간 갈등의 심화를 어떻게 해결하려고 했던 것일까? 율곡은 선조 12년에 올린 「사대사간 겸진 세척동서소」(辭大司諫 兼陳洗滌東西疏)에서 선조에게 적극적인 해법을 제기한다. 상소의 주 내용은 크게 세 가지로 구분된다.

첫째는 붕당의 문제는 사림(士林)과 직접적인 관련이 있으며, 사림의 문제는 당시 조선의 정치와 직결되어 있다는 율곡의 판단이다. 율곡은 당시의 "가장 절실하고 급"한 문제에 대하여 다음과 같이 말한다.

예로부터 국가가 믿고 유지되는 것은 사림이라 합니다. 사림은 나라의 원기라, 사림이 성하고 화합하면 그 나라는 다스려지고, 사림이 과격하고 분열되면 그 나라는 어지러워지며, 사림이 패하여 없어지면 그 나라는 망하는 것입니다.[16)]

그것은 사적인 감정대립으로부터 붕당의 형성과 갈등으로 확대된 양상이 왜 공론정치를 변질시켰는지에 대한 해답이기도 하다. 또한 그것은 붕당의 해결 역시 사림의 역할이 결정적이라는 사실을 반영한 것이기도 하다. 이로부터 율곡은 "곁에서 보는 자들이 그들의 실상을 깊이 살펴보지도 않고 두 사람의 사이가 좋지 않다고 범범하게 이야기하는 데다가 불령한 무리들은 두 사람 사이를 서로 이간시켜 분당의 조짐이 현저히 드러나게 되었다"고[17] 판단했던 것이다.

두 번째 내용은 율곡의 초기 대응을 드러낸다. 앞에서 보았듯이 율곡은 선조 8년(乙亥)에 갈등의 원인제공자인 김효원과 심의겸 두 사람을 외직으로 보내어 둘 사이를 갈라놓았다. 그러나 그 후 율곡이 벼슬길에서 물러난 뒤로 "공연히 일을 만들고 소문내기 좋아하는 자들이 동·서의 설을 지어내어 공사와 득실은 따지지 않고 단지 의겸을 허여하는 자를 서인이라 하고 효원을 허여하는 자를 동인이라 하여 조정의 진신으로서 용렬한 자가 아니면 모두 동·서의 속에 들어가게 되는"[18] 예상치 못한 결과를 초래했다는 것이다.

세 번째 내용은 선조에게 작금의 편가르기식 정치에 함몰되지 않고 공론에 의거하여 시대의 인재를 다 등용해야 한다는 율곡의 충고이다. 여기서 율곡은 동서의 보합이야말로 공론에 의해서 이루어져야 하고, 이때의 공론이 곧 '국시'가 된다고 전망한다. 그렇다면 '국시'(國是)란 무엇일까? 율곡은 국시를 "구설(口舌)로 다투어서는 정해질 수 없는 것"이라면서 다음과 같이 정의하고 있다.

> 인심이 함께 옳다하는 것을 공론(公論)이라 하며, 공론의 소재를 국시라 합니다. 국시란 한 나라의 사람이 의논하지 아니하고도 함께 옳다 하는 것이니 이익으로 유혹하는 것도 아니며, 위엄으로 무섭게 하는 것도

아니면서 삼척동자도 그 옳은 것을 아는 것이 곧 국시입니다.[19]

율곡에게 국시란 '민중의 감정을 따라서 안정' [順輿情定國是] 시키는 것이었다. 그런데 당시의 국시는 이와 달리 "주론(主論)하는 자가 스스로 옳다 생각하여도 듣는 자가 좇기도 하고 어기기도 하며, 어리석은 지아비나 아낙네까지도 모두 반은 옳다 하고 반을 그르다 하여 마침내 귀일(歸一)"하지를 못하는, 다시 말하면 공론은 사라지고 '당론' (黨論) 만 남은 상태로 되어버렸다. 그런데 율곡은 공론이 사라지고 그 자리를 당론만이 차지하게 된 이유를 다음과 같이 말하고 있다.

이 당론(黨論)을 만들어낸 이는 사류의 의사가 모두 그러해서 그런 것이 아니라, 그 사이에 박식하고 깊이 생각하는 선비가 없는 것은 아니나 중론에 부대끼어 자기 의사를 주장하지 못해서 그런 것[입니다.[20] 율곡은 "먼저 피차(彼此)를 나누고 자기와 다른 것을 찾아내면 취사(取捨)가 공정하지 못하고 인심이 복종하지 않아서 장차 청론을 세우고 국시를 정할 수 없다"고 지적하면서 "만약 한결같이 동인만 주장하고 오직 서인만 배척하면 이 또한 편견이지 공론은 못"[21] 됨을 비판하고 있다.

여기서 율곡은 공론과 국시의 정립에 있어서 임금의 역할이 무엇보다도 중요함을 다음과 같이 강조한다.

조정에 편안하고 국론이 하나가 되는 데에는 두 가지 길이 있습니다. 군자가 임금의 신임을 얻어 간하면 행하고 말하면 들어주며 모든 관료가 봉직하여 이론(異論)이 없으면 이것은 선(善)으로 통일되는 것이요,

> 소인이 임금의 사랑을 받아 계략이 행해지고 마침내 중론을 막아서 대중이 말을 못하고 눈짓만 하게 되면 이것은 불선으로 통일 되는 것입니다. 지금 성명(聖明)께서 마치 해가 중천에 있는 것과 같으니 소인이 간사한 꾀를 부릴 수가 없으나, 또 한편 군자가 도를 행한다는 말도 듣지 못하였습니다. 소인이 이미 간사한 꾀를 부리지 못하고 군자가 또한 도를 행하지 못하고 보면 사람마다 시끄럽게 말을 하여 논의가 정해지지 않음은 당연한 것입니다.[22]

그렇기 때문에 공론의 소재로서 국시는 "다만 논의를 주장하는 자가 스스로 옳다 하면 그 말을 듣는 자 중 어떤 사람은 따르기도 하고 어떤 사람은 어기기도 하며 평범한 사람들까지도 시비가 반으로 나뉘어져 끝내 귀일될 기약이 없고, 사람들의 의혹만 더 불러일으켜 도리어 화단(禍端)을 만들 뿐"인[23] 시론(時論)과 구별된다.

율곡은 붕당의 발생이 우열의 문제를 시비의 문제로 인식한 데서 그 원인을 찾아낸다. 율곡이 말하는 '시비의 문제'는 사람으로 비유하면 군자와 소인, 모책(謀策)으로 말하면 국사(國事)를 위하는 것과 가계(家計)를 위하는 것 등과 같은 것이었다. 그런데 당시 동·서 붕당은 우열이 조금 다른 사안을 시비의 문제로 인식했기에 발생한 것이라고 판단했다.

율곡은 "우열로 말하자면 김효원이 심의겸보다 우월한 것이지만, 동인이 모두 서인보다 우월한 것은 아니기에 한 두 사람의 우열로 시비와 사정(邪正)을 정하여 국론으로 정"하려고 했던 붕당 갈등이야말로 시론(時論)의 전형인 셈이었다.[24] 결국 시론이 공론의 자리를 대체했으며, 그러한 공간에서 진정한 의(議)의 모습 역시 실종되었다.

선조 13년(1580) 율곡은 이발에게 편지를 보내 동서화합을 권유한다.

이 편지에서 율곡은 "근일의 논쟁으로 온 나라가 소동하는 지경이 이른 것은 김(효원)이 낫고 심(의겸)이 못하다는 데 불과"한 것으로, 이는 "말이 필요 없는 사항"임을 주지시킨다.[25] 율곡에게 심의겸과 김효원의 문제는 단지 두 사람 간의 우열의 문제일 뿐이었다.

따라서 율곡은 "우열과 시비는 다르니 오늘의 일은 마땅히 우열로 논할 것이지 시비로 분별해서는 안 된다"고 조언[26]하면서, "동이 옳고 서가 그르다고 하기에 인심이 불평하여 의론이 끝내 귀일되지 못"하고 있다는 점을 이발에게 분명하게 설명하였다.[27]

특히 주목할 점은 이 편지에서 율곡이 이발의 모호한 태도를 비난하고 있다는 사실이다. 율곡은 "만약 배척을 하고자 한다면 마땅히 분명하게 그 죄를 바로 잡아야 하"는데도 이발은 "입으로는 화평을 말하면서 마음은 배척을 주장하고 있다"는 점을 지적한 것이다.[28] 그것은 심의겸을 비판하는 이발의 태도가 편향되었음을 지적하는 것이기도 하다.

이와 같은 심의겸에 대한 율곡과 이발(李潑)의 시각 차이는 율곡이 이발에게 지적한 다음과 같은 글에서 분명하게 드러난다.

> 형[李潑]의 의론은 그 마음을 의론함이고 나의 의론은 그 자취를 의론함이네. 사람을 보는 것은 마땅히 그 마음으로써 하고, 상벌을 내리는 것은 마땅히 그 자취로써 해야 하는 것이니, 만약 그 자취를 논하지 않고 다만 마음으로써 상과 벌을 주면 사람들의 마음을 복종시키지 못하네.[29]

결국 "시비가 어찌 고정될 수 있겠는가?"라는 율곡의 지적[30]은 당시 시론을 공론화하는 풍토를 비판하는 기준인 동시에 붕당문제의 해결을 위한 율곡 자신의 대안이었던 셈이다. 그러나 율곡의 제안은 선조에 의해 거부되었고 율곡의 체직으로 좌절되었다.

4. 정치가 비판

1) 선조 비판

율곡은 『진성학집요차자』(進聖學輯要箚字)에서 자신이 추구하는 내용은 바로 임금의 ① 학문하는 본말(本末), ② 정치하는 선후(先後), ③ 덕을 밝히는 실효(實效), ④ 백성을 새롭게 하는 실적(實跡) 등이라는 점을 밝히고 있다. 그런데 덕을 밝히는 실효는 학문의 결과이고 백성을 새롭게 하는 실적은 정치의 결과이다. 다시 말하면 위의 네 가지는 결국 임금의 학문과 정치라는 두 가지를 풀어서 말한 것이다. 중요한 것은 역시 앞의 두 가지, 즉 '학문상의 본말'과 '정치상의 선후' 문제가 더욱 중요하므로 율곡은 이 두 가지에 대해서 다시 다음과 같이 거론하고 있다.

> 제왕의 학문은 기질을 변화시키는 것이 가장 절실하며, 제왕의 정치는 정성을 미루어 어진 이를 등용하는 것이 가장 우선입니다. 기질을 변화하는 데는 마땅히 병을 살펴 약을 쓰는 것으로 공(功)을 삼아야 하고, 어진 이를 쓰는 것은 마땅히 상하가 틈이 없는 것으로 실제를 삼아야 합니다.[31)]

여기서 율곡은 임금의 기질(氣質)을 변화시키는 것이 제왕지학의 근본이라 보았고, 인재등용이라는 인사문제가 제왕지치의 최우선임을 밝히고 있다. 그렇다면 '기질이란 무엇인가' 라는 질문을 던져야 마땅할 것이다. 율곡에 의하면 기질은 '기' (氣)와 '질' (質)을 합하여 이른 것인데, 이를 설명하기 위해 등장하는 것이 그의 이기론(理氣論), 인심도심설(人心道心說) 등의 논의들이다. 다시 말하면 정치를 잘하기 위해서는 임금의 기질을 변화시키는 것이 필요한데, 율곡의 이기론 등의 성리학설은 바로 이 점을 설명하기 위해 도출한 것에 불과한 것이지, 그 자체가 정치적 삶과 동떨어져 있는 다른 세계를 논하는 것은 아니었다.

율곡이 주문한 도량을 넓히고 사사로움을 버린다는 점은 선조와 신하들 간의 소통을 가능케 하는 가장 큰 요소였다. 임금과 신하 간에 '정성스러운 믿음' [誠信]이 서로 부합하지 못하여, 신하의 마음이 임금에게 달하지 못하고[下情有所不達], 임금의 뜻을 신하가 깨닫지 못하는[上意有所未曉] 당시 상황에서는 신하들에게 책임을 맡겨서 지극한 다스림[至治]을 이룩할 수 없었다. 다시 말하면 임금과 신하가 서로 마음을 알지 못하고 사공(事功)을 이룬 사례는 역사상 한번도 없었기에 임금과 신하간의 소통이 무엇보다도 우선되어야 할 요소이다. 그리고 이를 위해서는 선조가 도량을 넓히고 사사로움을 버려야 한다는 것을 율곡은 주문했던 것이다.

하지만 이렇게 중요한 소통의 자리를 소외(疎外)라는 요소가 자리 잡고 있었음을 율곡은 다음과 같이 지적하고 있다.

> [후세의 임금은] 신하들을 소외(疎外)해서 착한 줄을 알고도 등용할 뜻을 보이지 않고, 악한 것을 보고도 추방하는 명을 내리지 않고 스스로 이르기를, 중요한 비밀을 여러 신하들이 감히 엿보아서는 안 된다고 하는

것으로 체통을 얻은 것이라 하니, […] 사(邪)와 정(正)이 섞이고, 시(是)와 비(非)가 모호하게 되어 나라를 다스리지 못하게 되는 것[입니다].[32]

율곡은 이와 같은 임금이 신하들을 소외시키는 행위가 바로 선조의 모습임을 다음과 같이 지적하고 있다.

> 전하께서는 착한 것을 좋아함이 지극하시지만 선비들이 꼭 옳은 것은 아닐 것이라고 의심하시며, 악한 것을 미워하심이 깊지마는 또 비부(鄙夫)가 꼭 그른 것은 아니라고 의심하시기 때문에, 곧은 선비와 간사한 소인이 같이 교격(矯激 : 바로 잡음)의 이름을 얻어 어진 이가 능히 충성을 다하지 못하고, 아첨하는 이와 노성한 이가 같이 순후(淳厚)의 일컬음을 얻[게 되고] […] 게다가 어진 이와는 접견하는 일이 드물어, 정의(情意)가 막혀서 정령(政令)이 천심에 합함을 보지 못하고 출척(黜陟)하는 것이 나라 사람의 뜻에 인합을 보지 못하게 되며 […] 이 때문에 착한 것을 좋아하면서도 어진 이를 등용하는 실상이 없고, 악한 이를 미워하면서도 간사한 이를 제거하는 유익함이 없어서 의논은 갈래가 많고 시비는 일정하지 아니[한 것입니다.][33]

마지막으로 율곡은 이 책을 통해서 선조가 '기질을 변화하는 공부'에 도움이 되고 나아가 '어진 이를 등용하는 실상'이 있게 되기를 간절히 바란다는 점을 진언한다. 결국 율곡이 『성학집요』를 저술하여 선조에게 바친 목적은 바로 선조의 기질을 변화시켜서 임금과 신하들 간의 진정한 소통을 이루려는 데 그 목적이 있었던 것이다.

율곡이 선조의 기질을 변화시키는 공부를 위하여 제기한 것은 바로 임금의 '마음' [心]이었다. 인간은 정(情)을 닦을 수도 없으며, 성(性)을 닦을 수도 없고, 오직 자신의 마음[心]만을 닦을 수 있다.[34] 율곡은 심(心)의 작용을 크게 지(志)와 의(意)로 나누고 있다. 지는 정이 이미 발했을 때 그 방향을 정하는 것이고, 의란 그것에 제대로 된 것인지 아닌지를 따져보는 것을 말한다.

> 지(志)란 마음이 가는 바를 이른 것이니, 정이 이미 발하여 그 추향을 정한 것이다. 선으로도 가고 악으로도 가는 것은 모두 지이다. 의(意)란 마음에 계교가 있는 것을 말하는데, 정이 이미 발하여 생각도 하고 운용도 하는 것이다. [⋯] 염·려·사(念·慮·思) 세 가지는 다 의(意)의 별명인데, 사는 비교적 중하고 염과 려는 비교적 경하다.[35]

여기서 율곡은 인간의 노력은 바로 이 심의 작용에 있다는 점을 다음과 같이 말하고 있다.

> 의(意)는 거짓으로 할 수 있지만 정(情)은 거짓으로 할 수 없다. 그러므로 성의(誠意)라는 말은 있어도 성정(誠情)이란 말은 없다.[36]

뜻[意]은 인간 스스로 닦는 것이기 때문에 율곡은 거짓으로 할 수도 있다고 위에서 말하면서 정은 거짓으로 할 수 없다고 하였는데, 필자는 여기서 한 걸음 더 나아가 정은 참이든 거짓이든 인위적으로 할 수 있는 대상이 아니라는 점이 율곡의 의도에 가깝다고 생각한다. 그 이유는 바로 율곡이 성의(誠意)라는 말은 있어도 성정(誠情)이라는 말은 없다고 한 점을 생각해 보면 알 수 있다.

정이란 자연스럽게 드러난 것이다. 이 점을 정치의 세계와 연결시켜 보면 민정(民情)이라는 대단히 중요한 개념이 도출된다. 율곡은 민정(民情) 또는 여정(輿情)을 중시했다. 그가 선조에게 폐법과 폐정을 개혁하자고 주문하면서 근거로 삼은 것은 바로 '민정이 모두 원하는 바' [民情皆願]였다. 위에서 말한 "성의라는 말을 있을 수 있어도 성정이라는 말은 있을 수 없다"는 말을 다시 한번 상기해 보면 '민의는 잘못 갈 수도 있지만 민정은 그 자체가 바로 현실정치가 가져온 그대로의 모습' 이 된다고 말할 수 있겠다.

따라서 율곡은 민의보다도 더 중요한 그 민정을 그대로 정치의 장에서 느껴야 하는 것으로 보고 있었다. 그런데 백성과 임금이 직접 만나기는 어렵다기보다는 오히려 불가능하다. 따라서 임금과 백성을 만나게 해줄 매개자가 필요하다. 그 매개자 집단이 바로 신료라고 할 수 있다. 신료들이 '민정' 을 잘 매개하면 정치의 장이 활성화된다.

하지만 이들 신료들은 이처럼 중요한 매개자의 기능을 제대로 잘 수행하기에는 한계를 갖는다. 그 이유는 이들 신료들은 자신들의 사적 이익을 버릴 수 없기 때문이다. 그러므로 율곡은 그 민정을 직접 느낄 수 있는 존재로 재야의 현인을 등용할 것을 계속하여 선조에게 주문했다.

율곡이 주목한 것은 실제 정치의 담당자인 군주와 신하들 간의 소외라는 문제였다. 그리고 군신간의 소외를 극복하기 위해서 무엇보다도 군주가 소통지향적 태도를 가져야 한다는 점을 강조했다. '소통' 의 측면에서 율곡의 군도론이 갖고 있는 의미를 한마디로 말하자면 '임금이 주도는 하되 독단하지는 말라', 다시 말하면 '임금이 앞장을 서야 되지만 혼자 가면 안 되고 함께 가야만 된다' 는 점에 있었다.

2) 퇴계 비판

율곡은 군주의 수신을 중요하게 인식했지만 군주가 수신이 될 때까지 마냥 방치할 수만은 없는 것이 바로 정치가 갖는 속성임을 또한 주목하고 있었다. 여기서 율곡의 군주론은 '수신'을 윤리적이며 규범적으로 강조하는 퇴계의 '치본론'(治本論)과 차이를 갖는다. 퇴계의 『성학십도』는 철저하게 군주의 수신을 강조하고 있다. 그런데 이러한 퇴계의 입장이 확장되면 '준비론'으로 흐르게 되어 결국에는 군주의 수신이 완성될 때까지 정치는 뇌사(腦死)상태로 놓이게 될 수밖에 없다.[37]

이(理)와 기(氣)에 대하여 율곡은 『인심도심설』에서 "이와 기가 혼융되어 원래 서로 떨어지지 않는 것으로서, 발하는 것은 기(氣)요, 발하는 소이는 이(理)이다. 기가 아니면 능히 발하지 못할 것이요, 이가 아니면 발하는 소이가 없을 것이니, 어찌 이발 · 기발의 다름이 있겠느냐"고 말한다. 그리고 이 구절은 그동안 수없이 많은 율곡 연구에서 반복하여 인용되어 왔던 바이다.

그렇다면 인심과 도심의 의미는 무엇일까? 율곡은 사람의 정이 발할 때 인심과 도심[38]으로 나뉘어진다는 점을 다음과 같이 말하고 있다.

> 정이 발할 때 도의를 위해 발하는 것이 있으니, 이를테면 어버이에게 효도하고 싶으며, 임금에게 효도하고 싶으며, 어린 아이가 우물에 빠지려는 것을 보고 측은히 여기며, 불의를 보고 부끄러워하거나 미워하며, 종묘에 지나갈 때 공경하는 것 등이 그것으로서 이는 도심이라 하는 것이요, 정이 발할 때 구체를 위하여 발하는 것이 있으니, 이를테면 배고프

면 먹고 싶고, 추우면 입고 싶고, 피곤하면 쉬고 싶으며, 정력이 왕성하면 여자가 생각나는 것 등이 그것으로서 이는 인심이라 하는 것입니다.[39]

그리고 여기서 한 걸음 더 나아가 율곡은 "도심을 발하는 것도 기이지만 성명이 아니면 도심이 나오지 못하고, 인심의 근원되는 것도 이이지만 형기가 아니면 인심이 나오지 못하는 것"이라면서 이것이 "혹은 성명에 근원하고 혹은 형기에서 발생하는 것으로서 공과 사로 달라지는 까닭"[40]이라고 공사(公私)의 개념[41]을 이와 연결시키고 있다.

그러나 문제는 사람들이 '사단은 도심, 칠정은 인심'이라는 이분법으로 인식하는 데 있다는 점을 율곡은 지적하고 있다. 그는 '사단은 참으로 도심'이지만 칠정은 인심만을 가리킨 것이 아님을 말한다. 즉 칠정은 인심과 도심 모두를 합한 것이라는 점을 강조하면서 다음과 같이 말하고 있다.

지금 학자들은 선악이 기의 청탁에 말미암은 줄을 알지 못하고, 그 이론을 탐구하여도 해득하지 못하여, 이발을 가지고 선을 삼고 기발을 가지고 악을 삼아, 이와 기가 서로 떨어지게 하는 실수를 범하고 있으니, 이는 밝지 못한 논설이다.[42]

필자는 율곡의 이러한 사고의 정치적 의미는 인간의 정치적 노력을 강조하기 위한 것이라고 판단한다. 다시 말하면 인심도심설, 이기론 등은 인간의 정치적 실천방법에 대한 근거 제시 때문에 그가 임금에게 진언한 것이었다. 여기서 필자는 정치를 방해하는 두 가지 요소를 생각해 본다. 첫째는 앞에서 말한 '준비론'이고, 둘째는 여기서 말할 '결정론'이다.

인심과 도심의 출발이 처음부터 다르다고 보는 견해는 인간사 모든 사안들은 이미 결정되어 있다는 '결정론'으로 흐를 수 있다. "이와 기가 서로 발한다"는 퇴계의 주장에 따르게 되면 정치의 장에서 인간의 할 일이 없어지고 만다. 이 점을 염려한 율곡은 "사람은 도를 넓힐 수 있되 도는 사람을 넓힐 수 없다"는 공자의 말을 이 자리에 되살려내고 있는 것이다.[43]

율곡은 퇴계의 "사단(四端)은 이(理)가 발하고 기(氣)가 따른 것이며, 칠정은 기가 발하고 이가 탄 것'이라는 주장, 즉 '이기호발'을 주장한 것은 '이기에 대해 투철하게 알지 못한 때문"이라면서 "무릇 정이 발할 때에 발하는 것은 기이고 발하는 까닭은 이이다. 기가 아니면 발할 수 없고 이가 아니면 발할 소이가 없다"고 단언한다. 그리고 이 점을 다시 '성인이 다시 나와도 고치지 못할 것'이라고 강력하게 확인해 준다. 율곡이 이 점을 이토록 강력하게 주장한 이유는 정치란 바로 인간들이 만들어 가는 과정이란 점을 강조하기 위해서였다. 율곡은 이 점을 다음과 같이 말한다.

> 만약 이와 기가 서로 발한다고 하면 이 이와 기라는 두 물(物)이 각각 마음속에 뿌리를 박고서, 발하기 전부터 이미 인심·도심의 묘맥(苗脈)이 있어, 이가 발하면 도심이 되고 기가 발하면 인심이 될 것이다. 그렇다면 내 마음에 [이미] 두 근본이 있[게 되]는 것이니, 어찌 크게 잘못된 것이 아니겠는가.[44]

5. 결어

율곡은 폐정의 한 이유로 과잉된 공론을 지목했다. 율곡의 시기에 조선은 이미 공론이 과잉 재생산되는 문제가 유발되었다. 율곡이 공론을 강조한 것은 당시의 잘못된 공론정치의 폐단을 지적하기 위한 것이었다. 율곡은 당시 삼사의 언로독점과 여기서 파생된 피혐이라는 잘못된 관행을 비판했다. 율곡은 삼사의 공론정치라는 화두가 지배적 담론구조를 이루면서 정치의 다양한 이해득실에 대한 논의가 사라지고 시비라는 원칙론만 횡행했다고 지적했다.

이기지묘 이통기국 등은 모두 만남을 의미한다. 분리가 아니다. 그러나 여기서 만남이란 하나로 합쳐지는 만남이 아니라 서로 소통하는 만남일 뿐이다. 손은 잡되 발까지 맞추는 것은 아니다. 즉 부부의 만남이 아니라 형제와 동료의 만남이다. 발까지 맞추려는 시도는 잘못된 공론의 문제를 낳았고 결국은 잘못된 폐해, 즉 붕당의 문제로 변질되었다.

율곡에게는 두 개의 근본이 있었다. 나라의 근본은 백성이지만 정치의 근본은 임금이라는 인식이 그것이다. 그가 선조에게 올린 『성학집요』는 정치의 근본인 임금에게 필요한 정치학 교과서였다. 『성학집요』를 통해서 살펴본 율곡의 이기론(理氣論) 등이 모두 율곡 자신의 위정관(爲政觀)을 설명하기 위한 하나의 방편이었을 뿐, 결코 관념적인 철학이론을 세운 것이 아니었다.

율곡은 '민정'(民情) 또는 '여정'(輿情)을 중시했다. 그가 선조에게 폐법과 폐정을 개혁하자고 주문하면서 근거로 삼은 것은 바로 '민정이 모두 원하는 바'[民情皆願]였다. 민정이란 일반백성들이 느끼는 1차적 감정으로 인간의 가장 진실된 모습이다. '민의'(民意)는 잘못 생성될 수도 있고 잘못 전달될 수도 있지만 '민정'(民情)은 그 자체가 바로 현실정치에 대하여 느끼는 직접적 감정이다. 따라서 율곡은 민의보다도 더 중요한 그 민정을 그대로 정치의 장에서 살려내야 하는 것으로 보고 있었다.

율곡의 의도는 정치의 세계에서 '폐'를 제거하는 것이지 '악'을 제거하려는 것이 아니었다. 정치의 세계를 폐가 아닌 악의 차원에서 이해하고자 하면 이(理)로 경도되기 마련이다. 율곡이 주장한 이기묘합(理氣妙合)이란 바로 정치를 선악이 아닌 폐(弊)를 문제로 바라보기 위한 율곡의 몸부림이었으며, 정치의 두 방해요소인 '준비론'과 '결정론'을 극복하기 위한 몸부림이었다. 즉 율곡의 이기묘합은 바로 이 점을 강조한 것이다. 그런데 많은 사람들은 이 점을 반대로 이해하는 경향이 있다. 이는 마치 부처가 가리킨 달은 보지 않고 그 손가락만 바라보는 격이다.

주

* 이 글은 졸저 『법과 소통의 정치-율곡의 정치적 사고』(이학사, 2009)의 내용 중 일부를 발췌 수정한 것임.

1. 박종홍은 16세기를 '한국 유학사에 있어서 진지한 철학적 사색을 한 학자들을 배출한 가장 빛나는 시대'로 평가한다. 박종홍, 『韓國思想史論攷-儒學篇-』(서울 : 서문당, 1986), 8.
2. 『栗谷全書』, 「辭正言疏」, 3-9ㄱ, 上格宸衷 下達輿情 釐補穿弊 責在諫官 이하 『栗谷全書』 인용은 『栗谷全書』는 생략하고 편명만 밝힌다. 한편 여기서 3-9ㄱ 이란 『栗谷全書』 권3, 9면의 오른쪽을 가리킨다.
3. 「玉堂論遞兩司箚」, 5-10ㄴ, 微小避嫌及不相容等事, 一切勿論, 以革紛更廢事之習.
4. 경차관이란 국왕으로부터 특정한 임무를 부여받고서 지방에 파견되었던 奉命使臣을 말한다. 조선 시대 경차관제도에 대해서는 李章雨, 『朝鮮初期 田稅制度와 國家財政』(서울 : 일조각, 1998), 제3편 제2장 참조.
5. 『선조수정실록』, 선조 7년 3월 1일.
6. 『선조수정실록』, 선조 7년 3월 1일.
7. 『선조수정실록』, 선조 7년 3월 1일.
8. 「陳時弊疏」 7-32ㄱ, 人君任臣 天地之道也 顧所任有邪正 而治亂安危係焉 是故 任君子則政治而安 任小人則政擅而危 君子小人 都無所任 則政散而亂 此必然之勢也.
9. 율곡 당시의 붕당연구에 대해서는 정만조, "조선 시대 붕당론의 전개와 그 성격," 『조선후기 당쟁의 종합적 검토』(한국정신문화연구원, 1992) 참고.
10. 성낙훈은 조선조의 정치가 당쟁으로 인해 잘못된 것이 아니라 정치가 잘못되었기 때문에 당쟁이 생긴 것이라고 분석한다. 즉 "당쟁이 나라를 그르친 것이라기보다도 나라의 모든 결점이 당쟁을 통하여 표현 발로된 것"이라고 한다. 그렇기 때문에 성낙훈은 잘못된 정치가 붕당을 초래했다는 점과 잘못

된 정치는 송대 주자학의 영향이라는 점을 강조한다. 成樂熏, "韓國黨爭史," 『韓國思想論稿』(放隱記念事業會, 1979), 166-171. 필자는 잘못된 정치가 붕당을 초래했다는 성낙훈의 첫째 주장에 전적으로 동의한다. 그러나 송대 주자학의 영향에 관해서는 이 논문에서 다루지 않기로 한다.

11. 이하의 내용은「경연일기」, 선조 8년 7월의 기록을 정리한 것임.

12. 「經筵日記」, 29-82ㄱ, 李珥見右議政 盧守愼曰 : "兩人皆士類, 非若黑白. 邪正之可辨, 且非眞成嫌隙, 必欲相害也, 只是末俗囂囂, 因此少隙, 浮言交亂, 朝廷不靖, 當兩出于外, 以鎭定浮議, 大臣當於經席, 啓達其由."

13. 「答鄭季涵」, 12-11ㄱ, 大抵金某好名而喜勢, 一世善士, 相交殆盡, 觀其擧措, 只欲保持善名, 兼固勢位而已, 非若無狀小人蕩然無防, 只貪利祿也.

14. 이하의 내용은「경연일기」선조 11년 10월의 기록을 재정리한 것이다.

15. 「經筵日記」, 30-23ㄴ, 朝廷之上, 見識爲大. 無識見則雖賢亦敗事. 今者士類之鬪, 皆出於不解事. 一不解事, 而金誠一發其端 ; 二不解事, 而金繼輝激成士類之怒 ; 三不解事, 而李潑列數三尹一家之慝, 不究虛實而醜詆之 ; 四不解事, 而鄭澈與李潑乖隔, 永絶東西相協之望.

16. 「辭大司諫 兼陳 洗滌東西疏」, 7-2ㄴ, 今之時事, 可言者多矣, 姑先以最切而急者論之. 臣聞自古國家之所恃而維持者. 士林也, 士林者, 有國之元氣也, 士林盛而和則其國治, 士林激而分則其國亂, 士林敗而盡則其國亡.

17. 「辭大司諫 兼陳 洗滌東西疏」, 7-3ㄴ~4ㄱ, 於是傍觀者, 不能深究其實, 而泛說二人交惡, 加以不逞之徒, 交構兩間, 顯有分黨之漸.

18. 「辭大司諫 兼陳 洗滌東西疏」, 7-4ㄱ, 於是喜事造言者, 做出東西之說, 勿論公私得失, 而只以許義謙者, 謂之西人, 以許孝元者, 謂之東人, 朝紳苟非庸碌闒茸, 則皆入東西指目之中.

19. 「辭大司諫 兼陳 洗滌東西疏」, 7-7ㄴ, 況國是之定, 尤不可以口舌爭也. 人心之所同然者 謂之公論 公論之所在 謂之國是 國是者 一國之人 不謀而同是者也 非誘以利 非怵以威 而三尺童子 亦知其是者 此乃國是也.

20. 「辭大司諫 兼陳 洗滌東西疏」, 7-8ㄱ, 作此論者, 非士類之意盡然也, 其閒非無深識遠慮之士, 而迫於衆議, 不能自主張焉.

21. 「辭大司諫疏」, 7-23ㄴ, … 24ㄴ, 先分彼此, 物色異己, 則取捨不公, 人心不服, 將無以立淸論而定國是 … 是亦偏見而非公論也.

22. 「辭大司諫 兼陳 洗滌東西疏」, 7-9ㄱ, 夫朝廷之靖 國論之一 亦有二道焉 君子得君 諫行言聽 百僚奉職 莫有異論 則是以善歸一者也 小人得君 謀行計遂 箝

制人口 道路以目 則是以不善歸一者也 當今聖明 如日中天 固無小人售姦者矣 又不聞君子之行道者也 小人旣不售姦 君子又不行道 則宜乎人各有言囂囂不定也.

23. 「辭大司諫 兼陳 洗滌東西疏」, 7-7ㄴ~8ㄱ, 只是主論者自以爲是, 而聞之者或從或違, 至於愚夫愚婦, 亦皆半是半非, 終無歸一之期.

24. 「答成浩原」, 11-10ㄴ, 今若以優劣言之, 金固優於沈矣. 雖然, 其所謂東人者, 豈盡優於西人乎? … 豈可以一二人之優劣, 便定是非邪正, 斷爲國論乎?

25. 「答李潑」, 12-26ㄴ, 大抵近日士夫之所爭, 至於擧國騷動, 而極其要歸, 則不過金優沈劣而已. … 何待多費辭說乎?

26. 「答李潑」, 12-28ㄴ, 優劣與是非不同. 今日之事, 當以優劣言, 不當以是非辨也.

27. 「答李潑」, 12-26ㄴ, 惟曰東是西非, 故人心不平, 而議論終未歸一也, 何以言之?

28. 「答李潑」, 12-30ㄴ, 若欲排斥, 則亦當明正其罪, 何故口談和平, 而心主排斥乎?

29. 「答李潑」, 12-32ㄴ, 第兄之議, 議其心也, 鄙人之論, 論其迹也. 觀人當以其心, 賞罰當以其迹, 若不論其迹, 只賞罰之以心, 則人心不可服也.

30. 「答成浩原」, 11-10ㄴ, 是非何常之有?

31. 「聖學輯要」, 19-3ㄴ, 帝王之學 莫切於變化氣質 帝王之治 莫先於推誠用賢 變化氣質 當以察病加藥爲功 推誠用賢 當以上下無閒爲實.

32. 「聖學輯要」, 19-5ㄴ, 疎外臣鄰 知其善而不示嚮用之意 見其惡而不下屛黜之命 自以爲樞機之密 羣下莫敢窺測 眞得人君之體 … 邪正雜糅 是非糢糊 國不可爲矣.

33. 「聖學輯要」, 23-5ㄴ~6ㄱ, 殿下好善非不至 而又疑士類之未必眞是 嫉惡非不深 而又疑鄙夫之未必眞非 故直士與色厲者 同得矯激之名 而賢者不能盡其忠 諛佞與老成者 同得淳厚之稱 … 加之以接見稀罕 情意阻隔 政令未見合乎天心 黜陟未見因乎國人 … 是以 好善而無用賢之實 嫉惡而無去邪之益 議論多岐 是非靡定.

34. 율곡은 「인심도심설」에서 성(性)을 '천리가 사람에게 부여된 것', 심(心)을 '성과 기(氣)를 합하여 일신을 주재하는 것', 정(情)을 '심이 사물에 응하여 밖에 발하는 것'이라고 심 · 성 · 정의 관계를 설명하고 있다. 그렇다면 율곡의 이렇게 복잡한 이론이 실제 정치와 무슨 관련이 있기에 굳이 임금에게

이에 대하여 언급한 것인가를 따져볼 필요가 있다.

율곡은 사람의 희노애락이라는 측면에서 이를 설명하고 있다. 그가 희노애락을 말하는 이유는 이 희노애락은 인간 모두가 가지고 있는, 그의 표현대로 하면 '성인이나 미치광이나 다같이 가지고 있'는 보편적인 것이기 때문이었다. 그런데 사람은 이 희노애락을 직접 느껴 발하기도 하고 그것이 희노애락인지 알 수도 있는 존재들이다.

율곡은 희노애락을 직접 느껴 발할 때 이를 정(情)이라 하였고, 이것이 희노애락인지를 아는 것은 심(心)이라고 설명하고 있다. 그렇다면 인간이 희노애락을 느끼거나 알기 이전의 희노애락은 어디에 있는가? 이 점을 말한 것이 바로 성(性)이라는 점을 율곡은 '희노애락의 소이연의 이치는 성'이라고 표현한 것이다.

그런데 인간의 정(情)은 일정한 공식이 있는 것이 아니라는 데 문제가 있다고 율곡은 보고 있다. 인간은 마땅히 기뻐할 것을 기뻐하기도 하고 마땅히 화낼 것을 화내기도 하지만, 마땅히 기뻐하지 않을 것에 기뻐하기도 하고 화내지 않을 것을 화내기도 하는 존재이기도 하다. 여기서 율곡은 선(善)과 불선(不善)을 말한다. 마땅히 기뻐할 것에 기뻐하는 것은 선이 되고, 그렇지 못하고 마땅히 기뻐하지 않아야 될 것에 기뻐하는 것은 불선이라는 것이다.

율곡은 선한 정은 인의예지의 실마리인 것으로 이를 맹자가 4단으로 지목한 것이라고 말한다. 한편 불선한 정은 '이미 더럽고 흐린 기에 은폐된 바 있어 도리어 이를 침해하므로 이를 인의예지의 실마리라고 볼 수 없'으므로 이를 4단이라 말할 수 없지만, 그렇다고 이 불선이 '성에 근거하지 않'는 또 다른 근본에서 말미암는 것으로 볼 수 없다는 점을 강조한다. 그래서 율곡은 마침내 '선과 악은 모두 천리'이며, 이 '천리에 따라 인욕이 있다'고 말한다.

하지만 여기서 문제가 생길 수 있다. 율곡은 선과 악을 모두 천리이며 이 천리로 인하여 인욕이 생기는 것은 당연한 것이지만, 그렇다고 인욕을 바로 천리라고 규정하면 이는 큰 오류가 된다는 점을 다음과 같은 비유로 설명하고 있다. 비유하면 여름철에 고기 젓이 변하여 구더기가 생기는 것과 같다. 구더기는 본래 고기 젓에서 생겼기만 그 구더기는 고기 젓을 도리어 해치는 것으로, 그 구더기를 바로 고기 젓으로 생각해서는 안 되는 것과 마찬가지로 인욕도 천리에서 나왔지만 도리어 천리를 해치는 것과 한 가지 이치이다(譬如夏月之醢 變生蟲蛆 蟲蛆固因醢而生也 然遂以蟲蛆爲醢 則不可也 蟲蛆生於醢 而反害醢 人欲因乎天理 而反害天理 其理一也. 「聖學輯要」, 20-57ㄱ).

35. 「聖學輯要」, 20-59ㄱ, 志者 心有所之之謂 情既發而定其趨向也 之善之惡 皆志也 意者 心有計較之謂也 情既發而商量運用者也 … 念 慮 思 三者 皆意之別名 而思較重 念慮較輕.

36. 「聖學輯要」, 22-59ㄱ, 意可以僞爲 情不可以僞爲 故有曰誠意 而無曰誠情.

37. 율곡은 선조와 다음과 같은 대화를 나눈다.

선조 : "학문은 온축하여 덕행이 된 뒤에야 밖으로 사업을 일으킬 수 있는 법인데 덕행이 없는 몸으로 어떻게 사업이 있을 수 있겠는가. 또 삼대의 융성한 정치도 마땅히 점진적으로 시행해 나가야 하는 것이지 갑자기 회복할 수는 없는 것이다."

율곡 : "전하의 이 말씀은 진정 근본을 따르는 주장이십니다. 다만 **덕행은 일조 일석에 이룰 수 있는 것이 아니고 정사는 하루라도 폐할 수 없는 것입니다. 진실한 덕이 이루어지기 전에는 장차 정치를 방관한 채 그냥 문란한 대로 놔두시겠습니까.** 이러한 까닭에 덕행과 사업은 동시에 서로 닦아 나가면서 같이 발전시켜 가야 합니다. 그리고 삼대의 치화야 말로 본디 갑작스럽게 회복할 수 없겠습니다만 폐단을 제거하고 백성을 구제하는 것이야 어찌 행하기 어려운 일이겠습니까. 요순의 덕을 갑자기 이룰 수는 없다 하더라도 요순의 마음 씀을 추구해 보고 요순의 선정(善政)을 본받는다면 거의 요순의 정치에 가깝게 될 것입니다." 『선조실록』, 선조 2년 9월 25일 上曰 : "蘊之爲德行, 然後乃可發之爲事業. 豈可無德行, 而有事業乎? 且三代之治, 亦當行之有漸, 不可猝然遽復也." 珥曰 : "此言, 固是循本之論. **但德行非一朝可辦, 而政事不可一日廢也. 允德未成之前, 將置政事於不問, 而任其紊亂乎?** 是故德行事業, 當一時交修竝進也. 且三代之治, 固不可猝復矣. 至於革弊救民, 則此豈難行之事乎? 堯, 舜 之德, 雖不可猝成, 但求 堯, 舜 之用心, 法 堯, 舜 之善政, 則庶幾 堯, 舜 之治矣." (고딕체는 필자의 것)

38. 한편 황준연(122)은 도심만을 강조한 나머지 인심을 배척하기만 하면 '도심중독증'에 빠질 수 있다는 점을 지적한다. 즉 송유들이 공·맹 시대의 유학자들에 비하여 지나치게 도덕적 엄숙주의로 기울었다는 주장에 수긍하지 않을 수 없으며, 율곡에게도 이와 같은 도심 중독 증세가 있었음을 인정하는 것이 솔직한 태도라고 말한다(황준연 1995, 122). 하지만 이동인은 물질적인 것과 육체적인 것을 무조건 죄악시하는 일부 종교가와 철학자의 견해와 달리 율곡은 그것이 본원적으로 선하다고 보았으며, 또한 인간의 노력으로

그 선함을 회복할 수 있다고 본 점을 지적한다(이동인 2002, 309).

39. 「聖學輯要」, 34-23ㄴ, 情之發也 有爲道義而發者 如欲孝其親 欲忠其君 見孺子入井而惻隱 見非義而羞惡 過宗廟而恭敬之類 是也 此則謂之道心 有爲口體而發者 如飢欲食 寒欲衣 勞欲休 精盛思室之類 是也 此則謂之人心.

40. 이를 『국역 율곡전서(III)』, 307쪽. 주 21)에서는 주자의 중용 (서문)에 있는 '或生於形氣之私 或原於性命之正' '天理之公 人欲之私'에서 인용한 것으로 설명해 주고 있다.

41. 김홍우는 '정치세계의 특징'을 '사적으로 태어난 인간이 공적 영역을 수행해야 한다는 역설적인 세계'로 설명한다(김홍우 2007, 1149). 한편 율곡은 공적 활동을 실현할 수 있는 유일한 존재로 임금을 생각했다. 신하들은 태생적으로 완전한 공적 활동을 수행할 수 없다고 보고 있었다.

42. 「聖學輯要」, 34-25ㄱ, 今之學者 不知善惡由於氣之淸濁 求其說而不得 故乃以理發者爲善 氣發者爲惡 使理氣有相離之失 此是未瑩之論也.

43. 이동인은 여기서 율곡이 '인간이 사회개혁의 능동적 주체임을 강조'한 측면을 다음과 같이 설명하고 있다 : 율곡에 의하면 이[理](道)는 무위이며 이와 기를 겸한 인간은 유위이기 때문에 공자가 말한 대로 '사람이 능히 도를 넓히는 것이지 도가 사람을 넓히는 것이 아니다. 폐정을 혁신하는 것도 결국 사람에게 달린 일이다(이동인 2002, 309).

44. 「答成浩原」, 10-4ㄴ, 若來書所謂理氣互發, 則是理氣二物, 各爲根柢於方寸之中, 未發之時, 已有人心道心之苗脈, 理發則爲道心, 氣發則爲人心矣. 然則吾心有二本矣, 豈不大錯乎.

참고문헌

『국역 선조실록』. 1987-88. 민족문화추진회.

『국역 선조수정실록』. 1989. 민족문화추진회.

『國譯 栗谷全書』 I-VII. 1984-1988. 韓國精神文化硏究院.

『栗谷全書』 1-2. 1971. 成均館大學校 大東文化硏究院.

김홍우. 2007. 『한국 정치의 현상학적 이해』. 고양 : 인간사랑.

박종홍. 1986. 『韓國思想史論攷 -儒學篇-』. 서울 : 서문당.

成樂熏. 1979. 『韓國思想論稿』. 放隱記念事業會.

이동인. 2002. 『율곡의 사회개혁사상』. 서울 : 백산서당.

李章雨. 1998. 『朝鮮初期 田稅制度와 國家財政』. 서울 : 일조각.

정만조. "조선시대 붕당론의 전개와 그 성격." 『조선후기 당쟁의 종합적 검토』. 한국정신문화연구원.

최진홍. 2009. 『법과 소통의 정치-율곡의 정치적 사고』. 서울 : 이학사.

黃俊淵. 1995. 『율곡 철학의 이해』. 서울 : 서광사.

근대적 공론장의 등장과 정치권력의 변화*

《독립신문》 사설을 중심으로

장명학(경희대)

1. 서론

조선 왕조 5백 년의 정치사는 군주와 사대부 관료를 중심으로 전개되어 온 역사라고 할 수 있다. 특히 국가적으로 중요한 정치적 현안들을 둘러싼 갈등과 그 해결방안 또한 전통적인 공론형성의 주체였던 왕과 사대부들 사이의 상소와 비답 등을 통해 전개되어 왔다. 여기서 상소와 비답 등과 같은 의사소통 방식은 군주제하의 전통적인 공론장의 특성을 대변해 주고 있는데, 그 핵심은 공론형성의 주체 또한 당시의 지배계급이었던 왕과 사대부에 제한되어 있었다는 사실에 있다. 반면에 조선 왕조의 국운이 위기에 처해 있던 1896년 4월 7일 창간된《독립신문》은 다수의 백성들을 국정에 참여시키고 정치영역의 주체로 등장시키는 데 주력했던 근대적인 의미에서의 공론장의 태동을 의미했다.

한국 최초의 민간신문인 《독립신문》은 창간 이후 1899년 12월 4일 폐간될 때까지 3년 8개월 동안 줄곧 구한말 한국 사회의 근대적인 개혁을 주도했던 담론의 장이자 공론형성의 공간을 제공했다. 이처럼 개화기 한국 사회에서 근대적인 공론장을 태동 및 발전시킨 《독립신문》이 목표로 삼았던 최우선 과제는 낡은 관습에 젖어 있던 구한말의 조선 백성들을 계몽하고 국정 전반에 걸친 개혁을 통해 당시의 한국 사회가 처해 있던 총체적인 위기상황을 극복하는 데 있었다.

이를 위해 《독립신문》은 한편으로는 자주독립, 자립자강, 자유민권 사상을 공론화시켜 나갔고, 다른 한편으로는 전통적인 지배질서를 개혁하여 근대국가 체제를 정비하는 데 노력했다. 대내적으로는 전제군주제하의 전통사회를 지배했던 양반 사대부와 일반 백성의 신분제 철폐 및 차별 타파를 추구함으로써 자유민권에 바탕을 둔 근대적인 국민국가를 지향했다. 이와 동시에 대외적으로는 제국주의 열강의 침탈에 대항하고 외세의존을 극복함으로써 독립국가의 자주성을 지켜내고자 했다.

그러나 《독립신문》의 이러한 시도는 무엇보다도 국가운영 및 정치에 참여하는 주체들의 변화를 필요로 했고, 이는 특히 조선 왕조 내내 정치적인 객체에 지나지 않았던 다수 백성들을 정치의 주체, 즉 근대국가의 '국민' 의 모습으로 거듭나게 하는 정치적 의미를 내포하고 있었다. 뿐만 아니라 《독립신문》의 발행에서 간과할 수 없는 점은 백성에 대한 일방적인 지배나 통치가 아니라, 다수 국민들에 의한 민주적인 정치참여와 '공론' 에 바탕을 둔 근대적인 공론정치의 가능성을 현실화시켰다는 것이다.

《독립신문》의 발행 이후 우후죽순처럼 발간되기 시작한 여러 다른 신문들[1]을 보더라도 《독립신문》이 다수 국민들의 참여에 의한 근대적 공론장의 급속한 발전에 지대한 기여를 한 것은 명백하다. 아울러 근대적 공론장의 발전은 이제 전통적인 군주제에 기반한 정치체제의 효용성이 이미 그 한계에 도달했다는 점을 시사해 주고 있다. 그리고 이러한 한계를 극복할 수 있는 새로운 정치적 역량을 《독립신문》은 백성 내지 국민의 참여에 의한 민주적인 잠재력의 발현에서 찾았다. 근대적 공론장의 발전에 내재하는 이러한 정치적 함의는 당시의 핵심적인 공론매체인 《독립신문》에 의해 지속적으로 공론화됨으로써 궁극적으로는 백성 또는 국민이 구한말 한국 정치의 또 다른 한 축을 담당하는 새로운 주체로 자리매김하는 데 기여했다. 다시 말해서 《독립신문》을 통해 한국 사회에서는 이미 이때부터 근대적인 정치의식이 싹트기 시작했다고 할 수 있다.

이러한 인식의 전환은 특히 1890년대 말 한국 사회에서 활발히 전개된 여러 정치활동들로 구체화되어 나타났다. 〈독립협회〉와 이를 바탕으로 수차례에 걸쳐 소집된 '만민공동회'는 국민이 중심이 된 새로운 정치적 힘으로써 전통적인 지배질서를 고수하던 수구 정치세력들과 대결했다. 특히 만민공동회는 《독립신문》과 〈독립협회〉에 의해 공론화된 민주적인 정치개혁을 통한 근대국가의 수립을 지향했던 정치운동이었다.

한국 최초의 정치사회단체인 〈독립협회〉가 지식인들의 조직화와 함께 논쟁과 토론을 중심으로 한 근대적인 개혁의 공론화를 추구했다면, 만민공동회는 누적된 국내외적 모순을 극복하기 위해 서울의 시민대중들이 자발적으로 평화적인 시위에 참여해 정치적 의지를 분출해냈던 근대적인 정치의 공간, 즉 공론정치의 체험공간이었다고 할 수 있다. 아울러 만민공동회는 전통적인 지배권력에 대항하는 공론정치에 바탕을 둔 다수 백성들의 정치적인 힘, 즉 국민의 권력이 출현한 사례라고 평가될 수 있다. 다시 말해서 만민공동회의 정치활동은 구한말의 조선이 처한 위기를 극복하기 위해 한국 사회에서 처음으로 출현했던, 근대적인 의미의 국민 또는 인민의 정치권력을 가시적으로 보여주었다는 데 그 의의가 있다. 요컨대 〈독립협회〉와 만민공동회의 정치집회는 《독립신문》에 의해 배양되고 성장하기 시작한 구한말의 근대적 공론장에 토대를 둔 공론정치이자 다수 국민들에 의한 '새로운', 그리고 민주적인 정치권력의 탄생이라는 차원에서 이해될 수 있다. 이러한 맥락에서 한국 최초의 근대적 공론장 역할을 담당했던 《독립신문》은 결코 폄하될 수 없는 중요한 의미를 지니고 있다.[2)]

본 논문은 이러한 배경에서 《독립신문》 사설에 대한 분석을 통해 구한말의 근대적 공론장에 내재해 있는 민주적 잠재력을 이론적으로 재구성해내고, 동시에 이를 전통적인 지배권력에 대립되는 새로운 정치권력의 탄생이라는 관점에서 보다 집중적으로 검토하고자 한다. 이를 위해 본 논문은 다음과 같이 진행될 것이다.

먼저 공론장의 정치적 의미와 권력 개념과의 연관문제에 대한 이해를 돕기 위해 서구의 대표적 사상가들인 아렌트(H. Arendt)와 하버마스(J. Habermas)의 공론장 이론의 핵심을 검토하고(제2절), 구한말의 근대적 공론장으로서의 《독립신문》이 추구했던 백성계몽과 국정개혁안들에 내재한 정치적 의미를 보다 체계적으로 살펴볼 것이다(제3절). 아울러 급격히 변화하는 국내외 정세에 대응하여 현안이 있을 때마다 비판적 토론과 논쟁을 주도하며 이를 공론화시켜 나갔던 〈독립협회〉와 열강의 이권침탈에 대항하고 근대적인 국정개혁을 추구했던 '만민공동회'를 공론정치에 바탕을 둔 근대적인 인민 또는 국민의 정치권력의 출현이라는 시각에서 분석할 것이다(제4절). 마지막으로 결론에서는 한국의 근대적 공론장의 특성을 종합 · 정리하면서 서구의 그것에 비추어 평가할 것이다.[3)]

2. 공론장 이론과 정치권력

공론장에 관한 체계적인 논의와 그 이론화 작업은 서구 정치이론에서도 비교적 근래에 와서 시작되었다. 서구 정치사상사에서 공론장과 권력의 연관관계를 본격적으로 검토한 대표적인 학자들로서는 무엇보다도 아렌트와 하버마스를 들 수 있다. 따라서 이 장에서는 공론장으로서의 《독립신문》의 정치적 의미에 대해 본격적으로 논의하기에 앞서 서구에서 공론장 이론을 체계화한 두 사람의 논의를 정치권력과 연관시켜 간략하게나마 살펴보기로 한다.

먼저 아렌트에 의하면 고대 그리스 도시국가의 공론장은 언어를 매개로 한 시민들의 대화와 토론을 통해 정치공동체인 폴리스의 중요한 현안들이 구체화되는 공론의 영역이다(H. Arendt 1993 : 9). 이때 아렌트가 말하는 공론장, 즉 공론영역은 개체유지와 종족보존 그리고 생계유지를 위한 '필연성' 의 논리가 지배하는 사적(私的) 영역인 가정경제의 영역과는 엄격히 구별되며, 또한 이를 배제하고 있다. 사적 영역을 지배하는 원리인 필연성 때문에 가정경제 영역의 특성은 강제와 폭력이 허용되는 불평등의 공간이다. 반면에 도시국가의 공적인 삶과 연관된 공론영역은 자유시민들이 함께 하는 공동의 세계이다. 다양한 의견이나 견해를 지닌 서로 다른 인간들이 평등한 지위에서 의사소통하는 공론장으로서 아렌트는 이를 정치의 영역으로 규정한다(H. Arendt 1958 : 31-36).

뿐만 아니라 아렌트의 권력관 또한 공론장에 기초한 정치영역에서 출발하는데, 이는 전통적인 권력에 대한 인식과는 판이하게 다르다. 아렌트에 의하면 전통적인 권력관은 '지배' 내지 폭력 개념과 밀접한 연관을 맺고 있다. 동시에 정치공동체인 국가 또한 정당하다고 여겨지는 권력, 즉 폭력수단에 기초한 '인간에 대한 인간의 지배'나 '명령과 복종'의 관계에 다름 아니다. 이처럼 지배와 권력을 동일시하는 시각은 권력에 대한 베버(M. Weber)의 견해, 즉 "사회적 관계 속에서 자신의 의지를 타인의 저항에도 불구하고 관철시킬 수 있는 모든 기회"(Weber 1972 : 28)라는 수단 내지 도구적인 권력 개념으로 수렴된다.

반면에 아렌트가 말하는 권력은 대화와 토론을 거쳐 형성되는 공론에 기초한 힘, 즉 시민들이 함께 하는 '공동의 권력'이라고 할 수 있다. 이런 맥락에서 아렌트는 아테네 도시국가의 법치를 '이소노미'(Isonomie), 즉 시민들 공동의 권력에 의해 뒷받침되는 법치로 규정한다. 법의 지배를 시민들이 함께 하는 권력에 연계시키고 있는 아렌트의 권력 개념은 도구적인 특성과 함께 폭력적 속성을 내재하고 있는 베버의 그것과는 확연히 구별된다. 국가의 각종 정치제도들 또한 시민들의 동의에 의한 '정당성'을 이미 내재한 공동의 권력에 의해 뒷받침되어야 한다. 아렌트에 의하면 국가의 정치제도들은 인민들이 함께 하는 역동적인 힘, 즉 "권력의 발현"(Manifestation)이며, 이러한 권력의 "구체적인 형태화"(H. Arendt 1970 : 42)에 지나지 않는다. 국가의 붕괴란 인민의 권력이 떠났음에 다름 아니다. 요컨대 아렌트의 권력 개념은 시민들의 대화와 토론의 장인 공론장에서 형성되며, 모든 정치공동체 존립의 정당성을 근거짓는 토대이기도 하다.

아렌트의 공론장 이론을 비판적으로 계승한 하버마스가 아렌트의 권력 개념을 '의사소통적 권력'이라고 지칭한 것도 언어를 통한 대화와 공론형성의 중요성을 강조하는 것이다(J. Habermas 1992 : 182). 하지만 아렌트의 도시국가 공론장이 근대 사회에 와서는 그 효용성을 상실했다고 평가하는 하버마스는 근대 시민계급의 등장과 함께 태동한 부르주아 공론장의 구조변화를 분석하면서 자신의 공론장 이론을 발전시키게 된다.

하버마스에 의하면 근대 사회는 자본주의의 발전에 따라 형성된, 철저하게 사적인 이해관계를 중심으로 운영되는 사회이다. 이 때문에 전통적인 관습이나 규범은 근대 사회를 통합하는 기능을 더 이상 담당할 수 없다. 그 대신 새로운 통합기제로 등장한 것이 바로 근대 시민들에 의한 '부르주아 공론장'이다(J. Habermas 1990 : 21-32). 부르주아 공론장은 18-19세기에 우후죽순처럼 쏟아져 나오기 시작한 신문, 잡지 등 문자매체를 통해 결집된, 기본적으로는 사적 개인인 근대 시민들의 대화와 토론에 의거한 공론형성의 장이었다. 사회적 현안들은 이제 전통적인 권위가 아닌 부르주아 시민들의 합리적인 토의에 의해 공론화되었고, 이를 통해 전제군주의 절대권력에 대항하는 정치적 영향력을 길러나갔다. 근대 시민혁명은 부르주아의 정치적인 힘 내지 권력이 전제군주를 몰아낸 것에 다름 아니다. 이로써 초기에는 근대 시민의 이익을 대변했던 부르주아 공론장이 이제는 전체 인민의 의지를 상징적으로 대변하는 '일반의지'(general will)를 표방하기에 이르렀고, 또 이를 바탕으로 대의 민주주의 체제의 공고화에 성공했다(장명학 2003 : 17).

그러나 부르주아 공론장은 20세기 후반, '화폐'를 매개로 한 시장경제의 확대와 '권력'을 매개로 한 국가행정의 지속적인 확장에 의해 공론장의 정치적 역할이 점차 축소되는 위기에 봉착하게 된다. 하버마스는 이를 경제 및 행정이라는 양대 체계에 의한 '생활세계의 식민화'라고 규정했지만 그럼에도 불구하고 생활세계 내에 잠재된 민주적 역량을 간과하지는 않았다. 왜냐하면 국가의 행정체계와 권력이 효과적으로 운용 및 행사되기 위해서는 최소한이나마 정치적 측면에서의 '정당화' 메커니즘이 필요하기 때문이다. 즉 국가권력 행사의 정치적 정당성은 시민들의 '동의와 지지'에서 나오며, 이는 최종적으로는 생활세계에 위치한 자율적인 시민들의 합리적인 의사소통의 공간인 민주적 공론장에서 비로소 확보될 수 있기 때문이다.

동시에 하버마스는 공론장에서 형성된 공적 의견이 정치적인 영향력을 지닌 권력의 차원으로까지 발전하기 위해서는 법적인 제도화의 절차를 거쳐야 한다고 강조한다. 하버마스가 말하는 '의사소통적 권력'은 공론장에서 형성된 공적 의견의 영향력이 유권자나 의회에서의 공식적 의결과 같은 제도적인 절차의 매개를 통해 정치권력으로 변화된 것을 의미한다(J. Habermas 1992 : 450). 뿐만 아니라 공동체의 사회적 규범인 '법' 또한 이러한 과정을 거쳐서 제정되어야 한다. 민주적 법치국가의 진정한 의미는 시민사회의 공론장에서 기원하는 의사소통적 권력과 국가의 행정권력으로 양분된 권력이 제정된 법을 통해 매개됨으로써 충족된다. 이때 의사소통적 권력은 행정권력에 우선하는데, 그것은 국민의 의지를 반영한다는 '국민주권'의 원리를 강조하는 데 그 핵심이 있다. 물론 정치체계의 정당성도 여기에 기인한다(J. Habermas 1992 : 198, 364).

이제 하버마스와 아렌트의 논의를 요약해 보자. 이들은 공히 대화와 토론이라는 시민들이 함께 하는 의사소통 과정 속에서 공론장과 정치권력의 연관성을 이끌어내고 있다. 다만 아렌트의 경우 고대의 특성을 반영하여 공론영역과 사적 영역의 엄밀한 구별을 전제로 하고 있는 반면,

하버마스는 근대 사회를 특징짓는 변화된 조건들을 적극 수용함으로써 공론장과 권력 개념을 적용하고자 했다. 그럼에도 불구하고 이들 양자의 공통점은 공론장 개념에 내재하는 '민주적 잠재력'을 강조하고 있다는 데 있다. 왜냐하면 민주적 공론장은 공동체 구성원 모두가 참여할 수 있는 열린 공간으로서, 자신들이 속한 정치공동체의 정당성을 담보해 주는 영역이기 때문이다. 요컨대 시민들의 참여에 의해 민주적 잠재력을 발산하는 공론장은 한편으로는 시민들의 의사소통적 권력의 형성 공간이면서 다른 한편으로는 정치공동체의 정당성 확보를 위한 핵심 관건이기도 하다.

여기서 공론장과 정치권력의 연관관계를 분석한 아렌트와 하버마스의 이론은 구한말에 태동한 한국의 공론장과 권력현상을 이해하는 데도 시사하는 바가 적지 않다. 다만 서구 고대의 자유시민들의 공론장이나 특히 근대 시민사회의 형성과 밀접한 연관 속에서 등장한 근대적 공론장이 역사적으로 그리고 사회·문화적인 발전단계에서 현격한 차이가 있는 구한말의 그것과 단순 비교하기에는 다소 무리가 따른다. 그럼에도 불구하고 다수 국민들의 참여에 의한 민주적인 공론형성과 공론정치에 의해 발현되는 인민 내지 국민의 정치권력 사이의 연관관계에 대한 이들의 핵심 논점은 한국의 근대적 공론장의 발전과정에서 제시되고 있는 근대적인 정치와 권력의 모습을 보다 체계적으로 인식하는 데 중요한 길잡이 역할을 한다고 사료된다. 이제 《독립신문》에 관한 본격적인 분석을 통해 한국의 근대적 공론장의 특성을 살펴보기로 하자.

3. 한국 최초의 근대적 공론장 《독립신문》

열강의 이권침탈과 일본의 강압에 의해 국운이 백척간두의 위기에 직면했던 1896년 2월 11일, 극비리에 단행된 고종의 아관파천은 당시의 조선이 처한 국가적인 위기상황을 극적으로 보여주고 있다. 바로 이때 갑신정변의 실패와 함께 미국으로 망명했던 서재필[4]이 귀국했다. 서재필에 의해 1896년 4월 7일 창간된 한글전용의 《독립신문》은 당시의 한국 사회 전반에 걸친 근대적인 개혁, 즉 정치, 경제, 사회, 문화, 교육 및 법 등에 이르기까지 근대화를 추진케 했고, 이를 바탕으로 서구 열강 및 일본의 이권침탈에 직면한 조선을 근대적인 국민국가로 탈바꿈시켜 부국강병과 자주독립을 지향했다. 뿐만 아니라 《독립신문》이 창간된 지 2년 후부터 《매일신문》을 비롯하여 《제국신문》, 《황성신문》 등 각종 새로운 신문들 또한 등장했다. 이를 보더라도 《독립신문》이 구한말 당시 한국 사회의 근대화를 위한 선구적인 역할을 담당했다는 것은 분명하다(신용하 1976 : 21–23).

《독립신문》 첫호의 발행부수는 300부에 지나지 않았다. 그러나 1898년 1월에는 약 1500부, 그 해 7월에는 3,000부로까지 늘어났을 정도로 당시로서는 엄청난 수에 달하는 독자대중들을 확보하고 있었고, 나아가 여러 사람들이 시장이나 학교 또는 관공서에서 돌려 읽었을 정도로 대중적인 영향력을 지니고 있었다. 예를 들면 1898년 11월 9일자 《독립신문》 사설란은 양구군에 사는 군민 김리선, 김기서, 조성룡 등 3인이 《독립신문》에 보낸 기고를 실어 양구 군수까지 나서서 신문 돌려읽기를 권장했던 당시의 생생한 정황을 여실히 보여주고 있다.

요사이 본 군수가 한 장시를 설립하고 친히 장에 와서 상고[商賈 : 상인]와 인민이 많이 모인 후에 당세 형편을 일통 연설하고, 국문과 한문 번역 잘하는 사람으로 하여금 소리를 크게 질러 독립신문을 읽히니, 오는 사람과 가는 손이며 장사하는 사람과 촌백성들이 어깨를 비비고 둘러서서 재미를 붙여 함께 듣고 모두 찬탄하는지라. 이 다음부터는 물건 매매하는 장시 인민뿐 아니라 독립신문 들으러 오는 백성들이 길이 멀고 가까운 것을 헤아리지 않고 귀를 기울이고 다투어 모여들어 … 기쁘고 다행함을 이기지 못하여, 본시(本市)에 사는 백성들이 서로 의론하고 앙포하오니, 독립신문을 본군(本郡)에 보낼 때에 일체로 한 장을 더 붙여 보내시면 신문 값은 또한 본군 군수에게로 붙여 보내오리니, 조량하심을 엎드려 바라노라고 하였더라(1898. 11. 9).

이처럼《독립신문》은 여러 사람들이 돌려 읽거나 또는 한글을 아는 사람이 글을 모르는 사람들에게 대신 읽어줌으로써 발행부수를 훨씬 능가하는 수많은 대중 독자층을 확보했고(신용하 2001 : 361–362), 특히 이 신문의 사설은 근대적인 의미에서의 공론형성의 장, 즉 공론장 역할을 톡톡히 담당했다. 여기서 공론장으로서의《독립신문》이 차지했던 의미는 다차원적인 해석이 가능하다. 우선 근대적인 대중전달매체인《독립신문》은 순 한글전용을 고수했는데, 그 의미를 분석해 보면 다음과 같다.

첫째, 한글전용을 채택한《독립신문》의 독자는 당시의 조선 사회 구성원 모두가 그 대상이었다. 반면에 조선 왕조 시대를 지배했던 문자는 한문이었고, 이에 근거한 말과 글의 유리현상 때문에 백성들의 원활한 의사소통이란 불가능했다. 이러한 배경을 고려해 볼 때《독립신문》의 한글전용은 한문만이 유일무이한 참된 글이라고 숭상되었고 한글은 언문으로 폄하되었던 구한말 당시로서는 가히 혁명적인 시도였다고 할 수 있다. 그리고 《독립신문》의 한글전용은 한글을 대중화시키는 데 기여함으로써 한글창제 이후 처음으로 조선 인민의 말과 글을 일치시키는 계기로 작용했다는 점을 결코 간과할 수 없다.

둘째, 이와 함께 《독립신문》은 한글을 명실공히 조선 인민의 공동 언어이자 국가적인 언어, 즉 국어로서의 위상을 공고히 하는 계기를 부여했다(신용하 1976 : 17-19). 즉 한글전용은 남녀노소 빈부귀천을 초월하여 군주에서 백성에 이르기까지 조선 인민 모두에게 정치·사회적인 '의사소통'을 원활히 하는 데 기여했다. 이처럼 《독립신문》이 한글전용을 고수한 데는 주필이었던 서재필의 노력 외에도 이 신문의 조필 및 기술 제작을 도맡았던 국어학자 주시경(필명 : 주상호)의 선구자적인 노력을 결코 간과할 수 없다. 한글이 세계적으로 우수한 과학적인 문자임을 강조하곤 했던 주시경은 한문공부에 드는 막대한 시간을 발전된 서구의 현대 과학을 익히는 데 사용함으로써 조선의 부국강병을 추구해야 한다고 강조했다(1897. 4. 22/1897. 4. 24/1897. 9. 25/1897. 9. 28). 뿐만 아니라 언문일치의 한글전용은 궁극적으로는 우리 민족이 비로소 민족적 정체성과 자아(自我)를 획득하게 하는 중요한 계기를 마련해 주었다고 평가할 수 있다.

셋째, 문자의 신속한 이해를 위해 띄어쓰기를 단행했던 《독립신문》의 한글전용은 한문이라는 독점적인 문자해독 능력을 지녔던 사대부 지배계층의 지위 또한 일거에 붕괴시키는 극적인 효과를 불러왔다. 한글전용은 당시 조선의 모든 구성원들을 신문이라는 대중전달매체의 특성을 살려 '공개적으로' 동등하게 대우하는 평등사상을 내포하고 있었다. 사대부 신분제를 대변했던 한문 대신 모든 백성들의 의사소통을 가능케 하는 한글의 본격적인 사용은 한국 사회에서 정치적 객체에 불과했던 모든 백성들을 국가의 주체인 근대적 '인민' 또는 '국민'이라는 하나의 범주 속에 통합시키는 보다 깊은 정치적인 의미를 내포하고 있었다. 요컨대 한글의 '국어'화와 백성을 대체한 주체적인 국민 개념의 형성은 이처럼 불가분의 관계에 놓여 있다고 할 수 있다. 이를 《독립신문》 창간호의 사설은 다음과 같이 강조하고 있다.

> 우리가 독립신문을 오늘 처음으로 출판하는데 … 상하귀천을 달리 대접하지 않고 모두 조선사람으로만 알고 조선만 위하여 공평히 인민에게 말할 터인데 … 우리 신문이 한문은 아니 쓰고 다만 국문으로만 쓰는 것은 상하귀천이 다 보게 함이라. 또 국문을 이렇게 구절을 떼어 쓴 즉 아무라도 이 신문 보기가 쉽고 신문 속에 있는 말을 자세히 알아보게 함이라(1896. 4. 7).

창간호와 마찬가지로 《독립신문》의 여러 사설에서는 백성이란 용어 외에도 '인민'이라는 용어를 본격적으로 사용하기 시작했다. 서구에서 정치공동체의 주체를 의미하는 인민이라는 용어가 《독립신문》 사설 전반에 걸쳐 빈번히 사용되었다는 사실은 군주제하의 당시 현실을 감안할 때 시사하는 바가 적지 않다. 창간 이후 종간 때까지 총 776개의 사설을 싣고 있는 《독립신문》에서 인민과 백성이 사용된 빈도수를 조사해 보면 1896년 336/447회, 1897년 429/453회, 1898년 542/762회 그리고 1899년에는 253/814회 등으로 나타나고 있다(류준필 2004 : 41).

이를 보더라도 《독립신문》은 궁극적으로는 인민 또는 국민이 정치공동체의 주체가 되는, 따라서 인민 또는 국민주권 사상에 바탕을 둔 근대적인 국민국가를 지향하고 있었다고 평가할 수 있다. 그것은 조선의 부국강병과 자주독립을 위해서는 인민들에게 권리를 부여하는 것(1898. 12. 15)이라고 강조하는 언명이나, 또는 고을의 원이나 각도의 관찰사와 같은 관리들을 '백성의 종'(1896. 4. 16)으로 규정하는 것에서도 여실히 드러나고 있다. 물론 인민의 권리 개념은 개화사상가들에 의해 이미 소개되긴 했으나 아직 극소수의 지식인들 사이에서만 회자되었을 뿐 대중화되지는 않았던 말이다. 반면에 광범위한 독자층을 확보하고 있던 《독립신문》은 대중적인 의사소통 매체로서의 이점을 충분히 활용해 당시의 백성들을 상대로 인민의 권리 개념을 공론화시켜 나갔다.

《독립신문》이 지향했던 근대적인 국민국가는 당시로서는 장기적으로 추진되어야 할 과제였다. 왜냐하면 백성들이 아직은 전통적인 관습 속에서 스스로 깨어나지 못했기 때문이다. 따라서 《독립신문》 간행의 일차적인 과제란 "인민의 이목을 개명하고자"(1898. 9. 5) 하는 데 있었고, 특히 조선 백성들을 근대적인 인민 또는 국민으로 '계몽'시키는 데 있었다. 이러한 과제를 달성하기 위해 《독립신문》 사설이 다룬 주된 내용들은 서구적인 학교 설립과 교육, 미신타파와 도로 정비, 식목과 복장 간소화, 서양 서적 등을 통한 과학적인 영농, 공업화, 축산업 등과 같이 조선사회 전반에 걸친 다양한 근대적인 개혁안들이었다.

아울러 《독립신문》은 근대적인 국민국가 형성을 위해서 국민주권, 법치주의 등의 사상을 확산시켜 나가는 데 주력했다. 특히 인민들을 계몽시켜 법에 따른 통치, 즉 법치국가를 확립하는 것이 무엇보다도 절실한 과제로 부각되었다. 다만 《독립신문》에서는 한편으로는 기존 법에의 복종을 법치와 연관시키고 있는 경향이 적지 않다. 그러나 다른 한편으로는 근대법의 특성에 상응하게 모든 사람들이 법 앞에 평등하다는 원칙과 공정한 재판 등을 강조하고 있다. 그럼에도 불구하고 《독립신문》사설에서는 아쉽게도 근대법의 핵심인 국민 내지 인민의 권리에 기초한 입법의 정치적 의미에 대한 논의는 미미하다(장명학 2004 : 117). 필자가 보기에 이 점은 군주제하의 당시의 특수한 사정 때문에 여의치 않았으리라 판단된다.

구한말의 사회 전반에 걸쳐서 근대적인 개혁을 역설했던 《독립신문》은 비록 지면을 통한 공론형성에 노력을 기울였지만, 그렇다고 해서 단순히 새로운 정보의 전달만을 그 목표로 하지는 않았다. 《독립신문》의 중요성은 당시의 전반적인 문제상황, 특히 국가의 공적인 현안을 공론화해서 다수의 조선 인민이 참여하는 '열린' 공론장을 제공했다는 사실에 있다. 왜냐하면 《독립신문》은 수많은 독자들의 자발적인 기고도 함께 실었기 때문이다. 한 연구에 따르면, 1면 사설란에 실린 독자기고는 '어떤 유지각한 사람'의 이름으로 1896년 11월 19일자에 실린 이후 도합 70건이며, 또한 잡보란에 게재된 독자기고는 무려 414건으로서 도합 484건의 독자기고를 싣고 있다. 이는 《독립신문》총 발행 호수 776호 중 절반 이상을 독자기고로 충당한 것을 의미한다(채 백 1994 : 35–66). 그만큼 《독립신문》은 일방적인 정보전달에만 치중하지 않았고, 당시 독자들의 자발적인 참여를 유도해 인민들의 의견을 적극 반영했던 열린 공론장이었다. 열린 공론장은 무엇보다도 공개성에 입각해 다수의 참여자들이 이성적이고 합리적으로 의사소통하는 영역을 의미한다. 《독립신문》또한 공개적이며 합리적인 의사소통과 공론화에서 정부와 인민의 신뢰가 쌓이고 나아가 국가의 중흥 또한 가능하다는 논지를 펴고 있다.

> 공사간에 문 열어놓고 마음 열어놓고 서로 의론하여 만사를 작정하고 컴컴한 것과 그늘진 것은 없애버리고 실상과 이치와 도리를 가지고 햇빛 있는데서 말도 하고 일도 하는 것이 나라에 중흥하는 근본일 줄로 우리는 생각하노라(1896. 6. 30).

백성 또는 국민들의 합리적인 논의과정 속에서 형성되는 공론은 좀더 정확히 말하면 '공적인 의견'이다. 공적 의견인 공론은 여론 및 중론과 구별되는 개념이다. 단순하고 수동적인 다수의 의견인 중론 또는 여론에 반해 공론은 적극적인 의사표명과 합리적인 토론을 거쳐 공적인 의견으로 승화된 것이라고 할 수 있다. 따라서 공론은 '공공성'과 인민이 공동으로 참여한다는 '능동성'이 함께 내포된 개념이다(김대영 2004 : 119-120). 이러한 맥락에서 《독립신문》 사설은 다수의 사람들이 함께 하는 토론에 의해 형성되는 공론의 중요성을 〈독립협회〉의 창립과 연관시켜 다음과 같이 역설하고 있다.

> 나라마다 공론을 가지고 백사를 하는데 대한은 공론하는 사람이 없는 고로 정부에서 세상공론이 어떠한지 알 수도 없고 또 공론이라 하는 것은 공변되어야 공론이어늘 그저 사랑에나 모여 한두 사람이 말하는 것은 공론이 아니라. … 처음으로 대한에 독립협회가 생겨 거기서 회원들이 혈심으로 맹세하고 다 위국위민 하자는 목적으로 의론을 하여 인민의 지식을 넓히고 또 공론을 만드니 이런 경축한 일은 대한 사기에든지 한 · 당 사기에도 없는 일이라(1898. 2. 24).

《독립신문》이 강조하는 공론은 백성 또는 인민들이 함께 논의하는 과정을 통한, 즉 '공변' 되어야 함을 강조하고 있다. 아울러 이러한 공론형성 노력은 한국사에서는 처음으로 시작되는 것일 뿐만 아니라, 조선이 사대하고 있던 중국 역사에도 유례가 없는 새로운 시도임을 강조하고 있다. 왜냐하면 조선 시대의 상소 등과 같은 전통적인 공론장의 경우, 현실문제에 대한 공론의 활성화보다는 현실에 대한 유교적인 해석이나 명분론에 치우침으로써 실질적인 내용이 없는 공허한 공론(空論)이 지배적이었기 때문이다(김홍우 2007 : 720).

종합하면 《독립신문》의 사설에서 제시되고 있는 다양한 근대화 노력들은 한반도에 쇄도하는 서구 열강 및 일본의 이권침탈 속에서 식민지로 전락해 가고 있는 한말의 비극을 직시하고 있었다. 이러한 위기를 극복하기 위해 《독립신문》은 조선 인민의 계몽을 통한 부국강병과 자주독립된 국가를 지향했다. 이때 인민 내지 국민의 역량을 집결시키는 데는 국민국가의 토대가 되는 애국심의 고취가 중요한 과제로 대두했다. 예를 들면 《독립신문》은 국민들의 애국심을 진작시키기 위해 전국에서 지어 보낸 애국가를 신문에 게재함으로써 각종 행사 때마다 애국가를 부르는 것이 관행으로 정착하는 데 일조했다.[5)]

그러나 전통적인 지배질서의 영향 아래에 있던 구한말 당시의 여건상 당시의 조선 백성들이 서구에서처럼 근대적인 개인으로 거듭나는 것은 지난한 과제였다. 이 때문에 《독립신문》은 당시의 백성들을 근대적인 주체로 거듭남이 없이 단지 국가라는 전체 속에 수동적으로 흡수(inclusion) 내지 융합시키는 데 주력한 경향이 없지는 않다(이동수 2006 : 24). 그럼에도 불구하고 근대적인 산업혁명을 통한 시민계급의 형성이 어려웠던 구한말의 사정은 《독립신문》으로 하여금 우선 시급한 과제의 해결에 몰두하게 했다. 즉 직접적인 국민계몽을 통한 국가적 통합과 자주적인 근대국가 형성이라는 시급한 목표를 실현하는 데 치중했던 것이다. 공론장으로서의 《독립신문》은 이러한 배경에서 당시의 정치사회단체인 〈독립협회〉와 서울 시민들에 의해 소집된 '만민공동회' 등의 정치활동과도 그 영향력을 주고받는 긴밀한 관계 속에 있었다. 이 점을 감안한다면 《독립신문》이 계몽을 통해 조선 인민들로 하여금 근대적인 정치의식을 일깨우고 근대적인 공론정치에 참여하게 하는 데 크게 이바지했다는 사실 또한 결코 간과할 수 없다.

4. 근대적 정치권력을 탄생시킨 〈독립협회〉와 만민공동회

이 절에서는 군주와 사대부 중심의 전통적인 지배권력과는 달리 인민이 주체가 되는 근대적인 정치권력의 등장을 가시화시켜 주는 사례들로서 〈독립협회〉와 만민공동회의 정치활동을 중심으로 살펴볼 것이다. 문자를 매개로 조선 인민의 계몽과 근대국가 형성에 주력했던 공론장인 《독립신문》에 비해 〈독립협회〉는 회원과 함께 관심있는 대중들을 직접 '모아서' 함께하는 '토론'을 통해 정치 및 사회적 현안들인 자주독립과 자유민권 그리고 자강개혁 운동을 '공론화' 시키는 데 주력했다. 구한말의 정치현실을 좌우했던 '만민공동회'는 독립협회의 회원뿐만 아니라, 다수의 일반 대중들에 의해 자발적으로 소집되어 현안의 공론화를 통한 정치개혁 운동을 전개했던 공론정치의 실험공간이자 국민 내지 인민의 정치권력을 가시적으로 보여주었다.

1) 합리적 토론과 논쟁의 공론장 〈독립협회〉

〈독립협회〉는 《독립신문》이 창간된 지 석 달 후인 1896년 7월 2일 창립된 한국 사회 최초의 정치사회단체였다. 〈독립협회〉는 우선 실질적인 영향력을 행사했던 서재필을 고문(顧問)으로 하여 초창기에는 윤치호, 이상재, 이완용 등이 지도부를 구성해서 자주독립, 자유민권, 자강개혁 운동을 펼쳐나갔다.

협회의 활동은 크게 다섯 시기로 구분할 수 있는데, ① 독립문, 독립공원 그리고 독립관 건립사업과 독립문건립 모금운동에 주력하던 시기(창립 초기–1897년 8월 28일), ② '토론회'를 개최하기 시작해서 조선 민중의 계몽운동에 매진하던 시기(1897년 8월 29일–1898년 2월 20일), ③ 외세에 저항하며 자주독립과 자유민권 그리고 자강개혁을 실현하기 위해 진력하던 시기(1898년 2월 21일–1898년 10월 27일), ④ 정부의 대신들을 합석시켜 자주민권자강을 위한 국정 전반의 개혁을 추구했던 '관민공동회'가 소집된 시기(1898년 10월 28일–11월 2일), ⑤ 만민공동회와 함께 외세를 업은 수구파 정부의 본격적인 탄압에 대항했던 시기(1898년 11월 3일–1898년 12월 25일) 등이 그것이다.

〈독립협회〉는 구한말 조선이 처했던 제반 문제들에 대한 공론화에 매진했던 근대적인 공론장 역할을 톡톡히 담당했다. 특히 〈독립협회〉가 취했던 일련의 활동들 중에서 가장 중요한 것은 당시로서는 생소했던 '토론회'의 개최에 있다. 원래 토론을 위한 모임은 1896년 11월 30일 배재학당에서 조직된 〈협성회〉가 그 시초였다.[6] 〈협성회〉에서의 토론이 점차 성과를 나타내자 서재필은 1897년 8월 29일부터 〈독립협회〉에서도 매주 일요일에 공개토론회를 개최하기 시작했는데, 이를 '통상회'(通常會)라고 불렀다(신용하 1976 : 33). 원래 독립문과 독립공원 건설을 위한 사무를 관장하기 위해 출발했던 〈독립협회〉는 통상회라는 모임에서 토론회를 개최함으로써 국내외 정세의 전개과정 속에서 제기되는 시급한 현안들을 공론화시키고 이를 실현하는 데 주력했다. 《독립신문》은 1898년 11월 29일자 '잡보' 란의 공고에서 토론회의 구체적인 진행과정을 다음과 같이 상세하게 기술하고 있다.

> 돌아오는 토요일 통상회에 토론할 문제를 내서 회중에 반포하는데, 문제는 '신(信)과 의(義)를 튼튼히 지키는 것은 본국을 다스리는 데와 외국들을 사귀는 데 제일 요긴함' 으로 결정하고, 우의(右義)는 이승만 · 장태환, 좌의(左義)는 이상재 · 방한덕 사(四)씨로 선정하였다는지라. 돌아오는 반공일 통상회 토론에 긴요하고 자미스러운 말이 많이 있을 터이니 독립협회 회원들은 연고 있다 칭탁들 말고 관민간에 모두 가서 참여들 하기며, 방청하실 첨군자들도 많이 가서 들으시오(1898. 11. 29. 잡보란).

이 기록에 따르면 통상회는 중요한 현안을 의제로 설정한 후 좌우 양편으로 토론자들을 나누어 공개적인 토론 및 논쟁을 벌이게 했다. 즉 이승만과 장태환이 한 팀을 이루고 이상재와 방한덕이 다른 한 팀을 이루어 각기 자신들의 의견을 개진해 토론을 전개한 다음, 최종적으로는 참석한 모든 사람들의 찬반 표결을 통해 가부(可否)를 결정했다. 여기서 벌어진 치열한 토론의 과제들은 물론 당시 조선이 당면하고 있는 다양한 문제들, 이를테면 교육문제, 외교문제, 위생 및 통상문제, 의회설립 문제

등과 같은 모든 사람들의 공통된 관심사들이었다.

여기서 '토론'이라는 용어 속에 내재해 있는 핵심적인 의미를 살펴보면 다음과 같다. 첫째, 토론 당사자들 사이의 평등한 발언권이 동등한 권리로서 전제되어 있다는 점이다. 따라서 이 토론에 참여하는 당사자들은 신분 및 지위 고하를 막론하고 차별이 아닌 평등한 지위에서 상대방과 논쟁을 벌였다. 둘째, 이러한 토론의 또 다른 중요한 의미는 보다 나은 논거를 제시하는 자가 최종적으로는 다수의 동의 내지 지지를 얻게 된다는 점이다. 바로 여기에서 공적 현안에 관한 민주적인 토론의 정치적인 파급효과를 찾을 수 있다.

이처럼 〈독립협회〉의 토론회 상설화는 신하 및 백성에 의한 상소와 군주의 비답 등과 같은 전통적인 의사소통 방식을 일거에 근대적인 의사소통 방식으로 변화시켜 나갔다. 물론 토론회가 거듭할수록 의사소통 과정의 절차와 수준 또한 날로 발전했다(F. A. McKenzie 1969 : 68). 공론 활성화를 위한 통상회의 노력은 《독립신문》과 함께 한국 사회에서 조선왕조 수립 이후 처음으로 시도되는 근대적인 공론형성의 장, 즉 공론장의 태동과 발전 그리고 이의 확산과정을 여실히 보여주고 있다. 통상회에서 토론을 거쳐 채택된 공론들은 회원들 및 일반인 참여자들뿐만 아니라, 곧장 《독립신문》을 비롯한 여러 대중매체에 게재되어 전국 각지의 인민들에게 전파되었다. 이를 통해 조선 인민들이 함께 공유하는, 나아가 다수가 지지 내지 동의하는 정치적인 파급효과를 낳았을 것은 분명하다.

뿐만 아니라 〈독립협회〉에서 논의되었던 현안들은 즉시 정부에 상소와 의견서 그리고 질의서로 보내졌다. 그리고 이를 담당한 직책이 바로 '총대위원'(總代委員)이라는 독특한 제도이다. 이 직책은 토론회에서 회원들이 의결한 사안을 책임지고 집행하는 임무를 맡고 있었다. 정치적 토론 및 집회를 주도하는 총대위원은 상설직이 아닌, 매 안건이 있을 때마다 회원들의 직선에 의해 선출되었다. 따라서 이 당시에 이미 우리 사회에서 직접민주적인 조직운영 방식이 채택되었다는 의의가 있다. 〈독립협회〉의 이러한 민주적 운영방식은 민권의식이 뚜렷한 수많은 젊은이들이 협회의 회원으로 가입하는 계기가 되었다. 1898년 말 〈독립협회〉의 회원수는 약 4,200여 명에 달했고, 만민공동회와 함께 〈독립협회〉가 해산됐던 1898년 12월 25일에는 구속된 회원만도 4백여 명에 달했다(신용하 1976 : 96). 협회 회원들 중에는 나중에 좌우익을 막론하고 일제치하에서 독립운동을 주도했던 수많은 민족지도자들이 배출되었을 정도이다.[7)] 이는 당시의 〈독립협회〉가 한국의 근대적인 민주적 정치사회단체로서 지녔던 위상을 짐작케 해준다.

종합하면, 토론회를 통한 공론형성을 추구했던 〈독립협회〉의 활동이 지닌 중요한 의미는 다음과 같다. 즉 〈독립협회〉는 당시 조선 사회의 개혁을 위해서 '갑신정변'과 같은 쿠데타나 '동학농민운동'과 같은 민중봉기에 의해서가 아니라, 다수 인민에 의한 합리적인 토론과 공론형성에 의거한 민주적인 개혁을 지향했다. 다시 말해서 다수 인민에 의한 공론형성을 통해 당시의 조선이 처해 있던 제반 문제들을 함께 해결하고자 노력했던 것이다. 이러한 새로운 민주적인 의사소통 방식을 추구했던 〈독립협회〉였기에 다수 인민들의 자발적인 참여가 가능했으며, 이는 후에 대규모적인 평화적 정치집회인 만민공동회라는 근대적인 공론정치의 공간과 새로운 차원에서의 정치권력이 출현하는 계기로 작용했다.

2. 만민공동회의 공론정치와 근대적 정치권력의 출현

한국 사회 최초의 대중적인 정치집회의 형식을 띤 만민공동회는《독립신문》과 〈독립협회〉를 통해 활성화된 공론장이 구한말의 현실정치를 좌지우지했던 근대적인 공론정치와 다수 인민의 결집된 힘인 새로운 정치권력을 극적으로 보여준 대사건이었다.

만민공동회는 1898년 3월 10일부터 그 해 12월 25일까지 정치사회적인 주요 현안이 있을 때마다 서울의 종로를 비롯한 여러 장소에서 소집되어 당시의 국정에 정치적인 영향력을 행사하게 된다. 우선 3월 10일에 개최된 최초의 만민공동회는 〈독립협회〉 주도하에 약 1만여 명의 서울 시민들이 종로 백목전(白木廛) 다락 앞에 모여들면서 시작되었다. 러시아의 절영도(지금의 부산 영도) 조차 문제와 군사교관 및 재정고문 그리고 한러은행의 철수를 기치로 내걸고 이승만, 문경호, 현공렴 등이 시민들 앞에서 연설을 통해 러시아의 이권침탈을 규탄했다(1898. 3. 10). 이틀 후인 3월 12일, 서울 남촌에 사는 백성들이 〈독립협회〉의 지도 없이도 자발적으로 대규모적인 시위를 통해 정치적인 압박을 가하기 시작했다. 이들의 요구는 즉각적인 성과로 나타났다. 러시아는 절영도 대신 청국의 요동반도로 해군기지를 이동하기로 결정했다. 아울러 3월 17일에는 재정고문과 군사교관의 철수를 통고했고, 한·러은행 또한 폐쇄됐다. 만민공동회의 결집된 정치적 영향력을 가시적으로 보여준 이 사건을 당시 조선에 주재하던 각국 외교관들 또한 충격적으로 받아들였다.

두 번째의 만민공동회는 1898년 9월 11일, '김홍륙 독차사건'[8]을 계기로 소집되었다. 즉 김홍륙의 모반에 대한 사법처리 문제를 둘러싸고

범인만 처벌해야 한다는 법치주의를 고수했던 〈독립협회〉 세력과 구습인 연좌제를 부활시키고자 했던 민영기, 윤용선, 길영수 등 수구파 정부세력의 갈등은 만민공동회의 소집으로 발전했다. 중추원 앞에서 시작된 만민공동회는 시전 상인들이 합류함으로써 대규모적인 군중집회로 발전했다. 만민공동회의 결집된 힘에 놀란 고종은 10월 12일 〈독립협회〉가 신임하는 박정양을 정부수반으로 하는 개혁파 정부를 출범시키게 된다.

세 번째는 개혁파 정부의 수립과 함께 관(官)과 민(民)이 함께하는 '관민공동회'의 개최였다. 여기서는 연초부터 〈독립협회〉 토론회와 《독립신문》에서 제기되었던 근대적인 '의회'를 설립하는 것이 최대 관심사였다. 《독립신문》은 이미 그 해 4월 30일자 사설에서 행정과 의회의 분리를 위해서는 의회설립의 중요성을 다음과 같이 강조하고 있다.

> 세계의 개화 각국이 정부를 조직하였는데, 각색 일을 생각하여 의사와 경영과 방책을 생각하여 내는 관원들이 있고, 그 생각을 시행하여 세상에 드러나게 하는 관원들이 있는지라. 생각하고 방책내는 마을을 외국서는 말하되 의회원이라 하며, 의회원에서 작성한 방책과 의사를 시행하는 마을을 내각이라 하는 것이라. … 일국 사무를 행정관이 의정관의 직무를 하며 의정관이 행정관의 직무를 하라고 하여서는 의정도 아니되고 행정도 아니될 터인지라(1898. 4. 30).

이처럼 개혁파 정부의 등장과 함께 의회설립 문제는 이제 공론장에서의 본격적인 논의를 거치게 된다. 여기서 의회설립 문제는 격동하던 구한말의 정치적 상황이 새로운 전환점에 돌입했음을 의미한다. 그것은 첫째, 전통적인 전제군주제의 정치적인 형식에서 한 걸음 더 나아가 명백히 근대적인 국민에 의한 정치적인 의사결정 가능성을 확보케 해주는 시도였다. 그만큼 의회설립은 왕권에만 의존하지 않고 국민대표에 의한 국가적인 현안의 공동결정이라는 중차대한 정치적 의미를 내포하고 있었다. 뿐만 아니라 의회설립이라는 정치개혁이 내포하고 있는 두 번째 중요한 사실은 의회설립이 조만간에 대표자 선출 등과 같은 일반 국민의 참정권을 전제하고 있기 때문에 단기적인 차원에서는 어려웠을지라도 장기적인 관점에서는 국가나 정부운영에 국민이 참여하지 않을 수 없고, 나아가 책임 또한 공유한다는 점에서 획기적인 정치적 의미를 지니고 있다. 동시에 이는 구한말의 근대적 공론장의 역할을 톡톡히 해냈던 《독립신문》과 〈독립협회〉의 정치개혁 노력이 만민공동회를 거치면서 보다 구체화되고 가시화되는 것을 여실히 보여주고 있다. 나아가 이러한 시도의 핵심은 군주 중심의 전제정치를 입헌정체로 대체하고자 한 정치적 기획에 있다고 강조되기도 한다(최형익 2004 : 199).

어쨌든 이처럼 정치적으로 중요한 의미를 지니고 있는 의회설립 문제가 우여곡절 끝에 고종으로부터 허락을 받게 되자 〈독립협회〉는 관과 민의 대표들이 함께하는 모임, 즉 '관민공동회'의 개최를 추진했다. 의회설립 문제에 관해 참여하는 모든 이들과 공개적으로 함께 논의하기 위해 〈독립협회〉는 정부 관리뿐만 아니라 〈황국협회〉는 물론 각 학교의 학생, 상인, 승려, 백정 등 당시 사회 각계각층에 초대장을 발송했다. 그리고 10월 28일과 29일 양일에 종로에서 개최된 관민공동회에는 〈독립협회〉 회원들과 황제의 윤허를 받은 박정양 등 정부 대신들을 포함하여 약 1만여 명의 군중이 모여들었다. 여기서 〈독립협회〉 회장 윤치호와 의정부 참정 박정양, 그리고 민(民)을 대표하는 백정 출신인 박성춘의 연설과 함께 관민공동회는 개최되었다. 특히 박성춘의 연설은 당시 사회에서 일개 백성이 근대적인 공론정치의 주체로 거듭나는 모습을 극적으로 보여주고 있다.

> 이놈은 바로 대한에서 가장 천한 사람이고 무식합니다. 그러나 임금께 충성하고 나라를 사랑하는 뜻은 대강 알고 있습니다. 이제 나라를 이롭게 하고 백성을 편리하게 하는 방도는 관리와 백성이 마음을 합한 뒤에야 가능하다고 생각합니다. 저 차일(遮日)에 비유하건대, 한 개의 장대로 받치자면 힘이 부족하지만 만일 많은 장대로 힘을 합친다면 그 힘은 매우 튼튼합니다. 삼가 원하건대, 관리와 백성이 힘을 합하여 우리 대황제의 훌륭한 덕에 보답하고 국운이 영원토록 무궁하게 합시다(정교 2004 : 248).

박성춘을 비롯해서 관민공동회에는 이름 없는 나무꾼, 콩나물 장수 할머니, 병사, 기생, 신기료 장수, 승려 등 각계각층의 사람들이 상하귀천을 가리지 않고 함께했다. 이는 조선 왕조 5백 년 이래 처음 있는 대사건으로서 정치의 객체였던 백성들이 근대국가의 평등한 인민 또는 국민의 반열에 들어서게 된 중요한 의미를 지니고 있다. 이때 소집된 관민공동회에서는 정부 대신들과 군중들이 함께 의견을 모아 공론을 형성한 후 황제에게 자주독립국가를 위한 근대적인 정치개혁을 건의하는 이른바 '헌의 6조'를 공동으로 결의하게 된다. 그리고 참여한 모든 이들이 '헌의 6조'를 열람했고, 참석한 정부 대신들이 '가'(可)자를 서명한 다음 10월 30일 황제에게 전해졌다(1898. 11. 1).

이 집회에서 결코 간과해서는 안 될 중요한 의미는 무엇보다도 소집된 모든 백성 내지 인민들이 정부 관리들과 '공동으로' 국정을 결정하는 근대적인 공론정치를 체험하게 되었다는 사실에 있다. 요컨대 한국 최초로 국정개혁 과제들을 공론화시켰고, 또한 관리와 백성들이 한마음이 되어 정치적인 차원에서 국정개혁의 방안을 결정했던 것이다. 국정에 관한 이러한 공동의 결정은 《독립신문》에 의해 공론화되고 〈독립협회〉를 통해 활성화된 의사소통에 바탕을 둔 새로운 방식의 정치적 결정이었다. 동시에 이는 공론정치에 의한 새로운 정치권력이 창출되는 것을 의미했다. 다시 말해서 관민공동회의 결의는 공론에 의해 형성된 다수 인민의 함께하는 공동의 의지가 국정에 관철되는 근대적인 의미에서의 시민 내지 인민에 의한 새로운 차원의 권력이 탄생한 획기적인 사건으로 해석될 수 있다.

다만 관민공동회에서 결의된 '헌의 6조' 등 개혁정책들은 11월 4일 저녁 수구파 관료들에 의한, 황제폐위와 공화국 건설 등을 골자로 한 '익명서(匿名書) 조작사건' 때문에 아쉽게도 실현되지는 못했다. 이에 고종은 윤치호를 제외한 17명의 독립협회 간부 등 총 19명의 체포를 명령했고, 아울러 〈독립협회〉의 혁파를 지시했다(1898. 11. 7).

그러나 서울 시민들은 다시금 경무청 앞에 모여 11월 5일부터 23일까지 매일 자발적인 집회를 통해 〈독립협회〉 간부 석방과 해산된 〈독립협회〉 복설 그리고 의회설립을 위해 철야투쟁을 전개했다. 이미 초겨울이었기 때문에 대중들은 밤이면 추위를 몰아내기 위해 장작불을 지폈고, 구경꾼 또한 구름처럼 몰려들어 수만 명이 함께 시위를 전개했다. 11월 21일, 〈황국협회〉의 사주를 받은 2천여 명의 보부상이 두 패로 나뉘어 만민공동회를 습격했다(1898. 11. 22). 이때 보부상패의 몽둥이에 맞아 사망한 김덕구는 신발 깁는 일을 업으로 하는 사람이었다(1898. 11. 29. 잡보란). 이 소식이 전해지자 더욱 많은 군중들이 몰려들었고, 만민공동회의 시위는 그 절정에 도달하게 된다.

운집한 수만 명 군중들의 기세와 힘에 놀란 고종은 11월 26일 마침내 〈독립협회〉 복설과 수구파 거두들의 유배를 명함으로써 만민공공회의 요구사항을 전폭적으로 수용했다. 이는 만민공동회에 집결했던 시민 대중의 새로운 정치권력이 황제의 전제권력을 압도한 것이 아닐 수 없다. 즉 시민 군중들이 함께했던 만민공동회는 군주의 전제권력에 대항하는 인민의 새로운 정치권력을 현실정치 상황에서 가시화시켜 주었다. 아울러 조선의 백성들은 신분과 계급을 초월하여 모두 대한제국의 인민임을 과시했고, 정치의 주체인 '국민'으로 거듭났다. 고종은 〈독립협회〉 대표 200인을 불러들였고, 서울주재 외교사절도 함께 초대하여 증인을 서게 한 후 칙어를 반포했다(1898. 11. 28). 이로써 황제와 만민공동회의 시민 내지 인민대표 사이에 극적인 대타협을 이루게 된다. 이날의 극적인 타협은 '광무계약'으로 지칭되고, 나아가 한국 최초의 '근대적 헌법'이 등장하게 된 대사건으로 평가되기도 한다(김홍우 2007 : 725-726).

다만 이날 시민 대표들과 고종이 합의했던 사항들은 불과 한 달이 채 못 돼 또 다시 파기되었다. 그 사이에 고종은 일본공사의 조언을 받아 12월 24일 계엄령을 발동했고, 군대를 동원해 만민공동회를 폭력과 무력으로 제압했다. 이듬해인 1899년 8월 17일 고종은 '대한국국제'를 선포하고 대한제국의 정치체제를 '전제군주제'로 되돌려놓았다. 그러나 무력에 의해 만민공동회가 강제로 진압된 지 채 몇 년이 못 가서 조선의 국권은 일본에 의해 탈취되기에 이르렀다. 이때 이토오 히로부미가 고종으로부터 국권박탈을 강요하는 장면은 한국 근대 정치사의 비극 그 자체였다. 『이등박문전』(伊藤博文傳)에 실린 고종황제와 이토오의 대화장면을 그대로 옮겨보면 다음과 같다.

고종 : 짐인들 어찌 그 이치를 모르겠는가. 비록 그렇다 할지라도 일이 중대하니 지금 그것을 스스로 재가할 수 없다. 짐이 정부신료에게 자문하고 또한 '일반 인민' 의 의향도 살필 필요가 있다.

이토오 : 폐하가 정부신료에게 자문하는 것은 지당한 처사이오나 외신(外臣)도 역시 감히 금일에 결재를 소망코자 하는 의향은 없습니다. 그러나 인민의 의향을 살핀다는 말씀에 접하여서는 기괴천만이라고 생각합니다. 왜냐하면 귀국은 헌법정치가 아니라 만기(萬機)가 무릇 폐하의 친재(親裁)로 결정하는 이른 바 군주전제국이 아닙니까. 따라서 인민의향 운운함은 기실은 틀림없이 인민을 선동하여 일본의 제안에 반항을 시도코자 하는 폐하의 심려로 추찰됩니다. 이러한 생각은 중대한 책임을 폐하 자신이 짊어지게 되지 않을까 우려하는 바입니다(강재언 2001 : 122쪽에서 재인용).

만민공동회에 결집된 인민의 의지를 짓밟았던 고종은 이처럼 채 몇 년도 못 돼 일본의 강압을 물리치고자 자신이 애써 외면했던 '인민의 의향' 을 들고 나왔다. 그러나 이미 때가 늦었다. 이토오는 대한국국제 선포와 함께 공고화된 '전제군주제' 의 핵심 논리를 지적하며 국왕 자신만의 재가를 강요했다. 우연이었는지는 모르지만 동일한 시기인 1904년 청년 이승만 또한 『독립정신』에서 국가적 위기를 초래한 전제정치의 취약성을 다음과 같이 지적하고 있다.

전제정치는 첫째 백성의 마음을 압제로 결박하여 시비곡직을 드러내어 말하지 못하게 하매 불평함이 맺혀 서로 사랑하는 마음이 없어지며 … 둘째는 생각을 발달치 못하여 사람마다 남과 같이 홍왕하기를 도모하지 않고 각각 웃사람의 결박하는 것을 앉아 받으려 하매 타국 사람이 들어가서 나의 이익을 임의로 취한즉 자연히 잔액이 말라 붙이지 못하며 셋째는 백성은 나라 일에 상관이 없다 하매 백성이 나라를 남의 것으로 알아 보호코자 아니하매 남이 와서 그 위에 있는 몇몇 집권한 이를 혹 뇌물로 꾀이거나 위력으로 핍박하여 대신 장악해 잡으면 모든 백성을 총 한 방을 아니 놓아도 스스로 딸려들어 올지니 전제국의 위태한 근본이다(이승만 1993 : 109-110).

요컨대 구한말의 정치적 격동기에 정국의 현실을 주도했던 만민공동회는 〈독립협회〉와 《독립신문》에 의해 태동 및 발전했던 근대적 공론장과 인민의 정치의식 발전에 따른 공론정치의 활성화에 의해 국민 내지 인민에 의한 새로운 정치권력의 탄생을 엿보게 했던 것은 분명하다. 비록 역사에서 가정이란 무의미한 일이기는 하지만, 당시의 상황이 순조롭게 진행되었다면 아마도 입헌군주제나 공화제의 채택이 가능했을 수도 있었을 것이다. 만일 그랬다면 국권박탈이라는 비극만은 면할 수 있었던 기회가 되지 않았을까.

5. 결론

이제까지의 논의를 요약 · 평가하면 다음과 같다.

독립국가의 자주성 확보와 위기에 처한 조선 사회를 근본적으로 개혁해 근대국가 체제를 정비하는 데 매진했던 《독립신문》의 노력은 구한말 한국 사회에서 근대적인 의미에서의 공론장을 태동시켰고, 이를 통해 공론정치를 발전시켜 나가는 데 지대한 기여를 했다. 최초로 한글전용을 채택했던 언론매체인 《독립신문》의 지면은 당시로서는 생소했던 정보의 대중화와 사회적 현안의 공론화 전략을 통해 전통적으로 내려온 군주의 절대권력과 사대부 지배계급의 기득권에 도전했다. 창간호부터 국민계몽과 자주적인 근대국가를 지향했던 《독립신문》의 다양한 전략은 다수 백성들을 공론장과 공론정치의 영역으로 불러들이는 데 성공했다. 그리고 이를 통해 한국 사회에서 그때까지 지배 및 통치의 대상이자 정치적인 객체에 지나지 않았던 다수 백성들을 민주적인 정치참여와 '공론'에 바탕을 둔 본격적인 근대 정치의 영역으로 인도함으로써 정치의 주체인 근대국가 국민의 모습으로 거듭나게 하는 데 일조했다.

《독립신문》에 제기된 각종 국정개혁 등 당시의 산적한 현안들을 대중들의 직접적인 참여를 유도해 공론화시켜 나갔던 〈독립협회〉는 근대적인 정치사회단체의 특성을 십분 발휘했다. 특히 〈독립협회〉의 토론회는 문자를 매개로 한 공론형성에 주력했던 《독립신문》과는 달리, 한국 사회에서 본격적으로 다수의 시민참여에 의한 공개적인 토론문화를 발전시켜 나가는 계기를 마련해 주었다. 반복되는 토론과정에서 점차 지위의 고하나 신분의 차이가 배제된 평등한 토론 당사자의 위치 또한 공고화되어 갔다. 이는 군주와 신하 사이의 상소와 비답에 의한 전통적인 공론화내지 의사소통 방식을 일거에 민주적인 의사소통 방식으로 변혁시키는 성과를 나타냈다.

토론의 주제들인 당시의 외교와 국방 및 의회설립 문제 등 정치적인 사안들과 함께 교육 및 국민위생 문제 등 국정 전반에 걸친 공적인 의제들은《독립신문》사설을 통해 전국의 독자들에게 공개되곤 했다. 뿐만 아니라 논쟁과 토론을 거쳐 다수의 동의를 얻게 된 공론은 공적 의견의 형식을 취하면서 총대위원을 통해 정부에 전달되어 정치적인 영향력을 발휘하기 시작했다. 바로 이 점에서 소수에 의한 급진적인 정치개혁을 시도했던 갑신정변이나 정치변혁을 위한 민중봉기였던 동학농민운동과는 확연히 구별되는 평화적이고도 민주적인 근대적 공론정치의 진면목을 드러내 주고 있다고 평가된다.

이처럼《독립신문》과〈독립협회〉를 통해 배양된 민주적 잠재력은 1898년 한 해 내내 지속된 만민공동회에서 근대적인 민주적 공론정치와 국민 내지 인민의 새로운 정치권력의 탄생을 극적으로 보여주고 있다. 만민공동회에 결집된 정치적 힘 내지 영향력은 열강 러시아의 이권침탈을 물리쳤고, 수구파와 대결해서 구시대적인 연좌제를 폐지하고 근대적인 법치를 고수하는 데 성공했다. 뿐만 아니라《독립신문》과〈독립협회〉가 줄기차게 제기했던 근대적인 의회설립이라는 과제는 다수의 국민들의 참여와 공론화에 성공함으로써 황제의 허락까지 받아낸 관민공동회로 발전해 나갔다. 여기서 최하층 계급인 백정에서부터 고위관료에 이르기까지 모든 참여자들이 근대적인 정치개혁에 합의하고 국정개혁 방안을 함께 결정했다. 이로써 정치의 객체였던 조선의 백성들은 이제 명실공히 정치공동체의 평등한 주체, 즉 근대적인 국민의 모습으로 거듭났다. 동시에 한국 사회에서 처음으로 공론정치에 바탕을 둔 국민 내지 인민이 함께하는 민주적인 새로운 정치권력이 그 모습을 드러냈다.

만민공동회에 결집된 국민 대중들의 단결된 정치적 힘은 수구파의 농간에 휘둘린 황제의 전제권력을 압도함으로써 구한말 한국 사회 최초로 다수 국민에 의한 근대적인 민주적 정치권력이 자리매김했다. 만민공동회는 근대적 공론장인 《독립신문》이 등장한 지 불과 2년 사이에 급속히 발전해 나간 한국인들의 근대적인 정치의식의 발로였고, 이는 동시에 전통적인 지배권력과는 확연히 구별되는 공론정치에 바탕을 둔 새로운 차원에서의 권력, 즉 근대적인 국민의 정치권력을 의미했다. 그럼에도 불구하고 전제권력을 끈질기게 고수했던 고종의 약속 위반과 군대를 동원한 무력진압은 갓 피어나던 민주적인 공론정치의 싹을 짓밟았고, 이는 국권박탈이라는 비극을 초래하게 되는 직접적인 원인으로 지적되어야 할 것이다.

국권박탈에도 불구하고 한국민의 자주정신과 민주적인 잠재력은 일제 하의 3·1운동과 상해 임시정부의 수립 등으로 나타났다. 이는 구한말에 배양되고 발전했던 우리 국민의 민주적 역량에 기인하고 있다고 해도 결코 과언이 아니다. 임시정부의 헌법인 '대한민국임시헌장' 제1조에 왕정이 아닌 민주공화국을 천명하고 있는 것도 바로 이러한 맥락에서 이해되어야 할 것이다. 임시정부의 민주공화제를 그대로 수용했던 대한민국의 건국헌법 또한 한반도의 남쪽에 진주한 미군정의 입김보다는 구한말 당시부터 이미 그 모습을 드러낸 우리 국민의 자주적이며 민주적인 역량에 기인하고 있다고 보아야 할 것이다.

마지막으로 구한말에 등장한 한국의 근대적 공론장을 서구의 그것에 비추어 보면 다음과 같은 특성을 지니고 있다. 먼저 산업혁명과 함께 등장한 근대의 부르주아 공론장과는 달리 한국의 근대적 공론장은 근대적 자아 및 주체적인 의식을 지닌 시민계급이 부재했다. 아울러 구한말 당시의 한국은 외세의 침탈에 의해 국권이 위기에 처해 있었던 특수한 정치적 상황에 놓여 있었다. 서구 공론장의 발전배경과는 구별되는 이러한 조건들은 한국의 근대적 공론장 발전이 특수한 경로를 취하게 되는 요인으로 지적될 수 있다. 그것은 한국의 근대적 공론장을 태동시킨《독립신문》의 국민계몽과 자주적 근대국가를 향한 정치개혁의 담론이 당시의 선각자 및 지식인들에 의해 주도되지 않을 수 없는 상황으로 나타났다. 여기서 구한말의 공론장은 다수의 자율적인 부르주아 시민들에 의해 형성되고 나아가 지속적으로 발전된 서구의 공론장과는 구별되고 있다.

이러한 차이에도 불구하고 구한말에 태동한 공론장은 군주와 사대부 계급 사이에 상소와 비답을 중심으로 전개된 전통적 공론장과는 구별되는 근대적인 특성을 지니고 있다. 이 점에서 구한말의 근대적 공론장과 서구의 그것은 공통성을 지니고 있다고 할 수 있다. 왜냐하면 근대적인 공론장의 핵심은 신분고하를 막론하고 공동체의 구성원이라면 누구나 현안을 둘러싼 대화와 토론, 즉 의사소통에 참여할 수 있는 열려 있는 공적 영역 내지 정치적 공간을 의미하기 때문이다. 구한말의 근대적 공론장 또한 한국 사회에서 민주적 잠재력을 발현시킬 수 있는 공간을 제공함으로써 불과 3년이라는 짧은 기간 동안에 정치의 객체였던 백성들이 국민의 차원으로 발전할 수 있는 토양을 마련했다. 뿐만 아니라 공론장에서 배양된 국민들의 정치적 잠재력을 극대화시켜 새로운 차원에서의 정치권력의 탄생을 엿보게 했다는 점에서 근대적 공론장의 민주적 특성이 여실히 드러나고 있다.

주

* 이 글은 『한국정치연구』 제16집 제2호(2007)에 수록된 글이다.

1. 예컨대 1898년 4월에는 한국 최초의 일간지 《매일신문》이 발행되었고, 그 해 8월과 9월에는 구한말의 대표적인 민족지인 한글전용의 《제국신문》과 국한문 혼용의 《황성신문》이 창간되어 국권을 박탈당한 1910년까지 발행되었다. 그리고 1899년에는 《시사총보》와 《상무총보》 등이 잇따라 발간되었다.
2. 이태진(2000), 주진오(1995) 등과 같이 《독립신문》이나 〈독립협회〉 그리고 만민공동회가 추구했던 근대적인 개혁성 자체를 부인하거나, 이러한 개혁운동이 왕권약화를 초래했고 제국주의의 위험성을 간과했으며, 나아가 반민중적인 속성을 지녔다는 주장도 있다. 그러나 필자가 보기에 이러한 주장들은 한국 근대정치의 이면에 놓여 있는 민주적 잠재력을 애써 간과하는 견해라고 하지 않을 수 없다.
3. 본 논문이 분석하고자 하는 《독립신문》의 사설은 LG 상남재단의 영인본에 의거하고 있으며, 문체는 현대식으로 고쳐서 인용했다. 아울러 사설의 인용 출처는 발행된 연월일로 한정했다.
4. 1894년 3월 김옥균의 암살과 갑오경장(1894-1896)으로 인해 조선 정부에서는 갑신정변 주역들에 대한 특별사면을 단행했고, 이때 복권된 사람들 가운데는 서재필도 포함되어 있었다. 이에 대해서는 신용하(1976, 6)를 참조. 이때 미국 국적을 보유하고 있던 서재필에 대해 당시에도 황현 등이 비판했지만 이를 근거로 오늘날에도 그는 비판의 대상이 되고 있다. 이에 관해서는 황현(1973, 268)과 려증동(1992, 76)을 참조.
5. 독자들이 보내온 애국가를 독립신문에 게재한 것은 1896년에는 5월 9일 자부터 도합 11건이며, 그 후 1897년과 1898년에 각 한 건이 있다.
6. 1897년 7월 8일 개최된 〈협성회〉 토론회는 배재학당 종강식을 맞아 서울 주재 각국 외교관을 비롯한 600여 명이 참석한 가운데 토론회를 가지기도 했다. 그리고 배재학당 수학 당시 협성회의 토론회에서 두각을 나타냈던 청년

지도자 이승만은 서재필의 강의를 통해 비로소 정치적 자유의 사상을 인식하게 되었다고 한다. 이에 대해서는 이정식(2003, 219-220)을 참조.

7. 예를 들면 이상재, 이승만, 안창호, 이동영, 이동휘, 노백린, 나철, 남궁억, 김규식, 신채호, 장지연, 박은식, 지석영, 주시경 등의 대표적인 인사들이 독립협회의 회원이었다(신용하 1976 : 511-512).
8. 아관파천 당시 고종의 총애를 받았던 러시아어 역관 김홍륙은 거액의 뇌물을 받은 혐의로 유배를 가게 되자 궁중의 주방장을 꾀어 고종이 즐겨 마시던 커피에 독약을 타게 했지만 미수에 그쳤고 나중에 사형을 당하게 된다.

참고문헌

강재언. 2001. "독립신문 · 독립협회 · 만민공동회–1890년대 후반기의 부르주아적 변혁운동–." 서재필기념회 편. 『개화 독립 민주』. 서울 : 도서출판 삼우.

김대영. 2004. "공론화를 위한 정치평론의 두 전략 : 비판전략과 매개전략." 『한국 정치학회보』 제38집(여름).

김홍우. 2007. "《독립신문》과 사회계약." 『한국 정치의 현상학적 이해』. 서울 : 인간사랑.

려증동. 1992. 『고종시대 독립신문』. 서울 : 형설출판사.

류준필. 2004. 『근대계몽기 지식개념의 수용과 그 변용』. 서울 : 소명출판사.

신용하. 1976. 『독립협회 연구』. 서울 : 일조각.

______. 2001. 『갑오개혁과 독립협회운동의 사회사』. 서울대출판부.

LG 상남언론재단 편. 1996. 『독립신문』.

이동수. 2006. "《독립신문》과 공론장." 『정신문화연구』 제29권 제1호. 한국학중앙연구원.

이승만. 1993. 『독립정신』. 서울 : 정동출판사.

이정식. 2003. 『구한말 개혁 · 독립투사 서재필』, 서울대출판부.

이태진. 2000. 『고종시대의 재조명』. 서울 : 태학사.

장명학. 2003. "하버마스의 공론장이론과 토의민주주의." 『한국정치연구』 제12집 제2호.

______. 2004. "《독립신문》과 근대적 정치권력의 등장." 『역사와 사회』 제33집. 국제문화학회.

정 교(조 광 편). 2004. 『대한계년사 3』. 서울 : 소명출판사.

주진오. 1995. 『19세기 후반 개화 개혁론의 구조와 전개 : 독립협회를 중심으로』. 연세대 박사학위논문.

채 백. 1994. "독립신문 독자투고의 현황과 특성에 관한 연구." 『언론과 사회』. 봄호.

최형익. 2004. "한국에서 근대민주주의의 기원." 『정신문화연구』 제27권 제3호.

한국학중앙연구원.
황 현. 1973. 『매천야록』. 이장희 옮김. 서울 : 대양서적.

Arendt, Hannah. 1958. *Vita Activa*. München.
______. 1970. *Macht und Gewalt*. München.
______. 1993. *Was ist Politik? Fragmente aus dem Nachlass*. Hg. von Ursula Ludz. München.
Habermas, Jürgen. 1990. *Strukturwandel der Öffentlichkeit*. Frankfurt/M..
______. 1992. *Faktizität und Geltung : Beiträge zur Diskurstheorie des Rechts und des demokratischen Rechtsstaats*. Frankfurt/M..
McKenzie, F. A. 1969. *Korea's Fight for Freedom*. Seou l: Yonsei University Press.
Weber, Max. 1972. *Wirtschaft und Gesellschaft. Grundriss der verstehenden Soziologie*. Tübingen.

정당 대변인의 '말'과 한국 정치의 관습 *

이현휘(성신여대)

《동아일보》는 한나라당과 민주당이 2007년 8월부터 2008년 9월에 걸쳐 발표한 정치논평 1,000건을 분석한 후, "한국 정치가 후진성을 극복하지 못하는 구조적 이유의 하나로 이전투구식 정쟁을 부추기는 정당의 논평이 꼽힌다"는 결론을 도출했다. 구체적으로 "한나라당은 549건 중 389건(70.9%)이 상대 당이나 상대 당 정치인, 아니면 정책 비판을 위한 논평"이었으며, "민주당의 경우 논평 451건 가운데 338건(74.9%)이 비판적이었다." 반면 "정책 대안을 제시하거나 촉구하는 논평은 한나라당 63건(11.5%), 민주당 25건(5.5%)에 그쳤다." 또한 미래나 꿈과 같은 긍정적 단어들조차 논평에서는 "미래를 위해 사퇴해야 한다", "헛된 꿈을 접어라" 등과 같이 주로 부정적 문장에서 사용되었다. "근거가 부족한 대변인의 의혹제기 논평" 역시 다수를 차지했다. "논평을 통해 자신들이

'~라면', '~ 한다면' 등의 가정을 한 뒤 이를 다시 비판하는 '라면 논평'은 정치권의 근거 없는 의혹 제기의 대표적 사례로 꼽힌다. 한나라당과 민주당은 '~라면'이 포함된 논평을 각각 2007년 29회와 32회, 2008년 20회와 26회를 사용했다. 양당은 또 '~다면'이 들어 있는 논평을 2007년 82회와 92회, 2008년 71회와 42회 사용하는 등 모두 394의 가정문이나 조건문을 논평에서 이용했다."

양당은 상대 후보나 상대 당을 강력하게 비판하기 위한 수단으로 무리한 덧씌우기, 비아냥, 상대방 비하 등과 같은 부정적 수단을 동원했는데, 그 중에서도 가장 강력한 비판수단은 인신공격이었다.[1] "이회창 후보는 한나라당 의원들을 빼가려는 '삐끼 정치'를 즉각 중단하라"(한나라당 박형준 대변인). "(이명박 후보)는 까도 까도 끝이 없는 의혹투성이 후보이다. 부패의 수도꼭지다. 꼭지를 틀면 틀수록 구정물이 쏟아진다"(대통합민주신당 송두영 부대변인). 또한 "한나라당은 민주당(대통합민주신당 포함)을 지칭해 '얼치기 좌파 아마추어', '사기도박당', '삥치기당', '악덕업자당', '신당이 아니라 쉰당' 등"과 같은 원색적 표현을 썼으며, 민주당 역시 "한나라당을 향해 '성(性)나라당', '원조비리당', '부패종합세트당', '공작정치 후예정당' 등으로 비난했다." 이처럼 인신공격성 표현 내지 원색적 표현을 동원한 양당의 공격 성향은 대선 정국에서 최고조에 달했다. 2007년 "대선 때 대변인을 맡았던 최재천(민주당), 박형준(한나라당), 나경원(한나라당) 3인의 대변인"이 "양당의 부대변인단을 제외하면 가장 공격적인 논평"을 낸 것으로 집계되었기 때문이다.[2]

물론 정치적 논쟁에서 정적을 폄하하기 위해 인신공격과 같은 부정적 발언을 무자비하게 동원하는 행태는 한국의 정치현장에서만 발견할 수 있는 특수한 현상은 아니다. 예컨대 미국의 선거역사에서도 인신공격과

중상모략이 난무하는 네거티브 캠페인이 꾸준히 관철되었기 때문이다.[3)]

그러나 한국 정치는 미국이나 여타 국가의 정치에서 찾아보기 어려운 매우 독특한 특성을 지녔는데, 그런 특성은《동아일보》의 분석 기사에서도 쉽게 확인할 수 있다. 가장 먼저 눈에 띄는 점은 한나라당과 민주당의 논평 중 70–75%가 상대 당을 비판하는 부정적 논평이었다는 사실이다. 그리고 그런 비판은 인신공격성 발언 내지 원색적 발언을 통해 상대 당을 강력하게 몰아세우는 형태로 이루어졌다. 이와 같은 사실은 한국의 정치적 논쟁이 대단히 쉽게 극단으로 치달을 수 있다는 점, 그로 인해 정치적 타협(political compromise)이 대단히 어렵다는 점, 어쩌다 어렵사리 정치적 타협에 도달하더라도 사소한 문제가 빌미가 되어 타협이 쉽게 와해될 수 있다는 점 등을 함축한다.

한국 정치가 타협에 도달하기 어렵고, 어렵게 도달한 타협이 쉽게 와해될 수 있다는 사실은 한국 정치 그 자체의 붕괴를 의미한다. 통상 정치는 차선을 추구하는 예술(politics is an art of the second best)로 정의되는데, 여기에서 차선이란 정치적 타협을 통해서 성취할 수밖에 없기 때문이다.[4)] 정치적 타협이 부재한 논쟁은 장기간에 걸쳐 치열하게 전개될 수는 있어도 정치공동체의 생존과 번영을 담보할 수 있는 정책 대안을 창출하기란 지극히 어렵다. 한나라당과 민주당의 논평 중 상대 당을 비판하는 논평의 비중이 70–75%에 달하는 반면 정책 대안을 촉구하는 논평은 5–10%의 수준에 머문 것은 결코 우연이 아니었다.

이 논문은 먼저 한국 정당 대변인의 말을 적절하게 분석할 수 있는 이론적 시각을 탐색할 것이다. 그리고 그렇게 탐색한 시각에 입각해서 한나라당과 민주당의 대변인이 구사한 언어의 부정적 성격은 대변인 개인이나 양당에 국한된 특수한 성격이 아니라, 한국 정치의 역사적 전통에서 광범위하게 확인할 수 있는 매우 일반적 성격이라는 사실을 보여줄 것이다. 이어서 정치적 타협이 부재한 논쟁의 역사적 기원은 고려말 척불논쟁에서 찾아볼 수 있다는 것, 그리고 그러한 정치적 논쟁이 사실은 고려 및 조선 정치의 붕괴와 조선의 망국을 예비한 '반정치적 성격'을 띠었다는 것 등을 차례로 검토할 것이다. 끝으로 조선의 반정치적 전통을 일정하게 계승한 현대 한국 정치의 딜레마를 조명하고 그 딜레마를 타개할 수 있는 방안을 탐색해 보고자 한다.

1. 언어와 관습

한국 정치의 현장에서 전개되는 논쟁의 성격을 어떻게 이해할 것인가? 우선 쉽게 생각할 수 있는 방법은 논쟁에서 사용된 언어의 의미를 분석해 보는 것이다. 한나라당과 민주당의 논평을 분석한《동아일보》의 방법이 좋은 사례다. 이 방법은 얼핏 보면 지극히 타당한 방법처럼 보인다. 논쟁의 성격을 이해하기 위해 그 논쟁을 구성하는 언어의 의미를 분석한다는 것은 매우 당연하다고 생각되기 때문이다. 그러나 이 방법은 특정 전제 위에서 구성된 하나의 이론적 관점을 의미하며, 따라서 그 전제의 허용범위 안에서만 타당한 지극히 제한적인 관점이라는 사실에 유의할 필요가 있다. 여기에서 그 전제란 "언어의 의미를 해석하면 정치적 논쟁의 실상을 온전히 이해할 수 있다는 신념"을 의미한다. 그런데 이런 신념이 타당하기 위해서는 언어의 의미가 정치적 논쟁의 실상을 온전히 담아낼 수 있을 만큼 자족적이고 독립적이며 객관적인 성격을 띠어야만 한다. 실제로 분석철학의 경우는 언어의 자족적 의미를 전제했으며, 그런 언어의 배타적 분석을 통해 세계를 해석할 수 있다는 이른바 언어로의 전환(linguistic turn)을 주장했다.[5]

그러나 언어의 자족적 성격을 당연시하는 사고방식은 서구 근대 세계관을 구성하는 핵심적 신념 중의 하나, 즉 정신과 신체의 준별 내지 주체와 객체의 준별을 전제한 상태에서 구성된 전형적인 근대의 사고방식이었다.[6] 이런 사고방식에 따를 때 언어는 신체나 객체와 분리된 자족적 범주로 간주된다. 하지만 정신과 신체의 준별 내지 주체와 객체의 준별을 견지한 근대의 세계관은 이미 100여 년 전에 파산선고를 받은 상태에 있다.[7] 이처럼 파산된 근대의 세계관을 근원적으로 대체할 수 있는 새로운 세계관을 마련하기 위해 부심했던 화이트헤드(Alfred N. Whitehead)는 언어의 자족적 성격을 당연시하는 관점을 강력하게 비판한다.

> 우리가 몸으로 체험하는 정서(emotion)가 … 우리의 삶을 90% 정도 지배합니다.[8] 우리의 두뇌가 하는 일이란 기껏해야 몸을 경유해서 전달되는 정보를 식별하고 그것에 반응하는 정도에 지나지 않습니다. 두뇌의 지적 활동과 몸의 정서적 체험 간의 관계는 우리가 입는 옷과 우리의 몸 그 자체 간의 관계와 유사합니다. 우리가 옷을 입지 않는다면 문명생활을 제대로 영위할 수 없겠지요. 하지만 우리에게 몸은 없고 옷만 있는 상황이란 있을 수 없는 일입니다.[9] … 우리의 깊은 직관을 말로 표현할 수는 없습니다. 우리가 말로서 직관을 표현하는 순간 그 직관은 언제나 우리로부터 도망치고 맙니다. 그런데도 우리는 항시 말이란 것이 분명한 의미를 갖는 고정된 사물인 것처럼 생각하는 습관에 빠져있다는데 문제의 심각성이 있습니다. 하지만 실제 현실에서 언어의 의미는 그렇게 고정된 것이 아니라 대단히 변화무쌍한 형태로 존재하며, 우리가 말

로 표현하려는 것의 대부분은 언어의 범주 밖에서 존재합니다.[10] … 당신은 언어가 부정확한 것이라는 사실을 이해해야 합니다. 바로 이 점이 내가 강조하지 않을 수 없는 요점입니다. 나는 그런 결론을 되풀이해서 확인합니다. 언어의 기호를 통해 사상을 완벽하게 표현할 수 있다고 믿는다든지, 그 정도는 아니더라도 어느 수준 이상 적절하게 표현할 수 있다고 믿는 것은 참으로 어리석은 생각입니다. 그리고 그처럼 어리석은 생각이 철학에 헤아릴 수 없는 해악을 끼쳤습니다.[11] … 나는 언어가 우리의 의식적 사유를 적절하게 표현할 수 없다는 사실, 그리고 우리의 의식적 사유가 우리의 잠재의식적 사유를 적절하게 표현할 수 없다는 사실로부터 깊은 인상을 받았습니다. 지금까지 철학은 언어가 의미를 정확하게 전달하는 수단이라고 믿었기 때문에 학문적 재앙을 피하지 못했던 것입니다.[12]

화이트헤드에 따르면 언어가 인간의 체험에서 차지하는 비중은 10% 정도에 지나지 않으며, 나머지 90%는 정서의 지배를 받는다. 그래서 전자를 옷에 비유할 수 있다면 후자는 신체에 비유할 수 있었다. 이렇게 본다면 정당 대변인의 말을 분석해서 정치적 논쟁의 실상을 이해하려는 시도는 한마디로 난센스가 아닐 수 없다. 대변인의 말은 논쟁의 실상을 10% 수준에서 지극히 피상적으로만 담아낼 뿐이기 때문이다. 이런 사실은 우리에게 인간의 체험 내지 정치현실을 바라보는 시각을 근본적으로 달리할 것을 요구한다.

다시 화이트헤드에 따를 때 인간의 체험을 지배하는 90%의 정서는 인간의 신체에 각인된 기억으로 존재하며, 그런 기억이 인간의 '습관'(habit)을 형성한다. 이렇게 본다면 인간의 체험 내지 행동은 10%의 언어가 아니라 90%의 습관의 지배를 받는다고 할 수 있다. 같은 논리로 인간 공동체의 정서는 공동체 구성원의 신체에 각인된 기억으로 존재하며, 그런 집단적 기억이 예컨대 에드먼드 버크가 통찰했던 공동체의 '관습'(prejudice)을 형성한다. 따라서 공동체의 체험 내지 행동은 그 공동체의 언어가 아니라 관습의 지배를 받는다고 봐야 한다.[13)]

그렇다면 한나라당과 민주당이 전개한 정치적 논쟁의 실상은 논쟁에 동원된 언어만 분석할 경우 10% 정도밖에 이해할 수 없으며, 양당이 공유하는 관습을 함께 분석할 때 비로소 100% 이해할 수 있는 가능성이 열린다는 사실을 알 수 있다. 화이트헤드는 근대의 사회과학이 사회에서 90%의 비중을 차지하는 관습을 몰각한 상태에서 연구를 진행시켰기 때문에 대부분 파산할 수밖에 없었다고 지적한 바 있다. "사회의 구석구석까지 관례가 충만해 있지 않으면 문명은 소멸하고 만다. 예리한 지성에서 나온 사회학의 많은 학설들이 이 기본적인 사회학적 진리를 망각함으로써 와해의 길을 걷고 있다."[14)]

그렇다면 한나라당과 민주당의 정치적 논쟁을 지배한 관습은 어떻게 발견할 수 있는가? 우리말에 "세 살 버릇 여든까지 간다"는 속담이 있는데, 이는 우리의 논의에 많은 시사점을 준다. 어떤 사람이 세 살 때 사용하는 언어와 여든 살 때 사용하는 언어는 크게 다를 것이다. 그러나 속담은 세 살 때 형성된 습관이 여든 살까지 커다란 변화 없이 지속된다는 점을 말해준다. 어린 시절에 형성된 습관이 노년에 이르러서도 쉽게 변화하지 않는다는 사실은 습관이 강력한 '관성'을 지녔다는 점을 의미한다. 화이트헤드가 습관의 비중을 90%로 책정했던 까닭이 바로 여기에 있었다. 또한 습관이 강력한 관성을 지녔다면 세 살부터 여든 살까지 어떤 사람이 보여주는 행동은 유사하게 반복되는 패턴(recurring pattern)을 보일 것이라는 점도 쉽게 추론할 수 있다. 따라서 우리가 여든 살 먹은 사람의 정체성을 이해하고자 한다면 여든 살 때 사용한 언어만 검토해서는 안 되고 그 사람의 습관까지 함께 검토해야만 한다. 그리고 그 사람의 습관을 이해하기 위해서는 습관이 처음 형성된 세 살 때로 거슬러 올라가 습관의 형성과정을 세밀하게 살펴보아야만 한다.

전인권이 40대 중반의 자신의 정체성을 이해하기 위해 유년시절(5-12살)로 거슬러 올라가 자신의 습관이 처음 형성되는 과정을 세밀하게 관찰한 경우가 좋은 사례라고 할 수 있다.[15] 한나라당과 민주당의 정치적 논쟁을 지배한 관습 역시 유사한 방법으로 추적해 볼 수 있다. 한국 정치사를 거시적으로 관찰하면 양당의 정치적 논쟁과 유사한 논쟁이 반복되는 패턴을 확인할 수 있을 것이다. 이런 추론이 가능한 까닭은 한국 정치의 관습이 세월의 흐름에도 불구하고 커다란 변화 없이 관철되었기 때문이다. 그렇다면 한국 정치사에서 한국 정치의 관습이 최초로 형성된 시기로 거슬러 올라간 다음 관습이 형성되는 과정을 세밀하게 관찰하는 것이 관습을 발견하는 연구의 요체가 된다고 할 수 있다.

실제로 한국 정치사를 좀더 큰 눈으로 바라보면 한나라당과 민주당이 보여준 정치적 논쟁과 유사한 논쟁이 끊임없이 반복되었다는 사실을 쉽게 확인할 수 있다. 즉 "한국 정치는 정책의 차이를 가지고 경쟁하는 것이 아니라 자신의 정치적 입장만을 강변"하며, "독선적인 태도로 상대방의 정책을 극단까지 밀어붙이며 반대"하는 모습을 반복적으로 보여주었다.[16] 예컨대 "17대 국회 전반기에 국회가 열린 470일 중 40%에 달하는 190일 동안 국회가 파행됐다. 국회 파행의 주요 원인은 경제, 민생과 크게 상관없는 정파적 이해관계에서 비롯된 것이 대부분이었다."[17] 또한 "1999년 6월 서해 교전이 벌어졌을 때는 여야 대표 간에 맺은 초당적 협력 결의가 불과 반나절 만에 무력화된 일도 있었다."[18] 참여정부 기간 내내 근거 없는 폭로와 게이트 공세 역시 끊이질 않았다.[19] 남한과 북한 간에 진행된 정치적 협상의 역사에서도 정치적 논쟁이 쉽게 극단으로 치닫고(toughness dilemma), 정치적 타협이 곤란하며, 어렵게 도달한 타협이 쉽게 와해되는 패턴을 반복적으로 보여주었다.[20]

그러나 한국의 정치영역에서 확인할 수 있는 논쟁 패턴은 정치 이외의 영역에서도 광범위하게 관찰할 수 있다. 한국인의 협상 스타일을 연구한 스나이더는 노사 간의 협상을 예로 들면서 다음과 같은 패턴을 추출한 바 있다. 즉 노사 간의 분규가 발생했을 때 노사 양자는 합리적 타협을 진지하게 시도하는 대신 협상 테이블을 박차고 나가 극단적으로 대립하는 패턴을 보여준다는 것이다. 이런 상황에서 상대방에 대한 협상력을 제고시키려면 노사 각 진영의 결속력이 필요하게 되는데, 이러한 결속력을 확보하기 위한 수단으로서 각 진영의 지도부는 통상 강경책을 구사했다. 따라서 이탈자가 생겨 진영의 결속이 결정적으로 와해되지 않는 한 노사 간의 강경대치는 계속될 수 있는 반면 타협은 그만큼 어렵게 된다고 진단했다.[21]

이런 협상 패턴은 최근 발표된 세계경쟁력포럼(WEF)의 국가경쟁력 순위에서 한국의 노사협력 분야가 134개 대상국 중 55위에서 95위로 수직 하락하고, 스위스 국제경영연구원에서 발표한 IMD 국가경쟁력 순위에서도 한국의 노사관계 경쟁력이 65개 대상국 중 꼴찌에 머무는 현실로 나타났다.[22] 그것뿐만이 아니다. 1997년 외환위기 때 남한 정부가 IMF를 대상으로 전개한 협상,[23] 교육부와 전교조의 갈등,[24] 지식인 사회의 갈등,[25] 지역감정,[26] 시민사회 내부의 갈등[27] 역시 노사 간의 갈등과 유사한 논쟁 패턴을 보여주었다. 그렇다면 한국 정치 내지 한국 사회의 논쟁을 지배하는 관습은 어느 시기에 어떤 과정을 거쳐 형성된 것일까?

2. 당쟁의 기점 탐색

필자는 2008년 11월 20일 서울 인사동에서 게리 레드야드(Gari Ledyard) 미국 컬럼비아 대학교 명예교수와 대화를 나눌 기회가 있었다. 그 자리에서 필자는 다음과 같은 질문을 제기했다. "한국의 정치적 논쟁은 '타협'에 도달하기가 대단히 어렵습니다. 그러나 '벼랑 끝'(brinkmanship)으로 치닫기는 매우 쉽습니다. 이런 사정은 '유교'의 영향 때문이라고 볼 수 있을까요?" 그러자 레드야드는 곧바로 "그렇고 말고요!"(Absolutely!)라고 답변했다. 스나이더(Scott Snyder) 역시 유교가 남한과 북한의 경직된 협상 스타일에 일정하게 영향을 끼쳤다고 진단한 바 있다.[28] 한국 정치의 논쟁 패턴이 유교의 영향을 크게 받았다는 통찰은 우리의 시선을 유교를 국시로 삼았던 조선의 정치사로 향하게 한다.

그동안 현대 한국 정치를 조선 정치의 연장선상에서 이해하려는 시도가 전혀 없었던 것은 아니다. 예컨대 김병국은 한국 정당의 행태를 조선의 붕당과 연관지어 비판적으로 분석한 바 있다.[29] 또한 헨더슨은 한국 국회의원의 행태가 조선의 대간들이 보여준 행태와 대단히 유사하다는 사실을 통찰했다. "1948년부터 1952년까지 국회의 역사는 … 미군정하의 과도입법원 때처럼 입법활동은 다시금 상대적으로 무시되었다. … 또한 국회는 장관이나 대통령을 출석시켜 질의하거나 국정조사를 결의하고 헌법상 인정되지 않은 권한인 내각사퇴를 요구하기도 하는 고질적인 경향을 보였다. … 이런 모든 행태는 서구적인 국회의원들이 하는 일이 아니었고, 옛 중국과 조선 시대의 대간들이 하는 일이었다. … 1948년 8월 국회는 일본에 '악의적'으로 협조한 혐의를 가진 자들에게 대한 체포, 재판, 처벌 등을 할 수 있는 반민족행위처벌법을 가결했다. 부유층과 옛 양반, 저명한 지식인, 그리고 국내에서 독립운동을 적극적으로 한 사람들까지 포함해 수백 명이나 되는 사람들이 연루됐다. … 이 법률은 조광조와 그의 젊은 유교 맹신 동료들의 정신을 기리는 젊은 야당의원들이 추진한 것이다."[30]

그렇다면 한국 정치의 논쟁 패턴은 조선 시대 어느 시기부터 시작되었는가? 조선 시대의 정치적 논쟁을 회고할 때 제일 먼저 떠오르는 것은 당쟁이다. "조선 왕조에서 가장 중요한 정치적 사건이 바로 당쟁이었기 때문이다."[31] 그런데 한국 역사학계에서 당쟁의 기점은 보통 선조 대로 꼽는다. 그렇다면 한국 정치의 논쟁 패턴은 선조 대에 형성된 것으로 보아야 할까? 필자는 그렇지 않다고 판단한다. 당쟁의 기점을 선조 대로 파악하는 시각은 기본적으로 훈구파와 사림파가 상호 이질적인 정파라는 판단에 기초하고 있다. 즉 대지주 출신의 훈구파는 정부의 고위직을 차지한 보수세력으로, 그리고 중소지주 출신의 사림파는 조선 왕조 초기에 주로 삼사를 중심으로 활동하다 선조 대부터 정부의 권력을 장악한 진보세력으로 간주한다.

이처럼 훈구파와 사림파를 이질적 정파로 파악할 경우 사림파가 훈구파를 축출하고 정부의 권력을 장악해 나가는 조선의 역사를 진보의 과정으로 해석할 수 있는 길이 열리며, 그런 해석에 입각해서 조선 역사의 정체성을 강변한 식민사학을 비판할 수 있는 길 또한 열리게 된다.[32] 그러나 역사를 이런 식으로 해석할 경우 문제가 되는 것은 당쟁을 선조 대 이후 사림파 내부에서 전개된 권력투쟁으로 좁혀서 이해하게 되며, 선조

대 이전의 훈구파와 사림파 간의 권력투쟁을 배제하게 된다는 데 있다.

그러나 와그너(Edward E. Wagner)에 따르면 훈구파와 사림파는 지극히 동질적인 정파였다. 무엇보다도 두 정파는 성리학이라는 동일한 이념을 신봉했으며, 그러한 이념을 실천한 그들의 정치적 행위 역시 지극히 유사한 모습을 보여주었다. 또한 두 정파의 사회경제적 배경을 꼼꼼히 조사해 보면 별다른 차이가 없다는 사실도 확인할 수 있다. 따라서 "'조선조 정계는 사림이 지배했다' 라는 주장은 무의미"하며, "만일 조선조 정계는 사대부가 지배했다던가 양반이 지배했다던가 하여 마치 사대부니 양반이니 하는 세력이 그들과 이질적인 배경을 가진 어떤 대립세력을 물리치고 조선의 정치를 지배한 것처럼 주장한다면 이 역시 무의미"하다고 할 수 있다.[33] 요컨대 "조선 전기의 지배 엘리트들"은 "한국 사학자들이 생각하는 것보다 훨씬 더 동질적"이었으며, "따라서 조선 전기 지배계급을 이질적인 두 집단 사이의 상충관계를 통해 형성된 존재로서 다룰 것이 아니라 하나의 일체적이요, 지속적인 존재로서 다루는 것이 올바른 연구성과를 기대할 수 있는 보다 나은 방법"이라고 할 수 있다.[34] 그렇다면 조선의 당쟁에서 훈구파와 사림파 간의 권력투쟁을 배제하는 것은 적절치 않다고 할 수 있다. 훈구파와 사림파 간의 권력투쟁은 사림파 내부의 권력투쟁과 구조적으로 동일한 성격을 띠었기 때문이다. 따라서 당쟁의 기원은 선조 대 이전으로 더욱 거슬러 올라가서 추적할 필요가 있다.

3. 고려말 척불논쟁 : 한국의 정치적 논쟁 패턴의 역사적 기원

필자는 한국의 정치적 논쟁 패턴이 고려말 척불논쟁에서 처음 등장했다고 판단한다. 척불논쟁을 지배한 관습은 주자학을 배경으로 형성되었다. 주자학은 13세기 말 안향을 통해 원으로부터 처음 도입되었고, 14세기 초 백이정, 권부, 우탁 등의 노력으로 고려 사회에 정착되기 시작했다. 특히 1302년과 1309년 두 차례에 걸쳐 원을 방문한 권부는 주자학이 관학이 되어 과거시험 과목에 『사서집주』가 채택된 것에 주목하고 고려에 돌아와 그것을 간행하여 보급시켰다. 이후 고려의 과거제도는 충혜왕 5년(1344) 원의 과거제도를 본받아 개정되었는데, 이때 주자학이 관학이 되고 주자의 장구집주가 주된 과목이 되었다. 따라서 권부의 『사서집주』 간행은 고려 유학이 주자학에 의해 획일화되는 계기를 제공했다.[35] "그것은 주자의 『사서집주』본이 간행 보급되기 이전 고려의 민간 학계에는 중국 남방의 왕안석 계열의 학문이 주자학과 뒤섞여 유포되어 있었는데, 이러한 민간 학계의 폭넓고 자유로운 학문 섭렵은 과거제도와 그 과목의 영향을 받아 점차 위축되어 주자학에 의해 지배되지 않을 수 없었을 것이기 때문이다. 어쨌든 권부의 주자 『사서집주』본의 간행 보급은 고려 유학을 주자학이라는 흐름 속으로 유도하는 주요 공구 역할을 했다고 볼 수 있다."[36]

이런 과정을 거치면서 주자학은 고려 사회의 관습으로 서서히 번역되어 갔다. 척불논쟁은 14세기 말인 1388년 창왕이 즉위한 직후부터 본격적으로 전개되었는데,[37] 이 시기는 13세기 말 원으로부터 주자학이 도입된 후 약 100여 년이 경과한 때였다. 그런데 어떤 이념이 사회의 관습으로 번역되기 위해서는 최소한 100년이 소요되는 것으로 평가된다.[38)]

고려말에 새롭게 정착한 관습은 주자학의 다양한 측면 중에서도 특히 정통을 고수하는 도통의식과 이단을 철저히 배척하는 벽이단(闢異端) 사상으로부터 심대한 영향을 받으면서 주조되었다. "성리학의 벽이단 정신은 유교의 정통정신에 배치되는 것이라면 어떠한 형태의 사상이나 세력에 대하여도 비판과 저항을 함으로써 이조사를 일관하는 보수적 정통주의(를) … 발현하고 있는 것이다."[39)] 정통을 강조하고 이단을 배척하는 관습은 고려말 이후 전개된 한국사를 거시적으로 관철하면서 한국인의 사회적 행위를 강력하게 지배했다. "한국인들은 본래 '이단'과 '정통'이라는 관념에 익숙하지 않았다. … 고려말에 한국인들은 처음으로 '이단'의 관념을 수용하고 그것에 심각한 무게를 두기 시작했다. … 그런 사유와 태도가 500년간 한국인들의 사유와 행동을 지배했다. 조선 시대의 삼엄한 당쟁과 준열한 시비 논쟁에는 그러한 정신적 경향이 내재해 있었다. 현대의 한국도 그러한 경향에서 자유롭지 않다."[40)] 구체적으로 " … 고려 말기에 있어서 억불숭유 · 친명배원 정책, 조선 초기에 있어서 소중화 건설론, 조선 중기에 있어서 양명학 비판, 병자호란 이후 존명배청론과 사문난적론, 개항기에 있어서의 위정척사론 등이 모두 주자학의 (벽이단론 및 존화양 이론)과 밀접한 관련이 있는 것이다."[41)] 요컨대 주자학의 도통의식과 벽이단 사상의 지배를 받은 조선은 한마디로 정통성의 나라(Korea, the land of orthodoxy)였다.[42)]

그러나 주자가 강조한 정통성의 실상을 철학적으로 성찰해 보면 어디까지나 무늬만 그럴싸한 '사이비 정통성'에 지나지 않다는 사실을 확인할 수 있다. 주자를 포함한 중국 송 대의 도학자들은 도를 올바르게 해석하는 문제를 놓고서 논쟁했는데, 그들은 모두 자신들의 해석이 옳다고 확신했다. 그러나 그런 확신은 각자의 주관적 해석에 바탕을 둔 것이기 때문에 그들 모두의 해석이 올바를 수는 없었다. 주자 역시 자신의 해석과 상이한 해석을 못마땅하게 여겼지만 자신의 해석 또한 틀릴 수도 있다는 사실은 전혀 인정하지 않았다.[43] 요컨대 주자는 자신의 해석에 입각해서 타자의 해석을 신랄하게 비판하면서도 자신의 해석은 그런 비판으로부터 면제시키는 인식론자의 오류(the Epistemologist's Fallacy)를 범하고 있었다.[44]

이런 오류를 범한 해석의 문제점은 상이한 해석이 충돌할 경우 도학자들 스스로가 그것을 합리적으로 조율할 수 있는 길이 원천적으로 봉쇄된다는 데 있다. 도학자들 각자는 자신들의 해석이 옳다는 신념을 결코 포기하지 않았기 때문이다. 따라서 상이한 해석의 충돌을 조정할 수 있는 '권력'은 도학자들의 세계 밖에서 빌려올 수밖에 없었는데, 조선의 경우 그것은 '정치'였다. 그러나 정치적 권력을 동원해서 정통과 이단을 판정하려는 노력은 학문의 객관성을 증대시킨 것이 아니라, 학문과 정치가 착종된 치열한 파벌싸움을 심화시켰을 뿐이다. 그리고 파벌싸움에서 산출된 정통성은 필연적으로 정치적 이해관계에 따라 조작된 정통성(manipulated orthodoxy)일 수밖에 없었다.[45]

실제로 고려말 척불논쟁은 학문과 정치가 착종되면서 전개된 치열한 권력투쟁 내지 당쟁의 선구적 사례였다. 척불논쟁을 주도한 고려말의 "신진유자(新進儒者)들은 조선 시대 사대부의 원형(Prototype)이라고 할 수 있는 인물들이었다. 그들은 … 불교 대신에 성리학적 가치를 추구한다는 점과 과거(科擧)를 통해 진출했다는 점에서 전대(前代)와는 분명한 구별의식을 가지고 있던 인물들이었다."[46] 이들이 주도한 논쟁은 주로 주자학의 벽이단 사상을 동원하여 불교를 이단으로 배척하는 형식을 취했다. 논쟁의 외형은 학문적 성격을 띠었지만 논쟁이 실제로 겨냥한 것은 불교에 기초한 고려 왕조의 정통성을 부정하는 정치적 성격을 띤 것이었다. "공양왕대 척불운동은 주자학의 성장과 조선건국을 위한 물적 토대를 마련하기 위한 목적에서 발생한 것임에 틀림없다. 그러나 척불운동 발생의 보다 직접적인 요인은 정치적 측면에서 찾아야 할 것 같다. 즉 고려 왕조의 전복을 위해 당시 신진사류에게 인기가 있던 주자학의 배이단론(排異端論)을 공론화시킨 것이 공양왕 3년 척불운동의 직접적인 이유라 할 수 있는 것이다. … 그러나 이러한 사상사적 의미 못지않게 더 중요한 것은 척불소(斥佛疏)에 고려 왕조의 국시와 고려 왕실에 대한 부정의 의지가 숨어 있었다는 점이었다."[47]

그런데 척불논쟁을 주도한 신진사류들은 주로 대간(臺諫)에 포진하고서 척불의 정당성을 상소를 통해 강변하는 형식을 취했다. 이런 현상은 대간의 기능이 고려 왕실에서 정치적으로 통제할 수 없을 정도로 확대되었다는 사실을 말해주는데, 이럴 경우 당쟁이 불가피하게 된다. 박용운은 고려말 척불논쟁에 내포된 당쟁의 성격을 다음과 같이 진단한 바 있다.

> … 우왕 때에 나타나기 시작하여 공양조(恭讓朝)에 본격화된 대간을 앞세운 파쟁의 문제도 조선조 대간제도의 성립과정에는 물론 앞으로의 그것의 성격 및 기능에 어떠한 불길한 예측마저 가게 하는 중대한 현상이었다. … 이조사회에서 당쟁의 원인이 논의될 때 이건창은 대각태준(臺閣太峻)을 하나의 주요 원인으로 들었고, 현금의 학자들도 이조 대간을 당쟁과 결부시켜 파악하고 있는데, 필자는 여말의 변화된 대간기능

과 조선조의 대간제도가 서로 유사한 성격이 있다고 보아 좀더 세밀한 비교연구가 필요하지 않을까 생각한다. 요컨대, 고려 시대의 대간의 기능은 … (고려) 말기에는 극성시대를 맞이할 수 있었다. … 정계는 이성계와 그 반대파 양대 세력으로 분립 항쟁하고 있었고 대간들은 그 각 세력의 선봉장이 되어 있었던 것이다. 그리고 이 같은 고려조의 너무나도 강력했던 대간의 권한과 파당의 중추적 역할을 담당한다는 변이된 기능은 조선조의 그것들과 직접적인 관련을 가지는 것으로서 여기에서 고려조의 대간제도가 갖는 역사적 의의는 배가되는 것이며….[48]

4. 사화 : 당쟁의 반복

조선의 연산군 대에 전개된 사화(士禍) 역시 고려말 척불논쟁과 유사한 형태로 진행되었다. 사화는 삼사에 포진한 사림파가 훈구파의 도덕성을 강력하게 비판하면서 시작되었다. 연산군은 삼사의 과도한 비판이 정치체제의 존립을 위협한다고 판단하고 삼사의 비판을 완화할 수 있는 다양한 정치개혁을 시도했다. 그럼에도 불구하고 삼사의 비판이 완화되지 않자 훈구파와 연대한 연산군이 강력한 반격을 가하면서 이른바 무오사화(1498)와 갑자사화(1504)라는 두 차례의 사화가 발생했다.[49] 사화는 고려말 척불논쟁처럼 삼사의 강력한 비판에서 시작되었다는 점에서 당쟁의 성격을 띤다. 이런 사실에 주목한 와그너는 사화의 성격을 당쟁으로 파악하고 있다. "우리가 잘 모르고 있지만 조선의 당쟁은 1575년에 출현하지 않았다. … 사화는 조선 왕조 초기 정치권에 편재했던 당쟁이 특별하게 분출된 것이었다."[50]

와그너가 조선의 당쟁에서 발견한 결정적으로 중요한 특징은 "파벌의 구도는 사회에 깊이 뿌리를 박고 있는 반면, 파벌 간의 투쟁에서 다루는 이슈는 지극히 피상적 수준에 머묾으로써 양자가 현격한 대조를 이룬다는 것"(the contrast between the depth of the factional division in the society and the shallowness of the issues under contention)이었다.[51] 즉 당쟁은 지극히 사소한 문제를 놓고서 목숨을 걸 정도로 치열하게 싸우는 패턴을 보였다는 것이다. 이런 패턴은 70-75%의 부정적 논평을 발표하고 5-10%만 정책 관련 논평을 발표한 한나라당과 민주당의 논평에서도 실증적으로 확인해 볼 수 있다. 또한 당쟁은 유가이념을 표방하면서 전개되었기 때문에 상대방의 도덕적 결함을 질타하는 '인신공격'의 형태로 흘러가기 쉬웠으며, 이런 추세가 극단으로 치달을 경우 정치적 타협은 사실상 불가능하게 되었다.

연산군 때 영의정 노사신과 삼사가 천명한 상이한 입장을 통해 당쟁의 전형적 실상을 파악해 보기로 하자. 노사신은 당쟁이 치열하게 전개되는 와중에서 다음과 같은 사직원을 제출한 바 있다.

> 근래에 와서 사림의 풍조가 날로 그릇된 방향으로 흘러 이제는 남의 죄상을 파헤쳐 고발하는 것이 마치 곧은 행동인양 생각하고 윗사람을 능멸하는 것을 마치 고고한 행동인양 생각하고 있습니다. 그들은 일의 경중이나 대소를 고려하지 않고 오직 자기들의 말만이 성현의 말씀이라는 자세로 끝내 그 주장을 굽히지 않고 심지어는 임금님과 맞서서 버티기까지 합니다. 이렇게 하기를 며칠이고 몇 십일이고 계속하여 소란이 그칠 날이 없습니다. 그들은 어떤 사람의 죄행을 문제 삼아 그 처벌을 계청(啓請)하였다가 뜻을 이루지 못하면 으레 그 사람의 죄상을 사소한

것까지도 찾아내어 기필코 몰아내고야 맙니다. … 이와 같은 위험스러운 풍조가 성함에 따라 충직하고 순후(淳厚)한 기풍이 날로 사라져 가고 있습니다. 대간이 어떤 문제를 들고 일어나 말을 하면 홍문관이 반드시 뒤를 따르고 홍문관이 말을 하면 이번에는 성균관 유생들이 또 나서서 말을 합니다. 갑이 외치면 을이 덩달아 나서서 따라 외치는 이러한 못된 풍조가 이제는 아주 습성이 되고 있습니다. 그들은 없는 허물을 찾아내고 터무니없는 죄목을 날조합니다. 그러다가 혹 어떤 사람이 자신들과 의견을 달리하면 당장 헐뜯고 나서며 온갖 욕설을 퍼붓습니다. 그래서 공경대신들도 저들의 입이 무서워 감히 가타부타 말하지 못합니다.[52)]

한편 삼사는 이런 태도를 견지한 노사신을 극단적으로 혐오했다. 예컨대 사간원 정언(正言)이었던 조순은 노사신을 다음과 같이 격렬하게 비난했다.

노사신은 … 전하께서 대간의 간언을 무시하고 오직 자신의 주장만을 경청하길 원합니다. 그래야만 노사신 개인의 야망을 성취할 수 있기 때문입니다. 『춘추』의 필법으로 말씀드리면 노사신의 죄는 너무도 막중해서 그에게 사형선고를 내린다 해도 여전히 부족할 지경입니다. 우리는 그의 살을 씹어 먹고 싶을 정도입니다. 만일 그의 작태가 지은 죄를 벌하지 않는다면 전하의 신하들 중 누가 감히 전하께 바른 말을 올리겠나이까?[53)]

노사신과 삼사 간에 조성된 극단적 적대감의 와중에서 정치적 타협이 성취될 수는 없었다. 정치세계에서 정치적 타협이 불가능하다는 것은 곧

정치 그 자체의 파국을 의미하는데, 연산군 대 그것은 사화로 귀결되었다. 일찍이 헨더슨은 "900여 책에 이르는 조선실록은 인류사상 가장 길 뿐만 아니라 가장 악의에 찬 저작물임에 틀림없다"고 평가한 바 있다.[54] 또한 조선 역사에서 "파벌 간에 일단 적의가 조성되면 타협은 불가능했다. 쟁점이 아니라 권력이 개입되기 때문에 조정도 화해도 있을 수 없었다"고 지적했다.[55] 그렇다면 연산군 대 사화로 귀결된 당쟁은 그 시기에 국한된 특수한 사건이 아니라, 조선 역사 전체를 일관하는 정치적 논쟁 패턴이 전형적으로 표출된 사례였다고 이해해야 한다. 실제로 조선 중기 이후 사림파 내부에서 시작되어 조선 망국 시까지 치열하게 전개된 당쟁의 역사를 검토해 보면[56] 척불논쟁이나 사화 시기의 논쟁 패턴과 별반 다르지 않다는 사실을 확인할 수 있다. 조선 후기 당쟁의 역사는 복잡한 내용으로 구성되어 있지만 그것의 본질적 성격은 다음과 같은 이념형(idealtype)을 통해서 간결하게 파악해 볼 수 있다.

> 어느 좁다란 고갯길에서 공교롭게도 신부의 행차 둘이 서로 부딪치는 바람에 시비가 벌어졌다. 두 신부 집안은 서로 학문의 전통이 달라 오랫동안 다투어 온 가문들이었다. 고개가 높긴 했지만 가마가 비켜갈 수 없을 만큼 좁은 길목은 아니었다. 그러나 비켜가는 가마 쪽의 가문이 굽히는 것이라는 생각 때문에 어느 한쪽도 양보를 할 수 없는 상황이 된 것이다. 무려 사흘을 버텼다. 나중에는 학문의 계통을 서로 같이하는 유생과 문하생들까지 나와 응원을 하며 같이 버텼다. 두 문하는 서로의 학문을 헐뜯으며 반목해 온 사이였기 때문에 상황은 갈수록 절박해졌다. 두 눈을 부릅뜨고 연 사흘을 맞서온 두 가문이 학문과 가문의 명예를 더럽히지 않고 사태를 해결할 방법을 찾아냈다. 그렇지만 그건 두 가문의 딸들

에게 자결을 강요하는 것이었다. 슬그머니 무거운 돌덩이가 가마 속에 들어갔고, 곧이어 두 딸은 그것을 붉은 비단 치마에 싸안고 벼랑 밑 강으로 뛰어내렸다. 시집가던 두 가마는 신부를 강물 속에 가라앉히고 오던 길을 서로 되돌아가고 말았다. 조선 시대 광해군 때 경남 하동군의 가마 고개에서 있었다는 얘기이다.[57)]

14세기 말 척불논쟁, 16세기 전후 사화 등을 계기로 표출된 당쟁의 성격을 개관한 지금 우리는 이런 질문을 제기해 볼 수 있을 것이다. 21세기 한국 정치에서 전개되는 한나라당과 민주당 간의 논쟁은 14세기 말 이후 약 600여 년 간 지속된 당쟁의 관습으로부터 과연 어느 정도 자유로운가?

5. 한국 정치의 붕괴 패턴과 망국의 길

서양 최고의 전쟁철학자 클라우제비츠(Carl von Clausewitz)는 전쟁이란 그 자체가 목적이 될 수 없고 반드시 정치적 목적을 달성하는 수단으로 제한되어야 한다는 이른바 정치 우위의 원칙(the primacy of politics)을 역설한 바 있다.

전쟁이란 그저 그런 정치적 행위가 아니라 정치적 목적 달성의 진정한 수단이다. 즉 무력을 수단으로 국가 간의 정치적 교섭을 계속하는 것이다. 전쟁의 독특한 성격은 단적으로 그것의 수단에 내포된 독특한 성격에서 유래한다. 일반적으로 전쟁의 본성이나 어떤 특별한 상황에 처

> 한 지휘관은 정책의 방향과 계획이 물리적 수단과 양립하지 않으면 안 된다는 사실을 요구할 권리를 갖고 있다. 물론 이는 사소한 요구가 결코 아니다. 그러기는커녕 어떤 주어진 상황에서 물리적 수단이 정치적 목적에 아무리 많은 영향력을 행사할 수 있다손 치더라도 정치적 목적 그 자체를 수정하는 선까지 나가서는 결코 안 된다. 그 어떤 경우에도 정치적 목적이 목표이고, 전쟁은 그 목표를 달성하는 수단이 되어야 한다. 전쟁이란 수단은 정치적 목표와 분리되어서 고려될 수 있는 것이 결코 아니다.[58)]

전쟁에서 정치 우위의 원칙이 준수되려면 정치적 목적이 대단히 구체적으로 설정되어야 한다. 만일 정치적 목적이 어떤 도덕적 이상처럼 추상적으로 설정될 경우 그것을 달성하려는 전쟁은 클라우제비츠가 절대전쟁(absolute war)이라고 정의했던 것, 즉 전쟁의 극한 상태로 치닫는 참담한 상황에 빠져들게 되기 때문이다.

클라우제비츠의 전쟁론을 국제정치학에 응용한 아롱(Raymond Aron) 역시 정치 우위의 원칙이 준수되는 경우에만 국제정치적 평화와 정치공동체의 생존이 가능하다는 사실을 역설했다. "사실상 정치 우위의 원칙을 견지할 경우 확전을 통제할 수 있고 적대적 감정이 폭발하여 무자비한 만행으로 끝없이 변질되는 것을 피할 수 있다. … 국가 간의 전쟁 목적을 공동체 구성원 모두의 생존, 공동의 번영, 그리고 인간의 목숨을 구제하는 쪽에서 설정하는 경우에 한해서만 '신중하게' 선택된 정치적 행위는 '합리적' 행위가 될 수 있다."[59)] 클라우제비츠와 아롱의 정치적 통찰을 참조할 경우 국내정치에서도 정치 우위의 원칙이 준수되어야만 할 것이다. 즉 국내정치에서 전개되는 모든 정치적 논쟁 내지 투쟁은 정치적 목적 달성의 수단으로 제한되어야 하며, 정치적 논쟁 그 자체가 목적이 되어서는 안 된다. 만일 이 원칙이 준수되지 않을 경우 국내정치 역시 붕괴되지 않을 수 없기 때문이다.

그러나 한국의 정치적 논쟁 패턴은 정치적 목적을 달성하는 수단이 아니라 논쟁 그 자체가 목적인 쪽에서 자리를 잡았으며, 이로 인해 한국 정치 그 자체가 붕괴되는 패턴을 반복해서 보여주었다. 왜 그런가? 조선 시대의 당쟁은 한마디로 유가윤리로 무장한 정파 간의 대결이었다. 따라서 이들의 행위를 베버가 제시한 정치윤리의 이념형에 따라 분류한다면 정치적 행위의 결과에 책임을 지는 책임윤리(the ethic of responsibility)가 아니라, 행위자 자신의 양심에 헌신하는 신념윤리(the ethic of convic-tion)에 귀속된다.

신념윤리의 중요한 특징 중의 하나는 행위의 결과에 대해서 전혀 책임을 느끼지 않는다는 것이었다. "만약 순수한 신념에서 나오는 행위의 결과가 나쁜 것이라면 신념윤리가 보기에 이것은 행위자의 책임이 아니라 세상의 책임이며, 타인들의 어리석음의 책임이거나 또는 인간을 어리석도록 창조한 신의 의지의 책임"이기 때문이다.[60] 요컨대 신념윤리는 국가의 생존, 경제적 번영, 국가 구성원의 목숨의 보전과 같은 정치적 목적보다는 그것을 실천하는 개인의 신념 내지 양심을 더욱 우위에 둔다. 이 때문에 아롱의 경우 신념윤리는 정치의 윤리가 될 수 없다고 단언한 바 있다. "신념윤리는 분명히 국가의 윤리가 될 수 없다. 그래서 나는 가장 순수한 형태의 신념윤리는 단지 말이나 글로서 정치라는 게임에 참여하는 사람의 윤리조차 될 수 없다는 사실을 강조하고 싶다."[61]

당쟁에 참여한 정파들이 자신들의 윤리적 순수성을 강변하고 상대방의 윤리적 타락을 끝없이 비판한 것은 신념윤리를 전형적으로 실천한 행위였다. 따라서 이들이 전개한 정치적 논쟁은 정치적 목적을 달성하기 위한 수단으로 제한되는 대신 논쟁 그 자체를 목적으로 만들어 버렸다. 이런 논쟁이 격화될 경우 정치 우위의 원칙은 와해되지 않을 수 없었고, 또 그 원칙이 와해되었기 때문에 논쟁은 어떠한 제약도 받지 않은 채 '절대전쟁'으로 끊임없이 돌진할 수밖에 없었다.

그러나 한국의 정치적 논쟁이 정치 우위의 원칙을 준수하지 않은 상태에서 전개될 경우 한국의 정치공동체는 더 이상의 생존을 기약할 수 없었다. 임진왜란 직전의 동인과 서인의 분열, 병자호란 직전의 계해정변, 한일합방 직전의 친청파, 친일파, 친러파 등의 분열, 한국전쟁 직전의 남과 북의 분열 등이 좋은 사례라고 할 수 있다. 그렇다면 조선 시대에 형성된 정치적 논쟁 패턴의 연장선상에서 전개되는 작금의 한나라당과 민주당의 논평은 한국의 생존과 번영을 기약하는 정치적 언어가 아니라 망국을 기약하는 '반정치적' 언어가 아니었던가?

6. 현대 한국 정치의 딜레마

한국의 반정치적 논쟁 패턴을 어떻게 개선할 것인가? 우리는 이 질문 앞에서 커다란 딜레마에 직면하게 된다. 이른바 보수와 진보 어떤 시각도 이 문제를 해결할 수 있는 열쇠를 제공해 주지 못하기 때문이다. 우선 보수의 입장을 취할 경우 기존의 논쟁 패턴을 그대로 존속시키는 문제가 생긴다. 그렇다고 진보의 시각에서 논쟁 패턴을 급진적으로 개혁할 수도 없는 노릇이다. 앞에서 검토했던 것처럼 한국 정치의 논쟁 패턴은 수백 년에 걸쳐 형성된 한국 정치의 관습에 뿌리를 두고 있다. 그런데 관습은 일종의 집단적 본능과 같은 것이라고 할 수 있다. 따라서 관습은 개혁하기도 어려울 뿐만 아니라, 무리하게 개혁하려 들 경우 집단의 본능적 반발을 유발하게 된다.[62] 노무현 정부의 개혁정책이 커다란 반발을 불러일으킨 것이 좋은 사례라고 할 수 있다.[63]

> 나는 17대 국회의원으로서 현실정치에 참여하면서 한국 정치를 움직이는 것이 관습이라는 것을 깨달았다. 법학자로서 연구하던 때에는 국민들의 투표가 정치를 바르게 이끌어 가는 방향타이고, 이에 따라 만들어진 법률이 국가를 다스린다고 굳게 믿었다. 하지만 실제 정치권 안으로 들어온 후에는 관습의 보이지 않는 손이 얼마나 큰 위력을 갖고 현실정치를 지배하는가 하는 사실을 절감했다. … 개혁주의자들은 관습을 너무 얕보았다. 개혁입법에만 골몰해서 관습을 바꾸는 일에는 힘을 기울이지 않았다. 돈을 받고 뒤를 봐주는 정치인을 처벌하기 위해 정치자금법을 개정했고, 돈으로 표를 사는 선거풍토를 바꾸기 위해 선거법을 개정한 것으로 할 일을 다 한 것처럼 말했다. 하지만 지난 지방자치선거에서 공천을 받기 위해 돈 가방을 싸들고 정치인을 찾아다니고 그렇게 공천을 받아서는 유권자에게 몰래 돈 봉투를 돌리는 선거부정이 다시 판을 치고 있었다. 개혁을 높이 부르짖던 진보정당들이 제대로 개혁을 이루어내지 못한 이유는 한국 정치에 뿌리 깊게 박혀 있는 관습을 보지 못한 때문이 아닐까 하는 생각이 든다. … 나는 한국 정치의 관습이 바뀌어야 정치가 바로서고 나라가 발전한다고 믿는다.[64]

그렇다면 한국 정치의 관습은 어떻게 개혁할 수 있는가? 필자는 화이트헤드가 평가한 영국 혁명과 미국 혁명 모델이 하나의 대안이 될 수 있다고 판단한다. 화이트헤드가 볼 때 프랑스 혁명은 프랑스 사회의 관습을 급진적으로 개혁하려 했기 때문에 공포정치로 귀결되었다. 그러나 영국 혁명과 미국 혁명의 경우는 사회에서 결정적으로 중요한 관습을 건드리지 않은 상태에서 개혁을 추진했다. "공포정치 없이 끝난 혁명은 사회의 기본적이고 효과적인 상징활동을 건드리지 않고 거의 그대로 놓아두었다. 예를 들어 17세기 영국의 여러 혁명과 18세기의 미국 혁명은 공동체의 일상생활을 변화시키지 않고 거의 그대로 놓아두었다."[65]

한국 정치의 관습을 개혁하기 위해서는 먼저 관습 그 자체의 실상을 학문적으로 밝혀내는 연구가 성실하게 축적되어야 할 것이다. 이런 축적을 통해 한국 사회를 살아가는 국민 다수 또한 관습의 실상을 성찰할 수 있도록 해주어야 한다. 그런 가운데 개혁 가능한 관습을 선별하여 천천히, 그러나 꾸준히 개혁해 나가는 한국 정치의 소명을 실천해야 할 것이다.

> 정치란 열정과 균형감각 둘 다를 가지고 단단한 널빤지를 강하게 그리고 서서히 뚫는 작업입니다. 만약 지금까지 '불가능' 에 도전하는 사람들이 계속 나타나지 않았더라면 인류는 아마 가능한 것마저도 성취하지 못했을 것입니다. … 세상이 자기 자신이 제공하려는 것에 비해 자기 눈에는 너무나 어리석고 비열하게 보일지라도 이에 좌절하지 않을 자신이 있는 사람, 그리고 그 어떤 상황에 대해서도 '그럼에도 불구하고!' 라고 말할 능력이 있는 사람, 이런 사람만이 정치에 대한 '소명' 을 가지고 있습니다.[66]

주

* 이 논문은 한국정치평론학회 2008년 연례학술대회(11월 28일, 대한상공회의소 소회의실)에서 발표한 내용을 수정 · 보완한 것이다. 특히 발표 당시 조선 시대 당쟁의 기점을 조선 전기의 "사화"로 잡았던 내용을 이 논문에서는 고려말 "척불논쟁"으로 수정했다. 발표를 권장해 주신 경희대학교 장명학 교수에게 감사의 말씀을 드린다.(재교) 이 논문은 『정치와 평론』 제4집(2009), pp. 29-60에 수록된 내용을 수정 보완한 것이다.

1. 쇼펜하우어에 따르면 인신공격은 논쟁과 토론에서 이기기 위해 동원할 수 있는 최후의 수단이다. "상대방이 탁월한 사람이라 우리가 도저히 이길 수 없다는 생각이 들면 인신공격이나 모욕 그리고 무례한 행동으로 공격해야 한다. 인신공격의 핵심은 논쟁의 내용(이 부분에서 우리는 패할 수밖에 없기 때문에)을 떠나 수단과 방법을 가리지 않고 논쟁 상대와 그의 인격에 대해 공격하는 데 있다. … 즉 논쟁 상대에게 악의적인 독설을 퍼부음으로써 그의 마음에 상처를 주거나 거친 말을 사용하여 그의 인격을 모욕해야 한다." 쇼펜하우어, 최성욱 옮김, 『쇼펜하우어의 토론의 법칙 : 논쟁과 토론에서 이기는 38가지 기술』(원앤원북스, 2003), pp. 114-115.
2. 자세한 내용은 "정당 대변인 논평 1,000건 분석(2007. 8-2008. 9)," 《동아일보》 2008년 11월 10일, 11월 11일.
3. 커윈 C. 스윈트, 김정욱 · 이훈 옮김, 『네거티브, 그 치명적 유혹 : 미국의 역사를 바꾼 최악의 네거티브 캠페인 25위-1위』(플래닛미디어, 2007).
4. Hahm Pyong-Choon, "The Korean Political Tradition and Law" in Hahm, *The Korean Political Tradition and Law : Essays in Korean Law and Legal Theory*(Seoul : Hollym Co., 1967), p. 29.
5. G. 레이코프 · M. 존슨, 임지룡 외 옮김, 『몸의 철학 : 신체화된 마음의 서구사상에 대한 도전』(박이정, 2005), pp. 641-616. 언어로의 전환을 종합적으로 해설한 사례로는 조지형, "'언어로의 전환'과 새로운 지성사," 안병직 외, 『오늘의 역사학』(한겨레출판, 2002), pp. 200-262. John E. Toews, "Intell-

ectual History after the Linguistic Turn : The Autonomy of Meaning and the Irreducibility of Experience," *The American Historical Review* 92 : 4 (1987), pp. 879-907.

6. Bruno Latour, *We Have Never Been Modern*, trans. by Catherine Porter (Cambridge, Mass. : Harvard University Press, 1993), pp. 62-65.
7. 에롤 E. 해리스, 이현휘 옮김, 『파멸의 묵시록 : 과학적 패러다임과 일상의 사유양식』(산지니, 2009), 제3장, "20세기 문명과 뉴턴 패러다임의 잔재."
8. 이 문장의 원문은 다음과 같다. "Ninety per cent of our lives," … "is governed by emotion." Alfred N. Whitehead, *Dialogues of Alfred North Whitehead*, As Recorded by Lucien Price (New York : The American Library, 1956), p. 188. 그런데 우리말 번역본은 이 문장을 다음과 같이 옮겼다. "우리 생활의 99%는 정서(emotion)의 지배를 받습니다." 알프레드 노스 화이트헤드, 루시엔 프라이스 기록, 오영환 옮김, 『화이트헤드와의 대화』(궁리, 2006), p. 415. 필자가 한국 정치평론학회 2008년 연례학술대회에서 발표한 논문 "정당 대변인의 '말'과 한국 정치의 관습", 그리고 『정치와 평론』 제4집(2009)에 수록한 논문 "정당 대변인의 '말'과 한국 정치의 관습"에서는 오영환의 번역본을 인용했다. 하지만 뒤늦게 원문을 대조해 보니 화이트헤드는 정서가 우리의 삶을 99% 지배한다고 말한 것이 아니라 90% 지배한다고 말했다는 사실을 확인할 수 있었다. 이 논문에서는 이전 논문에 표기된 99%를 90%로 수정한다.
9. Whitehead, *Dialogues of Alfred North Whitehead*, p. 188.
10. 같은 책, p. 238.
11. 같은 책, p. 264.
12. 같은 책, p. 295.
13. 화이트헤드 철학에 입각해서 인간의 습관과 공동체의 관습이 도출되는 논리를 검토한 사례로는 이현휘, "미국 혁명의 종교적 기원(I) : 화이트헤드와 탈근대 역사학의 새로운 지평," 『화이트헤드 연구』 11 (2005), pp. 15-23.
14. A. N. 화이트헤드, 오영환 옮김, 『관념의 모험』(한길사, 1996), p. 163.
15. 전인권, 『남자의 탄생 : 한 아이의 유년기를 통해 보는 한국 남자의 정체성 형성과정』(푸른숲, 2003).
16. 대통령 비서실, 『한국 정치, 이대로는 안 된다』(역사비평사, 2007), p. 225.
17. 같은 책, p. 211.

18. 같은 책, p. 215.

19. 같은 책, pp. 221-223.

20. Scott Snyder, *Negotiating on the Edge : North Korean Negotiating Behavior*(Washington, D.C. : United States Institute of Peace Press, 1999), pp. 98-99. Byung Chul Koh, *The Foreign Policy Systems of North and South Korea*(Berkeley : University of California Press, 1984), pp. 229-232.

21. Scott Snyder, "Pattern of Negotiation in a South Koran Cultural Context," *Asian Sur-vey* XXXIX : 3(1996), pp. 406-410.

22. "지하철 파업철회, 경쟁력 전기돼야," 《문화일보》 2008년 11월 20일.

23. Snyder, "Pattern of Negotiation in a South Koran Cultural Context," pp. 410-416.

24. 2003년 4월 25일 당시 윤덕홍 교육부총리는 전교조 대표와 교육 현안을 논의하는 자리에서 "남북 대화를 하는 것 같다"고 말한 바 있다. 《중앙일보》 2003년 4월 26일.

25. "긴급진단 : 위기의 지식인 사회-'동지(同志) 아니면 적(敵)' 극단적 편가르기," 《조선일보》 2001년 7월 18일.

26. 이성무, "당쟁의 어제와 오늘," 『조선 시대 당쟁사 2』(동방미디어, 2000), pp. 319-335.

27. "인터넷 '사색당파' 설전," 《경향신문》 2003년 11월 10일. 이성무, "지금은 사림의 시대인가," 『한국 역사의 이해 3』(집문당, 2001), pp. 254-258.

28. Snyder, *Negotiating on the Edge*, 34, p. 145.

29. 김병국, "무정형의 시민사회와 정당정치의 붕당성," 『계간사상』(1994, 여름), pp. 185-210.

30. 그레고리 헨더슨, 박행웅·이종삼 옮김, 『소용돌이의 한국 정치』(한울아카데미, 2000), p. 386.

31. Edward E. Wagner, *The Literati Purges : Political Conflict in Early Yi Korea*(Cambridge, Mass. : Harvard University Press, 1974), p. 1.

32. 정두희, 『유교·전통·변용 : 미국의 역사학자들이 보는 한국사의 흐름』(국학자료원, 2005), pp. 15-16, 44.

33. 에드워드 와그너, "신유학파의 사회적 배경," 와그너, 이훈상·손숙경 옮김, 『조선왕조 사회의 성취와 귀속』(일조각, 2007), p. 195.

34. 같은 논문, pp. 198-199.

35. 자세한 내용은 김충렬, "성리학의 동점과정 : 주자학 지입을 기점으로," 『남명학연구논총』 12(2003), pp. 38-47.
36. 같은 논문, pp. 47-48.
37. 이정주, "조선 건국을 둘러싼 정통과 이단의 격돌 : 고려 공양왕 3년 척불논쟁 참가자 분석," 『한국사학보』 10(2001), p. 254.
38. 이현휘, "미국 혁명의 종교적 기원(II) : 자유주의, 공화주의, 그리고 캘빈주의," 『화이트헤드 연구』 12(2006), pp. 78, 91 참조.
39. 금장태, "이조 유학에 있어서 벽이단의 이념과 전통," 『국제대학논문집』 2(1974), p. 340. 벽이단 사상을 한국 유학의 두드러진 특징으로 파악한 논의로는 금장태, "한국 유교 문화의 특징," 『한국학논집』 27(1995), pp. 139-160 ; 정태식, "정치와 종교 : 조선왕조 초기 성리학적 정사논쟁의 정치적 전개과정에 대한 역사사회학적 일고찰," 『퇴계학과 한국 문화』 37(2005), pp. 355-378.
40. 김영수, 『건국의 정치 : 여말선초, 혁명과 문명의 전환』(이학사, 2006), p. 684.
41. 이상익, "주자학과 조선 시대 정치사상의 정체성 문제," 『한국철학논집』 14(2004), p. 75.
42. '정통성의 나라'는 도힐러의 표현이다. 자세한 내용은 Martina Deuchler, "Reject the False and Uphold the Straight : Attitudes Toward Heterodox Thought in Early Yi Korea," in Wm. Theodore de Bary and JaHyun Kim Haboush, eds., *The Rise of Neo-Confucianism in Korea*(New York : Columbia University Press, 1985), pp. 401-404.
43. James T. C. Liu, "How Did a Neo-Confucian School Become the State Orthodoxy?" *Philosophy East and West* 23 : 4(1973), p. 496.
44. '인식론자의 오류'라는 개념에 대해서는 Errol E. Harris, *The Restitution of Metaphysics*(New York : Humanity Books, 2000), p. 5.
45. '조작된 정통성'은 도힐러의 표현이다. 자세한 내용은 Martina Deuchler, "Despoiler of the Way-Insulters of the Sages : Controversies over the Classics in the Seventeenth-Century Korea," in Jahyun Kim Haboush & Martina Deuchler, eds., *Culture and the State in Late Choson Korea*(Cambridge, Mass. : The Harvard University Asia Center, 1999), pp. 128-133. 필자는 한국 정치의 정권교체 과정과 짝을 이루면서 진행되는 역사 바로 세우기 운동, 과거사

청산 논쟁, 해방 전후사 인식과 재인식 논쟁, 대한민국 정체성 논쟁, 이승만 국부 추대 운동, 남북갈등과 남남갈등, 친미와 반미 논쟁, 진보와 보수 논쟁 등은 고려말 이후 정착한 '사이비 정통성' 내지 '조작된 정통성' 논쟁의 관습과 무관하지 않다고 판단한다. 김영명 역시 한국 현대사에서 수없이 반복된 좌우파 간의 논쟁을 조선조 정치적 논쟁의 연장선상에서 파악한다. "분단상황은 한국의 정치와 사회에 넘을 수 없는 경계선을 설정했다. 반공과 자본주의 경계선이다. 이를 넘는 사람은 이단으로 처단된다. 주자의 가르침을 넘는 사람이 이단으로 처단된 조선조의 역사가 되풀이된다." 김영명, 『좌우파가 논쟁하는 대한민국사 62』(위즈덤하우스, 2008), p. 94.
또한 이명박 정부가 들어선 후 기존 국사 교과서의 정통성을 문제 삼으면서 국가 정통성을 새롭게 강조한 국사 교과서를 다시 집필하고자 하는 것도 '사이비 정통성' 논쟁의 연장선상에서 이루어진 것이라고 할 수 있다. "2011년부터 전국 중·고등학교에서 사용할 역사 교과서에는 이전보다 대한민국 정부의 정통성을 한층 더 강조한 내용이 실릴 전망이다. 교육과학기술부는 근·현대사 기술의 객관성을 높이고 대한민국의 정통성을 강조하기 위해 이 같은 내용을 담은 역사교과서 집필 기준을 최근 확정했다고 4일 밝혔다. 교과부 관계자는 '역사 교과서를 둘러싼 이념 논쟁을 끝내는 계기가 될 것'이라고 설명했다. 그러나 기준이 발표된 직후 학계는 이념성향에 따라 상반된 입장을 보였다. 새로운 이념논쟁이 시작될 가능성도 크다는 얘기다." "새 역사 교과서 국가 정통성 강조,"《서울신문》2009년 8월 5일. 이에 대해 박동천은 "(역사서술) 문제에 관해서 '공정성과 균형성'을 갖춘 하나의 표준적인 정답을 찾을 수 있다고 보는 발상이란 곧 자기 맘에 드는 서술을 공정하고 균형잡힌 것으로 간주하겠다는 배짱에 지나지 않는다. 그런 편파적인 배짱을 '공정'이나 '균형'이라는 이름으로 포장해서 가식을 부리면서 반론과 항의를 무찌르겠다는 심보일 뿐이다"라고 비판한다. "역사 교과서는 권력으로 재단할 일이 아니다 : '이간질' 교과서 없애길 바란다," 『프레시안』 2009년 8월 10일.

46. 이정주, "여말선초 유학자의 불교관 : 정도전과 권근을 중심으로," 고려대학교 박사학위논문(1997), p. 2.

47. 같은 논문, pp. 202-203. 이정주는 고려말 척불논쟁의 정치적 성격을 반복해서 강조한다. 이정주, "조선 건국을 둘러싼 정통과 이단의 격돌," p. 278 ; 이정주, "공양왕대 정국동향과 척불운동의 성격," 『한국사연구』 120(2003),

pp. 151–154.

48. 박용운, "고려 시대 대간기능의 변천," 『사총』 17(1973), pp. 293–294.(재교) 신동준은 필자가 한국의 정치적 논쟁 패턴의 역사적 기원을 고려말 척불논쟁까지 소급해서 추적한 것은 지나쳤다고 비판했다. "… 그의 … '척불당쟁설' 은 지나쳤다. 크게 3가지 이유를 들 수 있다. 첫째 조선조 당쟁이 왕권과 신권 내지 신권 간의 권력투쟁 양상으로 전개되었다는 점을 간과했다. 이교(異教) 간의 다툼에 해당하는 고려말의 척불논쟁은 성리학이라는 동교(同教) 내의 해석을 둘러싼 조선조의 당쟁과는 기본성격이 달랐다. … 둘째 당시 드러내놓고 척불론을 주장한 사람은 정도전밖에 없었던 점을 간과하고 있다. 정도전은 호불(好佛)의 성향을 보인 이방원에게 격살된 후 시종 역도로 매도된 까닭에 그의 척불론은 널리 유포되지 못했다. 그가 '척불론' 을 내세운 것은 … 역성혁명을 합리화하기 위한 정지작업의 성격을 띠고 있(었는데), 이는 당쟁의 성격과 다른 것이다. 셋째 척불논쟁은 성격상 사화 이전에 촉발된 두 차례의 '왕자의 난' 및 세조 때의 '계유정난' 과 닮았다. '왕자의 난' 과 '계유정난' 은 왕권을 옹호하는 세력과 신권을 옹호하는 세력이 복잡하게 뒤엉켜 전개된 것이기는 하나 기본적으로는 보위를 둘러싼 권력투쟁이었다. … 척불논쟁도 같은 맥락이다. 이면을 살펴보면 계속 왕씨에게 충성할 것인지 아니면 이성계로 상징되는 이씨를 섬길 것인지 여부를 둘러싼 권력투쟁에 지나지 않았다. 겉으로만 '정통' 과 '이단' 의 논쟁이었을 뿐, 그 이면은 새 왕조를 개창할 것인지 여부를 둘러싼 신료들 간의 다툼이었던 것이다. 이는 무오사화를 계기로 표면화하기 시작한 당쟁과 엄연히 구분된다. 붕당 성립의 시점을 척불논쟁으로 소급한 소위 '척불당쟁설' 은 정도전의 척불론을 과대평가한 나머지 당쟁의 기본성격을 간과했다는 지적을 면키 어렵다. 척불논쟁을 내세운 '벽이단' (闢異端)의 논리에 지나치게 주목한 결과로 해석할 수밖에 없다." 신동준, "당동벌이(黨同伐異) 유산과 언어폭력," 『비폭력연구』 2(2009), pp. 146–147.

하지만 신동준은 필자의 논문 전체의 주제를 이해하는 데 한계를 보이고 있다. 필자는 한국 정치의 '관습' 에 착안해서 한국의 독특한 정치적 논쟁 패턴의 역사적 기원을 고려말 척불논쟁까지 소급해서 파악하고자 했다. 반면 신동준은 당쟁을 조선의 신유학적 전통 내부에서 전개된 논쟁으로 파악하고 그것을 여타의 정치적 논쟁과 구분하는 입장을 취하고 있다. 이 논문의 제1절에서 사용한 용어로 표현하면 신동준은 관습 대신 사료에 쓰인 '언어' 를 해석하면서 역사를 이해한 것이다. 그러나 역시 제1절에서 자세히 논의했던 것처럼 사료의 언어에만 착목해서는 역사를 제대로 이해할 수 없다. 인간의 행위는 언어가 아니라 '관습'의 지배를 받기 때문이다. 따라서 사료에 쓰인 언어의 이면을 관철하는 관습을 통찰하는 경우에만 역사적 행위를 이해할 수 있는 지평이 비로소 열리게 된다.

한국 정치사를 수천 년간 관철한 관습은 기본적으로 '씨족'에 바탕을 두고서 형성된 것이었다. 그렇게 형성된 관습은 현대 한국 사회에서도 학연, 혈연, 지연 등과 같은 다양한 얼굴로 표출되고 있다. "한국 사회는 확대 씨족체계에 기반을 둔 매우 분절된 부족사회이다. 한국 사회에서 씨족의 중요성을 강조하고 사회를 분절화시킨 것은 유교가 아니다. 한국 사회는 유교와 상관없이 그런 성격을 지니고 있다. 유교는 다만 한국 사회의 그러한 성격을 강화시켰을 뿐이다." 제임스 헌틀리 그레이슨, 강돈구 옮김, 『한국종교사』(민족사, 1995), p. 275. 씨족에 뿌리를 둔 현대 한국 사회의 성격을 전반적으로 검토한 사례로는 최재석, 『한국인의 사회적 성격』(개문사, 1976).

인류 역사에서 씨족은 두 가지 계기를 통해서 해체되었는데, 하나는 고대 이집트와 같은 전제국가의 강력한 권력이었고 다른 하나는 서양의 기독교였다. 막스 베버, 조기준 옮김, 『사회경제사』(삼성출판사, 1976), pp. 95-96. 하지만 서양에서도 기독교가 씨족을 해체하면서 사회의 공적 지평을 열어내기까지는 천여 년 이상의 장구한 시간이 소요되었을 정도로 씨족의 유대는 강력한 것이었다. Richard Münch, *The Ethics of Modernity : Formation and Transformation in Britain, France, Germany, and United States*(Lanham : Rowman & Littlefield Publishers, Inc., 2001), pp. 34-117. 반면 한국의 정치사는 인류 역사에서 씨족을 해체한 두 가지 계기를 모두 결여했다. 한국 정치사 전체를 일관하는 현저한 특징 중의 하나가 대단히 유약한 왕권이었고 [James B. Palais, "A Search for Korean Uniqueness," *Harvard Journal of Asiatic studies* 55 : 2(1995), pp. 421-422], 기독교가 한국 사회에서 씨족에 기반을 둔 관습을 해체할 정도로 뿌리를 내린 적도 없기 때문이다.

한편 신동준은 "고려말 척불론을 드러내놓고 주장한 사람은 정도전밖에 없었는데도 불구하고 필자가 벽이단 논리에 지나치게 주목한 나머지 척불당 쟁설을 주장했다고 반박했는데", 이 역시 중국의 독특한 세계관과 역사의 관습을 간과한 데서 초래된 단견이라고 평가할 수 있다. 척불론의 논거가 되었던 벽이단 사상은 중국의 세계관에서 가장 본질적인 부분에 해당한다. 유가, 도가, 묵가 등을 망라한 중국의 다양한 철학은 도(道)에 순응하는 것(conformity)을 정통으로 간주하고 도에서 이탈하는 것(deviation)을 이단으로 간주하는 전제를 공유하기 때문이다. Herrlee Glessner Creel, *Sinism : A Study of the Evolution of the Chinese World-View*(Chicago, Illinois : The Open Court Publishing Co., 1929), pp. 63-64 ; J. J. M. de Groot, *Religion in China : Universalism-A Key to the Study of Taoism and Confucianism*(New York : G. P. Putnam's Son, 1912), pp. 1-30. 중국의 세계관에 내재된 벽이단 사상은 중국의 전체 역사에서 이단으로 간주된 다양한 종파를 강력하게 배척하는 근원적 근거로 이용되었다. 막스 베버, 이상률 옮김, 『유교와 도교』(문예출판사, 1990), pp. 300-307 ; J. J. M. de Groot, *Sectarianism and Religious Persecution in China*, Vol. 1(Amsterdam : Johannes Müller, 1903), pp. 7-11. 중국의 벽이단 사상은 맹자, 한유, 주희 등을 거쳐 고려에 전래되었으며, 고려말쯤에는 척불논쟁의 강력한 논거로 동원될 수 있을 만큼 정치적 에토스로 정착하기에 이르렀다. John Isaac Goulde, "Anti-Buddhist Polemic in Fourteenth and Fifteenth Century Korea : The Emergence of Confucian Exclusivism," Ph. D. dissertation. Harvard University, 1985. 문철영, "고려중·후기 유학사상 연구," 서울대학교 국사학과 박사학위 논문, 2000, 제4장 "주자 성리학의 수용과 생활양식의 변화." 바로 이러한 신유학적 에토스가 씨족에 기반을 둔 기존의 사회적 관습에 덧씌워지면서 관습의 성격이 점차 변모하기 시작했는데, 도힐러는 그런 과정을 다음과 같이 설명한다. "한국의 유교화는 매우 복잡한 과정을 거쳤습니다. 조선 시대의 사상과 사회의 관계를 분석하고 설명하기 위해서는 두 가지의 다른 요소가 역동적으로 서로 영향을 미쳤음을 고려해야 합니다. 즉 한편에는 명백히 유교적 모델을 따른 요소들이 있었고, 다른 한편에는 분명히 토착적인 전통에 뿌리박은 요소들이 있었습니다. … 한국의 토착적 족 집단은 조선 시대를 거치면서 중대한 변화와 적응을 겪으면서도 토착적 족 집단은 사회의 구조적인 토대로서 계속 남아 있었습니다." 마르티나 도힐러, "유교사상과 조선사회 : 도전과 적응의 양상," 『국학연구』 제14집(2009), p. 73.

한국 정치의 관습이 씨족의 사적 유대와 이 논문의 제3절에서 논의한 신유학의 '조작된 정통성' 사상이 착종되는 가운데 새롭게 정착했다는 사실은 한국 정치에서 씨족단위의 사적 이익의 범주를 넘어선 공적 지평을 열어내기가 더욱 어렵게 되었다는 것을 의미한다. 개개의 씨족단위가 자체의 사적 이익을 조작된 정통성으로 강변할 수 있게 되었기 때문이다. 이로부터 한국 정치의 분열적 양상이 더욱 강고하게 고착되기 시작했는데, 일찍이 헨더슨은 그런 양상을 다음과 같이 통찰한 바 있다. "내우외환을 맞아 보여주는 정치적 응집력의 결여는 한국의 역사를 통해 오랜 기간에 걸쳐 전염병처럼 반복되었다. 그것은 때때로 근대화에 대한 한국인들의 노력을 좌절시켰다. 외국세력이 임의적으로 남북을 분할시킨 것을 제외하곤 거의 완전히라고 말해도 좋을 정도로 분열의 객관적 근거가 없는 이 나라의 분열에 관한 설명을 도대체 어디서 구해야만 할까?" 헨더슨, 『소용돌이의 한국 정치』, pp. 43-44. 고려말 척불논쟁은 신유학의 조작된 정통성으로 무장한 한국 정치의 분열적 관습이 한국 정치사상 최초로 충돌한 사건이었으며, 그것의 귀결은 고려 왕조를 붕괴시켜버릴 만큼 '반정치적' 성격을 띤 것이었다. 분열적 속성을 지닌 한국 정치의 관습이 조선의 정치체제 내부에서 관철되었을 때 한비자의 용어로 표현하면 '세치'와 '술치'를 붕괴시켰고[이춘식, 『춘추전국 시대의 법치 사상과 세(勢)·술(術)』(아카넷, 2002), 제5장], 베버의 용어로 표현하면 '관료지배'를 강제하면서[막스 베버, 이남석 옮김, 『행정의 공개성과 정치 지도자 선출 외』(책세상, 2002), pp. 13-55] '정치 우위의 원칙'을 붕괴시켰는데(정치 우위의 원칙에 관해서는 제5절 참조), 그런 형국에서 표출된 것이 바로 당쟁이었다. 그뿐 아니라 제1절에서 예시한 현대 한국 정치의 다양한 분열상 역시 궁극적으로는 한국 정치의 분열적 관습이 강제한 것이라고 이해할 수 있다. 요컨대 한국 정치의 관습에 착안해서 평가할 때 고려말 척불논쟁과 조선 시대의 당쟁은 질적으로 동일한 것이었으며, 헨더슨의 주장처럼 해방 후 한국의 국회의원이 보여준 행태와 조선 시대 대간 및 조광조 일파 등이 보여준 행태 역시 동질적 성격을 지닌 것이었다.

49. 에드워드 와그너, 송준호 옮김, "정치사적 입장에서 본 조선 시대 사회의 성격," 와그너, 이훈상·손숙경 옮김, 『조선 왕조 사회의 성취와 귀속』, pp. 116-118.

50. Wagner, *The Literati Purges*, pp. 1-2.

51. 같은 책, p. 1.

52. 『연산군일기』 연산군 1년 7월 19일. 와그너, "정치사적 입장에서 본 조선 시대 사회의 성격," pp. 100-101에서 재인용.

53. 『연산군일기』 연산군 3년 7월 21일. Wagner, *The Literati Purges*, 41에서 재인용.

54. 헨더슨, 『소용돌이의 한국 정치』, p. 79.

55. 같은 책, p. 398.

56. 조선 후기 당쟁의 역사를 종합적으로 검토한 사례로는 이성무, 『조선 시대 당쟁사 1』(동방미디어, 2000) ; 이성무, 『조선 시대 당쟁사 2』(동방미디어, 2000).

57. 이의용, "두 가마 행차," 『새끼꼬기 : 쌍용그룹 창업 50주년 기념 사보 쌍용 3월호 별책부록』(쌍용양회공업주식회사, 1989), pp. 42−43. "가마고개"에 관한 자세한 소개로는 이규태, 『선비의 의식구조』(신원문화사, 1984), pp. 86−89.

58. Carl von Clausewitz, *On War*, ed. and trans. by Michael Howard and Peter Paret (Princeton : Princeton University Press, 1976), p. 87.

59. Raymond Aron, *Peace and War : A Theory of International Relations*(New Brunswick : Transaction Publishers, 2003), p. 45.

60. 막스 베버, "직업으로서의 정치," 베버, 전성우 옮김, 『'탈주술화' 과정과 근대 : 학문, 종교, 정치』(나남출판, 2002), p. 347.

61. Raymond Aron, *Main Currents in Sociological Thought(II) : Durkheim, Pareto, Weber*, tr. by Richard Howard & Helen Weaver(New York : Basic Books, Inc., 1967), pp. 210−211.

62. A. N. 화이트헤드, 문창옥 옮김, 『상징활동 : 그 의미와 효과』(동과서, 2003), p. 90.

63. 필자는 노무현 정부 출범 직후 한국 정치의 관습에 몽매한 개혁정책의 위험성을 경고한 바 있다. 이현휘, "화이트헤드와 사회변혁의 조건 : 한국 정치개혁의 철학적 전제," 『화이트헤드 연구』 6(2003), pp. 73−101.

64. 이은영, 『관습의 정치 : 한국 정치의 해부와 대안』(박영사, 2007), pp. 3−5.

65. 화이트헤드, 『상징활동』, p. 95.

66. 베버, "직업으로서의 정치," p. 360.

참고문헌

그레이슨, 제임스 헌틀리. 강돈구 옮김. 1995. 『한국종교사』. 서울 : 민족사.
금장태. 1974. "이조 유학에 있어서 벽이단의 이념과 전통." 『국제대학논문집』 2집. 339-359.
______. 1995. "한국 유교 문화의 특징." 『한국학논집』 27집. 139-160.
김병국. 1994. "무정형의 시민사회와 정당정치의 붕당성." 『계간사상』. 21호. 185-210.
김영명. 2008. 『좌우파가 논쟁하는 대한민국사 62』. 서울 : 위즈덤하우스.
김영수. 2006. 『건국의 정치 : 여말선초, 혁명과 문명의 전환』. 서울 : 이학사.
김충렬. 2003. "성리학의 동점과정 : 주자학 지입을 기점으로." 『남명학연구논총』 12집. 1-52.
대통령 비서실. 2007. 『한국 정치, 이대로는 안된다』. 서울 : 역사비평사.
도힐러, 마르티나. 2009. "유교사상과 조선사회 : 도전과 적응의 양식." 『국학연구』 14집. 65-71.
레이코프, G. · 존슨, M. 임지룡 외 옮김. 2005. 『몸의 철학 : 신체화된 마음의 서구 사상에 대한 도전』. 서울 : 박이정.
문철영. 2000. "고려중 · 후기 유학사상 연구." 서울대학교 국사학과 박사학위논문.
박용운. 1973. "고려시대 대간 기능의 변천." 『사총』 17집. 267-294.
베버, 막스. 이남석 옮김. 2002. 『행정의 공개성과 정치지도자의 선출 외』. 서울 : 책세상.
______. 이상률 옮김. 1990. 『유교와 도교』. 서울 : 문예출판사.
______. 전성우 옮김. 2002. "직업으로서의 정치." 『'탈주술화' 과정과 근대 : 학문, 종교, 정치』. 서울 : 나남출판. 279-360.
______. 조기준 옮김. 1976. 『사회경제사』. 서울 : 삼성출판사.
쇼펜하우어. 최성욱 옮김. 2003. 『쇼펜하우어의 토론의 법칙 : 논쟁과 토론에서 이기는 38가 지 기술』. 서울 : 원앤원북스.

스윈트, 커윈 C. 김정욱 · 이훈 옮김. 2007.『네거티브, 그 치명적 유혹 : 미국의 역사를 바 꾼 최악의 네거티브 캠페인 25위-1위』. 서울 : 플래닛미디어.

신동준. 2009. "당동벌이(黨同伐異) 유산과 언어폭력,"『비폭력연구』2(2009), 143-170.

이규태. 1984.『선비의 의식구조』. 서울 : 신원문화사.

와그너, 에드워드. 송준호 옮김. 2007. "정치사적 입장에서 본 조선 시대 사화의 성격." 와그너. 이훈상 · 손숙경 옮김.『조선 왕조 사회의 성취와 귀속』. 서울 : 일조각. 89-132.

______. 2007. "신유학파의 사회적 배경." 와그너. 이훈상 · 손숙경 옮김.『조선 왕조 사회의 성취와 귀속』. 서울 : 일조각. 182-199.

이상익. 2004. "주자학과 조선 시대 정치사상의 정체성 문제."『한국철학논집』 14집. 69-103.

이성무. 2000. "당쟁의 어제와 오늘."『조선 시대 당쟁사 2』. 서울 : 동방미디어. 319-335.

______. 2000.『조선 시대 당쟁사 1』. 서울 : 동방미디어.

______. 2000.『조선 시대 당쟁사 2』. 서울 : 동방미디어.

______. 2001. "지금은 사림의 시대인가."『한국 역사의 이해 3』. 서울 : 집문당. 254-258.

이은영. 2007.『관습의 정치 : 한국 정치의 해부와 대안』. 서울 : 박영사.

이의용. 1989. "두 가마 행차."『새끼꼬기 : 쌍용그룹 창업 50주년기념 사보 쌍용 3월호 별 책부록』(쌍용양회공업주식회사). 42-43.

이정주. 2003. "공양왕대 정국동향과 척불운동의 성격."『한국사연구』120집. 115-156.

______. 1997. "여말선초 유학자의 불교관 : 정도전과 권근을 중심으로." 고려대학교 박사학위논문.

______. 2001. "조선 건국을 둘러싼 정통과 이단의 격돌 : 고려 공양왕 3년 척불 논쟁 참가자 분석."『한국사학보』10집. 251-278.

이춘식. 2002.『춘추전국 시대의 법치사상과 세(勢) · 술(術)』. 서울 : 아카넷.

이현휘. 2005. "미국 혁명의 종교적 기원(I) : 화이트헤드와 탈근대 역사학의 새로운 지평."『화이트헤드 연구』11집. 9-40.

______. 2006. "미국 혁명의 종교적 기원(II) : 자유주의, 공화주의, 그리고 캘빈주의."『화이트헤드 연구』12집. 75-113.

______. 2003. “화이트헤드와 사회변혁의 조건 : 한국 정치개혁의 철학적 전제.” 『화이트헤드 연구』 제6집. 73-101.
전인권. 2003. 『남자의 탄생 : 한 아이의 유년기를 통해 보는 한국 남자의 정체성 형성과정』. 서울 : 푸른숲.
정두희. 2005. 『유교·전통·변용 : 미국의 역사학자들이 보는 한국사의 흐름』. 국학자료원.
정태식. 2005. “정치와 종교 : 조선 왕조 초기 성리학적 정사논쟁의 정치적 전개 과정에 대한 역사사회학적 일고찰.” 『퇴계학과 한국문화』 37집. 355-378.
조지형. 2002. “‘언어로의 전환’과 새로운 지성사.” 안병직 외. 『오늘의 역사학』. 서울 : 한겨레출판. 200-262.
최재석. 1976. 『한국인의 사회적 성격』. 서울 : 개문사.
해리스, E. 에롤. 이현휘 옮김. 2009. 『파멸의 묵시록 : 과학적 패러다임과 일상의 사유양식』. 서울 : 산지니.
헨더슨, 그레고리. 박행웅·이종삼 옮김. 2000. 『소용돌이의 한국 정치』. 서울 : 한울아카데미.
화이트헤드, 알프레드 노스. 루시엔 프라이스 기록. 오영환 옮김. 2006. 『화이트헤드와의 대화』. 서울 : 궁리.
______. 문창옥 옮김. 2003. 『상징활동 : 그 의미와 효과』. 서울 : 동과서.
______. 오영환 옮김. 1996. 『관념의 모험』. 서울 : 한길사.
“긴급진단 : 위기의 지식인 사회-‘동지(同志) 아니면 적(敵)’ 극단적 편가르기.” 《조선일보》 2001년 7월 18일.
“새 역사 교과서 국가 정통성 강조.” 《서울신문》 2009년 8월 5일.
“역사 교과서는 권력으로 재단할 일이 아니다 : ‘이간질’ 교과서 없애길 바란다.” 『프레시안』 2009년 8월 10일.
“인터넷 ‘사색당파’ 설전.” 《경향신문》 2003년 11월 10일
“정당 대변인 논평 1,000건 분석(2007.8-2008. 9).” 《동아일보》 2008년 11월 10일, 11월 11일.
“지하철 파업철회, 경쟁력 전기돼야.” 《문화일보》 2008년 11월 20일.
『연산군일기』 연산군 1년 7월 19일.
『연산군일기』 연산군 3년 7월 21일.

Aron, Raymond. 1967. *Main Currents in Sociological Thought(II) : Durkheim, Pareto,*

Weber, tr. by Richard Howard & Helen Weaver. New York : Basic Books, Inc.

______. 2003. *Peace and War : A Theory of International Relations*. New Brunswick : Transaction Publishers.

Clausewitz, Carl von. 1976. *On War*, ed. and trans. by Michael Howard and Peter Paret. Princeton : Princeton University Press.

Creel, Herrlee Glessner. 1929, *Sinism : A Study of the Evolution of the Chinese World-View*. Chicago, Illinois : The Open Court Publishing Co.

De Groot, J. J. M. 1912. *Religion in China : Universalism–A Key to the Study of Taoism and Confucianism*. New York : G. P. Putnam's Sons.

______. 1903. *Sectarianism and Religious Persecution in China*. Vol. 1. Amsterdam : Johannes Müller.

Deuchler, Martina. 1999. "Despoiler of the Way–Insulters of the Sages : Controversies over the Classics in the Seventeenth–Century Korea." Jahyun Kim Haboush & Martina Deuchler, eds., *Culture and the State in Late Chos?n Korea*, 91–133. Cambridge, Mass. : The Harvard University Asia Center.

______. 1985. "Reject the False and Uphold the Straight : Attitudes Toward Heterodox Thought in Early Yi Korea." Wm. Theodore de Bary and JaHyun Kim Haboush, eds., *The Rise of Neo–Confucianism in Korea*, 375–410. New York : Columbia University Press.

Goulde, John Isaac. 1985. "Anti–Buddhist Polemic in Fourteenth and Fifteenth Century Korea : The Emergence of Confucian Exclusivism." Ph.D. dissertation. Harvard University.

Harris, Errol E. 2000. *The Restitution of Metaphysics*. New York : Humanity Books.

Hahm Pyong–Choon, "The Korean Political Tradition and Law" in Hahm, *The Korean Political Tradition and Law : Essays in Korean Law and Legal Theory* (Seoul : Hollym Co., 1967), 1–84.

Koh, Byung Chul. 1984. *The Foreign Policy Systems of North and South Korea*. Berkeley : University of California Press.

Latour, Bruno. 1993. *We Have Never Been Modern*. trans. by Catherine Porter. Cambridge, Mass. : Harvard University Press.

Liu, James T. C. 1973. "How Did a Neo–Confucian School Become the State Orthodoxy?" *Philosophy East and West* 23 : 4. 483–505.

Münch, Richard. 2001. *The Ethics of Modernity : Formation and Transformation in Britain, France, Germany, and the United States*. Lanham : Rowman & Littlefield Publishers, Inc.

Palais, James B. 1995. "A Search for Korean Uniqueness." *Harvard Journal of Asiatic Studies* 55 : 2. 409–425.

Snyder, Scott. 1996. "Pattern of Negotiation in a South Koran Cultural Context." *Asian Survey* XXXIX : 3. 394–417.

______. 1999. *Negotiating on the Edge : North Korean Negotiating Behavior* Washington, D.C. : United States Institute of Peace Press.

Toews, John E. 1987. "Intellectual History after the Linguistic Turn : The Autonomy of Meaning and the Irreducibility of Experience." *The American Historical Review* 92 : 4. 879–907.

Wagner, Edward E. 1974. *The Literati Purges : Political Conflict in Early Yi Korea*. Cambridge, Mass. : Harvard University Press.

Whitehead, Alfred N. 1956. *Dialogues of Alfred North Whitehead*, As Recorded by Lucien Price. New York : The American Library.

촛불집회와 한국 사회의 공론장*

홍성구 (강원대)

1. 서론 : 문제제기

2002년 가을 미선이 · 효순이 추모 촛불집회를 시작으로 2008년 봄 미국산 쇠고기 수입 반대 촛불집회에 이르기까지 촛불집회는 대의 민주주의의 한계에 대한 직접 민주주의의 실험으로 평가받는가 하면, 다른 한편으로는 기존의 대의 민주주의 질서를 교란시키는 사회현상으로 지적되기도 한다. 특히 2008년 촛불집회는 한국의 민주주의에 대한 평가와 앞으로 나아가야 할 방향성에 대한 논쟁을 촉발시키고 있다.[1)]

현실의 민주주의에 대한 평가는 매우 다양한 시각에서 제기된다. 민주주의의 결손이 문제라는 주장 대 민주주의의 과잉이 문제라는 주장, 시민의 참여와 요구에 기초하는 '투입' 민주주의를 중시하는 시각과 대의 민주주의 효율성을 중시하는 '산출' 민주주의의 시각이 서로 맞서고 있다. 뿐만 아니라 보다 고전적으로 형식적 민주주의와 실질적 민주주의, 엘리트 민주주의와 대중 민주주의 등 실로 다양한 입장들이 민주주의를 평가하는 기준으로 자리 잡고 있다.

이와 같은 논쟁 이면에는 대의 민주주의가 한계에 봉착했다는 공감대가 깔려 있다(주성수 2006 ; 강용진 2008). 시민의 정치참여가 활발해져 국민 여론이 막강한 정치적 힘을 발휘하는 새로운 정치현상이 생기고 있고, 외국인 이주자들이 날로 늘어나는 등 기존의 대의체제로는 대표할 수 없는 권익이 생겨나고 있기 때문이다(강용진 2008).

1990년대 초부터 숙의 민주주의는 대의 민주주의의 한계 극복과 관련해서 가장 중요한 이론체계의 하나로 자리를 잡았다. 숙의 민주주의가 각광을 받는 동안 공화주의 또한 현저하게 성장하는 모습을 보여주었다(Dryzek 2005, pp. 218-219). 숙의 민주주의와 공화주의는 민주주의 정치과정에서 공공선의 수립은 대의제와 같은 선호 집합적 방식으로 해결할 수 없다는 점에 동의하고 있다.

하버마스(J. Habermas)를 중심으로 한 숙의 민주주의자들은 공론장의 활성화를 통해 이 문제를 해결하고자 한다. 시민들이 숙의과정에 참여하여 보다 사려 깊은 정치적 요구를 해야 하고, 대표들은 공론장을 통해 도출된 공론이나 공적 의지를 선호 집합적인 또는 당파 이해에 따른 이데올로기적인 정치를 탈피하는 심의를 행해야 한다고 강조한다(김주성 2008). 반면 무페(C. Mouffe)를 비롯한 공화주의자들은 권력적으로 불평등한 시민들 간의 관계에서 도출되는 합의는 항상 배제를 통해 이루어지게 마련이므로 합의를 강요하는 것이 아니라, 사회적 정체성의 불평등한 양상이 지속적으로 분출되는 헤게모니 투쟁을 통해 점진적으로 타인의 지배로부터 자유로운 비지배적 단계로 나아갈 수 있다고 강조한다. 이를 위해 공화주의는 시민적 정체성들 간의 경합(agonism)이 자유롭게 이루어지는 공론장을 필요로 한다.[2)]

이론적인 측면에서 볼 때 숙의 민주주의와 공화주의를 분리하는 분기점은 정치적 공동체의 성원을 어떻게 규정하느냐에 있다. 숙의 민주주의에서 시민은 자유주의와 마찬가지로 자연법적으로 자유롭고 평등한 존재이지만 공화주의에서 시민은 권력적으로 서로 불평등한 사회적 정체성을 지닌 존재이다.

뚜렷하게 다른 세계관에 입각해 있는 숙의 민주주의와 공화주의를 서로 비교하여 특정 이론의 우월성을 제시하는 것은 이 논문의 범위를 벗어난다. 이 논문에서 숙의 민주주의와 공화주의를 중심으로 촛불집회를 통해 형성된 공론장을 재해석하고자 하는 이유는 언론학적 관점에서 공론장의 작동원리가 무엇이며 공론장의 활성화가 민주주의에 대해 어떤 의미를 갖는지 파악하는 출발점을 모색하기 위해서이다.

숙의 민주주의와 공화주의에 대한 이론적 검토는 각각 하버마스와 무페를 중심으로 했다. 하버마스와 무페가 각각 숙의 민주주의와 공화주의를 대표한다고 말하기는 어렵지만, 시민들의 합리성을 강조하는 하버마스와 정체성을 중심으로 분화된 사회의 다양성을 강조하는 무페는 서로 대척점을 이루는 이론가라는 점을 중요하게 고려하였다(Dryzek 2005).

이 논문의 논리적 전개는 다음과 같은 순서로 진행했다. 첫째, 공론장의 이론적 지평을 제공하는 숙의 민주주의와 공화주의를 각각 하버마스와 롤즈(J. Rawls), 아렌트(H. Arendt)와 무페를 중심으로 검토하여 두 입장 간에 어떠한 차이점이 존재하는지 검토했다. 여기에서 하버마스와 무페 외에 롤즈와 아렌트를 추가한 것은 숙의 민주주의와 공화주의의 차이를 보다 다양한 차원에서 검토하기 위함이다. 둘째, 하버마스와 무페로 압축하여 공론장의 개념을 중심으로 양자를 서로 비교했다. 숙의 민주주의와 공화주의를 보다 체계적으로 비교하기 위해 '공론장의 구조', '공론장과 정치참여', '공론장과 언론' 등 세 가지 범주를 설정했다. 셋째, 두 번째 단계까지의 논의를 바탕으로 촛불집회의 의미를 하버마스를 중심으로 한 숙의 민주주의와 무페를 중심으로 한 공화주의의 시각으로 해석하였다.

2. 공론장의 이론적 지평 : 숙의 민주주의와 공화주의

현대 민주주의 이론에서 시민들의 정치참여를 가능하게 하고 대화와 토론을 매개로 정치적 결정의 정당성을 부여하는 장치로서 공론장이 차지하는 중요성은 아무리 강조해도 지나치지 않는다. 그러나 현대 민주주의 이론에서 공론장은 매우 복잡한 이론적 지평 위에 놓여 있으며, 공론장의 개념 또한 합의에 도달했다기보다는 여전히 논쟁적 위치에 있다.

숙의 민주주의나 공화주의 모두 공론장을 시민들의 정치참여를 매개하는 공간으로서 규정하지만 양자 간에 뚜렷한 차이점이 존재하는 것은 물론 두 가지 이론적 전통 내에서도 일치하지 않는 점이 존재한다. 숙의 민주주의는 대의제하에서 소극적 수준에 머물고 있는 시민들의 정치참여를 활성화시키고 공적 의지 및 의견형성의 공정한 절차 수립을 목표로 한다는 점에서 민주주의의 본래적 의미에 한 걸음 더 다가갈 수 있는 이론체계로 인정받는다(Christiano 1997 ; Cohen 1998 ; Elster 1998 ; Dryzek

2000). 숙의 민주주의는 시민들의 정치참여를 법치적 민주주의의 절차를 통해 규제하기 때문에 참여 민주주의와 다르며, 정치적 선호의 집합적 결정을 통해 정치적 의사결정의 정당성을 도출하는 자유 민주주의와도 차별성을 가지고 있다.

롤즈는 공론장이라는 개념을 사용하지는 않지만 공적 이성의 개념을 통해 공정한 합의 도출을 가능하게 하는 절차를 수립하고자 한다. 공적 이성은 다음과 같이 세 가지 특징을 가지고 있다. 첫째, 자유롭고 평등한 시민들의 이성으로 공적 이성은 공중의 이성이다. 둘째, 공적 이성의 주제는 근본적인 정치적 정의의 문제와 관련이 있는 공공선이다. 셋째, 공적 이성은 상호성의 기준을 만족시킬 것이라고 합당하게 생각되는 일련의 합당한 정치적 정의관에 입각한 공적 사고를 통해 표현된다.

공적 이성이 작동하는 정치적 토론을 롤즈는 공적 정치 공개토론(public political forum)으로 명명하는데, 대법원 판사들의 논변, 정부 관료·입법가들의 논변, 공직 후보자들의 공적 연설, 정당 강령, 정치적 발언 등이 이에 해당한다(Rawls 1999/2000, p. 201). 공적 정치 공개토론은 배경문화(background culture)와 분리되어 있으며, 공적 정치 공개토론과 배경문화를 매개하는 것은 각종 대중매체들이다. 배경문화에는 민주사회의 고유한 각종 포괄적 교리들, 교회와 대학, 지식과 과학적 탐구의 사회, 클럽 등이 속한다(Rawls 1993/1998, p. 16). 배경문화를 공적 정치 공개토론에서 배제하는 것은 공정한 합의를 저해할 수 있는 요소들을 포함하고 있기 때문이다.

롤즈는 공정한 합의를 발생시키는 공론장을 지극히 제한적 영역으로 설명한다. 즉 공론장의 주체는 시민사회의 성원일 필요가 없다. 입법부, 행정부, 사법부의 구성원들이 구사하는 공적 이성을 시민사회의 공론장으로부터 분리시키는 방식을 통해 시민사회의 공론장에서 제기되는 종교적 · 철학적 · 도덕적인 포괄적 교리들이 이성의 공적 사용에 영향을 미칠 수 없도록 한다(유주현 2007, 284쪽).

롤즈의 공적 이성은 헌법의 기본사항이나 기본적인 정의의 문제를 해석하거나 판단하는 이성, 또는 이들을 실현할 수 있는 정책을 결정하는 민주시민들의 집합적 정치 이성을 말한다(김주성 2008, 27쪽). 그러나 하버마스는 롤즈의 이론체계에서 공적 이성이 지나치게 제한적으로 적용되고 있음을 비판한다. 롤즈가 시민사회의 공론장에서 벌어지는 대화와 토론을 통한 이성의 공적 사용을 무시하고 있다는 것이다(Habermas 1996/2000, p. 90).

하버마스가 상정하는 공론장은 개방적이며 비배제적인 특성을 지니고 있으며, 사적 개인들이 자율적으로 참여하는 공간이다. 하버마스가 『공론장의 구조변동』(1961)에서 제시한 초기 공론장의 개념은 이러한 강조점이 잘 드러나 있다. 첫째, 지위의·평등이 아니라 지위 전체를 도외시하는 사회적 교제를 필요로 한다. 둘째, 공중의 토론은 이제까지 의문시되지 않았던 영역을 주제로 한다. 셋째, 문화의 상품화를 통해 토론능력을 갖춘 문화가 만들어지며, 공론장 참여에 있어 비폐쇄성을 가져온다(Habermas 1962/2001, p. 107).

사적 개인들이 자율적으로 모여 공권력에 대항하는 공적 논의를 발현시키는 공간으로서 공론장의 기본적 아이디어는 공화주의와 폭넓은 유사성을 갖고 있었다. 그러나 하버마스는 숙의 민주주의 단계에서 초기 공론장 개념을 대폭 수정한다.[3] 숙의 민주주의에서 강조점은 "공화주의적 이상을 담고 있는 공론장의 정치참여와 자유주의적 이상을 담고 있는 법치적 민주주의의 결합"이라고 하버마스는 설명한다(Habermas 1992/

2000, p. 361).

롤즈는 토론 및 대화상황의 공정성과 합의내용 자체에, 하버마스는 토론과 대화, 여론의 생성에 보다 많은 관심을 집중시키고 있다. 롤즈는 민주주의의 질서 정연함과 안정성에, 하버마스는 민주주의의 역동적 자기수정의 가능성에 무게 중심을 두고 있다. 공론장 개념을 중심으로 롤즈와 하버마스의 이론체계를 서로 비교하면 촛불집회를 재해석하기 위한 이론적 자원으로 롤즈보다 하버마스가 적합함을 알 수 있다.

숙의 민주주의가 가장 현대적인 민주주의 이론이라면 공화주의는 매우 복잡한 연원을 통해 형성된 하나의 정치이념이다. 공화주의는 그리스·로마를 배경으로 하는 고전적 공화주의에서 출발했다. 12–16세기 이탈리아 도시국가를 배경으로 하는 시민적 공화주의가 대표적이었고, 그 밖에 네덜란드를 배경으로 한 상업적 공화주의나 대혁명기 프랑스의 루소나 내란(Civil War)의 영국의 제임스 헤링톤(James Harrington), 건국 당시 미국의 토머스 제퍼슨(Thomas Jefferson)과 제임스 메디슨(James Madison)에서 등장했던 정치 개념이었다. 역사적으로 공화주의 개념의 어원은 통치가 한두 사람 지배자의 특권에서 나오는 것이 아니라 시민 모두의 공적인 일 '레스 푸블리카'(Res publica)에서 유래한다(양해림 2008).

현대 민주주의 이론에서 공화주의는 두 가지 전통으로 나뉘는데, 고전적 공화주의(classical republicanism)와 시민적 인본주의(civic humanism)가 그것이다. 아리스토텔레스적 전통에 입각한 시민적 인본주의는 현대에 와서 아렌트, 바버(Barber), 샌들(Sandel) 등에 의해 대표되는데, 인간은 오로지 정치참여를 통해 인간의 본성을 실현할 수 있으며, 이와 같은 인간의 능력을 실현하는 공간이 공론장이다. 반면 마키아벨리적 전통에 입각한 고전적 공화주의는 타인으로부터 스스로를 방어하기 위해 정치적 영역에 참여한다. 민주사회에서 시민들이 시민적 자유와 기본적 권리를 보존하려면 그들 스스로 정치적 덕목(political virtue)을 가져야 하고 공론장에 적극적으로 참여해야 한다는 것이다. 시민적 인본주의 관점에서 공론장의 참여는 목적인 반면 고전적 공화주의 관점에서 공론장 참여는 자유를 실현하기 위한 수단이다(Gerson 2004).

공화주의의 공론장은 정치참여의 의미가 숙의 민주주의보다 훨씬 더 강조된다. 하버마스가 참조한 아렌트의 공론장은 고대 그리스의 민주정과 근대 혁명기의 평의회를 모델로 하여 시민들이 자유롭게 의견을 교환하고 공권력을 분담하는 공간을 나타낸다(Arendt 1958/1996, p. 101). 아렌트에게 있어 공론장은 단순히 공간이나 물리적 경계로서의 의미보다는 인간의 정치적 실존의 조건과 관계를 맺고 있다(홍원표 1996, 105쪽).

아렌트의 기본적 입장은 공론장에 참여하는 시민은 타인과 구별되는 정체성을 지닌 존재라는 것이다. 국민국가, 복지국가, 전체주의 등과 같은 근대적 정치형태들은 이와 같은 정체성을 성취할 수 있는 공론장을 제공하는 데 총체적으로 실패했으며, 오로지 참여 민주주의만이 정치와 정체성의 내적인 연관성을 회복하는 공론장을 제공할 수 있다(McGowan 1998).

아렌트와 하버마스의 공론장 개념이 지니는 가장 중요한 차이는 아렌트에게 있어 공론장의 참여는 그 자체가 민주적 권력의 실현인 반면, 하버마스에게는 시민사회의 공론장에서 형성된 공론이 법적 여과과정을 거쳐 체계를 변화시키는 데 성공한 경우에만 민주적 권력으로 인정받는다는 것이다(김대영 2004, 140쪽).

현대 공화주의의 두 갈래 전통 중에서 아렌트가 시민적 인본주의에 입각해 있다면 무페는 고전적 공화주의를 대변한다. 합의 중심의 민주주의 이론에 대해 가장 회의적인 견해는 무페를 통해 확인할 수 있다. 무페는 다원주의를 구성하는 적대적 속성이 현대 민주주의의 가장 중요한 특성이자 제거될 수 없는 성격이라고 전제하고, 이와 같은 사실을 부정하고 보편적인 합리적 합의를 목표로 삼는 것은 민주주의에 대한 진정한 위협이라고 비판한다(Mouffe 2000/2006). 무페에게 있어 공론장은 다양한 정체성을 지닌 개인들이 집단적 정체성을 형성하고 헤게모니와 접합을 이루기 위해 서로 경쟁하는 공간이다.

무페의 이론은 정치의 제도화된 영역은 지극히 일부이며, 비제도화된 운동영역을 강조한다는 점에서 촛불집회에 대한 폭넓은 설명 가능성을 함축한다. 아울러 합리성을 강조하는 하버마스와 공동체적 정체성을 강조하는 무페는 서로 대척점에 위치한다고 볼 수 있다.

숙의 민주주의와 공화주의의 분기점은 시민들을 어떤 존재로 규정할 것인가에 있다. 숙의 민주주의에서 시민은 법적으로 자유롭고 평등한 주체라는 측면에서 자유주의와 동일하다. 그러나 공화주의는 숙의 민주주의에서 당연시하는 법적으로 자유롭고 평등한 개인의 개념을 받아들이지 않는다. 공화주의에서 시민은 성, 인종, 민족, 종교 등 서로 다른 고유한 정체성을 지닌 존재이며, 권력적으로 불평등한 관계 속에 존재한다.

숙의 민주주의는 법치적 민주주의의 절차성에 입각하여 자유롭고 평등한 시민들이 정치적 공동체의 공정한 합의를 의미하는 법 제정에 동등한 권리를 지니고 있다고 규정한다. 그러나 공화주의는 시민들이 정치활동을 통해 자기 자신의 정체성을 수립한다고 가정한다. 공통의 정체성을 지닌 시민들이 자신들의 집합적 의지 표출을 통해 민주적 의사결정 구조 속에 진입할 수 있으므로 공화주의는 탈정치화된 현대 정치의 조건 속에서 국가기구에 대항하는 정치관의 수립을 용이하게 한다 (Habermas 1992/2000, p. 362).

아울러 숙의 민주주의와 공화주의를 구분하는 또 다른 분기점은 숙의 민주주의가 보편성을 지향하는 이론체계라면 공화주의는 차이와 상대성을 강조하는 이론체계라는 점이다. 숙의 민주주의는 역사적·문화적 특수성과 무관하게 이성적 대화와 토론의 원리에 의해 매개되는 절차적 민주주의 수립을 목적으로 한다. 그 출발점은 자유주의적 개인관이다. 그러므로 특수한 정치상황에 대해 비판적 인식을 수립하고 대안을 도출할 수 있게 한다. 그러나 공화주의는 정치적 공동체에 내재하는 헤게모니적 지형의 상대성을 고려해야 하므로 구체적인 정치현상을 설명하는 데에는 유용한 반면, 민주주의를 평가하는 보편적 준거점 마련을 통한 대안 수립에는 약점이 있기 마련이다.

3. 숙의 민주주의와 공론장

1) 공론장의 구조

하버마스의 공론장은 체계와 생활세계를 매개하며, 동시에 체계에 의한 생활세계의 식민화를 방어하는 역할을 한다. 생활세계는 행위의 의사소통적 합리성에 의해 규범적으로 통합되고 상징적으로 구조화된 것이며, 체계는 목적합리성에 의해 주도되고 돈과 권력을 매개로 제도화된 영역이다. 체계는 사회구성원들의 의사소통 행위에 의해 구성되지 않는 또는 왜곡된 의사소통에 의해 구성된 사회의 부분이다(이홍균 1996, 77-78쪽).

현대 사회의 병리현상은 돈과 권력을 매개로 제도화된 체계의 영역이 과도하게 성장하여 생활세계가 축소되는 것이며, 이것을 하버마스는 생활세계의 식민화로 명명한다. 하버마스가 체계와 생활세계의 사이에 공론장을 위치시킨 것은 공론장에 사회적 커뮤니케이션의 다양한 양상들을 포함시키고자 했기 때문이다. 공론장의 분화는 다원주의로 표현되는 현대 사회의 복잡성을 반영하면서도 여론생산 과정에 대한 시민들의 폭넓은 참여를 설명할 수 있게 한다.

> 복잡한 사회에서 공론장은 정치체계라는 하나의 극과 생활세계의 사적 부분과 기능적으로 전문화된 행동체계라는 또 다른 극을 매개하는 중간구조를 형성한다. 그것은 고도로 복잡한 네트워크로서 공간적인 측면에서 보면 서로 중첩하는 다수의 국제적, 국가적, 지역적, 공동체적, 하위 문화적 영역들로 분화되어 있다. 또한 객관적인 측면에서 보면 공론장은 기능적인 관점들, 주제의 비중, 정치영역 등에 따라 어느 정도 전문화된, 그러나 여전히 일반인들이 접근할 수 있는 공론장들로(예를 들면 대중 과학적 공론장, 문화적 공론장, 교회의 공론장, 예술가의 공론장, 페미니즘 공론장, 건강과 관련된 공론장, 사회적 정책과 과학정책 공론장 등) 분화된다. 마지막으로 공론장은 그 수준의 측면에서도 의사소통의 밀도, 조직의 복합성, 범위에 따라 분화된다. 그리하여 술집이나 커피하우스나 거리에서의 삽화적 공론장에서부터 극장에서의 상연, 학부모 모임, 록콘서트, 파티모임, 정당집회 또는 교회의 교무회의 같은 기획된 임석 공론

장을 거쳐, 전 세계적 규모로 분산되어 있는 개별적 독자, 청중, 시청자들로 구성되고 대중매체를 통해 설립되는 추상적인 공론장에 이르기까지 다양한 수준의 공론장이 있다(Habermas 1992/2000, p. 448).

공론장은 시민들의 의견 소통을 위한 일종의 네트워크인데, 이 네트워크를 통해 의사소통의 흐름이 걸러지고 종합되어 주제별로 묶인 공적 의견의 더미로 집약된다. 공론장은 생활세계와 마찬가지로 의사소통 행위에 의해 재생산되는데, 이미 자연언어에 숙달되어 있는 모든 시민들은 공론장의 참여자로서 조건을 만족시킨다. 따라서 공론장은 시민들의 입장에서 보면 '일반적인 이해 가능성'의 기초 위에 서 있다고 말할 수 있다(Habermas 1992/2000, p. 433).

하버마스는 공론장을 모든 시민들에게 개방적인 공간으로 상정하지만 의도했건 의도하지 않았건 간에 시민들이 지닌 고유한 정체성의 차이들이 공론장에서 인정받기 위해서는 '일반적인 이해 가능성'이라는 관문을 통과해야만 한다. 다시 말해서 일반적인 이해 가능성을 결여한 급진적 주장들은 공론장에서 진입하기 어렵거나 여과되고 만다.

하버마스는 숙의 민주주의를 실현하기 위해서는 시민사회를 중심으로 한 공론장에서 발생된 공적 의지를 법률로 전환시키기 위한 장치로서 의회로 대표되는 정치체계 내부의 공론장이 필수적이라고 주장한다. 이와 같은 차원에서 숙의 민주주의는 일상적 의사소통의 영역에서 출발하여 사적인 것으로 간주되기 쉬운 사회적 현안을 공적인 논쟁 사안으로 부각시키는 공론장과 의회 내의 민주주의적 의사 형성의 제도적 절차를 거쳐, '공적인 견해'가 정당성을 인준받은 의사소통적 권력으로 전환되는 과정을 해명하는 것이다(Reese-Schäfer 1991/1998, pp. 240-241).

숙의 민주주의에서 의회라는 공식적이고 제도화된 의사결정 기구를 상정하는 것은 현실적인 고려 때문이다. 공론장에서는 아무리 많은 시간이 주어져도 정치적인 사안에 대한 합의를 이루기 어려우나 공식적 의사결정 기구는 합의에 대한 시간적 제한이 주어져 있으며, 결정의 과정이 의사소통적 절차를 지켰는지 감시할 수 있기 때문이다.

그러나 하버마스는 여전히 숙의 민주주의의 무게중심이 '정당화의 맥락'으로서의 의회와 같은 의사결정 기구가 아니라 '발견의 맥락'에 종사하는 공론장이라고 강조한다. 공론장이 숙의 민주주의에서 발견의 맥락에 종사하기 위해서는 생활세계에 뿌리를 내리고 있어야 한다. 즉 사적 영역 또는 친밀성 영역으로서의 생활세계는 체계의 지배에 의한 모순과 왜곡이 발현되는 장소이기 때문이다(Habermas 1992/2000, p. 374).

2) 공론장과 정치참여

숙의 민주주의를 이해하는 데 있어 또 한 가지 매우 중요한 요소는 정치참여의 성격이다. 공론장에 대한 참여는 의무가 아님과 동시에 모든 사람들의 참여를 필요로 하지도 않는다. 공론장의 참여자들이 이상적이기 위해서는 가능한 모든 당사자의 완전한 포용, 당파들 간의 평등, 상호작용의 비강제성, 주제와 기고의 개방성, 결과의 수정 가능성 등을 요구한다(Habermas 1962/2001, p. 46). 공론장이 제대로 작동하기 위해서는 공적 의사소통 안에 투입요소를 집어넣는 행위가가 있어야 하며, 분별력 있는 청중을 필요로 한다.

하버마스는 공론장의 진정한 담지자로서 시민사회를 지목하는데, 시민사회의 제도적 핵심은 '비국가적이고 비경제적 연결망과 자발적 결사체' 라고 제시한다. 시민사회는 집회의 자유, 결사의 자유를 통해 형성되는 운동공간의 성격을 띠며, 공적 의견형성 과정에 관여하거나 일반 이익과 관련된 주제, 제대로 대변되지 못하거나 조직화되기 어려운 집단 및 쟁점의 옹호를 담당한다. 이때 대중매체들은 경합하는 의견들에 대한 개방성과 다양한 의견을 대변하는 형태로 시민사회의 공적 의사소통의 매체적 하부 구조를 형성한다(Habermas 1992/2000, pp. 440-442).

그렇지만 숙의 민주주의의 활성화는 집합적으로 행동할 수 있는 시민들에게 달려 있는 것이 아니라, 제도화된 심의와 비공식적으로 형성된 공적 의견 사이의 협력과 이에 상응하는 절차의 제도화에 달려 있다(Habermas 1992/2000, p. 363). 시민사회가 공론장의 이상적인 담지자이지만 국가의 공적 영역을 완전히 대체할 수 없으며, 제도화되지 않은 정치적 운동과 정치적 표현형식들이 시민사회와 공론장을 통해 획득될 수 있는 활동공간은 제한적이라는 것이다. 아울러 시민사회가 국가를 대체할 수 없다는 점에서 숙의 민주주의는 참여 민주주의와 확연하게 구분된다.

하버마스가 시민사회의 공론장에 대해 이렇게 복잡한 조건을 부과하는 것은 현실의 공론장이 단일하고 조화로운 공간이 아니라는 점을 감안했기 때문이다. 공론장은 무정부적 상태이기 때문에 불평등하게 분배된 사회적 권력, 구조적 폭력, 왜곡된 의사소통 등에 노출될 수 있다. 공론장이 이와 같은 결함을 지니고 있지만 제약 없는 의사소통의 특성 때문에 새로운 문제들이 더 민감하게 지각되고, 집합적 정체성과 욕구의 해석이 더 자유롭게 표현될 수 있다.

하버마스의 숙의 민주주의는 일찍이 헬드(D. Held)의 지적과 같이 시민사회가 고유하게 갖고 있는 '낡은 권리양상' 을 내적으로 포기할 것을 요구한다고 볼 수 있다. 즉 숙의 민주주의에서 시민사회의 활성화는 정치적 의제에 대해 영향을 미치고 제약할 수 있는 조합(corporations)의 권력 축소, 자신의 이익을 규제받지 않고 추구하는 강력한 이익집단의 활동 제약, 타인을 희생시키며 일부 사회집단이 누리는 체계적 특권 등의 포기를 의미한다(1987, p. 319).

여기서 중요한 것은 공론장과 시민사회를 통해 확보되는 정치적 운동 형식과 표현이 제한적이라는 것이다. 시민사회는 직접적으로 자기 자신만을 변형시킬 수 있고, 법치국가의 원리에 따라 조직된 정치체계의 자기 변혁에는 간접적인 영향력만 행사할 수 있다. 공중의 정치적 영향력은 민주주의의 제도화된 절차를 거칠 때만 의사소통적 권력으로 전환되고 정당한 법 제정에 참여할 수 있다(Habermas 1992/2000. p. 446). 결국 숙의 민주주의는 공론장의 활성화와 의회와 같은 정치체계 내부의 합리적 의사결정 등을 조건으로 하며, 공론장과 의회는 원활한 소통관계를 형성해야 한다. 만약 양자 간에 단절이 발생한다면 소통을 회복하기 위해 시민불복종이 발생한다고 하버마스는 설명한다(Habermas 1992/2000, pp. 459-460).

정치참여를 매개로 하여 숙의 민주주의가 원활하게 작동하기 위해서는 시민사회 내부의 공론장과 정치체계 내부의 공론장이 서로 선순환구조를 확보해야 한다. 공론장은 내부적으로 분화되어 있지만 대화와 토론에 의해 일반화된 이해 가능성과 같은 여과구조를 가지고 있어야 한다. 사려깊은 대화나 토론을 진행할 수 있는 성숙된 시민의식, 시민들의 자율적 참여가 보장된 시민사회 내부의 공론장, 공론장에 의해 표출되는 시민들의 공적 의지나 여론에 민감하게 반응하는 공적 체계 내부의 공론장 등이 서로 원활하게 작동해야만 시민들이 법률 제정에 평등하게 참여할 수 있는 것이다.

3) 공론장과 언론

시민사회의 다양한 집단들은 생활세계에서 문제를 감지하고 있지만 정치체계 안에서의 의사결정의 방향을 바꿀 만큼 강력하지는 않다. 뿐만 아니라 현대 사회에서 공론장은 이제 더 이상 단일 공간으로 보기 어려울 만큼 의사소통적 네트워크가 복잡해져 가고 있다. 공론장 내부의 분화현상 및 내적 긴장관계의 형성으로 인해 시민사회 내부에서 제기되는 공적 사안을 보다 폭넓게 시민들이 공유하게 하고, 그것을 여론으로 증폭시키기 위해서는 대중매체의 역할이 강조될 수밖에 없다.

현대 사회는 사회적 복잡성의 증가와 더불어 대중매체에 투하된 자본 역시 증가하면서 의사소통 채널이 집중화되는 양상을 보이고 있다. 사회적 복잡성의 증가와 의사소통 채널의 집중화라는 불균형으로 인해 대중매체는 선택적 기능을 강화할 수밖에 없고, 이 선택적 과정은 대중매체에 있어 새로운 권력의 원천이 된다(Habermas 1992/2000, p. 451).

이러한 현실에도 불구하고 하버마스는 대중매체에 내재되어 있는 의사소통적 해방의 잠재력을 포기하지 않는다. 그는 공론장은 독점적인 대중매체들과 사회적 권력집단에 의한 의식적 조작과 무의식적 이데올로기에 의해 전면적으로 장악되거나 조정되지 않는다고 본다. 그 이유는 첫째, 시청자들이 수동적인 소비자가 아니라 방송 프로그램을 비판하고 거부할 수 있는 보다 능동적인 존재이며, 둘째, 법치국가의 원리 속에 대중매체가 수행해야 할 책무와 규제 이념이 내재해 있기 때문이다(Habermas 1992/2000, pp. 452-454).

대중매체의 역할과 관련해서 하버마스가 가장 중시하는 것은 시민사회에서 출발하여 대중매체를 거쳐 정치체계의 중심부에 영향을 미치는 새로운 의사소통 흐름의 생성이다. 핵무기 경쟁, 생태계 위험, 제3세계 빈곤의 악화와 세계경제 질서의 문제, 민속적·문화적 구성을 변화시키는 이민의 문제 등이 바로 그것이다. 이러한 경험들은 대중매체에 내재해 있는 해방의 잠재력을 강화시키며, 동시에 공론장에서의 공중의 지위를 상승시킨다(Habermas 1992/2000, p. 457).

인터넷을 비롯한 뉴미디어에 대한 하버마스의 판단은 결코 공론장의 활성화에 도움이 되지 않는다는 것이다. 하버마스는 뉴미디어가 정보의 지구적 소통을 촉진하는 가능성을 지님과 동시에 새로운 종류의 파편화를 가져올 위험이 있다고 지적한다. 인터넷과 TV의 확산은 모든 것을 분산시켜 도시적 중심이 없는 지구촌이라는 결과를 예상할 수도 있다는 것이다(Habermas 1996/2000, p. 279). 이 같은 하버마스의 견해는 인터넷과 같은 뉴미디어 테크놀로지가 시민들의 관심을 분화시켜 공동의 관심사를 상정시키는 데 저해가 될 수 있음을 지적하고 있다.

숙의 민주주의에 대한 논의들을 종합하면 숙의 민주주의가 활성화되기 위한 조건을 다음 세 가지로 압축하여 설명할 수 있다. 첫째, 발견의 맥락에 해당하는 시민사회의 공론장과 정당화의 맥락에 해당하는 정치체계 내부의 공론장이 서로 원활하게 소통해야 한다. 둘째, 시민사회의 공론장은 시민들 간의 일반적인 이해 가능성에 기초한 대화와 토론을 통해 공적 의지나 여론을 생성해야 한다. 셋째, 정치체계 내부의 공론장은 공적 의지나 여론이 민감하게 반응하며, 합리적인 의사결정을 해야 한다. 만약 이러한 조건들이 충족되지 않는다면 숙의 민주주의는 전혀 다른 방향으로 흐를 수밖에 없다. 시민사회의 공론장이 활성화되었으나 정치체계 내부의 공론장이 서로 원활하게 소통되지 않을 경우 운동의 차원에서 시민들이 직접 그 내용을 관철시키려고 할 것이기 때문이다. 반대로 시민사회의 공론장이 활성화되지 않은 경우 공론장은 체계의 결정을 확대 재생산하는 역할을 수행하는 데 그치고 만다.

4. 공화주의와 공론장

1) 공론장의 구조

무페는 그람시의 헤게모니 개념에 대한 재해석을 출발점으로 하여 다원주의를 새롭게 해석하고 고전주의적 공화주의에 입각한 민주주의 개념 수립을 목표로 한다. 무페는 헤게모니 개념이 단순히 지배계급과 피지배계급으로 환원되지 않고 사회의 기본적인 이데올로기 요소들을 접합함으로써 이루어지기 때문에 다원주의와 양립할 수 있다고 제시한다. 그렇지만 헤게모니 개념이 내포하는 다양성은 자유로운 합의를 통해 민주주의가 산출되는 자유주의적 다원주의(liberal pluralism)와 전혀 다른 모습을 나타낸다(Mouffe 1991/1992, p. 29). 무페에게 있어 헤게모니를 확립하는 데 필요한 기본적 요인은 적대적 세력들의 존재와 이 세력들을 분할하는 사회적으로 구성된 경계 내의 불안정성이다(Jessop 1990/2000, p. 480).

공화주의와 자유주의의 기본적 차이는 정치적 공동체의 성원을 어떻게 규정하느냐에 대한 차이에서 출발한다. 자유주의적 다원주의가 정치적 공동체의 성원을 법적으로 평등한 개인들을 전제로 한다면 공화주의의는 성, 인종, 계급, 종교 등 실로 다양한, 그리고 결코 평등하지 않은 정체성을 지닌 개인들을 공동체 성원으로 가정한다. 자유주의적 다원주의와 차별되는 다원주의의 양상은 바로 적대적 속성이다. 무페는 다원주의를 구성하는 적대적 속성이 현대 민주주의의 가장 중요한 특성이자 제거될 수 없는 성격이라고 전제하고, 이와 같은 사실을 부정하고 보편적인 합리적 합의를 목표로 삼는 것은 민주주의에 대한 진정한 위협이라고 비판한다(Mouffe 2000/2006).

그러므로 무페가 제시하는 경합적 다원주의 모델은 민주주의의 근저에 존재하는 다원주의가 갖는 갈등적 요소를 재인식하여 민주주의의 존재 조건을 강화하려는 시도라고 할 수 있다. 경합적 다원주의 모델은 무페가 그람시의 '확장적 헤게모니'를 민주주의 이론에 적용한 것임을 다음의 논거를 통해 확인할 수 있다. 그람시는 한 계급이 헤게모니 계급이 될 수 있는 방법을 두 가지 경로로 구분했는데, 첫째는 변형주의(transformism) 혹은 수정주의적 경로이며, 둘째는 확장적 헤게모니의 경로이다. 첫 번째 방식인 변형주의는 대중들이 헤게모니 계급의 이익에 반대할 수 없는 방식으로 그들의 이익을 흡수하고 무력화시키는 체제를 통해 통합하는 것이다. 두 번째 방식인 확장적 헤게모니 경로는 헤게모니 계급이 인민계급들의 이익을 진실로 수용하는 데서 비롯되는 능동적이고 직접적인 합의를 창출하는 과정이다. 광범위한 인민계급들의 부문들이 헤게모니 체제에서 배제되는 수동적 혁명과는 달리 확장적 헤게모니의 경우에는 사회 전체가 진보하기 마련이다(Mouffe 1991/1992, p. 216).

경합적 다원주의라고 명명한 민주주의 기획의 핵심은 반인종주의, 반성차별주의와 반자본주의 간의 공통 접합을 허용할 수 있는 새로운 주체 위치들을 창출하는 작업이라고 무페는 규정한다. 이를 위해서는 민주주의와 공화주의적 전통을 새롭게 구축하는 것이 필수적인데, 그 출발점으로 무페는 스키너의 연구결과(Skinner 1978/2004)를 원용한다. 스키너가 이탈리아 공화주의자들의 독립투쟁에 공화주의의 언어인 덕(virtue)과 권리(right), 사회적 자유(freedom)와 정치적 자유(liberty)가 동시에 존재했다는 것을 역사적으로 입증하여 공화주의와 자유주의가 결코 단절된 것이 아님을 증명했다는 이유에서이다(Mouffe 1993/2007, p. 47).

무페는 고전적 공화주의가 자유주의적 다원주의와 양립 가능하면서도 자유주의적 개인주의와 투쟁할 수 있는 근거를 제공해 준다고 설명한다. 아울러 보편성의 원리가 아닌 상대성과 특수성에 입각한 정치이론을 전개하는 기초를 확보하게 한다(Mouffe 1993/2007, p. 42). 무페가 민주주의의 경합적 모델을 설명하면서 제시한 일종의 전제는 '정치적인 것' (the political)과 '정치' (politics)의 구분이다. 정치적인 것을 통해 인간관계에 내재해 있는 적대의 차원을 준거할 수 있으며, 그러한 적대는 사회적 관계의 상이한 차원에서 여러 가지 형태로 나타난다. 정치는 정치적인 것의 차원에 영향을 받기 때문에 항상 잠재적으로 갈등적인 조건 위에서 인간의 공존을 조직하고 특정한 질서를 설정하고자 하는 실천, 담론 및 제도를 지칭한다(Mouffe 2000/2006, p. 157).

무페는 숙의 민주주의가 자율성, 대중적 주권, 평등과 같은 전통적인 민주주의의 개념에 대해 새로운 의미를 추구하여 공론장을 민주주의 기획의 중심에 위치시키는 데 기여했다고 본다. 그러나 숙의 민주주의의 한계는 여전히 자유 민주주의적 틀 내에서 민주주의적 기획을 제시하고 있다는 점이다. 무페는 숙의 민주주의가 이익이나 선호의 집합과 같은 대의제적인 개념 대신 판단력이나 이성적 논쟁을 정치학의 중심에 옮겨

놓거나 단순하게 경제적 모델에서 도덕적 모델로 옮겨간 것에 지나지 않는다고 혹평한다(Mouffe 1999).

이와 같은 차원에서 무페는 롤즈의 『정치적 자유주의』를 '정치를 결여한 정치철학'이라고 비판한다(Mouffe 1999). 롤즈는 현대 민주주의 사회의 구성원들이 정의감과 선 개념을 발전시킬 수 있는 도덕적 능력을 지니고 있기 때문에 공정한 협동체제로서의 사회라는 직관을 받아들일 수 있다고 상정한다. 이 주장에 대해 무페는 롤즈가 정치적 자유주의를 논하면서도 도덕적 담론의 특유한 추론방식을 채택하여 도덕적 제약 아래서 이해관계를 합리적으로 조율해 가는 과정과 정치적인 과정을 등치시키는 오류를 범했다고 주장한다. 결국 롤즈의 숙의 민주주의는 정치적인 것의 필수적 구성요소인 갈등, 적대, 권력관계, 종속과 억압의 형태가 배제되었다는 것이 무페의 주장이다(Mouffe 1993).

하버마스의 숙의 민주주의에 대해서도 무페는 비슷한 비판을 가한다. 무페는 민주적 사회를 완전한 조화 또는 투명성을 지닌 것으로 생각해서는 안 된다고 주장한다. 무페는 헤게모니 개념을 원용하여 사회적 객관성은 권력의 작용에 의해 구성되며, 사회적 객관성은 그것의 구성을 통치하는 배제의 자취를 보여준다고 지적한다. 민주사회에서 정치적 실천은 이미 주어진 정체성의 권리 보호에 있는 것이 아니라 불확실하며 언제나 취약한 지형 속에서 구성된다는 점을 강조한다(Mouffe 1999).

> 윤리나 정치적 원칙들은 상이하고 갈등적인 해석들을 통해서만 존재할 수 있기 때문에 그러한 합의는 '갈등적 합의'일 수밖에 없다. 이것이 바로 경쟁자들 사이의 경쟁적 대립의 특별한 지형이다. 이상적으로는 이러한 대립은 자유주의적 보수주의, 사회주의적 민주주의, 신자유주

> 의, 급진적 민주주의 등과 같은 윤리, 정치적 원칙에 대한 다양한 해석과 상응하는 시민성의 개념화를 중심으로 펼쳐지는 것이다. 그들 각각은 공공선에 대한 자신의 해석을 제안하고, 헤게모니의 상이한 형태를 실행하고자 한다(Mouffe 2000/2006, pp. 160–161).

무페와 비슷한 맥락에서 왈쩌도 숙의 민주주의에 대한 비판을 가한다. 왈쩌는 토의에 의한 합의나 합리적 결정이 영구히 갈등적인 실생활 속에서는 불가능한 것이라고 주장한다. 정치는 의견불일치와 갈등으로 끊임없이 복귀하며, 이것들을 처리하고 견제하는 동시에 가능한 모든 일시적 승리들을 쟁취하기 위한 투쟁이라는 것이다. 이러한 현실과는 무관하게 숙의 민주주의는 현존하는 권력의 이해관계를 대변하기 위해 신중히 고안되었다고 비난한다(Walzer 1999/1999, p. 88).

무페의 경합적 다원주의 모델에서 상정하는 공론장은 합리적 합의를 발생시키는 공간과는 거리가 멀다. 오히려 사회적 관계와 패권적 성격이 공존하며, 공론장에서 성취된 합의는 합리적 합의가 아니라 잠정적인 헤게모니의 임시적 결과이다. 공론장의 제도화에 있어 핵심은 공론장에서 합의를 정당화하는 절차를 수립하는 데 있는 것이 아니라 반대의 여지를 남겨두고 그것이 충분히 표출될 수 있는 제도를 강화하는 것이다(Mouffe 2000/2006, p. 162).

무페는 비트겐슈타인(Wittgenstein)을 원용하여 공론장에서 형성되는 동의는 의미화(Meinungen)가 아니라 삶의 형태(Lebensform) 위에 설정되는 것이며, 삶의 공통된 형태에 의해 가능해지는 목소리들의 융합인 화창(和唱, Einstimmung)이지 이성의 산물로서의 동의(Einverstand)는 아니라고 강조한다(Mouffe 2000/2006, p. 111).

무페가 그리고 있는 민주주의의 대안은 공동선이란 결코 실체화될 수 없으며, 실존하지 않는 가상적 공간으로 남아 있어야 한다는 것이다. 오히려 사회질서의 최종적 고정을 방해하고 명백한 봉합을 확립하려는 담론의 가능성을 배제하는 것이 현대 민주주의의 특징이다. 실제로 상이한 담론들이 담화분야를 주도하고 '교점'을 창출하기 위해 시도하지만, 이것들은 자유와 평등의 의미를 잠정적으로 고정시키는 데 성공할 뿐이다(Mouffe 1993).

민주주의는 절차성에 의거하여 안정을 추구하는 것이 아니라, 끊임없이 갈등이 제기되고 그 갈등을 해결해 나가는 과정이 민주주의의 본질적인 발전과정이다. 그러므로 공론장은 합리적 논쟁을 매개하거나 모든 시민들의 자유롭고 평등한 참여를 보장하는 공간이 아니다. 공론장으로부터 도출되는 것은 합의라기보다는 반대를 통해 발현되는 연대감이다(Gerson 2004).

2) 공론장과 정치참여

고전적 공화주의 시각에서 정치참여는 공동체적 연대감을 구축하고 그것을 통해 자유를 보장받기 위한 목적을 갖는다. 고전적 공화주의에 있어 정치참여의 활성화는 필연적으로 갈등을 수반한다. 이와 같은 논거는 스키너(Q. Skinner)의 마키아벨리에 대한 (재)해석을 통해 수립되었다. 아래 인용문에서 확인할 수 있듯이 스키너는 개인적 자유는 오로지 시민들의 정치적 참여가 활성화될 때 온전히 보존될 수 있는 것이며, 갈등은 정치참여가 활성화되었을 때 자연스럽게 표출된다는 점을 강조했다. 이러한 갈등을 통해서 자유에 우호적인 법률이 탄생할 수 있다는 것이다.

> 자유란 오직 비르투가 진전될 때에만 유지될 수 있고 비르투는 오직 시민이 정치적 사안에 충분히 참여할 때에만 증진될 수 있다는 데에 그들은 동의했다. 그러나 마키아벨리가 보기에 그들은 고대 로마의 "소란"이라는 것이 바로 열렬한 정치참여의 결과며, 그러므로 최고의 시민적 비르투가 현시된 것이라는 점을 알아차리지 못했다. 그리하여 그들은 마키아벨리가 정치에 관한 가장 근본적이라고 보아 명시했던 통찰, 즉 계급 사이의 "충돌에서 자유에 우호적인 모든 법이 태어"나며, 그러므로 계급갈등이란 공동체를 와해시키는 것이 아니라 한 데 묶어주는 접착제라는 통찰을 얻는 데 실패했다(Skinner 1978/2004, p. 389).

고전적 자유주의의 입장에서 보면 소극적 자유와 적극적 자유가 서로 분리되어 있는 것이 아니라 통합되어 있다. 개인적 자유를 확보하기 위해 시민들은 정치에 참여한다는 것이다. 그리고 시민들은 공동의 실재적 목적이나 이익 증대를 목적으로 하는 정치공동체의 일원이 아니라, 일정 유형의 정체성 형성이 가능한 결사체의 일원으로 공론장에 참여한다.

정치참여는 공통의 정체성에 의해 부여되는 규칙으로 매개된다. 민주주의 시민으로서 정치적 정체성은 신사회운동들과 여성운동, 노동운동, 인종운동, 생태주의 운동 등 각종 사회운동들을 통해 집단적 정체성을 띠게 되며, 이와 같은 민주적 힘들이 헤게모니를 장악하기 위해서 새로운 정체성을 요구하게 된다. 이렇게 세분화된 정치공동체를 통해 개인들은 정체성을 형성하고 공동 관심사를 수용한다(Mouffe 1993/2007, p.

117). 그러므로 이러한 헤게모니 투쟁은 사회를 구성하기 위한 것이라기보다는 공동체를 구성하기 위한 투쟁인 것이다(Wenman 2003).

그렇지만 정치참여에 규범적 내용이 전혀 부재하는 것은 아니다. 시민들의 다양성이 보존되기 위해서 모든 참가자들은 정당한 지위에 대한 경쟁에서 다른 사람들의 입장을 인정해야 하며, 이때의 투쟁은 '적들' 사이의 투쟁이 아니라 '경쟁자들' 사이의 투쟁이어야 한다(Mouffe 2000/2006, p. 117). 시민들은 공론장을 통해 자신들의 정체성을 자유롭게 드러내고, 시민들 간의 연대성을 구축하며, 정당한 지위를 확보할 수 있도록 서로 경쟁해야 한다. 만약 이와 같은 기회가 박탈된다면 적들 간의 투쟁으로 전개될 수밖에 없다.

공론장은 합리적 정치토론을 매개하는 공간이 아니라 적대감으로부터 비롯된 열정들이 서로 평화롭게 경합하는 공간이다. 그러므로 민주주의를 증진시키기 위해서는 이러한 열정이 자연스럽게 표출되고 동원될 수 있어야 한다. 무페가 숙의 민주주의를 비판하는 것 중에 하나는 숙의 민주주의가 논쟁이나 설득을 통해 민주주의에서 반드시 필요로 하는 열정의 발생을 억제하기 때문이다. 공화주의적 시각에서 시민들의 정치참여가 활성화된 공론장은 늘 갈등적이며, 공론장에서 발생하는 갈등은 공론장의 내적 결함이나 시민의식의 부재로부터 비롯된 것이 아니라 자연스러운 결과라는 것이다. 공론장에서 갈등이 보다 적극적으로 표출될 수 있도록 법·제도적으로 보장하는 것이 민주주의를 활성화시키는 길이다.

그렇지만 무페가 전적으로 대의 민주주의를 부정하는 것은 아니다. 현대 사회에서 대의 민주주의는 결코 특권화된 민주주의가 아니며, 대의 민주주의 형식이 적합하지 않은 사회적 관계들이 많이 있기 때문에 민주주의의 형식은 다원적이어야 한다. 대의제 민주주의가 적합한 경우도 있으며 직접 민주주의가 더 잘 들어맞는 경우도 있다(Mouffe 1993/2007, p. 165). 무페의 시각에서도 정당과 선거의 역할은 여전히 중요하다. 정당이 사회적 분열이나 의견들의 갈등을 충분히 표현하지 못하면 그것은 제 역할을 다하지 못한 것이다. 이때 다른 모습을 띤 갈등들이 표출되며, 이것들은 민주적으로 더욱 관리하기 힘들어진다. 사회적 갈등과 의견의 차이를 인정하고 제도와 전통의 범위 내에서, 그리고 민주적 절차를 통해 이들 간의 경쟁을 유지함으로써 사회의 제 갈등을 오히려 사회적 다양성으로 전환시킬 필요가 있다(이동수 2006).

3) 공론장과 언론

무페적 관점에서 공화주의가 꽃피기 위해서 언론은 시민들이 자신의 정체성을 수립하고 유지하기 위한 공적인 공간을 제공해야 한다. 서로 다른 정체성을 지닌 시민들은 여론을 통해 자신들의 정체성이 투영될 수 있도록 서로 경쟁하는 관계에 놓이게 되므로 언론학적 관점에서 공화주의는 대안적 공론장과 깊은 연관성을 가지고 있다.

대안적 공론장의 주창자들은 새롭게 대두되는 정치적·사회적 실천의 양상들과 공론장을 결합시켜 설명해 왔다. 대안언론의 등장 및 확산은 유럽에서 1990년대의 신사회운동의 대두, 의회 민주주의에 대한 불만적 태도 등의 확산 등을 통해 비롯된 민주주의의 위기, 국민국가의 위기를 나타내는 현실이다. 민주주의 위기현상의 중심에는 의회의 정치력 상실과 수용자의 분절화가 놓여 있다. 그러므로 대안언론은 제도화된 매스미디어에서 잘 다루지 않는 공적 이슈들을 토론하고 논쟁하는 대안적 공론장 역할을 한다. 즉 대안적 공론장은 시민운동(grassroots movement)과 대안적 언론의 역동적 관계를 동시에 고려한다(Atton 1999).

대안적 공론장으로서의 언론은 기존의 매스미디어와 현저한 차별성 속에서 구체화된다. 첫째는 지배문화와 대안문화를 구별하여 대안문화적 집단 사이의 의사소통 체계를 생산해내는 것을 목표로 한다는 점이다. 둘째는 생산과정의 열린 구조이다. 기존의 매스미디어가 기자나 PD 등 전문화된 엘리트 조직에 의해 지배되었던 관행에서 탈피하여 열린 구조를 실현시킨다는 것이다. 셋째는 커뮤니케이션과 행동의 연결이다. 대안적 공론장은 사회적 실천의 행동화를 촉진시키는 역할을 수행한다. 이와 같은 맥락에서 대안적 공론장은 기존의 매스미디어들의 정보제공 기능과 통제기능을 넘어서 주민의 생활영역의 민주화와 정치적 결정에의 참여를 관철시키는 기구가 된다(박춘서 2000, 209-210쪽).

정치를 담론행위로 간주하는 무페의 시각에서 대안적 공론장은 시민들이 자신들의 고유한 정체성을 회복하고 헤게모니와 접합을 이루기 위한 노력들이 결집하는 수단으로서 의미를 지닌다. 공동체적 정체성을 중심으로 세분화된 다양한 종류의 대안언론들은 시민들이 자신들의 정체성을 연대감으로 전환시킬 수 있는 새로운 형태의 사회운동의 공간이다(김은규 2006).

공화주의와 다르게 숙의 민주주의에서 대안적 공론장은 바람직한 사회현상이 아니다. 숙의 민주주의의 입장에서 대안적 공론장은 시민들의 정치참여를 활성화시키는 데 기여하지만 공론장을 내부적으로 분화시켜 공적 의지나 여론창출의 난관으로 작용할 수 있기 때문이다. 숙의 민주주의가 활성화되기 위해서는 권력으로부터 중립화된 매스미디어를 필요로 한다. 그러나 공화주의적 시각에서는 공론장을 담론투쟁 혹은 헤게모니 투쟁의 영역으로 보기 때문에 매스미디어에 대해서는 공동체적 정체성을 결집하는 데 유리한 조건을 수립하는 것이 보다 중요하다. 공화주의 시각에서 볼 때 언론의 공정성은 구현할 수 없거나 혹은 구현한다고 해도 권력관계를 반영한 일시적인 갈등적 합의의 결과일 뿐이다.

5. 촛불집회의 이중적 의미

1) 공화주의 : 정치적인 것의 귀환

2008년 미국산 쇠고기 수입개방 반대 촛불집회를 둘러싼 논쟁은 현실의 민주주의를 어떠한 방향으로 개선할 것인가에 대한 문제의식을 함축하고 있다. 촛불집회에 관한 논쟁의 불씨를 제공한 것은 최장집 교수였다.

최장집 교수는 촛불집회를 "선출된 통치자가 스스로 공적행위에 대해 시민에 대해 책임지도록 강제 내지 압박하는 견제력을 행사한 것"이라고 규정한다. 촛불집회의 의의는 제도권 정치와 정당이 무력화되었을 때 시민사회의 의사를 집결하고 항의를 재조직화함으로써 권위주의적 권력행사와 정책결정에 결정적 제약을 가했다는 점이다. 그러나 최장집 교수는 이 과정에서 촛불집회가 시위 또는 운동을 통해 정치체계의 문제를 해결할 수 있다는 정치관을 유발할 수 있다고 지적하여 촛불집회의 한계 또한 명확히 했다. 결국 대안은 민주주의 제도를 강화하고 발전시키는 것이 우선시되어야 한다는 것이다(최장집 2008, 141-146쪽).

최장집 교수에 대한 비판의 논거는 주로 공화주의적 시각에 기초해 있다. 공화주의적 시각에서 촛불집회가 갖는 의의는 시민들에게 있어 공통의 삶으로서 정치적 영역의 소중함을 일깨워 주었다는 데 있다(안병진 2008, 178쪽). 공화주의적 시각에서 촛불집회 참여는 시민들이 정치와 정체성의 내적 연관성을 회복하는 계기를 제공했다는 점에 초점이 맞추어져 있다. 정치적 불신과 사적 열정으로부터 벗어나 시민들 스스로 정치적 영역의 회복을 직접 경험하게 했다는 점을 강조하는 것이다.

> 생각해 보면 지난 대선과 총선은 우리 내면의 저열한 열정과 속물성이 뛰쳐나왔던 과정이었다. 그렇지 않았다면 전과와 거짓말로 얼룩진 사람이 대통령이 되지 않았을 것이고 뉴타운에 현혹되어 더 나은 후보들을 줄줄이 낙선시키지도 않았을 것이다. 그 우리 안의 속물됨을 촛불로 정화해야 한다(김종엽 2008, 264쪽).

촛불집회가 미국산 쇠고기 수입개방 반대 여론을 조직화하고 다양한 정체성을 지닌 시민들에게 정치적 연대감을 부여했다는 측면에서 공화주의는 폭넓은 설명을 제공한다. 조희연 교수는 무페의 입장에서 정치를 적대적·갈등적 성격을 갖는 집단적 의제에 대한 공적 결정과정이라고 규정한다. 그러므로 제도화된 정치는 정치의 극히 일부일 뿐이다. 조희연 교수는 촛불집회가 제도정치와 사회의 괴리를 더욱 확대시켰다는 측면에서 한국의 민주주의는 제도정치 중심적 시각을 넘어서야 한다고 주장한다. 즉 촛불집회로 표현되는 새로운 역동화는 제도화된 정치의 새로운 급진화를 필요로 한다는 것이다(조희연 2008, 240쪽).

포털 사이트 다음(www.daum.net)의 아고라를 중심으로 전개된 촛불집회는 공화주의적 시각에서 인터넷 공론장에 대한 새로운 성찰을 요구한다는 점에도 주목할 필요가 있다. 인터넷 공론장에 관한 논의는 대부분 숙의 민주주의적 시각에 입각하여 전개되어 왔다. 신문과 방송 등 전통적인 매스미디어에 비해 인터넷 공론장은 자발적 시민참여를 용이하게 하여 생활세계에 뿌리를 내린 공론장을 가능하게 한다는 점(홍성구 2001), 익명성 · 쌍방향성 · 개방성을 특징으로 하여 시민들 간의 다양한 정보와 견해가 교환될 수 있도록 한다는 점 등이 주요 논거로 제시됐다(김종길 2005).

촛불집회의 사례는 인터넷이 대화나 토론을 통한 여론형성뿐만 아니라 열정이나 공통의 연대감 등을 통해 직접적인 정치참여를 매개할 수 있다는 점에서 인터넷 공론장을 새롭게 해석할 수 있는 단초를 제공해 준다. 개인적 취향이나 관심을 공유하는 비정치적 온라인 커뮤니티들의 촛불집회 참여와 정치에 무관심할 것 같은 10대 여학생들, 유모차 부대 등의 적극적 참여는 '정치적인 것'의 지형이 고정된 것이 아니라 유동적임을 대변한다.

> 8만여 명의 회원들이 활동하는 소울드레서는 모금을 통해 지난 5월 17일 한겨레 1면과 19일 경향신문 1면에 신문광고를 냈다. 정부가 5월 5일과 7일에 낸 '미국에서 수입되는 쇠고기는 미국사람이 먹는 쇠고기와 똑같습니다!'는 광고에 맞서 '미국에서 수입되는 쇠고기와 미국 사람이 먹는 쇠고기는 다릅니다!'라는 제목의 광고를 실은 것이다. … 3040 주부와 전문직 여성 등이 주축을 이룬 요리전문 사이트 82쿡닷컴(82cook.com)은 조선 · 중앙 · 동아 구독 반대운동을 이끌고 있다(권지희 2008).

이와 같은 내용은 경험적 연구결과를 통해서도 확인할 수 있다. 촛불집회에 관한 정보의 출처로 청소년들이 가장 많이 의존한 인터넷 사이트는 '정책반대시민연대', '대통령탄핵범국민운동본부' 등과 같이 정치적 인터넷 사이트들도 존재했지만 보다 폭넓은 정보의 교환이 이루어진 곳은 '엽기 혹은 진실', '연예인 이제 그들을 말한다' 등과 같은 연예인 정보교환 인터넷 커뮤니티였던 것으로 나타났다. 이들 온라인 커뮤니티는 촛불집회에 대한 정보 공유의 공간을 넘어 담론과 표현의 장을 제공하며 집회 참가자들에게 정치적·감정적 지지를 제공하는 역할을 했다 (이창호·정의철 2008).

현실정치와는 거리가 먼 온라인 커뮤니티가 촛불집회를 통해 정치적 공론장으로 전환된 것은 하버마스적인 시각에서 설명이 어려운 부분이다. 그렇지만 무페적 시각에서 볼 때 사적 영역이라고 할지라도 급진적 정치참여의 공간으로 전환될 수 있음을 보여준다.

특히 다음(daum)의 아고라는 촛불집회 전과정에서 언론의 역할도 함께 수행했다는 점을 주목할 필요가 있다. 공론장에서 언론은 토론의 소재가 되는 공적 이슈를 투입하고 증폭시키는 공론장의 매체적 하부구조를 형성한다. 인터넷이 공론장의 매체적 하부 구조를 형성하면서 나타나는 변화는 공론장에 공적 이슈를 투입하는 언론의 기능을 상당부문 인터넷 네트워크가 대체했다는 사실이다. 개인들이 운영하는 인터넷 방송이나 각종 게시판에 올린 글들은 촛불집회에 대한 사후적 보도의 형태가 아니라 실시간으로 공론장에 새로운 정보와 이슈를 투입했다.

다음의 아고라는 언론에 의한 공적 이슈의 투입, 공론장에서의 토론, 공적 이슈의 증폭 등의 단계들이 하나로 통합되는 현상을 보여주었다. 사적 영역과 공론장의 구분이 불분명해지고 여론을 형성하는 단계들이

어지럽게 통합되는 상황은 시민들을 시위현장으로 결집시키는 데에는 유리했지만, 사려 깊은 대화나 토론이 벌어지기에는 어려운 조건을 형성했다.

2) 숙의 민주주의 : 포퓰리즘의 극복과 이중 민주화

공화주의는 시민들의 직접적인 정치참여를 대의제 민주주의에 대한 핵심 대안으로 지목하지만 숙의 민주주의는 시민들의 정치참여가 갖는 의미에 대해 보다 신중한 태도를 취한다(주성수 2006). 숙의 민주주의는 시민사회 공론장의 정치적 활성화뿐만 아니라 의회와 같이 정치체계 내부에 위치한 공론장에서의 합리적 합의 도출, 시민사회적 공론장과 정치체계 내부의 공론장 간의 소통 등을 강조한다. 이와 같은 맥락에서 볼 때 숙의 민주주의는 촛불집회의 긍정적 의미뿐만 아니라 내적 결함에 대해 돌아볼 수 있는 기회를 제공한다. 뿐만 아니라 정당을 중심으로 한 의회정치의 문제, 공론장과 의회의 소통 부재에 대한 문제들도 세밀하게 검토할 것을 요구한다.

숙의 민주주의의 목적은 권력의 관점에서 보면 민주주의에서 권력의 문제는 권력의 발생 및 정당화뿐만 아니라 권력의 정당한 사용에 대한 주권적 통제가 필요함을 주장하는 것이다. 여기에서는 특히 자의적인 속성이 강한 행정 권력에 대한 통제의 필요성이 강력하게 대두된다. 촛불집회는 정부의 자의적 권력행사에 대한 시민들의 통제이므로 그 자체로서 의미를 지닌다.

그러나 이 지점에서 체계에 의한 생활세계의 식민화로 인해 발생된 다양한 신사회운동들에 관한 하버마스의 평가가 부정적임을 상기할 필요가 있다. 하버마스는 신사회운동보다는 부정적 의미가 강한 네오포퓰리즘(Neopopulismus)이라는 용어를 선호한다. 그 이유는 첫째, 신사회운동이 특정 사회집단에 명확하게 귀속될 수 없기 때문이다. 둘째, 신사회운동의 정치적 지향점이 관료들의 결정에 대한 반대, 기술적 진보의 위협들로부터의 방어 등 '부정적' 인 사안에 집중된다는 것이다. 이와 같은 이유에서 신사회운동은 공통의 정치적 목표나 전망을 갖기 어렵고, 이들의 정치적 지위 또한 불가피하게 양면적일 수밖에 없다. 다시 말해서 한편으로는 이 운동들은 독단적인 경제적·관료적 결정에 대해 대항하기도 하지만, 다른 한편으로 현대적 기획이나 변화 자체를 부정하는 성격을 갖기도 한다(김종길 1996, 61쪽).

보다 명료하게 설명하면 포퓰리즘은 '절박한 생활위기' 의 표현이다. 민주사회에서 충족 가능하다고 믿어지는 생활상의 요구를 당사자들이 직접 제기하는 사고성향을 포퓰리즘이라고 규정할 수 있다. 포퓰리즘은 과두제화되는 민주주의에 대해 적대적이지만 민주주의 그 자체를 거부하지는 않는다. 반면 숙의 민주주의의 핵심은 국가, 시장, 시민사회에서 '삶의 원칙' 이 지켜질 수 있도록 모든 사안을 민주주의적 이성에 입각하여 심의하자는 데 있다(홍윤기 2006, 34쪽).

촛불집회에 대한 비판 중 가장 폭넓은 설득력을 얻고 있는 것이 반대 의견에 대한 공격성 또는 반대 의견에 대한 배제적 공론장의 형성이라고 할 때, 숙의 민주주의는 촛불집회의 성과에 대한 시민사회의 내적 성찰이 필요함을 보여준다. 촛불집회는 명시적이고 뚜렷한 정치적 목적을 성취하는 데 집중했기 때문에 공론장을 통한 사려 깊은 대화나 토론이 희생될 수밖에 없었다.

촛불집회의 평가와 관련해서 거트만과 톰슨(Gutman & Thompson,

2004)이 숙의 민주주의가 실현될 수 있는 조건으로 호혜성(reciprocity), 공개성(publicity), 책무성(accountability)을 언급한 것을 주목할 필요가 있다. 숙의 민주주의의 기본원칙으로서 호혜성은 타인과 합당한 동의에 도달하고자 하는 목적을 공유할 때만이 정당화될 수 있다는 것이다. 공개성은 공중들이 공론장에서 서로 간에 타당한 토론을 가능하게 하는 원칙이다. 마지막으로 책무성은 선출된 공직자들이 시민의 입장에서 정책을 결정하고 시민들에게 책임을 지닌 원칙을 의미한다.

숙의 민주주의에서 호혜성은 타인에 대한 존중을 의미하는데, 공화주의와 상이한 점은 근원적인 반대에 직면하더라도 공정한 사회적 협력을 위해 불일치의 최소화를 위해 노력한다는 점이다. 거트만과 톰슨이 제시한 세 가지 조건들은 촛불집회와 분명한 거리가 있다. 촛불집회는 미국산 쇠고기 수입반대를 목적으로 한 운동이었기 때문에 정부의 책무성에 대한 문제제기였다고 할 수 있다. 그렇지만 시민들 상호간의 호혜성이나 공론장과 선출된 공직자를 서로 이어주는 공개성은 원활하게 작동했다고 보기 어렵다. 숙의 민주주의적 시각에서 볼 때 촛불집회는 정치체계에 대해서는 책무성을, 정치체계와 공론장의 관계에 대해서는 공개성을, 공론장 참여자들에 대해서는 호혜성을 요청하고 있다고 해도 과언이 아니다.

6. 결론 및 논의

숙의 민주주의와 공화주의는 시민들의 자율적인 정치참여의 활성화에 정당성을 부여하고 있지만 양자는 서로 좁히기 힘든 간극을 나타내고 있다. 하버마스의 숙의 민주주의는 매우 복잡한 이론체계이지만 한 마디로 규정하면 시민들이 법률 제정과정에 공론장을 매개로 참여하여 행정권력에 대한 주권적 통제를 실현하는 것이다. 이와 같은 숙의 민주주의가 활성화되기 위해서는 다음과 같은 조건을 필요로 한다고 할 수 있다. 첫째, 합리적인 시민이다. 공론장에 참여하는 시민들은 서로를 포용할 수 있어야 하며, 상호작용의 비강제성이 보장되어야 한다. 둘째, 공론장의 활성화이다. 공론장은 시민들의 자율적 정치참여를 통해 활성화를 보장받기 때문에 비국가적이며 비경제적인 자발적 결사체들의 존재가 필수적이다. 셋째, 권력으로부터 중립화된 언론이다. 넷째, 민주적 의사결정 기구로서 의회이다. 다섯째, 공론장과 의회 간의 소통성이다.

반면 무페는 숙의 민주주의처럼 절차적으로 조건화된 민주주의는 실현 불가능할 뿐만 아니라 민주주의의 본질에서도 벗어나 있다고 본다. 그렇지만 무페가 제시하는 경합적 민주주의가 조성되기 위해서도 조건이 필요함을 알 수 있다. 그것은 적대적 세력들의 존재와 이 세력들을 분할하는 사회적으로 구성된 경계 내의 불안정성이다. 적대적 세력들이 존재하지 않거나 헤게모니가 완전히 봉합되어 접합이 이루어지지 않은 사회에서는 경합적 민주주의가 성장할 수 없다. 공동체적 정체성으로부터 비롯된 적대는 공론장에 참여할 수 있는 동기를 부여한다. 이때 공론장은 담론을 발생시키는 모든 사회적 영역을 의미하기 때문에 특정한 공간적 제약을 필요로 하지 않는다.

하버마스가 시민사회의 합리성에, 무페가 공동체적 연대감에 기초하여 새로운 민주주의 기획을 시도한다는 차이점은 있지만 양자의 공통점은 시민들의 정치참여를 통해 민주주의가 고정되지 않고 진보를 위한 동태성을 갖도록 하는 데 있다. 분명한 점은 숙의 민주주의나 고전적 공화주의 모두 공동체주의와는 상이하게 공공선을 선험적이거나 고정된 것으로 이해하기보다는 공동체 내부에서 자유로운 정치참여를 통해 구성해 나가야 한다는 것을 지지한다. 다만 숙의 민주주의는 시민들의 개방적인 토론을 거쳐 합의에 이르는 방식을 선호한다면, 고전적 공화주의는 공동체 내부의 단일하고 영속적인 합의가 불가능하며 임시적일 뿐이고 헤게모니와 접합하기 위한 경합은 지속된다고 주장한다.

공화주의적 입장에서 촛불집회는 시민들의 정치적 정체성을 회복해 주는 계기를 마련해 준 공적 공간으로서 의미를 지닌다. 촛불집회에 참여한 시민들이 여중생, 여고생, 주부, 예비군 등 자신의 고유한 정체성을 부각시키면서 시민들 간의 정치적 연대감을 형성할 수 있는 경험을 제공했다고 평가할 수 있다. 공화주의가 촛불집회를 매개로 형성된 공론장의 의미를 새롭게 성찰하는 데 풍부한 자료를 제공하고 있는 것은 사실이지만 민주주의에 대해 대안 모색에 꼭 적합한 것은 아니다. 왜냐하면 공론장을 통한 정치참여와 민주적 절차에 입각한 제도화 간의 연계성을 설명하지 못하기 때문이다. 다시 말해서 무페의 경합적 민주주의는 대의제 민주주의를 대체하거나 혹은 보완하는 데 있어 구체성이 결여되어 있다는 비판으로부터 자유롭지 못하다. 무페는 집합적 결정 대신 경합을 강조하는 데 머물기 때문이다. 아무리 다원화된 사회일지라도 정치적으로 안정화된 부문들을 필요로 하기 마련이다(Dryzek 2005).

숙의 민주주의적 시각에서 촛불집회에 대한 평가는 반드시 긍정적이지만은 않다. 촛불집회의 공론장이 모든 시민들에게 합리적인 개방적 공간이 아니었다는 점은 숙의 민주주의에서 지향하는 공론장과 불일치하는 모습이다. 반대 의견에 대한 배제적인 공론장은 공화주의에서는 자연스러운 현상이지만 숙의 민주주의가 지향하는 공론장과는 분명히 거리가 있다. 특히 촛불집회에 나타난 포퓰리즘적 요소는 한국 사회가 숙의 민주주의를 지향하는 데 있어 정당체제의 개혁뿐만 아니라 공론장의 내적 결함을 치유할 수 있는 성숙된 시민의식 또한 요청한다는 부문에 주목할 필요가 있다.

숙의 민주주의 입장에서는 공화주의가 지적하는 바와 같이 다원주의에 의해 분화된 사회에서 일상적으로 공론장을 통한 합리적 토론이 가능하며 정치적 의사결정을 정당화할 수 있는가에 대해서는 다시 한 번 숙고할 필요가 있다. 숙의 민주주의는 공론장 내부의 갈등과 내적 긴장이 존재함을 인정하지만, 그것들의 원천이 공동체적 정체성으로부터 비롯되었거나 혹은 정치적으로 신념화될 경우 불일치를 최소화하는 것이 매우 어렵기 때문이다.

숙의 민주주의와 공화주의는 서로 뚜렷하게 구별되는 세계관에 기초하고 있기 때문에 이론적으로 섣부르게 양자의 우월성을 논하는 것은 큰 의미가 없다. 다만 두 이론은 모두 서로에 대해 쉽게 해결될 수 없는 근원적 질문을 제기하고 있다. 숙의 민주주의는 공화주의가 제기한 바와 같이 민주주의의 숙의 과정에서 서로 다른 시민적 정체성을 지닌 주체들 간에 권력의 불평등 문제를 어떻게 해결해야 하는지 대답해야 한다. 반대로 공화주의는 민주주의에 내재해 있는 시민적 정체성의 적대적 속성이 폭력으로 전환되지 않도록 민주주의의 제도적 조건 수립을 구체적으로 제시하는 단계로 나아가야 한다.

마지막으로 한 가지 덧붙이고 싶은 바는 이론적 우위의 문제를 떠나서 다음의 몇 가지 측면에서 공화주의의 학문적 수요가 커질 수 있다는 것이다. 첫째, 한국 사회는 이미 글로벌화의 진전으로 인해 민족, 종교 등에 관한 새로운 정체성 요구들이 발생할 수 있는 시점에 와 있다. 둘째,

사회 전반적으로 공공성의 영역들이 축소되고 있다. 교육, 방송 등 공공성의 영역들이 점진적으로 축소되는 현재의 상황은 공공성 회복을 목표로 하는 공화주의의 학문적 수요를 늘릴 수 있다. 셋째, 단기적으로 볼 때 정치체계 내부의 공적 심의가 정당성을 획득하지 못하고 촛불집회와 같은 사회적 갈등으로 전환되는 상황 또한 공화주의를 요청할 가능성이 크다. 특히 진보세력들에게는 절차와 합의를 중시하는 숙의 민주주의보다는 집합적 의지 표현을 강조하는 공화주의가 보다 매력적일 것이다.

주

1. 사이버커뮤니케이션학보 제26권 1호(2009년 3월)에 실린 논문을 수정 보완한 것임.
   촛불집회를 '새로운 민주주의의 시작', '직접 민주주의' 등으로 평가하는 시각에 대해 최장집 교수는 촛불집회 과정에서 불거진 직접 민주주의나 직접행동이 인민주권을 완벽하게 실현할 수 있는 체제로 상정하는 것은 오류라고 지적하고, 시위와 같은 직접행동과 참여로 민주주의를 강조하는 것은 잘못이라고 평가했다(오마이뉴스 2008. 9. 18). 반면 진중권 교수는 대안은 길거리에서 만들어지는 게 아니라, 정당의 몫이지만 촛불집회의 네트워크를 못 받아들이는 기존 정당이 바뀌어야지 '촛불집회가 아니라 정당정치'라고만 주장하는 것은 낡은 패러다임이라고 주장했다(연합뉴스 2008. 10. 6).
2. agonism은 대중적 논쟁이나 쟁론을 정치적 행위의 순수한 측면으로 규정하여 강조하는 정치이론을 말한다. 무페와 함께 칼 슈미트(C. Schmitt), 한나 아렌트(H. Arendt) 등을 대표적 논자로 꼽을 수 있다(Clarke & Foweraker 2001, pp. 5-6).
3. 하버마스의 공론장 개념 수정의 목적은 지나치게 이상화된 공론장의 개념에 대한 다양한 비판을 수용하고 공론장 내부의 갈등과 내적 긴장을 강조하는 데 있다. 근대 초기의 부르주아 공론장과 현대 대중매체의 권력화된 공론장 간의 비교는 이상주의적으로 미화된 과거와 문화적 비판으로 왜곡된 현재라는 잘못된 대비적 설명구도의 한계를 지닌다(황태연 1996, p. 139).

참고문헌

강용진. 2008. “숙의민주주의와 한국정치 : 숙의정치의 활용과 정치발전.” 『대한정치학보』. 15권 3호. 67-96.

권지희. 2008. “여성, 새로운 정치주체로 떠오르다.” 권지희 외. 『촛불이 민주주의다』. 서울 : 해피스토리.

김대영. 2004. “시민사회와 공론정치 : 아렌트와 하버마스를 중심으로.” 『시민사회와 NGO』. 2권 1호. 105-143.

김은규. 2006. “한국 대안적 공론장의 변화과정과 추동 요인에 대한 고찰.” 『한국언론정보학보』. 통권 33호. 87-114.

김종길. 1996. 위르겐 하버마스. 『현대 사회의 구조와 변동』. 서울 : 사회비평사.

______. 2005. “사이버 공론장의 분화와 숙의민주주의의 조건.” 『한국사회학』. 39집 2호. 34-68.

김종엽. 2008. “촛불이 갈 길.” 권지희 외. 『촛불이 민주주의다』. 서울 : 해피스토리.

김주성. 2008. “심의민주주의인가, 참여민주주의인가?.” 『한국정치학보』. 42집 4호. 5-32.

박춘서. 2000. “시민운동과 대안언론 : 한국적 대안언론 유형의 모색.” 『한국언론학보』. 44권 3호. 190-221.

안병진. 2008. 『민주화 이후 민주주의와 보주주의 위기의 뿌리』. 서울 : 풀빛.

양해림. 2008. “한국 사회에서 공화주의의 이념은 부활할 수 있는가 : 공화주의의 정치철학적 고찰.” 『시대와 철학』. 19권 1호. 7-46.

유주현. 2007. “공론장이론의 문제들.” 『철학연구』. 79집. 275-298.

이동수. 2006. “민주화 이후 공화민주주의의 재발견.” 『동양정치사상사』. 6권 2호. 5-25.

이창호 · 정의철. 2008. “촛불문화제에 나타난 청소년의 사회참여 특성에 관한 연구.” 『언론과학연구』. 8권 3호. 457-491.

이홍균. 1996. “하버마스의 이론적 전략 : 의사소통 이론으로의 패러다임 전환에 대하여.” 『사회비평』. 15호. 72-93.

조희연. 2008. “촛불시위, 제도정치와 직접행동정치.” 권지희 외. 『촛불이 민주주의다』. 서울 : 해피스토리.

주성수. 2006. “대의민주주의를 넘어서 : 참여민주주의 시대로.” 주성수 · 정상호 편. 『민주주의대 민주주의』. 서울 : 아르케.

최장집. 2008. 『한국 민주주의 무엇이 문제인가』. 서울 : 생각의 나무.

황태연. 1996. “하버마스의 소통적 주권론과 쌍선적(雙線的) 토론정치 이념.” 『사회비평』. 15호. 134-163.

홍성구. 2001. “숙의 민주주의와 인터넷 시민미디어.” 『언론과 사회』. 9권 4호. 173-208.

홍원표. 1996. “민주주의에 관한 담론의 무질서와 새로운 질서의 모색.” 안승국 외. 『정치의 대전환 : 포스트모던 공동체와 결사체민주주의』. 서울 : 인간사랑.

홍윤기. 2006. “한국 ‘포퓰리즘’ 담론의 철학적 검토 : 현실능력 있는 포퓰리즘의 작동편제와 작동문법 탐색.” 『시민사회와 NGO』. 4권 1호. 7-41.

오마이뉴스. 2008. 9. 18.

연합뉴스. 2008. 10. 6.

Arendt, H. 1958. *The human conditions*. 이진우 · 태정호 역. 1996. 『인간의 조건』. 서울 : 한길사.

Atton, C. 1999. A reassessment of the alternative press. *Media culture & Society* 21. 51-76.

Christiano, T. 1997. The significance of public deliberation. In J. Bohman & W. Rehg(Eds.), *Deliberative democracy : Essays on reason and politics*. Massachusetts : MIT Press.

Clarke, P. B., & J. Foweraker.(Eds.). 2001. *Encyclopedia of democratic thought*. London : Routledge.

Cohen, J. 1998. Democracy and liberty. In J. Elster(Ed.), *Deliberative democracy* . Cambridge : Cambridge Univ. Press.

Dryzek, J. S. 2000. *Deliberative democracy and beyond liberals, critics, contestations*. New York : Oxford Univ. Press.

Dryzek. J. S. 2005. Deliberative democracy in divided societies : Alternatives to agonism and analgesia. *Political Theory* 33. 218–242.

Elster, J. 1998. Introduction. In J. Elster(Ed.), *Deliberative democracy*. Cambridge : Cambridge Univ. Press.

Gerson, G. 2004. Deliberative Households : Republicans, liberals, the public–private split. *Political Research* 57(4). 653–663.

Gutman, A., & D. Thompson. 2004. *Why deliberative democracy?*. Princeton : Princeton Univ. Press.

Habermas, J. 1962. *Strukturwandel der Öffentlicheit*. 한승완 역. 2001. 『공론장의 구조변동』. 서울 : 나남.

Habermas, J. 1992. *Faktizität und geltung : Beitäge zur diskurstheorie des demokratischen rechtsstaats*. 한상진 · 박영도 역. 2000. 『사실성과 타당성 : 담론적 법이론과 민주주의적 법치국가 이론』. 서울 : 나남.

Habermas, J. 1996. *Die Einbeziehung des andern : studien zur politischen Theorie. Suhrkamp Verlag*. 황태연 역. 2000. 『이질성의 포용 : 정치이론연구』. 서울 : 나남.

Held, D. 1987. *Model of democracy*. 이정식 역. 1988. 『민주주의의 모델』. 서울 : 인간사랑.

Jessop, B. 1990. *State theory : Putting the capitalist state in its place. Cambridge. Poli-ty Press*. 유범상 · 김문귀 역. 2000. 『전략적 국가이론 : 국가의 제자리찾기』. 서울 : 한울 아카데미.

McGowan, J. 1998. *Hannah Arendt an introduction*. Minneapolis : Univ. Minnesota Press.

Mouffe, C.(Ed.). 1991. *Gramsci and marxist theory*. 장상철 · 이기웅 역. 1992. 『그람시와 마르크스주의 이론』. 서울 : 녹두신서.

Mouffe, C. 1993. On the articulation between liberalism and democracy. In C. Mouffe(Ed.). *The return of the political*. London : Verso.

Mouffe, C. 1993. *The return of the political*. 이보경 역. 2007. 『정치적인 것의 귀환』. 서울 : 후마니타스.

Mouffe, C. 1999. Deliberative democracy or agonistic pluralism. *Social Research 66*. 745–758.

Mouffe, C. 2000. *The democratic paradox*. 이행 역. 2006. 『민주주의의 역설』. 고양 : 인간사랑.

Rawls, J. 1993. *Political liberalism*. 장동진 역. 1998. 『정치적 자유주의』. 서울 : 동명사.

Rawls, J. 1999. *The law of peoples*. 장동진 · 김기호 · 김만권 역. 2000. 『만민법』. 서울 : 이끌리오.

Reese-Schäfer, W. 1991. *Jürgen Habermas*. 선우현 역. 1998. 『하버마스 : 철학과 사회이론』. 서울 : 거름.

Skinner, Q. 1978. *The foundations of modern political thought 1*. 박동천 역. 2004. 『근대 정치사상의 토대 1』. 서울 : 한길사.

Walzer, M. 1999. 토론정치와 그 한계. 김용환 외 역. 1999. 『자유주의를 넘어서』. 서울 : 철학과 현실사.

Wenman, M. A. 2003. Laclau or Mouffe? splitting the difference. *Philosophy & Social Criticism 29*(5). 581-606.

03

정치평론과 세계

정파의 대립과 법치*

데이비드 흄의 논의를 중심으로

이병택(서울대)

1. 서론

이 글은 평론정신에 입각한 역사기술 혹은 역사의식에 근거한 평론쓰기의 의미를 데이비드 흄의 영국사 기술방식을 중심으로 밝혀보려는 시도이다. 기존의 그의 『영국사』에 대한 논의는 그것이 공평무사한(impartial) 역사의 기술인가 아니면 토리적인 편향이 있는 기술인가에 주로 초점이 두어졌다. 이런 이유로 기존의 논의는 주로 어떤 특정한 부분의 내용에 지나치게 매몰되어 전체적인 그림을 보여주지 못하였다. 사실상 흄의 『영국사』 전체를 일관된 시선으로 정리한 글이 없었다고 보는 것이 더 정확할 것이다. 기존 연구들의 한계를 극복하려는 한 시도로서 필자는 흄의 법사상을 중심으로 정파의 대립에 대한 그의 영국사 기술의 전체적인 얼개를 밝혀보려고 한다.

데이비드 흄의 파벌에 관한 논의가 미국 건국의 국부 중 한 사람인 메디슨(James Madison)에 미친 영향은 크게 세 가지로 정리될 수 있다. 첫째, 파벌의 원인은 인간의 본성 혹은 자연적 성향에서 비롯된 것이기 때문에 그 원인을 제거하려는 시도는 실행 가능하지 않다는 점이다. 따라서 정치가 할 수 있는 것은 파벌로 인한 영향을 줄이는 것에 한정될 수밖에 없다는 자각이다. 둘째, 파벌의 정치적 영향력을 줄이는 데는 작은 공화국보다는 비교적 큰 공화국이 효과적이라는 점이다. 특히 흄에 의하면 작은 공화국 내에서는 사적인 대립이 공적인 영역으로까지 확대되는 폐단이 빈번하다고 본다. 큰 공화국의 가능성에 대한 흄의 논의는 작은 공화국에 대한 믿음을 견지했던 고전적 공화주의자들의 우려를 불식시키는 데 큰 역할을 하였다. 끝으로 무엇보다도 주목해야 할 점은 파벌의 영향을 줄이는 방법으로 흄은 파벌을 억누르기보다는 오히려 공적인 영역으로 끌어냄으로써 세련되게(refine) 하는 데서 찾고 있다는 점이다.[1)] 오늘날 "정당"의 출현은 이런 맥락에서 고찰될 수 있다. 흄에 따르면 "정파의 모든 구분들을 폐지하는 것은 실행 가능하지도 아마도 자유로운 정부에서는 바람직하지도 않을 것이다"(Hume 1985, 493).

위의 논의를 흄의 시각에서 큰 틀로 묶어본다면 아래와 같이 말할 수 있다. 인간의 본성은 수정이 불가능한 것이지만 그것이 드러나는 방식(manner)은 교정될 수 있다. 도식적으로 말한다면 본성은 고칠 수 없는 것이나 매너(manners)는 고칠 수 있는 것이다. 흄에 따르면 치우치는 경향(partiality)은 인간의 자연스러운 성향이다. 따라서 이 성향을 직접적인 방식으로 교정하려는 것은 실천적 차원을 넘어선다. 『영국사』를 통해서 그는 이런 시도들의 무용성을 누차 지적하면서 인간의 자연적 경향이 간접적인 방식으로 확장되어 다듬어져 가는 과정을 보여주고 있다. 본 논문에서는 정파의 대립 속에서 간접적인 방식으로 자연적 경향의 불편들을 교정하는 방식, 특히 법의 의미에 대해서 고찰할 것이다.[2] 특히 본 논문은 「정치는 과학으로 변형될 수 있다」와 「완벽한 공화국에 대한 발상」을 중심으로 이루어졌던 흄의 파벌 연구를 새로운 방식으로 관찰할 수 있도록 흄의 에세이들, 『영국사』 그리고 『인성론』을 적절하게 활용할 것이다.

2. 정치의 본성과 원칙에 입각한 정파

「정파 일반론」에서 흄은 분파와 파벌에 대한 신랄한 비판으로부터 논의를 시작한다. 그에 따르면 파벌의 영향은 법의 영향과 직접적으로 대립한다. 파벌은 정부를 정복하며 법을 무력하게 하고 한 나라 사람들 속에 대립의 감정을 유발한다. 이런 정파의 발생이 제기하는 더 큰 문제는 이런 "잡초들"을 근절하기가 어렵기 때문이다. 정파는 오랜 기간 동안 자연스럽게 확산되는 경향이 있으며, 그것이 뿌리 내리고 있는 정부가 해체되고서야 끝나게 되는 특징이 있다. 그 이외에도 정파는 비옥한 토양일수록 번창하게 자라는 식물과 같다. 그래서 절대정부도 정파로부터 자유롭지 않지만 자유로운 정부일수록 더 빨리 확산되는 것이다. 자유로운 정부에서는 입법만이 정파를 몰아낼 수 있는데, 바로 이 입법을 오염시키는 것이 정파이다. 이러한 흄의 파벌에 대한 신랄한 비판의 이면에는 파벌의 원인이 다름 아닌 인간의 자연스러운 성향, 즉 본성에 기인하고 있다는 자각이 깔려 있다. 흄은 인간의 자연스러운 성향에 따른 파벌의 원인을 그는 크게 사적(personal)인 원인과 실재적(real)인 원인으로 나누어 고찰한다. 그리고 실재적인 원인을 이익(interest), 원칙(principle), 애착심(affection)에 따른 파벌로 나누고 있다.

위의 파벌에 대한 분류 중 일반적으로 잘 알려진 것은 이익에 따른 정파이다. 「정파 일반론」에서 흄은 이익에 따른 정파를 "가장 이치에 맞으면서도 용서할 수 있는" 것으로 언급한다. 하지만 정파의 문제를 다루는 글에서는 정작 원칙에 따른 정파를 주로 언급하고 있다. 좀더 면밀히 검토해 보면 여러 글을 통해서 흄이 주목하고 있는 것은 근대에 등장한 원칙에 따른 정파이다. 그에 의하면 원리에 입각한 정파는 "지금껏 인간사에 나타난 가장 놀랍고 해명이 힘든 현상"이면서도 "오늘의 시대에 철학적 혹은 사변적 원리의 체계가 없이는 어떠한 정파도 잘 존립할 수 없다"(Hume 1985, 60 & 465). 이와 같은 그의 언급은 결국 정부 혹은 통치의 근거는 "여론"(opinions)이라는 그의 주장과 통하는 것이다.

『영국사』에서 스튜어트 왕조 시대는 원칙에 대한 갈등을 중심으로 기술되어 있다. 바로 이런 의미에서 흄은 영국에서 최초의 정파 대립이 1642년 시작된 시민전쟁을 통해서 본격적으로 드러났다고 본다. 일반적으로 알려져 있듯이 흄의 실천적 금언은 "절제"(moderation)에 있다. 그렇다고 한다면 원칙에 입각한 정파를 긍정한다는 것은 그의 실천적 금언과 일견 모순되는 것처럼 보인다. 일견 모순처럼 보이는 흄의 태도를 이해하기 위해서는 『영국사』에 드러난 그의 정치의 본성에 대한 견해로부터 출발할 필요가 있다.

『영국사』는 크게 네 번의 정복을 다루고 있다. 로마의 정복, 앵글로 색슨의 정복, 노르만의 정복, 그리고 "일반인들"(the commons) 혹은 하원의 정복이 그것이다. 그리고 이런 정복들 사이에 크고 작은 정치적 싸움들이 배치되어 있다. 이를 통해서 정치는 "쟁"(爭), 즉 싸움의 성격을 지니고 있음을 쉽게 짐작할 수 있다. 싸움을 뺀 정치의 모습은 거의 상상할 수조차도 없다. 흄은 정치의 모델을 싸움에서 찾고 있다. 영국사를 바탕으로 한 이와 같은 흄의 정치 모델은 계약의 모델뿐 아니라 절대군주의 모델을 동시에 비판하는 것이다. 그 중에서 홉스의 정치 모델이 그가 가장 비판하는 것이라고 볼 수 있다. 홉스의 정치 모델은 시민적 분쟁에서 궁정의 반대파들이 주요한 논거의 하나로 사용한 "노르만 멍에"(the yoke of the Normans) 혹은 노르만 정복의 담론을 영국의 정치로부터 제거함에 그 목적이 있었다. 바꾸어 말하면 평화를 확보하기 위해서 홉스의 모델은 정치에서 전쟁을 몰아내는 데 초점이 있다.[3] 흄의 관점에서 볼 때 홉스의 리바이어던은 토리의 원칙인 "수동적 복종"(passive obedience)을 극단화시킨 무저항의 복종을 가르치고 있는 것이다. 흄에 따르면 "치유책이 없는 권리는 엉터리 같은 짓(absurdity)일 것이다."[4]

한편 1688년 혁명으로 대변되는 "일반인들"의 정복은 다른 정복들에 비해 독특한 것으로 드러난다. 이 혁명의 독특성 해명이 바로 『영국사』 집필의 중요한 목적이다. 흄은 1688년 혁명을 스튜어트 왕가의 비판에 초점을 두는 휘그의 주장을 반박한다. 그에 따르면 "스튜어트 왕가 전체의 통치를 인민의 "논쟁의 여지가 없는"(*incontestible*) 권리들에 대한 계속된 침해로 규정하면서 비난하는 것은 1688년 혁명을 제대로 평가하는 것이 아니다"(Hume 1983, VI. 531). "논쟁의 여지가 없는 권리"란 표현은 토리가 왕권에 부여하는 "파기할 수 없는 권리"(*indefeasible* right)란 용법과 비슷한 뉘앙스를 풍긴다. 이 두 표현은 대체로 정치로부터 논쟁을 배제하려는 의도를 강하게 함축하고 있다. 1688년 혁명의 의의는 그 이전의 시민전쟁과 비교하면 두드러지게 나타난다. 하원이 왕의 자의적 권한을 제한하기 위해서 벌인 논쟁이 결과적으로 칼싸움으로 흘러간 시민전쟁과 비교해서 혁명은 논쟁중심적이었다. 다시 말해 싸움의 방식이 '칼'에서 '말'로 전환된 것이다. 칼에 의한 싸움을 말에 의한 싸움으로 전환한 것은 가히 명예로운 혁명이라고 부를 만하다. "의회" 지배의 역사적 의의는 바로 여기에 있다. 이런 관점에서 볼 때 『영국사』 기술의 전반이 논쟁을 중심으로 구성되어 있는 이유가 자연히 드러난다.

한편 말에 의한 싸움이 칼에 의한 싸움으로 흐르지 않게 하기 위한 정치적 지혜를 흄은 소통에서 찾는다. 소통의 지혜는 『영국사』를 관통해서 흐르는 흄의 정치적 메시지이다. 무엇보다도 『영국사』는 정파의 대립으로 소통장애에 걸린 영국 사회에 소통의 문을 열어주려는 의도로 집필되었다. 우선 소통의 장애 및 거부와 관련된 몇 가지 사례를 정리하자.

스코틀랜드 왕 제임스 6세가 영국의 왕 제임스 1세(1603-1625)로 등극하면서 영국 사회는 소통의 난맥상을 드러낸다. 제임스 1세로부터 시작되는 스튜어트 왕가의 소통장애의 한 원인은 "새로운 인민"이 된 영국민의 진실성에 대한 "의심"(doubts)을 떨쳐버리지 못한 데 있다. 그리고 흄에 따르면 이 의심은 근거가 없지 않은 것이었다(Hume 1983, V. 113). 그의 뒤를 이은 찰스 1세(1625-1649)는 재위하자마자 의회와의 친근한 관계를 위해 의회를 소집하지만 의회로부터 차가운 반응을 당하게 된다. 그 후 몇 차례 의회와의 관계 복원을 위한 시도를 했지만 실패로 돌아가자 11년간 의회 없이 국정을 운영하게 된다. 결국 의회와의 마찰로 시민전쟁에 이르게 되고 폐위된다. 크롬웰 사후 공화정(Commonwealth)은 붕괴되고 왕정복고가 이루어진다. 왕정복고 이후 왕위에 등극한 찰스 2세(1660-1685)는 집권 이전부터 가졌던 영국민에 대한 "의심"(suspicion)을 극복하지 못하고 갈수록 깊은 "불신"(distrust)을 품게 된다. 이런 불신의 연장선상에서 그의 동생 제임스 2세(1685-1689)는 의회와의 논쟁을 거부하고 소통을 완전히 단절함으로써 파국을 맞게 된다. 이런 의심과 불신으로 인해 스튜어트 왕들의 통치에는 전반적으로 공통감각이 결여되는 양상을 보인다. 특히 왕정복고 이후 찰스 2세와 제임스 2세의 경우 "공통감각에 반하는"(against all common sense) 정책을 추진하게까지 된다(Hume 1983, VI. 290).

소통의 단절에 가까운 통치를 한 제임스 2세는 왕권에 대단히 호의적인 상황에서 등극하였으나 급속하게 몰락한 사례이다. 흄에 따르면 그의 급속한 몰락은 찰스 2세(1660-1685)가 취했던 다소 애매한 태도를 버리고 "명백하게" 혹은 "공공연하게" 인민의 정서에 반하였고, 그것도 아무런 반성 없이 "빈번히" 자행되었다는 점에 원인이 있다. 법에 대한 존경의 부재와 왕의 합법적 권리에 대한 지나친 관념이 그의 행동의 기본적 정조를 이루었다. 재임 초기의 성공에 도취되어 그는 곧 영국의 의회를 경시하기 시작했다.

1685년 11월 9일 의회에서 그는 반란의 진압에 추가된 군대의 유지를 위한 비용을 지급할 것과 자신에게 충성한 카톨릭 장교들을 계속 고용할 것이며, 특히 공직에 신앙 검사를 요구하는 법을 그들에게 면제시키겠다고 "분명히"(plainly) 말한다. 이에 대해 하원이 먼저 왕의 관면권(dispensing power)에 대해 이의제기를 하나 왕으로부터 "딱 잘라 거절"(flat denial)당한다. 그 다음의 반대는 흔히 그런 상황에서 주도권을 잡지 않는 상원, 그리고 심지어 주교 측으로부터 나왔다. 이에 대응해 왕은 몇 차례의 정회를 통해서 그들의 기를 꺾고자 했으나 실패하자 의회를 해산시켜 버린다. 이 사건을 통해서 프로테스탄트 인민들 사이에서 왕의 권위에 헌신할 사람을 찾는 것이 불가능함이 명백해졌기 때문에 앞으로 제임스가 전적으로 의회 없이 통치하리라는 결론이 나온다(Hume 1983, VI.). 요약하면 제임스의 소통에 대한 거부는 비록 그가 정치가로서의 자질이 상당했음에도 그를 정치적 파산에 이르게 했다.

이와 같은 스튜어트 왕들의 태도와 더불어 야기된 헌정의 혼란 속에서 다른 원칙을 지지하는 정파들이 생겨나게 된다. 흄에 따르면 소통의 어려움이 가장 많이 제기되는 사례는 헌정과 관련된 부분에 서로 상반되는 견해를 가진 정파가 대립할 때이다. 영국의 헌정이 계속해서 변해오는 과정에서 여러 세력들 간의 갈등이 있었지만 원칙에 따른 정파가 본격화된 것은 제임스 1세로부터 시작되는 스튜어트 왕가 때부터이다. 정파의 갈등은 대체로 "제한적 군주제"(limited monarchy)의 성격으로부터 비롯되는 것이었다.

우선 「영국의 정파들」에서 나타난 휘그와 토리의 갈등과 소통에 대한 흄의 논의를 정리해 보자. 1642년 시작된 대반란에서 처음 등장한 원두당(Roundhead)과 기사당(Cavalier)을 논평하면서 흄은 두 집단이 군주와 자유 둘 중 어느 것을 인정하지 않은 것은 아님을 지적한다. 단지 원두당은 정부의 공화주의적 부분에 더 끌렸고 기사당은 군주적 부분에 더 끌린 것이다. 이런 점에서 그들은 지방(나라)파(country-party)와 궁정(군주)파(court-party)로 간주될 수 있다고 본다. 휘그와 토리의 구분은 찰스 2세 치하에서 생긴다. 찰스 2세는 자신의 아버지의 예를 통해서 더 현명해지지 못했다. 그는 자신의 아버지와 동일한 조처들을 처음에는 보다 더 은밀한 방식으로 시간이 지나면서 더 명백하게 강행했다. 이런 상황에서 생겨난 휘그와 토리는 앞선 정파들과 다른 모습을 보인다. 기사파와 토리의 차이점에 대해서 흄은 토리가 기사파보다 훨씬 교조주의적 원칙을 내세웠다고 평한다. 즉 "무저항의 복종"(passive obedience)과 "파기할 수 없는 권리”(indefeasible right)의 주장은 기사파를 통해서는 들어볼 수 없었던 것이었다.

이런 토리의 경향은 휘그의 변화와 대조된다. 『영국사』에서 흄은 시민 전쟁 후 휘그가 종교적 광신주의로부터 벗어나는 모습을 보였다고 기술한다. “신적인 당”(the godly party)이란 호칭을 사용하지 않고 “좋고 정직한 당”(the good and the honest party)을 사용한 것에 만족한 것이 그 단적인 증거이다. 다시 말하면 “그들의 조처들이 광폭하지 않으며 그 주장들이 그렇게 터무니없지 않다는 확실한 증후”인 것이다(Hume 1983, VI. 377). 따라서 그들이 저항의 원칙을 확산시킨 것은 혼합적 정체의 특성상 불가피한 측면이 있을 뿐만 아니라, 반대파인 토리의 극단적 원칙에 대항하기 위한 것이었다는 점에서 이해할 만하다.

그렇지만 흄에 따르면, 토리가 위와 같은 원칙들을 주장했음에도 불구하고 이 터무니없는 원칙들은 실행되기에는 너무 허약한 것으로 드러났다. 인간으로서의 토리는 압제에 적대적이었고 영국인으로서의 토리는 자의적 권력에 적대적이었다. 자유에 대한 그들의 열의는 그들의 반대자보다 못하지 않았다. 이런 정서는 그들의 전통적 정부가 전복될 위기에 직면했을 때 그들이 표방한 원리들을 망각하게 하기에 충분했다. 그리고 바로 이런 정서들로부터 1688년 혁명이 일어났다고 흄은 본다. 여기서 흄은 혁명을 거치면서 토리의 성격에 변화가 있었음을 지적한다.

첫째, 토리는 자유에 대한 애착이 강하고 그것을 어떤 추상적 원칙이나 왕의 상상적 권리에 희생시키지 않을 확고함을 보여주었다. 그리고 이런 그들의 성격은 혁명 이전에는 그들이 표명한 원리나 궁정에 순응함으로써 당연히 의심받을 만했다. 이런 점에서 혁명은 토리가 그 이전에는 자유보다는 군주를 더 사랑하는 궁정파에 다름 아니었음을 드러내

보여준다. 둘째, 토리는 원리 면에서나 애정으로도 혁명과 그 이후 이루어진 안정화 과정에 전적으로 혹은 기꺼이 동조할 수 없었다. 이런 그들의 성격은 그들의 첫 번째 성격과 모순되는 것처럼 보인다. 왜냐하면 그런 정황에서 다른 식의 안정화는 자유에 위험한 것이 될 것이 분명했기 때문이다. 하지만 흄은 토리의 이런 모순이 혁명에 사용된 수동적 복종과 저항 사이의 모순보다는 크지 않다고 본다. 그리고 인간의 가슴은 모순들을 화해시킬 수 있게 이루어져 있다. 따라서 토리와 휘그를 간략히 정리하면 전자는 군주를 사랑하지만 자유를 버리지 않고 스튜어트 가문의 지지자로, 후자는 자유를 사랑하지만 군주를 포기하지 않고 프로테스탄트 계통의 왕위 정착의 친구로 특징지을 수 있다(Hume 1985, 69-71). 이렇게 해서 토리와 휘그는 그들의 원칙을 극단화함으로써 생긴 딱딱함을 극복하고서 혁명에서 서로 연합을 이루게 된다.

3. 정파의 대립과 법치의 성장

원칙에 대한 논쟁에서 흔히 빠질 수 있는 인간의 허약함은 논쟁에서 예리함(keenness)을 드러내는 것이다(Hume 1985, 62-63). 논쟁에서 예리함을 드러낼수록 원칙은 극단화되는 양상을 보인다. 흄은 「원초적 계약」, 「수동적 복종」, 「정파의 연합」에서 토리와 휘그의 원칙들이 갖고 있는 극단적인 면들을 철학적 · 실천적 · 역사적 측면에서 교정하려는 논의를 펼친다. 휘그에 대한 흄의 비판은 인민의 동의를 정부의 유일한 근거로 간주하려는 데 모아진다. 그럴 경우 이 지상에 있는 어떤 확립된 정부도 그 기준에 들어맞을 수 없을 것이다. 심지어 1688년의 혁명도 휘그들의 세련된 이념과는 거리가 멀었다. 비록 인민의 동의가 고귀한 근거이기는 하지만 장기 점유, 현재의 점유, 정복, 계승, 실증법 등의 권리도 통치의 근거로 인정되어야 한다. 왜냐하면 복종할 의무는 궁극적으로 인간사회의 이익과 필요성에 근거하기 때문이다. 한편 토리의 무저항의 복종은 치유책 없는 권리를 주장하는 것이다. 모든 규칙은 예외가 있기 마련이다. 무저항의 복종은 예외를 제거하려는 시도라고 할 수 있다. 나아가 예외에도 규칙이 있어야 한다. 규칙 없는 저항은 사회를 혼동으로 몰아갈 것이다. 따라서 복종할 것인가 저항할 것인가의 양자택일이 아니라, 복종의 척도(measures of allegiance)가 법의 시선에서 바라본 행동 기준의 핵심이 되는 것이다.

제임스 2세의 자의적 권력사용에 대한 저항을 통해서 복종의 척도를 살펴보자. 인민의 확립된 권리와 교회 권위에 대한 제임스 2세의 계속된 침해의 극적 반전이 1688년에 일어난다. 제임스는 제2차 종교자유 선언(declaration of indulgence)을 예배 후 곧바로 낭송할 것을 명령한다. 이것은 교회의 성직자를 모욕하고 비웃음거리로 만들기 위한 의도였다. 이에 대해 6명의 고위성직자가 불복종의 이유를 청원의 형식으로 비밀리에 왕에게 전달하게 된다. 왕은 이들을 즉각 잡아들여 구속하고 처벌하기 위해 재판을 강행한다. 그러나 온 인민의 관심을 모은 이 재판은 성직자 측의 설득력 있는 변론에 무죄라는 배심원의 평결이 내려진다. 그들 변론의 요지는 아래와 같다.

> 법은 인민에게 특정한 고충이 있을 경우 규정된 한계 내에서 청원의 형식으로 왕에게 문의할 수 있게 허용하고 있다. 현 청원의 경우 성직자들은 엄격하게 그 규정을 준수했다. 양심에 반하는 사례의 경우 정부는

> 인민으로부터 적극적 복종을 요구할 수 없다. 인민의 순응과 복종의 위대한 기준은 법이다. 어떤 사람이 자신이 복종할 수 없는 명령이 부과될 경우 자신의 거부 이유를 제시하는 것이 음울한 침묵을 고수하는 것보다 더 존경할만한 것이다. 모든 사람이 깊이 관심을 갖고 있는 공적 조처들에 대해 요구받지 않았을 때에도 자신의 감각(sense)을 밝히는 것은 인민의 의무를 파기하는 것이 아니다. 본 사안의 경우 성직자들은 요구를 받았고 그들은 순응함으로써 찬성을 표하거나 아니면 청원에 의해 찬성하지 않음을 밝혀야 했다. 그리고 법을 정지시키는 국왕대권을 부정하는 것은 선동죄가 될 수 없다. 왜냐하면 그런 국왕대권은 합법적이고 제한적인 정부에서는 실제 있지도 있을 수도 없기 때문이다. 심지어 그것이 실제로 있다고 하더라도 지금까지 역사를 보면 전 국민 앞에서 빈번히 논박되어져 왔다. 따라서 누구도 국왕대권의 부정을 범죄로서 처벌할 생각을 해본 적이 없다. 그리고 현 성직자들은 비밀리에 청원하였기 때문에 선동의 죄목을 물을 수 없다. 오히려 이것을 공개적으로 만든 것은 궁정이 아니었나(Hume 1983, VI. 492-493).

「정파의 연합」에서 흄은 시민전쟁 이전 왕당파의 온건한 입장을 비교적 상세하게 각색한다. 왕당파의 가장 탁월한 주장은 헌정의 온건한 변화 혹은 점진적 혁명이다. 통치의 참된 규칙은 그 시대의 현재 확립된 관습(practice)이다. 그것이 가장 최근의 것이기에 많은 권위를 지닌다. 동일한 이유로 그것은 또한 가장 잘 알려져 있다. 따라서 어떤 권력이라도 그것이 의심의 여지없이 확립되어 있는 곳에서 그 행사는 당연한 것으로 간주된다. 이런 이유로 온건한 저항을 통해서 헌정의 변화를 가져오는 것이 쉽고 안전하다. 이런 변화는 사람들이 잘 느끼지 못할 정도이기 때문에 변화로 생긴 간극을 봉합하기가 용이하다. 흄에 의하면 이런 논의는 법률가와 정치가의 확립된 격률에 비추어 보았을 때 보다 견고하고 보다 안전하며 보다 합법적으로 보였을 것이 틀림없다. 이 논의는 『영국사』 전반을 흐르는 흄의 핵심적인 법적 논리이다. 즉 안정 속에서 변화를 추구하는 논리인 것이다. 이와 관련된 흥미로운 발상이 「정부의 으뜸 원리들」에 나타난다. 흄에 따르면 재산상의 불균형에 불구하고 아직까지 왕은 7년마다 열리는 선거에서 인민들에게 상당한 영향력을 행사하고 있다. 왕에게 이런 영향력을 더 자주 사용하게 한다면 그의 영향력은 곧 소진될 것이다. 바로 이 작은 부분을 변경하면 정부의 완전한 변경이 있게 될 것이고 곧 순수한 공화국, 그것도 불편하지 않은 형태의 공화국으로 변하게 될 것이라고 진단한다(Hume 1985, 36).

안정 속에서의 변화는 법이 성장하는 방식으로 표현된다. 가령 점유가 안정되지 않으면 전쟁이 계속될 것이기 때문에 법은 성장할 수가 없다. 그래서 점유의 안정이 가장 먼저 정착해야 한다. 점유를 안정시키기 위한 관념이 "재산"(property)이다. 점유의 안정 이후 각자의 필요(needs)에 맞게 재산이 재조정되어야 할 필요들이 생긴다. 혼란과 전쟁 없이 재산의 이전을 할 수 있는 방법이 바로 동의에 의한 양도이다. 다시 말하면 안정 이후에 생기는 여러 불편들을 교정하기 위해서 변화의 원리인 동의에 의한 양도가 성장하고, 또 동의에 의한 양도가 갖고 있는 협소한 양도의 한계로 인해 생기는 불편들을 교정하기 위해서 약속에 기반한 계약이 성장한다. 달리 표현하면 법의 성장에는 공동체 성원들의 역사적 경험 혹은 학습이 전제되어 있다. 그것도 불편들에 대한 경험이 마음을 특정한 방향으로 움직이게 하는 것이다. 이런 이유로 『인성론』에서 흄은 법의 성장을 인간의 본성이 교정되면서 확대되는 방식으로 묘사하고 있다. 그리고 이것을 "관행"(conventions)이라고 부른다.

흄이 보는 법의 성장과정은 그의 후배인 스미스의 관점과 다르다. 일반적으로 잘 알려진 스미스의 공식은 이기심과 공감의 "상호 대칭적 체계"(symmetrical edifice)로 표현된다.[5] 하지만 앞서의 설명에서 드러나듯이 흄은 법의 성장을 근본적으로 비대칭적인 과정으로 보고 있다. 관행의 성장은 무엇보다도 사회적 불편에 대한 반복되는 경험에 근거하기 때문에 관행은 불편함의 완화 혹은 해소에 그 의의가 있는 것이지 공리론의 주장처럼 주관적인 "행복"에 대한 느낌 혹은 견해에 근거한 것이 아니다. 다시 말하면 "제도"는 사회적 불편함의 완화에 목적이 있는 것이지 "행복"의 추구에 방점을 두지 않는다.

관행의 성장을 중심으로 법을 보는 시각—후에 버크(E. Burke)는 "관습권"(prescription)을 중심으로 헌정(constitution)을 바라보게 된다—을 정황론이라고 할 수 있다. 정황 중심의 사고의 전개는 특정한 원칙을 중심으로 세계에 질서를 부여하려는 사고의 경향과 대립한다. 원칙론은 일원론적 사고방식으로 귀착될 가능성이 농후할 뿐만 아니라 또한 다른 원리와 첨예하게 대립할 위험성을 앉고 있다. 이런 이유로 흄은 "여론"(opinion)을 다룰 때에도 다원적 방식으로 분류하고 있다. 흄은 정부가 여론에 근거하고 있다고 주장한다. 그렇지만 그가 드러내는 여론은 하나의 원리를 중심으로 위계적 구조를 갖지는 않는다. 흄은 여론을 크게 이익에 대한 여론과 권리에 대한 여론으로 나누면서 일상인의 사고방식을 드러내는 것에 한정하고 있다. 그리고 『영국사』에서는 역사의 변화하는 정황들 속에서 여론들이 그때마다의 새로운 강세를 드러내면서 구성되어 가는 모습을 그리고 있다. 다시 말하면 역사의 구체적 사건들을 통해서 여론은 계속해서 재구성되는 것이다.

이런 시각에서 볼 때 튜더의 왕들과 스튜어트 왕들의 비교가 선명하게 드러난다. 튜더의 왕들은 비록 외관상일지라도 법의 외형을 지키면서 권위를 행사했고, 필요한 경우가 아니면 되도록 자의적 권력 사용을 삼갔다고 할 수 있다. 반면 스튜어트 왕들의 자의적 권력 사용은 사회적 필요에 대한 공통의 감각을 결여함으로써 편의주의적 경향을 보였다.[6] 편의주의적 권위 사용에 대항한 유명한 재판이 건함세(ship-money)의 납부를 거부한 햄브던(Hambden)을 비롯한 젠트리에 대한 재판이다. 햄브던 측의 주장에 의하면, 필요의 판단을 왕에게 맡긴다면 왕의 자의적 의지에 국민의 특권들을 종속시키는 것에 다름 아니다. 만약 위험이 급박하고(urgent) 극심한(extreme) 것이라면 사회의 모든 구성원들에게 매우 뚜렷하게 드러날(palpable) 것이다. 또한 지금 확립된 재정으로는 대단히 근검절약하더라도 해군을 장비하고 유지할 수 없다는 점, 합리적인 조건으로 의회로부터 자발적 지원을 얻을 수 없다는 점 등은 정치적 이유(reasons of state)에 해당하지 법적 논제는 아니다. 한편 의회와의 소통단절로 독자노선을 걷던 찰스가 편의주의적 권한 사용으로 기울게 된 것은, 흄에 의하면 새로운 통치 기풍에 대한 열망을 거슬러 군주중심적인 "영국 법의 한결같은 방침"(the uniform tenor of the English laws)이라는 과도한 관념을 성급하게 받아들였기 때문이다.

김홍우에 의하면 흄의 법사상은 크게 두 가지로 정리된다. 첫째는 이성우위론에 대한 비판이고, 둘째는 의지우위론에 대한 수정이다(김홍우 2007, 196-213). 다시 말하면 이성우위론과 의지우위론이라는 근대법사상의 두 가지 흐름을 비판하면서 흄은 정황 중심의 법사상을 개척한다. 오히려 그가 영국의 보통법 사상의 핵심을 철학적으로 해명하고 있다고 보는 것이 더 정확할 것이다. 나아가 그는 보통법의 정신을 영국사를 기술하는 데 직접적으로 적용하고 있다고 보아야 할 것이다. 법에 대한 이러한 시각은 인간의 행동범위를 넓혀줌과 동시에 자의적 행위에 대해서는 제한을 가하는 것이다.

권위와 자유의 관계는 이런 각도에서 조명되어야 한다. 권위와 자유를 관념적으로 극단화시킨다면 두 가지는 결코 연결될 수 없는 것으로 드러난다. 다시 말하면 토리의 무저항의 복종과 휘그의 권위에 대한 맹목적 저항은 연합이 불가능한 것이다. 이런 모순에도 불구하고 공동의 삶 속에서 권위와 자유는 적절한 척도(measures)를 가지면서 섞여가는 것이다. 혁명에서 토리와 휘그가 연합에 이르는 것처럼 말이다. 흄에 의하면 특정한 원리에 지나치게 집착하는 것은 편협(bigotry)이다. 이런 편협을 극복하기 위해서는 일상적 삶의 호흡을 느껴보는 것이 도움이 될 것이다. 그럼으로써 일상적 혹은 공통의 감각을 회복하는 방법 이외에는 관념의 극단화로부터 생기는 편협을 극복할 수 없을 것이다. 이런 편협이 교정될 수 있다면 근대에 등장한 원칙에 입각한 정파는 서로의 견제를 수행함으로써 사회에 도움이 되는 효과를 가져 올 것이다. "시샘"(jealousy)이 인간의 본성으로 존재하는 한, 그것을 제거하려 노력하기보다는 잘 활용하는 편이 좋을 것이다. 그것이 견제와 균형의 원리가 존재하는 까닭이다.[7)]

흄의 정황 중심의 법사상은 정치적 행위의 폭을 넓혀주었다. 거의 절대적 권위를 행사했던 튜더 왕들뿐만 아니라 하원이 왕의 대권을 제약하기 위해서 정치력을 발휘한 것에 이르기까지 법의 잣대로 옹호한 점은 정치세계를 복원시키는 데 중요한 역할을 한 것이다. 여기서 정황론적 법사상이 자의적 권위 행사에 대한 동조가 아님을 명심해야 할 필요가 있다. 이것은 앞서 찰스 2세와 제임스 2세의 평가에서도 잘 드러났었다. 오히려 법의 중요한 문제는 그 조건이 가혹하지 않아야 한다는 점이다. 왜냐하면 법의 가혹함(rigours)은 군사적 폭정에 의한 약탈과 다를 바 없을 것이기 때문이다(Hume 1983, VI. 463). 따라서 법의 기준은 일반인의 행위기준에 의거한 것이어야 한다.

흄이 찰스 1세를 용서(excuse)하는 것도 그에게 적용된 행위의 조건이 너무 가혹한 것이었기 때문이다. 하지만 찰스 1세의 사례를 통해서 명확하게 드러난 행위의 기준을 학습하지 못하고 자의적 권위를 명백히 그것도 빈번히 행사한 제임스 2세의 행위는 용서받을 수 없는 것이다. 이와 반대로 법을 어기지 않으면서 정치적 역량을 발휘한 놀라운 사례로는 크롬웰을 들 수 있다. 더욱 놀라운 점은 이런 일이 파벌이 만연한 상황에서 그것도 군사에 의거한 통치에서 일어났다는 사실이다. 이런 점에서 크롬웰의 통치는 영국에 법치가 정착하는 결정적 계기가 되었다. "크롬웰 호국관은 법이 아니라 단지 칼에 근거한 강탈한 권위가 허용할 수 있는 한 정의와 관대(clemency)에 대한 존경을 보였다. 사법부의 주요 직책은 모두 정직한 사람들로 채워졌다. 만연된 파벌 싸움 속에서 재판관들의 판결은 곧았으며 공평무사했다. 그 자신을 제외한 모든 사람에게, 그리고 불가피한 경우가 아니면 그 자신에게도 법은 행동과 행위의 위대한 규칙이었다"(Hume 1983, VI. 85).

4. 결론

현재 한국 사회에서 정파의 갈등은 역사의 해석과 관련해서 첨예한 대립을 야기하고 있다. 필자는 이와 같은 대립이 이익에 따른 분열일 뿐만

이 아니라 더 근본적으로는 법을 보는 원칙론적 시각에 기인한다고 본다. 즉 각 정파가 주장하는 원리를 중심으로 지나치게 딱딱하고 가혹한 행위의 조건들을 역사 속의 정치적 행위자에게 부여하여 평가하고 있는 것이다. 이런 원칙의 대결은 정파들의 소통을 불가능한 것으로 만들고 있으며 정치의 장을 화석화시키는 결과를 가져오고 있다. 이런 상황은 사람들에게 이편이나 저편의 선택을 강요하게 되며 머뭇거리거나 주저하는 사람은 반역자라는 낙인이 찍힌다. 그리고 원칙을 지나치게 딱딱하게 활용하는 것으로부터 오는 다른 불편함이 있다. 원칙 혹은 목적에 대한 맹목적 추구는 수단의 적절성을 망각하게 하기에 충분하다. 이것 또한 편의주의의 한 양상일 것이다. 이런 경우는 대체로 정치적 적대자에 대한 인정(recognition)이 결여되어 있다. 휘그 역사가들에 대한 흄의 비판의 초점은 바로 그들의 조야한 역사 왜곡이 정치적으로 소통의 장애를 야기했기 때문이다. 의심의 여지없이 그 당시 휘그의 원리는 왕의 자의적 권력을 견제함으로써 영국 사회의 성장에 긍정적 역할을 했다. 하지만 그 원리의 방점을 잘못 이해할 경우 교조주의로 흐르게 되고 변화를 거부하는 원리로 작동할 수 있음은 역사가 증명하는 바이다.

법이 정상적인 기능을 회복하는 데는 일반적 혹은 공통의 감각을 복원하는 것이 필요하다. 일반인의 감각을 떠나서 법의 기준을 말하는 것은 편의주의에 다름 아니다. 이런 의미에서 법을 활용하는 데 일반인의 능력을 넘어서서 초인적인 "헤라클레스"(Hercules)를 불러들이는 것은 법의 의미에 대한 무지로부터 나온다. 초인에 대한 욕구는 어려운 사례(hard case)에 대한 해결책(solution)을 추구하는 데서 나오는 듯하다.[8] 사실상 인간사에 있어서 해결책이란 존재하지 않는다. 다만 그때그때 공동의 결의(resolution)를 통해서 공동생활의 방향을 정하는 정도만이 존재할 수 있을 것이다. 특히 헌정이란 고정된 것이 아니라 변하는 것이기에 근본적 원리에 대한 집착은 사태의 자연적 발전과 과정을 왜곡하는 것으로 작용할 것이다.

헌정이란 성문법이든 불문법이든 구성되는 것으로 파악되어야 한다. 문자의 고착성이 사물의 동일성을 보장하는 듯이 사람들의 지각을 현혹하는 것은 법의 연속성을 느끼게 한다는 점에서 나름의 의의가 있다. 영국의 경우도 "고전적 헌정"(the ancient constitution)에 대한 관념은 일반인의 법 정체성을 유지하는 데 긍정적 역할을 했다. 하지만 이런 현혹이 그 "의미"의 고착으로까지 확대되게 하지는 말아야 할 것이다. 헌정의 의미는 역사의 흐름 속에서 논쟁을 통해서 재구성되는 것이기 때문이다. 흄의 말을 따르면 "사태는 그것들의 자연스러운 발전과 작용에 내맡겨져야만 한다"(Hume 1985, 52).

한편 앞서 말했듯이 정황론은 편의주의와 대립적인 관계에 있다. 정황중심의 사고는 공동생활로부터 나오는 필요의 감각(sense of necessities)에 근거하고 있다. 그리고 사회의 필요에 대한 감각으로부터 법의 성장에 대한 발상이 나온다. 홈즈 판사(O. W. Holmes)의 『보통법』은 사회의 필요에 근거한 법의 성장에 대한 발상에 뿌리를 두고 보통법의 성장 과정을 추적하고 있다. 이런 법의 성장에 대한 발상은 의지에 의한 법의 제정 발상과 대립한다. 그리고 법의 제정 주체를 신, 군주, 인민, 단체 어느 것으로 상정하든 간에 권력의 자의성에 대한 혐의를 벗어나기는 어렵다고 생각한다. 필자는 한국 사회에서 권력과 법의 자의성에 대한 의혹이 짙게 깔린 것은 법 제정주의와 깊은 관련이 있다고 생각한다. 이와 관련해서 대체로 로마법의 영향을 받은 나라는 절대주의의 어두운 그림자에 시달렸다는 것을 상기하는 것은 유익한 일이 될 것이다. 흄은 정파의 극단적 대립을 완화시키고 법의 성장을 보여주기 위해서 영국의 역사를 기술했다. 그리고 그 기술의 특징은 논쟁중심적이었다. 심지어 어떤 사안에 특정 정파의 논의의 자료가 없는 경우에는 의사(擬似) 논의를 마련하기까지 하였다. 아마도 흄의 시도와 같은 논쟁 중심의 역사해석과 법해석은 오늘날 한국 사회가 보여주는 격렬한 대치를 온건한 논쟁으로 전환시키는 데 도움을 줄 수 있을 것이다.

주

* 이 글은 서울대학교 한국정치연구소 『한국정치연구』 제19집 제2호(pp. 281-297)에 실린 논문을 다소 수정한 것이다.

1. (Douglass Adair 1957) 그리고 포슬(Peter S. Fosl)에 따르면 흄은 프랭클린(Benjamin Franklin), 해밀턴(Alexander Hamilton), 메디슨뿐 아니라 초기 미국 사상에 광범위하게 영향을 미쳤다. 그리고 인종이나 종교문제에까지 직접적 혹은 간접적 영향을 미친 것으로 분석한다(Fosl 1999). 나아가 프랭크(Jason Frank)는 『연방주의 백서』가 미국의 정치적 상상력에 영향을 미친 만큼이나 "상상력의 정치"(the politics of the imagination)에 대한 교과서임을 주장한다. 그리고 흄의 상상력에 대한 논의가 이에 영향을 미친 것으로 분석한다(Frank 2009). 한편 흄이 토리로 낙인찍혔기 때문에 직접적인 자료의 대조를 통해서 그가 초기 미국 사상에 미친 영향을 조사하는 것은 쉬운 일이 아니다. 가령 제퍼슨(Thomas Jefferson)은 흄의 『영국사』를 애독한 것으로 짐작되지만 그는 흄의 역사가 자유의 원리를 훼손한다고 비판하므로 그의 사상에서 흄의 영향력을 판독하기는 쉽지 않다. 특히 흄에 대한 해석의 문제가 개입한다면 사태는 더 복잡하게 전개된다고 할 수 있다.
2. 흄의 법사상은 주로 도덕철학의 범주에서 연구되었다. 이런 연구경향은 그의 법사상을 주제적으로 다루지 못하게 한 원인이기도 하다. 다른 한편으로 켐프 스미스(N. Kemp Smith)의 『데이비드 흄의 철학』(*The Philosophy of David Hume*) 이후 자연주의적 흄 해석이 지배적이 되면서 흄의 철학과 역사는 단절되어 버렸다(Smith 1949). 이런 자연주의적 해석의 받아들이면서 하콘센(Knud Haakonssen)은 『입법자의 과학』(*The Science of a Legislator*)에서 아담 스미스와 연결해서 흄의 법사상을 다루고 있다(Haakonssen 1981). 리빙스턴(Donald Livingston)은 자연주의적 입장을 받아들이면서도 흄의 역사연구를 수용하려 노력하지만 그의 해석은 도덕철학의 고답적 분위기를 떨쳐버리지 못한다(Livinston 1984 ; 1998). 흄의 역사연구에서 법적 판단(judicial)의 중요성을 지적한 사람은 다름 아닌 볼테르였다. 하지만 오키

(Laird Okie)는 볼테르의 언급을 해명이 아니라 비판을 위해서 인용하고 있다(Okie 1985). 한편 대륙 철학자인 들뢰즈(Gille Deleuze)는 영국의 보통법을 이해하지 못했기 때문에 법이 아닌 제도의 관점에서 흄 사상에 대한 흥미로운 분석을 시도했다. 따라서 그가 말하는 "제도"를 법의 관점에서 읽을 수 있다. 그럼에도 그의 분석 또한 역사문제를 철학으로부터 제외시킨다는 점에서 여러 가지 한계를 노정한다(Deleuze 1953).

3. 푸코(M. Foucault 1997)는 "사변적-법적 담론"(philosophico-juridical discourse)과 "역사적-정치적 담론"(historico-political discourse)을 구분하여 기존의 권력분석이 전자를 중심으로 이루어졌다고 비판한다. 그는 홉스의 담론을 전자에 해당하는 것으로 궁정의 반대파들의 담론을 후자에 해당한다고 본다. 홉스가 자신의 저작에서 환시시키는 전쟁은 추상적인 것으로 구체적인 전쟁에 대한 언급은 없다고 푸코가 지적한 점은 대단히 정확한 통찰이다. 하지만 그가 두 담론의 방식을 대립되는 것으로 파악한 점은 단순한 감이 없지 않다. 전쟁을 전적으로 배제하려는 홉스에 반해서 로크(John Locke)는 휘그의 입장에서 "정복 권리"의 의미를 축소하려고 노력한다. 정복의 권리를 제한함으로써 저항권의 근거를 남겨두려 한 것이다(Locke 1988). 휘그파가 노르만 정복의 의미를 축소하여 "고전적 정체"(the ancient constitution)의 연속성을 확보하려는 여러 가지 시도에 대해서는 포비스(Duncan Forbes)의 책을 참조하라(Forbes 1975).

4. (Hume 1985, 492). 홉스의 계약사상의 가장 취약한 부분은 약속을 지켜야 하는 이유를 해명하는 데 있다. 홉스는 약속을 지켜야 한다(*pacta sunt servanda*)는 것을 자연법에서 찾는다. 이것은 약속 준수의 이유를 합리적으로 설명할 수 없다는 고백에 다름 아니다. 한편 휘그의 경우 복종 약속의 준수는 상대편이 약속을 준수하는 한에서만 구속력을 가진다. 그런데 문제는 약속이란 것은 '특정한' 것에 적용되는 것이기 때문에 만약 통치자의 어떤 구체적 정책에 반대할 경우 그것이 복종의 의무를 깨는 것에까지 정당성을 부여하느냐는 점이다. 이것이 약속에 근거한 "저항"이론이 봉착하는 법적인 문제이다.

5. (J. Cropsey, et al. 1987, 642) 크롭시에 따르면, 스미스는 자신의 체계를 상호 대칭적인 것으로 상정했지만 그 속에 많은 불일치가 있음을 자각하고 있었다. 달리 표현하면 그는 자연의 섭리에 무한한 신뢰를 두었지만 그것을 명백히 해명하지 않은 채로 두었다. 필자는 스미스가 자연주의에 상당히 경도

되었다고 생각한다. 그리고 그의 자연주의에 대한 비판으로서 태동한 역사주의 또한 다른 한쪽으로 치우쳤다고 본다. 자연과 역사에 대한 균형 잡힌 시각을 보여준 사례로는 흄과 법사상의 분야에서 홈즈 판사를 들 수 있다.

6. 스튜어트 왕들에 대한 흄의 평가는 일반적 역사가들이 보는 것과 상당한 차이를 보인다. 대체로 기존의 연구는 "절대군주"의 이념과 관련해서 제임스 1세를 평가하는 것이었다, 흄은 제임스 1세가 절대군주의 관념을 강조하게 된 계기가 역설적이게도 왕의 실질적 권력이 쇠락한 데서 찾는다. 그리고 그의 권력행사는 사실상 튜더 왕들과 비교했을 때 온건했다고 본다. 그럼에도 불구하고 자의적 권력행사를 필요라는 외관을 내세워 법을 우회함으로써 편의주의적 경향을 보였다. 다시 말하면 필요(necessity)와 편의(expediency)의 구분을 일반인의 공통감각에 근거해서 판단하지 않은 것이 그들의 정치적 과오라고 볼 수 있다.

7. 이런 시각에서 볼 때 니체가 "원한"(resentment)에 의한 정치를 비판한 것은 과도한 측면이 있다.

8. "헤라클레스"와 "어려운 사례"의 표현은 드워킨(R. Dworkin)으로부터 빌려온 것이다.

참고문헌

김홍우 저. 2007. 『한국 정치의 현상학적 이해』. 고양 : 인간사랑.

토크빌 저. 임효선·박지동 역. 1997. 『미국의 민주주의 I』. 파주 : 한길사.

파운드 저. 김회환 역. 1956. 『영미법의 정신』. 서울 : 민중서관.

흄 저. 이준호 역. 1994. 『인간 본성에 관한 논고 1』. 파주 : 서광사.

_____. 1996. 『인간 본성에 관한 논고 2』. 서울 : 서광사.

Adair, Douglass. 1957. "That Politics May be Reduced to a Science : David Hume, James Madison, and the Tenth Federalist." *The Huntington Library Quarterly*. Vol. 20, No. 4.

Cropsey, J. et al. 1987. *History of Political Philosophy*. Third edition. Chicago University Press.

Deleuze, Gilles. 1953. *Empirisme et Subjectivité*. Presses Universitaires de France.

d'Entrèves, Alexander Passerin. 1999. *Natural Law*. Transaction Publishers.

Forbes, Duncan. 1975. *Hume's Philosophical Politics*. Cambridge University Press.

Fosl, Peter S. 1999. "Hume, Skepticism, and Early American Deism." *Hume Studies*. Vol. XXV, No. 1 and 2 (April/November).

Foucault, M. 1997. "*Society Must Be Defended*" : Lectures at the Collège de France 1975–1976. trans. by D. Macey. Picador.

Frank, Jason. 2009. "Publius and Political Imagination." *Political Theory*. 37 : 69.

Hart, H. L. A. 1994. *The Concept of Law*. Second edition. Oxford University Press.

Haakonssen, Knud. 1981. *The Science of A Legislator*. Cambridge University Press.

Hobbes, Thomas. 1651. *Leviathan*. ed. C. B. Macpherson. Penguin Press.

Holmes, Oliver W. 1991. *The Common Law*. Dover Publications, Inc.

Hume, David. 1978. *A Treatise of Human Nature*. ed. L. A. Selby–Bigge. Oxford University Press.

_____. 1983. *The History of England*. 6 vols. Liberty Fund.

______. 1985. *Essays, Moral, Political, and Literary*. ed. E. Miller. Liberty Fund.

Livingston, Donald. 1984. *Hume's Philosophy of Common Life*. University of Chicago Press.

______. 1998. *Philosophical Melancholy and Delirium*. University of Chicago Press.

Locke, John. 1975. *An Essay Concerning Human Understanding*. Oxford University Press.

______. 1988. *Two Treatises of Government*. Cambridge University Press.

Madison, James. 1961. *The Federalist*. ed. J. E. Cooke. Wesleyan University Press.

Maitland, F. W. 1968. *The Constitutional History of England*. Cambridge University Press.

Montesquieu. 1989. *The Spirit of the Laws*. trans. et edit. Anne M. Cohler, Basia C. Miller & Harold S. Stone. Cambridge University Press.

Okie, Laird. 1985. "Ideology and Partiality in David Hume's History of England." *Hume Studies*. Vol. II, Issue 1 (April).

Pound, Roscoe. 1999. *The Spirit of the Common Law*. Transaction Publishers.

Smith, N. Kemp. 1949. *The Philosophy of David Hume*. Macmillan and Co., Limited.

후쿠자와 유키치의 정치평론*
《時事新報》 창간호의 평론을 중심으로

다카시로 코이치(高城 幸一, 아주대)

1. 서론

일본 근대화의 역사적 기점은 명치유신(明治維新, 1868)이라고 할 수 있다. 일본은 명치유신을 통해 본격적인 근대국가로 출발했다. 당시 일본은 국가의 독립을 달성하고 서양문명의 도입을 통해 근대국가를 건설해야만 하는 긴급한 과제를 안고 있었다. 비록 명치유신에 의해 오래된 신분제 질서는 붕괴되었지만 아직 그에 대신할 새로운 지배질서는 완성되지 않았으며, 신정부 지도자는 명확한 비전을 갖고 있지 않았다. 이러한 때에 명치정부와 일본 국민에게 명확한 비전과 지침을 준 이가 후쿠자와 유키치(福澤諭吉)[1]이다. 그는 세 차례나 막부(幕府)의 구미사절단[2]의 일원으로 서구에 파견되었고, 자신이 직접 서구세계를 보고 경험한

것과 서구의 책을 통해 학습한 것을 토대로 『西洋事情』, 『學問のすすめ』(『학문의 권장』), 『文明論之概略』 등을 저술하였다. 그리고 이것을 통해서 명치정부와 일본 국민에게 명확한 비전과 지침을 주고 신일본 건설의 토대가 될 구미문명을 도입 · 보급하고 국민 속에 깊이 뿌리내린 봉건의식을 타파하고자 했다. 특히 후쿠자와는 『文明論之概略』에서 일본 근대화의 방법을 제시하고자 했다.[3)]

후쿠자와는 일생 동안 재야에서 일본의 명문 사립대학교인 慶應義塾을 경영했다. 그리고 봉건적 사상, 특히 유교에 대한 비판[4)]과 다수의 계몽적인 저작을 통해서 관료뿐만 아니라 국민들에게도 상당한 영향을 주었다. 교육과 저술활동 이외에도 『民間雜誌』, 『家庭叢談』 등의 잡지와 《時事新報》라는 일간지를 창간하였고 일반 대중들의 계몽에도 노력했다. 그는 명치정부의 대외강경책을 강력하게 지지하였고, 조선의 개화파 김옥균 등에도 영향을 주었다. 현재에도 후쿠자와의 영향력은 일본의 만엔권에 그의 초상화가 새겨져 있을 정도로 지대하고, 慶應義塾을 통해서 일본 국민과 유학생, 그리고 일본과 관계하는 여러 나라의 국민들에까지 계속 영향을 미치고 있다.

이상과 같이 후쿠자와는 "서양문명을 도입함으로써 일본인 개인의 능력과 일본이라는 나라의 국력을 높이고 일본의 독립을 확보하는"[5)] 것을 평생의 과업으로 삼았다. 이것이 그를 근대 문명의 지도자로서 주목받게 한 큰 요인이다.[6)]

본 논문의 목적은 '정치평론' 적 관점에서 후쿠자와 유키치가 자신이 주재하는 일간지인 《時事新報》[7)]에 발표한 '논설' 을 분석 · 검토하고 그의 '정치평론' 의 내용과 특징을 파악하는 데 있다. 특히 본 논문은 그의 '논설문' 을 왈쩌(M. Walzer)가 말하는 '평론' 의 의미로 이해하고자 한다.

여기서 왈쩌의 『사회평론』(*social criticism*)에 관한 논의를 잠시 살펴볼 필요가 있다. 왈쩌는 '사회평론'을 하나의 '사회적 실천'으로 이해하면서[8] '외재적 평론'(external criticism)(69)[9]과 '내재적 평론'(internal criticism 또는 immanent critique)을 구분한다. '내재적 평론'에 필요한 것은 사회 내부의 특정한 권력관계에서 멀리 떨어질 것을 요구한다. 즉 '내재적 평론'은 사회 안에 남아 있으면서도 비판적 거리를 확보함으로써 '사회 내부적 관점'을 유지하면서 수행되는 비판이라고 할 수 있다. '외재적 논평'(발견과 발명)은 '현실로부터 철저히 거리를 두는 태도'(radical detachment)에 입각한 비판이다. 이런 태도는 감정 면에 있어 초연(detached)하고, 공평무사(disinterested)하며, 냉정(dispassionate)한 태도를, 지성 면에 있어 편견 없는 객관적 태도를 취한다(36). 그러나 왈쩌는 '현실로부터 철저히 거리를 두는 태도'는 '사회평론'의 전제조건이 아니라고 비판한다. 왜냐하면 '사회와의 연결을 결여한 평론'(disconnected criticism)은 가치조작과 강제로 향할 수 있기 때문이다(64).

왈쩌는 올바른 '사회평론'으로서 '내재적 평론'(internal criticism)(64)을 강조한다. '내재적 평론'은 '사회적 연결'(social connection)(69)을 유지하면서 '그 지역에 대한 고유한 이해'(local understanding)(65)를 필요로 한다. '사회적 연결'은 '감정적 유대'(sentimental ties)를 가지고 '공유'(common possession)(32)라는 관념을 유지한다. '사회와 연결된 평론가'(a connected critic)는 '지금 여기서 사회와 연결된 평론'을 하게 된다(78). '정치평론'은 '사회와 연결된 평론가'(a connected critic)가 정치에 관해서 평론한 것이라고 할 수 있다. 이와 같은 '정치평론'은 '정치적 내재주의'[10]에 입각한 평론이라고 할 수 있다.

이상과 같은 '정치평론'의 관점에서 후쿠자와를 본다면 과연 그를 '정치평론가'로 볼 수 있을까? '정치평론'(political criticism)의 특성으로 '진실성', '대중성' 그리고 '내재성'이라는 세 가지를 들 수 있다.[11] 우선 '내재성'에 관해서 우리는 후쿠자와가 명치유신 이후 시종일관해서 재야의 입장을 지키며, 왈쩌가 강조한 '비판적 거리두기'(critical distance)를 잘 견지하면서도 일본 정부와 국민과의 '사회적 연결'(social connection)을 유지함으로써 특정한 사회의 '지역에 고유한 이해'(local understanding)에 도달하려고 노력한 점을 고려할 필요가 있다.[12] 이런 점에서 보면 후쿠자와의 평론은 '내재성'을 가진 평론이라고 볼 수 있다.

다음으로 그의 여러 저작은 간단한 구어체로 표현했기 때문에 대중의 인기를 얻었다는 사실에도 주목할 필요가 있다. 이런 점에서 후쿠자와는 '대중성'을 구비하고 있다고 말할 수 있다. '진실성'이 사실에 입각한 '진실'을 보도하는 것이라면 후쿠자와는 김옥균 등 조선의 개화파 인사들과의 교류를 통해서, 또는 조선의 개항장에 일본 상사의 주재원으로 파견된 제자들을 마치《時事新報》의 특파원처럼 활용하면서 정확한 정보를 수집하려고 노력했다는 점을 고려할 때 후쿠자와는 '진실성'을 위해 노력한 정치평론가였다고 말할 수 있다.

'정치평론'은 상대방에 향해서 'speak out'하는 'dynamic process'이자 'purposive action'이라고 할 수 있다. 그러므로 본 논문은 첫째, 후쿠자와는 일본 국내정치를 어떻게 보고 표현했는가, 둘째, 후쿠자와가 일본 국내정치를 평론하는 의도와 목적 또는 목표는 무엇인가, 셋째, 후쿠자와의 '정치평론'과 elite(특히 정부관계자) 및 일반 국민과의 상호 영향의 여부와 정도를 분석한다. (일반 국민과의 상호 영향을 검증하기가 어렵기 때문에 주요 신문의 논평을 분석 대상으로 하겠다.) 그리고 끝으로 후쿠자와의 평론이 가져온 결과를 검토하고자 한다.

본 논문에서는 慶應義塾編, 『福澤諭吉全集』(全21卷) (東京 : 岩破書店, 1958-1964)을 텍스트로 사용한다. 텍스트에서 인용할 경우 [①, 36]와 같이 표기하며, 그것은 『福澤諭吉全集』의 제1권 36쪽에서 인용한 것을 의미한다.

2. 《時事新報》의 창간 배경과 당시의 정치상황

《時事新報》는 1882(明治 15)년 3월 1일에 창간되었다. 이후 후쿠자와의 조선 관련 논설은《時事新報》의 사설로 발표되었다. 후쿠자와는 명치 13년 말에 이토 히로부미(伊藤博文), 이노우에 카오루(井上馨), 오쿠마 시게노부(大隈重信)로부터 정부를 위한 신문을 발행해달라는 비공식적 요청을 받았지만 그것을 일단 거절했다. 이들로부터 정부가 국회 개설을 준비하고 있으니, 국민의 정치교육을 위한 신문이 필요하다는 솔직한 이야기를 듣고, 정부를 위한 신문의 발행을 결심했다. 그는 게이오의숙 관계자를 중심으로 신문발행 준비에 착수했다. 그러나 신문을 발행하기 전에 이토 히로부미, 이노우에 카오루, 오쿠마 시게노부 사이에 불화가 생겼고, 동시에 홋가이도 개척사 관유물의 매각에 관한 소동이 일어나게 되었다. 또한 후쿠자와가 오쿠마와 미쯔비시 회사의 소유주인 이와사키 야다로와 연맹하여 정부를 전복하려는 음모를 가지고 있다는 호소문이 제출되어, 오쿠마와 후쿠자와와 연류된 사람들이 일제히 정부에서 쫓겨난 이른바 '明治 14년 정변' (명치 14년 10월)이 일어났다. 이로 인해 정부를 위한 신문 발행이 물거품이 되었다. 후쿠자와는 단독으로 신문 발행을 결심했고, 이렇게 탄생한 것이 《時事新報》이다. 이와 같은 이유 때문에 《時事新報》(시사신보)는 정치와 거리를 두었고, 어떤 정당의 편도 들지 않으면서 중립을 지켰다.

明治 14(1881)년에 정부 내부에서 『開設問題』 등을 둘러싼 政變이 일어났다. 1879-1880년에 自由民權派에 의한 國會開設運動이 고조하는 가운데 政府는 國會開設의 구상 만들기에 들어가고, 정부 관계자의 의견을 구했다. 그것에 응하여 오쿠마 시게노부(大隈重信)는 早期 國會開設(1883년)과 英國型 政黨政治의 실현을 내용으로 한 의견서를 제출했다. 그것에 대해서 이토 히로부미(伊藤博文) 등은 漸進論의 입장에서 반대했다. 右大臣인 이와쿠라 토모미(岩倉具視)는 프로이센형의 君權主義的인 헌법의 제정을 주장하는 이노우에 코와시(井上毅) 起草의 意見書를 政府에 제출했다. 정부 내에서는 岩倉·伊藤·黑田 등 薩長藩閥[薩摩(사쯔마)藩과 長州(죠슈)藩(번)을 중심으로 한 藩閥]을 중심으로 한 保守派와 大隈가 대립했다.

더 나아가서 그 해 7-8월, 開拓使 官有物 민간매각 사건[13]을 둘러싸고 그것을 추진하는 쿠로다 쿄타카(黑田淸隆)와 반대하는 오쿠마가 대립했다. 國會開設問題를 둘러싼 노선대립에다 관유물 민간매각 사건에 대한 반대 여론이 고조되자 그것에 大隈가 관련되고 있다고 본 岩倉·伊藤·黑田 등 薩長藩閥을 중심으로 한 政府派는 明治 14(1881)년 10월, 開拓使 官有物 민간매각의 중지를 결정함과 더불어 大隈를 정부에서 추방했다. 그와 동시에 明治 23(1890)년에 국회를 개설한다는 취지의 詔書가 공포되고, 民權運動에 대한 一定한 讓步를 보여주었다. 이 政變을 계기로 정부 주도에 의한 프로이센형 입헌정치 실현의 움직임이 활발화되었다. 이 정변에서 후쿠자와계의 官僚들은 大隈와 관련된다고 해서 정부

부처에서 추방되었다. 그러므로 후쿠자와와 정부와의 튼튼한 연결망이 단절되었다.

3. 《時事新報》 창간년의 후쿠자와의 정치평론

《時事新報》 발행 당시의 일본의 정국은 민간의 정치의식이 고조되던 시기였다. 왜냐하면 명치정부는 국회를 1890(明治 23)년에 개설할 것을 약속했고, 이에 따라 정당결성의 움직임이 빈번하게 되었기 때문이다. 그러자 정부 내에서는 이런 풍조를 우려하는 목소리가 높아지고 수구반동적인 정책을 채택하게 되었다. 정치적으로는 입헌제정당이라고 칭하는 수구극단적인 관권론자들이 정당을 조직하여 전국적으로 유세하고, 어용신문을 이용하여 민간의 정당을 공격했다. 교육정책적으로는 유교주의를 장려하여 漢學과 복고주의를 부활하고 이것을 통해 청소년의 사상을 선도하고 사회 인심을 진정시키려 하였다. 후쿠자와는 이런 경향을 우려하여《時事新報》의 논설을 통해 관민조화의 필요성을 역설하고, 帝政黨 일파의 極端不動愼한 언동을 비판했으며, 유교주의의 부활에 대해서는 교육의 기본방침을 서양과학을 중심으로 한 연구방법에 두어야 한다고 주장했다(⑧, 673–674).

후쿠자와는 《時事新報》 창간 당시의 국내 정치상황에 대해서 "일본 전국 朝野 都鄙의 구별없이 함께 정당론에 대한 토의가 활발해져 마치 정당의 깃발 아래 들어가지 않은 사람은 사람이 아니다. 정치사회에 선 사람이라는 世評이 있을 정도"(⑧, 472)였다고 회고한다. 후쿠자와는 명치정부는 원래 改進進步의 방침이었지만 민권운동의 고양에 직면하여 전래의 방침을 바꾸고 보수적으로 되었다고 인식한다.

후쿠자와는 「本紙發兌趣旨」[1882(明治 15)년 3월 1일 ⑧, 5-10]에서 《時事新報》의 命名의 의미를 다음과 같이 설명한다. "그 이름을 時事新報라고 지은 것은 주로 近時의 문명을 기록하고, 그 문명으로 가는 方略事項을 논하여, 日新의 풍조에 뒤지지 않게 하여, 세상에 報道하려고 하는 취지이다"고 한다(⑧, 7). 더 나아가서 후쿠자와는 "우리 일본국의 독립을 중요시하여 畢生의 목적, 단지 國權의 一點에 있는 것이기 때문에 그 목적을 함께하는 자는 우리의 친구이고, 그 목적에 반대하는 자는 간접적이나 직접적으로 모두 우리의 적이라고 말할 수밖에 없다(中略). 國會論者를 친구로 삼아 그 반대자를 적으로 삼을 뿐"이라고 자기의 입장을 설명한다(⑧, 8). 더불어 "단지 나의 主義로 하는 것은 (一身一家)의 독립을 확대하여 일국의 독립으로 확대하려는 정신으로서 이 정신에 어긋나지 않는 한 현재의 정부이든, 세상의 많은 정당이든 여러 工商의 會社이든, 여러 학지의 집회 등 그 상대를 가리지 않고 다 친구로서 도와주고, 그에 반대하는 자는 상대를 가리지 않고 모두 적으로 삼아 배척할 뿐"이라고 주장한다(⑧, 10). 이런 주장은 3월 6일자 논설에서도 "나는 원래 시사를 논하여 정치에 대해서 언급하지 않는 것은 아니다. 나의 主義는 순순히 建置經營의 뜻으로 세상의 누구와 관계하는 바는 없고, 단지 나의 주의에 반하는 자를 적으로 삼고, 나의 主義에 동의하는 자는 친구로 삼을 뿐"(⑧, 472-476)이라고 반복해서 주창한다.

후쿠자와는 이토 히로부미(伊藤博文) 일행이 1주일 후에 헌법조사를 위해서 독일로 출발할 예정인 것을 전하여, "작년 10월에 국회개설의 칙명을 내린 후에 朝野 함께 준비를 한다는 말이 있고, 이번에 參議(伊藤-필자주)의 독일행도 헌법 조사를 위한다고 하는 것을 보면, 그(국회개설)

준비를 위한 것 같다. 현재에 있어서 필요한 것이다"(⑧, 10)고 말한다. 그리고 이토 일행에 대해서 "내가 특별히 參議에게 요청하고 싶은 것은, 단지 독일에 있는 憲法 조문의 死文을 볼 것이 아니라, 그 憲法이 독일 국민에 어떤 영향을 미치고 있는가를 잘 시찰하여, 文面에는 이렇게 쓰여 있지만, 실제로는 이렇게 시행되고 있다는 상황을 견문하여, 또는 文面과 실제가 서로 상이한 원인을 탐색하여, 이 법령을 어떤 나라에 채용하면 어떤 효과를 나타낼 수 있는가를 추구하는 일에 있다"(⑧, 12)고 당부한다.

후쿠자와는 명치 23년의 국회 개설을 염두에 두고 정부와 민간이 그것에 대한 대응에만 신경을 쓰는 것을 비판하면서, 8년 후의 일보다 지금 당장 필요한 것은 '一國 大計의 기본'을 정하고 정권의 기반을 튼튼하게 하는 것이라고 정부에 당부했다. 여기서 후쿠자와는 현재의 일본의 육해군력을 가지고서는 국내 치안의 유지에는 적합할지 모르지만 외국과의 전쟁에서는 일본을 지킬 수 없다고 강조한다. 더 나아가 후쿠자와는 "오늘이라도 지나와의 갈등이 생기고 내일에 조선에 일이 발생하며, 일본이 지나를 공격할 때도, 조선을 원호할 때도 우선 필요한 것은 우리 병사들을 중국과 조선 땅에 상륙시키는 것이다. 이때 우리 육군은 중국의 400여 주를 유린하기에 충분한가, 또한 소약한 조선국을 원호하여 강대한 외적을 물리치기에 충분한가, 나는 그 질문에 쉽게 대답할 수 없다"(⑧, 14)라고 언급하면서 육해군의 군비를 당장 정비할 것을 강력히 정부에 요청했다.

후쿠자와는 1882(明治 15)년 4월에 간행되는 『時事大勢論』[13]에서 다음과 같이 논한다.

> 이후 王政維新(명치유신-필자주)의 變革을 맞이하여 인심도 역시 일신하여, 그러므로 민권의 설이 아주 유행하여 정부도 뜻을 그 방향에 맞춰, 舊慣을 掃除破壞하여 문벌을 폐지하여, 드디어 廢藩置縣의 大擧를 일으켜, 조세도 공평을 목표로 하여, 법률도 정직을 주로하여, 기타 백방의 政令을 옛날과 비교하면 하나라도 국민의 인권에 이익이 되지 않는 것은 없다.(중략) 明治 8, 9년 경에 들어서 廢藩置縣의 일도 겨우 끝나고,(지금은) 관민 함께 무사한 것을 지겨워하는 것과 같다(⑤, 238).

후쿠자와는 이상과 같이 논하고, “10年 이내로 반드시(국회를) 개설한다는 조서가 내림에도 불구하고 민정이 불평하는 것은 실로 이해할 수 없는 일이다”고 하면서 관민 간의 대립이 해소되지 않고 오히려 심해져 가는 것에 불만을 표시한다(⑤, 244). 후쿠자와는 관민의 조화를 기다리지 않고 국회를 개설하려는 것은 치열한 당파싸움이 될 우려가 있다고 걱정한다(⑤, 252). 그러므로 후쿠자와는 다음과 같이 논한다.

> 방금 우리 일본도 해외의 제강국과 대치하여 마치 文武(문무)의 鉾(모)(창을) 맞대(고) 세계중에서 싸우려고 하는 때이다. 이 중요한 시기에 무엇이 가장 긴요한 것일까, 마치 전국을 한 집과 같이 조화하여, 그 전 힘을 하나의 정부로 집중시키고, 우선정권을 강대하게 하여 국권 皇張(황장)[擴張(확장)-필자주]의 길로 진행시키는 일만 있을 뿐이다. 그러나 지금의 기운으로서 앞으로 數年(수년)의 형세를 상상하면, 정권을 강대하게 하여 국권을 皇張(황장)할 전망이 없을 뿐만이 아니라, 간신히 천하의 안녕을 유지하는 일조차 보증할 수 없다(⑤, 253).

후쿠자와는 3월 7일부터 6월 17일에 거쳐 「蕃閥寡人政府論」라는 17편의 장편 논설을 게재한다. 거기서 후쿠자와는 다음과 같이 주장한다. "寡人政府는 국가를 위해서 바람직하지 않다. 왜냐하면 專制政治의 구습에서 벗어나 나라 전체의 인민에게 참정권이 있는 이상, 國定의 방향은 국민 다수의 의사에 따라야 한다 운운"은 "현재 일본국 전체의 政談者의 通論"이고, "작년 10월에 國會開設의 칙명을 받은 후" 국민이 아주 기뻐하는 것도 이 때문이다. 즉 "국회를 개설하면 寡人政府를 바꾸어 多數政治로 갈 수 있다고 믿기 때문이다"(⑧, 111). 더 나아가 후쿠자와는 "필경 내가 원하는 목적은 政權을 강화하는 1點에 있는 것이기 때문에 만약에 현재의 일본에서 이것이 필요하다면 신속히 국회를 열어 이 목적을 달성해야 한다"(⑧, 121－122)고 주장한다.

후쿠자와는 民權論者에 대해서 "나도 지금의 民權論者의 개개인에 대해서 본다면 받아들이기 어려운 일이 적지 않다"(⑧, 128)고 말하여 구체적으로는 '性急論者'의 생각이 아주 성급한 점을 지적한다. 더불어 정부에 대해서는 다음과 같이 그 방침이 일정하지 않는 것을 비난한다. "寡人政府의 폐해는 施政의 主義가 일정하지 않는 것에 있다. 앞에서 기재한 民權論을 수용 못하는 것도 정부 내에서의 일부분의 생각이고, 전체의 생각이 아니라고 말할 수 있다. 지금 정부에 있는 사람들 개개인에 대해서 사적으로 시사문제에 대해서 말하면 대부분이 自由改進의 사람인 것 같다. 自由改進의 사람들이 모이는 정부는 반드시 自由改進주의가 아니다. 때로는 아주 자유인 것 같이 보인다. 법률을 개량하여 형법을 가볍게 하고, 府縣의회를 열어 民議를 채택하는 것이 그것이다. 때로는 부자유인 것 같이 보인다. 人民의 집회 또는 저술신문지에 대한 법률을 만드는 것이 그 예이다. 혹은 일시적인 부자유에서 주유로 이행하면서 부

자유인 것이 있다. 文部省의 學制가 3, 5년으로 變革하는 것이 그것이다. 인심의 변천이 빠른 지금 사회에 있어서는 할 수 없는 일이지만, 主義가 일정한 정부에서도 百年 뒤를 염두해두고 시행되었다고는 보기가 어렵다." 이와 같이 말하여 "政府를 위해서 정권 확장을 하기에 불리한 것이 있다. 그것은 寡人政府의 主義가 항상 일정하지 않기 때문에 정부관리의 기가 약해져 과감하게 처리할 용기를 잃어 관용의 도량이 부족할 우려가 있다"(⑧, 131-132). 그것이 '官民不調和'를 초래한다고 강조한다.

후쿠자와는 "民權論者가 지방 각지에 출몰하는 것은 당연한 일이고, 그것을 규탄할 일은 아니지만, 민권론자들의 거동에는 내가 수용 못하는 일이 있다"고 5월 31일의 논설에서 民權論者에 대한 우려를 표명한다. 구체적으로는 民權"論者는 국회를 열기 위해서 지금 정부에 있는 사람들을 모두 政治社會 밖으로 추방하는 의도가 아니냐 아주 의심스럽다"고 의문을 제시한다. 더 나아가 "가령 外面에서는 정치의 主義를 말하며 나의 主義에 동의하는 자는 官民을 가리지 않고 나의 政友이라고 공언하지만, 내면에서 가리는 마음이 없다는 것은 아주 의심스럽다"고 의문을 제시하여 "만약에 그 내심에 한 점의 적의를 가질 때는 그것이 자연적으로 상대방에 전달된다. 그것이 전달되면 상대방도 적의를 가질 수밖에 없다. 쌍방이 서로 의심을 가질 때는 서로가 주장하는 주의는 같아도 도저히 일치할 것을 기대할 수 없다. 主義가 같은 자들이 서로 의심하여 대립하는 것은 천하의 불행이자 서로에게 불리한 일이라고 말할 수 밖에 없다"라고 강조한다. 그리고 "정부가 나를 받아들이지 않아도 나는 정부를 받아들이겠다. 그런 태도야말로 진짜 민권론자이다"라고 民權論者에게 관용한 태도를 가질 것을 요망한다(⑧, 133-134).

그 한편으로 후쿠자와는 "近來 정부가 시행하는 일은 결코 평온한 일이라고는 말할 수 없다. 政策이 뛰어난 것이라고 말할 수 없다. 그 정책이 여유가 있는 것이라고는 말할 수 없다. 그 정책이 長者의 考案에서 나온 것이라고는 말할 수 없다"고 정부의 여유가 없는 태도를 비판한다. 그리고 政府와 民權論者가 "서로 조화한 다음 일을 해야 한다고 각오하여, 그 조화의 길을 연 다음에 일을 처리하는 것이 민권론자를 위해서도 국가를 위해서도 바람직한 일이다"라고 요망한다. 후쿠자와는 만약에 官民이 조화되지 않고 현재와 같은 대립상태가 계속하면 쟁론은 조그만 일까지 미치고 서로가 원망하는 원인이 되고, 그것이 쌓여서 해결 불가능한 상황이 되어 결국 "단지 정부의 운동을 부자유하게 할 뿐"이라고 지적한다. 그런 구체적 예로서 "府縣廳은 地方의 事務를 시행하려고 하여 그 예산안을 府縣議會에 제출하면 의회는 그것을 절감하려 하여 自由自在로 의결하기 때문에 실제의 사정을 보면, 지방의 도로제방, 경찰, 학교의 일 등이 해마다 줄어들고 있다. 더 심한 것은 어떤 縣議會에서는 일절 지방예산을 지출하지 않겠다고 의결한 곳도 있다"고 열거하여 "아주 극단적이라고 말해야 한다"고 주장한다. 게다가 후쿠자와는 이런 상태에서는 "國會開設의 일은 어떻게 될까"라고 國會開設에 대해서 우려한다. 그리고 民權論者에 대해서 "論者도 진실로 현재의 寡人政府의 인사들을 정치사회 밖으로 추방할 뜻이 없으면 그들과 合併調和하여 일치단결을 하여 寡人政府를 바꾸고, 多人政府로 하면 明治의 美事가 아닌가"라고 政府와의 일치단결의 필요성을 호소한다(⑧, 136-138).

후쿠자와는 6월 6일자 논설에서 명치유신 이래 일본의 문명을 급진시킨 것은 정부이고, 민권론의 고양도 정부의 처치에 기인한 것이기 때문에, 그것에 대처하는 것도 정부의 책임으로 해야 한다고 말하여, "정권을 유지하기 위해서 필요한 것은 民議를 받아들이는 것에 있다"고 강조한다(⑧, 138–141). 더 나아가 다음 7일의 논설에서 "작년 10월의 국회개설 칙령을 받아 현재까지 이미 7개월이 지났다. 이 사이에 官民의 알력은 줄었을까, 늘었을까. 나는 유감스럽게도 그 알력이 조금 늘었어도 줄어든 것은 없다고 본다"(⑧, 144)라고 현 상태에 불만을 제기한다.

후쿠자와는 6월 15일의 논설에서 "지금 관민부조화는 정부가 관민조화를 원하면 길이 없는 것은 아니다. 이 길은 결코 어려운 것이 아니다. 단지 정부가 정부의 문을 열고 사람을 받아들이는 것 뿐이다"라고 말하여, 국회개설은 明治 23年이기 때문에 그 개설 전에 관민조화를 위한 준비를 할 필요가 있다고 강조한다. 정부에게 民權論者를 등용할 필요성에 대해서 "일본의 인민은 정부가 추측하는 것과 같이 단지 정치에 열중하는 자들이기 때문에, 이런 열중하는 자들을 정부내로 받아들여 함께 內外의 정치에 대해서 논의하여 같이 일을 하는 것은 어려운 일이 아니다. 나라 전체에 정치가가 많다고 해도 수백명이 되지 않을 것이고, 그들 중에는 유능한 자도 많고 또는 명치유신당시에 함께 정부에 있었던 자도 있고, 지금 정부에 있는 자들과 함께 명치유신을 일으킨 자도 있다"라고 그 유용성을 지적한다. 그렇게 하는 것은 "寡人政府를 개선하여 多人政府로 바꾸는 것"이라고 그 의의를 강조한다(⑧, 153–154). 더 나아가 다음 16일의 논설에서도 "정부는 크게 문을 열고 많은 사람을 받아들여 정부를 새롭게 정비해야 한다. 나라 전체의 정치가를 망라하여 정부내에 모으면 천하의 유지자 중에서 한 일없이 불만을 가진 자를 볼 수 없게 된다. 사회의 不善은 한 일없는 사람들의 불만에서 나오기 때문에 그런 사람이 없어지면 不善도 생기지 않는다"라고 그 의의를 강조한다(⑧, 156). 더욱이 다음 17일의 논설에서도 "지금 급한 것은 관민을 조화하는 방편이고, 그것을 위해서는 단지 정부의 분을 열어 사람들을 받아들이는 것에 있을 뿐"이라고 반복해서 강조한다(⑧, 154).

후쿠자와는 자신이 지금의 정치사회의 상황을 보면 "유신 이래 문벌을 폐지하여 구습을 타파하고 파괴의 일도 현재 이미 끝났다고 할 수 있다. 파괴가 이미 끝났다면 앞으로는 '建置經營'의 방향으로 가야 한다. 새롭게 문명의 사물을 건립, 설치하여 향후의 진로를 경영하려고 할 때 먼저 필요한 것은 사회안녕의 일이다"고 하여, 지금 시국에서는 관민이 조화하여 함께 시국에 대처할 필요가 있다고 주장한다. 그리고 후쿠자와는 建置經營의 발단으로서 「藩閥寡人政府論」을 《時事新報》에 게재했지만, 이 논설의 게재가 시작되어 중간쯤부터 民權論者의 공격을 받게 되었다. 정부의 反對黨이라 할 수 있는 民權論者들로부터의 공격을 받고 있는 와중에 같은 달 8일에 정부로부터 신문 발행 정지처분을 받았다고 고백한다. 그리고 후쿠자와는 자신의 논지는 단지 사회의 조화를 목적으로 한 것이지만, 民權家로부터 질책을 받고 이번에는 정부로부터 질책을 받아 당혹스럽다고 말한다. 그러나 사회의 建置經營을 하기 위해서는 民官調和論을 주장할 수밖에 없다고 결심을 말한다(⑧, 160-163).

후쿠자와는 6월 24일자 논설에서도 반복해서 "官民의 알력을 해소시키는 방법은 민권론자들에게 정부의 지위를 부러워하는 마음을 없애는 것에 있다"고 말하여 "지금 사회의 구조상 名利가 있는 것인 단지 정부뿐인 것 같다. 도저히 인민이 정부의 지위를 부러워하는 기간 동안은 관민의 알력이 끝나지 않는다"고 주장한다. 그리고 "정부가 무력으로 민권론자를 탄압하려고 결심할 경우 일시적으로는 탄압할 수 있을지라도, 무력행사로는 표면적으로 탄압할 수 있어도 그 마음을 억제할 수는 없다"고 말하여 정부에게 民權論者를 등용하는 것이 무난한 해결책이라고 강조한다(⑧, 184–185).

더 나아가 6월 28일자와 7월 7일의 논설에서 "西洋諸國에 있어서는 정치사회 밖에 지위가 많기 때문에 人心이 정부직만 원하지는 않는다. 人心이 정치에만 모이는 것은 아니기 때문에 싸움이 전국적으로 확대하지 않는다. 우리 일본에서는 정치 사회에 안정한 지위를 만들어 그 지위에 만족하는 자가 늘어나지 않는 이상 도저히 지금과 같은 政談의 파도를 진정할 수 있는 날이 오지 않을 것이다"(⑧, 188–189). 계속해서 후쿠자와는 "西洋諸國이 상공의 별천지를 열어, 스스로 利福을 받은 자가 많기 때문에 정부의 지위를 부러워하는 마음이 약하다고 한다. 우리나라의 상공의 구역은 아직 낮은 단계에 있기 때문에 일자리를 정부에게로 옮기려 하고, 정부를 부러워하는 마음이 깊게 하는 것은 經國의 大計에 배반하는 것이라고 말할 수 있다"고 강조한다(⑧, 197–198). 더 나아가 7월 8일자의 논설에서 후쿠자와는 "지금 이 時勢에서 내가 원하는 것은 幕政의 옛날로 되돌아 가려는 것은 아니다. 단지 문명개화를 추진하여 이익사회의 조직을 확대하여 文學技藝를 부흥해서 政治社會 밖으로 독립시키고, 志士들이 머물 수 있는 구역을 확대하는 일 뿐이다"라고 정치사회 이외로 지사들의 활약할 수 있는 장소를 확대할 필요성을 강조한다(⑧, 198).

후쿠자와는 7월 19일자의 논설에서 "근래 정치의 議論이 세상에 활발하여 세상을 시끄럽게 하고, 재야에 있어서 정당 단결의 이야기가 나오고 있기 때문에 정부도 施政의 방침을 정하고, 그것을 공포하여 실시하고 사회가 활발하게 움직이고 있는 것 같다"고 政局에 대한 소감을 말한다. 더 나아가 "길은 두 가지, 仁과 不仁이 있을 뿐이라는 것은 사물의 극단을 말하는 것이지만, 인간의 행동은 반드시 두 가지 양태가 잇는 것이 아니"기 때문에 "타인의 언행을 견문해도 그 한 가지 국부에 대해서 시비판단을 내리면 안 된다. 게다가 자기와 견해가 다른 사람들에 대한 판단은 더욱 신중하게 해야 한다"고 이분법적인 극단론에 빠지는 것에 대해서 경계할 것을 당부한다(⑧, 216-218). 이와 같은 이분법적인 극단론에 대한 경계는 9월 29일자의 논설에서도 "길은 두 가지, 仁과 不仁이 있을 뿐이라는 것은 옛 성인의 말"이고, 그 의미하는 바는 "사람의 소행은 단지 두 가지 형태가 있을 뿐, 仁이 아니면 不仁이다고 양극단에 표준을 세워 그 사이에는 아무 것도 없는 것 같다", "극단주의에 있어서 그 중간 단계를 간과한 것이다", "仁과 不仁과의 양 극단을 볼 뿐 중간에 있는 넓은 면에 대해서는 눈이 가지 않는다"고 반복된다. 그리고 幕末 시대의 攘夷論을 주장했던 현재의 정부가 명치유신 이후 개화로 방침을 정하여 적극적으로 서양문명을 받아들였다. "지금 명치 15년과 같은 일본이 있는 것은 우리 신정부의 선견지명 때문이라고 말할 수 있다. 그 개진의 선견지명 덕분이라고 말할 수 있다"고 하여 명치정부가 극단주의에 빠지지 않기 때문에 현재의 일본 번영을 이루었다고 칭찬한다(⑧, 352-354). 더 나아가 9월 30일자 논설에서 후쿠자와는 15년 전에 極端主義를 극복한 선견지명을 가진 현 정부가 극단주의에 빠지는 것은 도저히 납득이 안 간다고 지적한다. 그리고 현재의 정국은 "국민이 官權과 民權의 두 가지로 나눠져 官은 忠이다, 民權黨은 不忠이다. 한쪽은 나라의 양민이고 다른 한쪽은 나라의 亂賊이다, 한쪽은 黨友이고, 한쪽은 우리당의 적이라고 행동으로 보여주고, 언론으로 표현한다"고 지적하여, 이것은 "極端主義의 복구일 뿐"이라고 의문을 제기한다(⑧, 355).

후쿠자와는 10월 27일자의 「政治의 名分」이라는 논설에서 "君主政治와 國會政治, 즉 黨派政治를 서로 비교하면 크게 다른 것이 있다"고 말하여 "君主政治는 國君 한 사람의 의사에 의해 정치를 하여 한 국가를 한 가문과 같이 보는 것이고, 國法을 어기지 않는 한, 전국의 인민 모두가 양민이고, 한 사람도 정부에 반대하는 자는 없다"고 설명한다. 다른 한 편 "黨派政治에 있어서 소수당은 여러 면에서 불공평을 받고, 나라 전체가 一視一樣이 되지 않지만, 소수당도 다수당도 그 당내의 단결심은 견고하여, 감정적으로 공감대를 이루고, 때로는 도리를 꺾더라도 반대당을 공격하여 자기당의 인원을 늘려 정권을 장악하려고 노력하는 것을 원칙으로 한다. 두세 개의 黨派가 서로 대치하여 각기 정치상의 주의를 명확히 하여 新聞紙와 演說會에서 黑白相反하여 서로 싸우는 것은 黨派政治의 본질이고, 그것을 명분이라고도 말할 수 있다"고 설명한다. 그리고 "우리 일본 정부를 보면 국회개설의 칙령은 내렸지만, 그 시기는 明治 23년이기 때문에 그 시기까지는 순수한 君主政治라고 말해야 한다"고 지적한다. 그럼으로 "一視同仁의 政府로서 그 국민을 볼 때 親疎遠近의 구별이 있는 것은 이상한 일이다"고 지적하여 정부의 행위를 보면 마치 '黨派政府'와 같다고 비판한다. 그리고 '一視同仁의 政府'로서 행동할 것을 당부한다(⑧, 362-364).

후쿠자와는 "政治上에 있어서 創業의 정신과 守成의 정신과는 구별이 있다"고 말하여 守成은 "사회의 秩序를 중시하여 정치의 명분을 밝히고, 百事道理에 根據하여 禮儀에 依賴할 것"이라고 설명한다(⑧, 379-380). 그리고 지금 일본은 '平安守成 專一의 세상'이라고 지적한다. 더 나아가 "지금은 창업의 시기가 아니기 때문에 社會에는 파괴를 필요로 하는 것이 없다"라고 강조한다(⑧, 381).

후쿠자와는 11월 11일의 논설에서 "나는 현재 국가의 불상사를 예견하여 우려하는 것이 두 가지가 있다고 생각한다. 첫째, 지금은 소위 官權

黨이라고 하는 것은 차차 세력을 확장하여 점점 극단으로 가 결국은 그 성질을 바꾸어 勤王黨이라 이름을 바꾸고, 民權黨도 그 세력을 확대함에 따라 그 자세를 바꿔 드디어 파괴주의에 빠지는 경우도 있다"라고 걱정한다. 그리고 兩黨의 勢力關係에 대해서 "官權 勤王黨이 일시적으로 승리할" 가능성이 높다. 왜냐하면 "官權黨은 그 主義가 명백하고 그 말이 간단했기 때문이다"고 설명한다(⑧, 371). 즉 "勤王의 제목, 아주 간단명백"했기 때문에 일반국민이 받아들이기 쉽다고 말한다(⑧, 374-375).

府縣廳과의 對決姿勢가 강한 府縣議會에 대한 후쿠자와의 반감이 11월 20일의 「廢縣論」의 논설로서 나타난다. 거기서 후쿠자와는 "10년간의 실험에서 300縣을 70으로 줄이고 다시 40으로 줄여도 불편함을 느끼지 않는 것은 교통의 편리함, 즉 施政의 편리함을 증명하는 것이다. 그럼으로 정부는 결심하여 府縣을 폐지하여 전국의 민정을 內務의 직할하에 두어도 문제가 없다고 본다. 그것은 내가 廢縣論을 주장하는 이유이다"라고 주장한다(⑧, 396). 더 나아가 다음 21일의 논설에서 일본의 관민이 안녕은 府縣廳과 府縣의회와의 알력이 심각하다고 주장한다. 후쿠자와는 "前年 우리 정부가 府縣議會를 설립한 것은 官民調和를 하여 상하가 서로 접근하여 서로의 사정을 이해하여" 서로 의사소통을 원활하게 하는 것에 있다고 지적한다. 그리고 "府縣議會의 목적은 民利를 확대하는 점에 있고, 議會는 단지 그 방편에 지나지 않는데, 현재 실제로는 그와 반대로 議論이 활발하고, 직접 지방 인민에 관계되지 않는 것도 많기 때문에 인민의 권리에 해가 된다"고 비판한다(⑧, 398-399). 더 나아가서 후쿠자와는 縣議會를 폐지하는 것은 민의를 부정하는 것이 아니라고 설명하여, 縣議會를 폐지하여 郡區議會를 개설할 것을 제안한다. 후쿠자와는 縣議會를 開設할 때 縣廳과 縣議會의 권한의 구분을 명확히 하지 않았기 때문에 현재와 같은 혼란이 일어났으므로 郡區議會는 처음부터 郡區廳과 郡區議會와의 權限을 明確히 區分하여 出發할 필요가 있다고 주장한다(⑧, 400-401).

후쿠자와는 11월 25일의 논설에서 "소위 官權論者라는 것은 극단적인 勤王論으로 변하여 후일에 處分에 곤혹할 일이 생길 것이다. 필경 勤王論은 그 논지가 단일하여 무지한 자도 이해하기가 쉽게 때문이다"고 강조한다. 明治維新 때도 혈기 있는 勤王者를 이용하여 유신의 위업을 달성한 후에는 오히려 그들의 처치에 고민했다는 것을 想起할 필요가 있다고 지적하여 官權論者가 極端論에 빠지지 않게 주의를 당부한다(⑧, 403). 그리고 12월 18일의 논설에서 후쿠자와는 일본도 明治初年에는 서양문명의 利器를 도입하여, 舊慣古禮는 모두 파괴하여, 廢藩置縣을 비롯하여 천하의 사물 중에서 급변하지 않는 것은 없었지만, 明治 15년의 지금에 와서는, 파괴해야 하는 구물은 모두 파괴하여 현재의 질서를 확립했기 때문에 현재 필요한 것은 현재의 질서를 유지하는 것이라고 지적한다(⑧, 459).

4. 결론

明治(명치) 14(1881)年 정변 때 明治政府는 明治 23(1890)年에 국회를 개설한다고 약속했다. 그것을 받아 민간에서는 政治熱이 높아지고 정당의 창설이 활발화하여 民權論者와 정부와의 대립이 깊어졌다. 이와 같은 정치의 계절에《時事新報》가 창간되었다.

후쿠자와는 이 신문의 논설을 통해서 첫째, 文明開化를 추진하여 商工業立國으로서 일본을 발전시킬 것, 둘째 官民調和에 따라 정부와 민권론자와의 대립을 해소할 것을 주장한다. 官民調和를 위해서 후쿠자와가 제안한 것은 첫째, 정부는 주요한 民權論者를 정부 요직으로 등용할 것, 둘째, 民權論者는 정부를 공격하는 것을 완화하여 정부와의 협조자세를 가질 것, 셋째, 정부와 민권론자 모두 다 2분법적인 극단주의에 빠지지 않게 주의할 필요성을 제기한다. 특히 정부에 대해서는 관용의 마음을 가지고 政府의 정책을 시행할 것을 요청한다.

후쿠자와는 명치유신 이래의 '掃除破壞'의 시대가 지나고 현재(明治15年)는 '建置經營'의 시기라고 생각하여 우선 寡頭政府(후쿠자와의 말로 표현하면 '寡人政府')를 '多人政府'로 교대할 필요가 있다고 강조한다.

더 나아가 후쿠자와는 현재 지방정부(府縣廳)와 대립이 깊고 잘 기능되지 않고 있는 府縣議會를 폐지하기 위해서 '廢縣論'을 주장한다. 그리고 府縣議會에 대신하여 郡區議會를 開設하여 郡區廳과 郡區議會와의 권한의 구분을 명확히 할 것을 주장한다.

우리는 후쿠자와의 정치평론을 통해서 후쿠자와가 정부쪽으로부터도 민권론자로부터도 비판적 거리를 유지하고 있는 것을 볼 수 있다. 그러나 관민조화론을 주장에서 알 수 있는 것과 같이 목적을 우선시하고 토론의 풍부한 내용을 살리지 못하는 것을 볼 수 있다. 이런 점에서 후쿠자와는 근대 시민사회 초기의 정치평론가로서의 한계를 가지고 있다고 볼 수 있다.

《時事新報》 창간호 일본 국내정치에 관한 주요 평론

「本紙發兌趣旨」(1882[明治15]年 3月 1日, ⑧, 5–10).

「伊藤參議を諓す」(1882[明治15]年 3月 2日, ⑧, 10–13).

「政府何ぞ奮て大に進まざるや」{정부는 왜 분발해서 크게 진행하지 않는가?}(1882[明治15]年 3月 3日, ⑧, 13–15).

「一種變則の讒言」(1882[明治15]年 3月 6日, ⑧, 17–18).

「條約改正」(1882[明治15]年 3月 7日, ⑧, 20–22).

「時事大勢論」①(4/5)–⑥(4/14) (全5, 233–255) [明治 15(1882)년 4월 5일부터 4월 14일까지 6번에 거쳐서 사설로 발표한 것을 4월 말에 단행본으로 출판한 것. 앞으로 논설문으로 취급할 때는 「時事大勢論」로, 단행본으로서 취급할 때는 『時事大勢論』로 표시하겠다.]

「藩閥寡人政府論」①(1882[明治15]年 5月 17日, ⑧, 111–114).

「藩閥寡人政府論」②(1882[明治15]年 5月 18日, ⑧, 114–116).

「藩閥寡人政府論」③(1882[明治15]年 5月 22日, ⑧, 116–119).

「藩閥寡人政府論」④(1882[明治15]年 5月 23日, ⑧, 119–122).

「藩閥寡人政府論」⑤(1882[明治15]年 5月 25日, ⑧, 122–125).

「藩閥寡人政府論」⑥(1882[明治15]年 5月 27日, ⑧, 125–127).

「藩閥寡人政府論」⑦(1882[明治15]年 5月 29日, ⑧, 128–130).

「藩閥寡人政府論」⑧(1882[明治15]年 5月 31日, ⑧, 130–133).

「藩閥寡人政府論」⑨(1882[明治15]年 6月 1日, ⑧, 133–135).

「藩閥寡人政府論」⑩(1882[明治15]年 6月 2日, ⑧, 135–138).

「藩閥寡人政府論」⑪(1882[明治15]年 6月 6日, ⑧, 138–141).

「藩閥寡人政府論」⑫(1882[明治15]年 6月 7日, ⑧, 141-144).

「藩閥寡人政府論」⑬(1882[明治15]年 6月 8日, ⑧, 144-147).

「藩閥寡人政府論」⑭(1882[明治15]年 6月 14日, ⑧, 148-151).

「藩閥寡人政府論」⑮(1882[明治15]年 6月 15日, ⑧, 151-154).

「藩閥寡人政府論」⑯(1882[明治15]年 6月 16日, ⑧, 154-156).

「藩閥寡人政府論」⑰(1882[明治15]年 6月 17日, ⑧, 156-160).

「時事新報發行解停」(1882[明治15]年 6月 13日, ⑧, 160-163).

「時勢問答」①(1882[明治15]年 6月 23日, ⑧, 180-184).

「時勢問答」②(1882[明治15]年 6月 24日, ⑧, 184-186).

「時勢問答」③(1882[明治15]年 6月 28日, ⑧, 186-189).

「時勢問答」④(1882[明治15]年 7月 4日, ⑧, 189-191).

「時勢問答」⑤(1882[明治15]年 7月 5日, ⑧, 191-193).

「時勢問答」⑥(1882[明治15]年 7月 6日, ⑧, 193-195).

「時勢問答」⑦(1882[明治15]年 7月 7日, ⑧, 195-198).

「時勢問答」⑧(1882[明治15]年 7月 8日, ⑧, 198-200).

「局外窺見」①(1882[明治15]年 7月 19日, ⑧, 216-220).

「局外窺見」②(1882[明治15]年 7月 20日, ⑧, 220-222).

「局外窺見」③(1882[明治15]年 7月 21日, ⑧, 223-224).

「局外窺見」④(1882[明治15]年 7月 25日, ⑧, 225-227).

「局外窺見」⑤(1882[明治15]年 7月 26日, ⑧, 227-229).

「局外窺見」⑥(1882[明治15]年 7月 27日, ⑧, 229-232).

「局外窺見」⑦(1882[明治15]年 7月 28日, ⑧, 232-234).

「局外窺見」⑧(1882[明治15]年 7月 29日, ⑧, 234-237).

「極端主義」①(1882[明治15]年 9月 29日, ⑧, 352-354).

「極端主義」②(1882[明治15]年 9月 30日, ⑧, 355–357).

「政治の名分」①(1882[明治15]年 10月 27日, ⑧, 362–364).

「政治の名分」②(1882[明治15]年 10月 28日, ⑧, 364–367).

「守成は創業に異なり」①{수성은 창업과 다르다}(11月 4日, ⑧, 371–373).

「守成は創業に異なり」②{수성은 창업과 다르다}(11月 6日, ⑧, 373–375).

「天下憂ふ可きもの二あり」①{천하에 우려해야 하는 것이 두 가지가 있다}(11月 11日, ⑧, 378–381).

「天下憂ふ可きもの二あり」②{천하에 우려해야 하는 것이 두 가지가 있다}(11月 13日, ⑧, 381–384).

「廢縣論」(1882[明治15]年 11月 16日, ⑧, 390–393).

「廢縣論」①(1882[明治15]年 11月 20日, ⑧, 394–397).

「廢縣論」②(1882[明治15]年 11月 21日, ⑧, 397–400).

「廢縣論」③(1882[明治15]年 11月 24日, ⑧, 400–402).

「天下自省す可きものあり」①{천하에 자성해야 할 것이 있다}(11月 25日, ⑧, 402–405).

「天下自省す可きものあり」②{천하에 자성해야 할 것이 있다}(11月 27日, ⑧, 405–409).

「天下自省す可きものあり」③{천하에 자성해야 할 것이 있다}(11月 28日, ⑧, 409–413).

「天下自省す可きものあり」④{천하에 자성해야 할 것이 있다}(11月 29日, ⑧, 413–417).

「尚自省せざる者あり」①{아직 자성하지 않은 자가 있다}(12月 6日, ⑧,

424–426).

「急變論」①(1882[明治15]年 12月 18日, ⑧, 458–461).

「急變論」②(1882[明治15]年 12月 19日, ⑧, 461–463).

「時事新報の本色」(1882[明治15]年 12月 29日, ⑧, 472–476).

주

* 이 글은 『정치와 평론』 제1집에 수록된 것을 다소 수정한 것이다.

1. 후쿠자와 유키치는 1835년 1월 10일(陰曆 天保 5년 12월 12일) 하급무사의 다섯 형제 중의 막내로 오사카(大阪)에서 태어났고, 1901(明治 34)년 2월 3일 근대문명의 위대한 지도자로 애도를 받으면서 동경에서 사망했다. 특히 그의 사망에 대해 일본 국회(衆議院)는 깊은 애도의 뜻을 표명했다.(小泉信三, 『福澤諭吉』, 岩波新書, 東京 : 岩波書店, 1966, p. 3). 그가 살았던 19세기 후반은 일본 역사의 대 전환기에 해당된다. 즉 미국의 페리(Mattew C. Perry) 제독의 내항(1853)에 의한 개국의 강요, 명치유신(1868), 대일본제국 헌법 반포(1889), 일청전쟁(1894-1895)등 일본의 진로를 결정짓는 중요한 시기였다.
2. 幕府의 遣美使節團(1860), 幕府의 遣歐使節團(1861-1862), 幕府가 주문한 군함을 받으러 가는 遣美使節團(1867)의 일원으로서 세' 번의 구미시찰의 경험이 있다.
3. 上揭書, p. 48.
4. 후쿠자와는 일본이 서구 근대문명을 도입하여 문명개화 사업을 통해서 근대적인 신국가를 건설하기 위해서는 전통적인 가치관과 구습을(후쿠자와의 말로 표현한다면) '淸掃破壞' 하고 새로운 가치관을 토대로 새로운 체제를 '建置經營' 해야 한다고 생각했다. 즉 오래된 가치관의 중심을 차지하고 있었던 것이 유교(특히 주자학) 가치관에 기반한 세계관이었기 때문에 서양 근대 과학을 토대로 한 새로운 가치관을 도입하기 위해서는 유교비판이 불가피했다.
5. 鹿野政直著, 『福澤諭吉』(東京 : 淸水書院), pp. 3-4.
6. 小泉信三, 「福澤諭吉の『文明論之概略』」 『心』 第80號(東京 : 平凡社, 1955), p. 52.
7. 《시사신보》(時事新報)는 후쿠자와가 창간한 신문이다. 1882(명치 15)년 3월 1일에 창간된 이후 1936(소화 11)년 12월 25일 《동경일일신문》(東京日

日新聞)에 합병됨으로써 폐간되었다. 명치초기의 신문은 정치중심의 대신문과 사회면 중심의 소신문으로 대별되며, 대신문에는 정부의 의향을 대변하는 어용신문과 자유민권을 주장하는 신문(自由黨系와 改進黨系)으로 구분되는데, 《시사신보》는 '불편부당'(不偏不黨)의 슬로건을 내걸고 정치적으로는 중립을 지켰다고 평가받고 있다. 이 신문은 주장만이 아니라 보도를 중요시했고, 1892(명치 25)년에 로이터 통신과 통신 독점계약을 체결했다. 경제기사에 충실한 것이 명치, 대정 시대를 통해서 이 신문의 특징이었다. 후쿠자와가 스스로 논설을 썼으며, 회사의 경영은 조카인 나카카미카와 히코지로(中上川彦次郎)가 담당했다. 명치 중기 이후 대정 말기까지는 일본을 대표하는 신문의 하나였으나 1923년의 관동대지진으로 사옥이 소실된 후 쇠퇴했고 1936년에는 폐간되었다.

8. Michel Walzer, *Interpretation and Social Criticism*(Cambridge & London : Harvard University Press, 1987), p. vii.
9. 이하에서는 왈쩌의 『사회평론』의 쪽수를 괄호 안에 표기한다.
10. '정치적 내재주의'에 대해 김홍우 교수는 다음과 같이 설명한다 : "정치문제의 해결을 정치 안에서 찾아야 한다는 주장이다. 이것은 또한 가장 바람직한 정치의 가능성을 정치 이외의 다른 곳에서 찾을 수 없다고 보는 입장이다. 민주주의의 문제들을 해결하는 방안 역시 민주주의 안에서 찾아야 한다고 본다. 만일 정치문제의 해결을 정치 외적인 데서 구하거나 또는 민주주의 문제의 해결을 민주주의 밖에서 찾을 경우 이것은 약한 정치 또는 약한 민주주의를 초래하게 된다. 반면 정치문제의 해결을 정치 내에서 찾을 경우 강한 정치 또는 강한 민주주의가 성장할 수 있다고 본다"[김홍우 저, 『현상학과 정치학』(문학과 지성사, 1999년 10월), pp. 720-721].
11. 김대영, "정치평론과 민주적 공론장 : Koestler, Orwell, Lippman에 관한 비교연구"(서울대학교 정치학박사 학위논문, 2002년 8월), pp. 178-280.
12. 그 당시 국민의 가치관의 중심을 차지하고 있었던 것은 유교적 가치관이었다. 후쿠자와는 심한 유교비판을 하면서도 유교적 가치관에 입각해서, 또는 유교적 고전에 나오는 일화를 예로 들면서 새로운 서양문명의 본질을 일반 국민이 쉽게 이해할 수 있게 간결하고 쉬운 구어체로 표현했다[米原謙(2003) : "일본에서의 문명개화론 : 후쿠자와 유키치와 나카에 쵸민을 중심으로," 『동양정치사상사』 제2권 2호(韓國·東洋政治思想史學會, 2003년 9월), pp. 209-227].

13. 北海道開拓使 官有物 민간 매각 사건 : 政府가 총액 1490萬円여를 투자한 北海道開拓使의 官有物을 北海道開拓使長官인 쿠로다 쿄타카(黑田淸隆)는 같은 薩摩藩인 고다이 토모아쯔(五代友厚)에게 단지 38萬 7千円 무이자 30年 할부로 매각하기로 결정했기 때문에 국민들의 정부에 대한 비판이 고조된 사건을 말한다. 이와 같은 사실은 大隈系의 新聞이 발표했다.

참고문헌

[1차 자료]

慶應義塾編. 1958-1964.『福澤諭吉全集』全21卷. 東京 : 岩破書店.

石河幹明. 1932.『福澤諭吉傳』全4卷. 東京 : 岩破書店.

[2차 자료]

遠山茂樹. 1970.『福澤諭吉-思想と政治との關聯』. 東京 : 東京大學出版會.

坂野潤治. 1977.『明治思想の實像』. 東京 : 創文社.

安坂野潤治. 1985b.『近代日本の外交と政治』. 東京 : 硏文出版.

廣田昌希. 1976a.『福澤諭吉硏究』. 東京 : 東京大學出版會.

______. 1976b.『福澤諭吉』. 東京 : 朝日新聞社.

丸山眞男. 1986abc.『[文明論之概略] む讀を』上中下. 東京 : 岩破書店.

安川壽之輔. 1970.『日本近代教育の思想構造-福澤諭吉の教育思想硏究』. 東京 : 新評論社, 初版(1970), 增補版(1979).

______. 2000.『福澤諭吉のアヅア認識』. 東京 : 高文硏.

金榮作. 2001.「福澤諭吉, ナツヨナリスト」. 內田隆三他3名編.『ネイツヨンの軌跡』. 東京 : 新世社. 이 논문은『社會科學硏究』제14집(2001) [국민대학교 사회과학연구소] 에 그대로 일본어로 수록되고 있다(pp. 459-494).

坂野潤治. 1974.「『東洋盟主論』と『脫亞入歐論』-明治中期アヅア進出論の二類型-」. 佐藤誠三郎. R. デインゲマン編『近代日本對外態度』. 東京 : 東京大學出版會.

______. 1985a.「明治政治史におげる福澤諭吉」內山秀夫編『150年目の福澤諭吉-虛像から實像へ-』. 東京 : 有斐閣.

丸山眞男. 1942.「福澤諭吉の儒教批判」『東京帝國大學學術大觀』[『戰中と前後の間』. 東京 : みすず書房. pp. 93-115에 再收錄].

______. 1943.「福澤に於けゐ秩序と人間」『三田新聞』第537號. [『戰中と前後の間』. 東京 : みすず書房. 1976, pp. 143-146에 再收錄].

______. 1949.「明治國家の思想」(歷史學硏究會編『日本社會の史的究明』). 東京 : 岩破書店.
______. 1952.『福澤諭吉選集』第4卷「解題」. 東京 : 岩破書店.
______. 1953.「福澤諭吉」(平凡社版『世界歷史辭典』第16卷所收) [『戰中と前後の間』(東京 : みすず書房. 1976), pp. 562–566에 再收錄].

[정치평론에 관한 문헌]

Michel Walzer. 1987. *Interpretation and Social Criticism*. Cambridge & London : Harvard University Press.
김대영. 2002. "정치평론과 민주적 공론장–Koestler, Orwell, Lippman에 관한 비교연구–." 서울대학교 정치학박사 학위논문.
______. 2005.『공론화와 정치평론–닫힌 사회에서 광장으로』. 서울 : 책세상.
김홍우. 1999.『현상학과 정치철학』. 서울 : 문학과 지성사.

21세기의 한반도와 미국 외교*

권용립(경성대)

1. 문제

중국의 주선으로 체결된 미국과의 수호통상조약 이후 지금까지 130여 년에 걸친 한미관계사를 돌아보면 미국이라는 나라의 독특한 속성에서 비롯된 미국 외교의 전통과 패턴이 미국의 한반도 정책에 투사되어 왔다는 것을 알 수 있다. 예를 들어 백여 년 전에 T. 루스벨트 미국 대통령이 필리핀과 조선을 맞교환하면서 '조선을 포기' 하는 정책을 택했던 것은 조선이 시장으로서의 가치가 없다는 상업적 판단 때문만은 아니었다. 그것은 메이지 유신 이후 서구화하고 있는 일본인이 조선인보다 우월한 종족이라는 진화론적 세계관과 위계적 종족관이 투사된 것이기도 하다.

해방 직후에 미군정이 친일파를 중용함으로써 한국 민족주의 정서를 배반하는 순진한 정책을 구사한 것도 혈연 민족주의에 대한 이해와 경험이 전혀 없는 미국의 역사에서 비롯된 것이며, 미국의 태평양 방위선에서 한반도를 제외한 애치슨 선언을 뒤집고 한국전쟁 발발 직후 신속하게 개입한 것이나, 1980년의 광주항쟁 무력진압에 대한 미국의 태도와 군사독재에 대한 묵인도 윌슨 대통령 이후 미국 외교의 전통인 반공과 반혁명 이념에서 비롯된 것이다. 한때 북한 핵문제를 북한 체제문제로 전환시키는 바람에 북미간 직접 대화를 끝까지 외면했던 부시 행정부의 철저한 대북 불신과 도덕주의도 네오콘 강경파들만 가졌던 유별난 신념 탓만은 아니었다. 이 모두는 미국 역사에서 일관되게 표출되어 온 '도덕적 절대주의'의 연장선상에 자리 잡고 있다.[1]

이처럼 미국의 한반도 정책은 미국 외교사학계가 끊임없이 제기해 온 미국 외교의 역사적 전통과 속성을 반영하고 있다. 미국의 한반도 정책에 관한 분석이 그날그날 일어나는 미국의 한반도 정책을 따라잡는 데 급급한 '서술'에 머물러서 안 되는 이유가 이것이다. 미국의 한반도 정책을 '분석'하려면 동북아시아의 역학관계나 미국의 전략환경처럼 표면적으로 식별 가능한 외생적 요인들도 고려해야겠지만, 미국 외교의 역사를 이끌어 왔으면서도 쉽게 관측되기 어려운 내생요인들에 대한 통찰이 함께 요구된다.

그런데 미국과의 동맹을 불변의 변수로 놓고 전개되어 온 한국의 대미 외교는 물론 한국 정치학계의 미국 연구도 미국 외교의 역사적 성향에는 관심을 두지 않았고, 역사적 관점에서 미국의 한반도 정책을 분석하고 전망하는 시도 또한 없었다. 미국 정치학계가 외교사 연구를 역사학계에 미루고 있기 때문인지는 몰라도 한국 정치학계도 미국 정치학계의 관행을 답습하듯이 미국 외교사 전반을 보기보다는 냉전 이후의 미국 외교정책만 따라잡기에 급급했다.

9·11 테러 이후 안보 및 전략환경의 변화에 대한 반응으로 나타난 21세기의 미국 외교를 냉전 시대의 미국 외교와 전혀 다른 '네오콘 외교'로 인식하고 있는 것은 이 때문이다. 다시 말해서 군사주의적이고 독단적인 9·11 이후의 미국 외교와 국제협조를 중시했던 그 이전의 미국 외교 사이에 가로놓인 단절성에만 주목했고, 단절 밑에 숨은 미국 외교의 장기적 연속성은 놓치고 있다.[2] 그러나 21세기 한반도 국제정치의 강력한 외생변수인 미국과의 관계를 조율해 나가면서 한반도의 미래를 능동적으로 관리하려면 순간순간 변하는 미국 외교의 미시적 변화만 보고서는 미국을 장기적으로 예단하기 어렵다는 것을 알아야 한다. 특히 한국 대미외교의 유연성을 제약하고 있는 '친미'나 '반미' 같은 경직된 시선에서 벗어나 현실의 미국을 유연하게 상대하려면 일상 뒤에 숨어 있는 미국 외교의 규범과 전통을 한국 외교의 외부변수로 포함시켜야 한다.

이 글은 국제정치학의 습성과 관행 때문에 잘 연결시키지 않았던 미국 연구와 한반도 국제정치 연구를 접합시킨 것이다. 따라서 이 글은 국제정치학 연구의 보편적 전제인 "합리적 국가"와 "합리적 결정"을 전제로 한 정책분석이 아니다. 겉으로 잘 드러나지 않는 미국 외교의 전통과 속성을 미국의 한반도 정책 요인으로 고려할 때 북한 핵문제를 비롯한 한반도 문제의 해결책은 어떻게 드러날 것인지 알아보려는 것이다.

2. 미국 외교의 역사적 특징

다른 나라와 달리 미국은 국가의 정체성과 정치이념이 정치뿐만 아니라 외교에도 그대로 투사된다는 점에서 독특하다. 2003년의 이라크 침공과 초법적인 쿠바의 관타나모 포로수용소, 그리고 부시 독트린에서처럼 안보와 자유를 내세워 주권국가에 대한 선제공격까지 정당화하는 단독주의(일방주의)와 군사주의가 표면적으로는 '9 · 11 테러' 이후의 새로운 현상처럼 보이지만 이처럼 독특한 미국의 안보강박증은 18세기 후반, 즉 건국 초기부터 미국의 전통으로 자리 잡은 어떤 일관된 성향을 반영하고 있는 것뿐이다. 부시 행정부 당시 체니 부통령과 럼스펠드 국방장관을 비롯한 미국 행정부 내의 네오콘이 펼친 군사주의와 단독주의에 바탕을 둔 미국 외교는 기독교의 이분법과 선악관의 표출이기에 앞서 미국 건국 이후 불변의 전통으로 내려온 특별한 세계관에서 비롯된 것이다(Gaddis 2004 : 10–118).

'9 · 11' 이후의 미국 외교[3]가 그 이전과 근본적으로 달라졌다고 보는 관점은 조지 W. 부시 대통령이 2000년 당시의 선거공약에서는 '개입주의에 대한 반대원칙'을 공언했다가 '9 · 11' 이후에 독선적이고 일방주의적인 개입주의로 급선회했다는 사실을 강조한다(Hoffmann 2004). 또 '9 · 11' 이후의 미국 외교가 강경해진 것도 사실이다. 그러나 유엔의 반대를 무릅쓰고 강행한 이라크 침공, 또 반미 독재정권의 체제 변환을 미국 안보의 목표로 삼고 있는 '변환 외교'(Transformation Diplomacy)와 같은 도덕적 우월주의는 알고 보면 미국의 전통에 이미 내재되어 있던 것이다. 다시 말해서 미국 외교에 깔려 있는 도덕적 우월주의와 예방안보 이념은 소련이 무너진 후 유일 초강대국이 되면서 생긴 새로운 미국의 전통이 아니다. 이것은 미국 외교의 200년 넘는 전통에 그 뿌리를 두고 있다.

냉전 시대의 미국 외교와 탈냉전 시대의 미국 외교를 구분하면서 탈냉전 미국 외교를 이전 시대의 미국 외교와 단절된 것으로 구분하는 여러 층위의 이론들도 '변화된 세계'를 바라보는 미국의 태도 변화를 분석한다는 전제하에서 주로 세계질서의 변화와 전략적 환경 변화, 그리고 국제정치에서의 '힘'(Power)의 성격 변화를 분석한 것들이 주종을 이루고 있다.[4] 그러나 양극 시대의 미국 외교와 단극 시대의 미국 외교(Krauthammer, 1990/1991)가 현상적으로는 분명히 구분되지만, 미국 외교의 정향과 그 속성만 보면 탈냉전 시대의 미국 외교는 그 이전 시대로부터의 단절이 아니라 연속이다. 왜냐하면 9·11 직후 세계가 목격한 미국의 안보 강박증도 그 역사적 배경은 19세기 초에 미국이 영국과 치른 '1812년 전쟁'에 대한 기억과 경험으로 거슬러 올라가기 때문이다(Gaddis 2004 : 12–15). 지구상에서 가장 안전한 나라가 가장 편집증적인 '절대적 안보'를 추구하는 역설이야말로 미국의 특징이다. 이렇게 보면 흔히 '네오콘 외교'로 알려진 조지 W. 부시 행정부의 외교[5]는 미국의 강박적 안보 전통과 세상을 선과 악으로 나누는 미국 특유의 세계관을 구현한 것이며(권용립 2009), 따라서 미국의 새로운 외교가 아니었다.

미국 외교사 전체를 훑어보면 미국 외교는 외교를 이권투쟁을 위한 '게임'으로 보는 서유럽의 현실주의 외교와 다른 전통을 갖고 있다는 것을 금방 알 수 있다. 미국의 외교는 단순한 이권 외교에 그치지 않고 미국의 정체성과 신념을 세계에 투사하는 독특한 실험의 연속이었다. 미국은 자국의 안보와 이권 확보를 위한 국제정치적 투쟁에다 메시아니즘에서 비롯된 독특한 신념과 투사하면서 도덕주의 외교를 구사해 왔다(Lieven 2004 : 48–87 ; Fousek 2000 : 63–102). 미국이 유럽과 다른 정치사회적 특성을 갖고 있다는 '미국 예외론'[6]을 주장하는 자들이 열거하는 미국적 특수성의 목록에는 미국 외교의 이러한 특성도 포함되어야 한다.

사회주의가 뿌리내리지 못하고 철저한 양당제가 200년 가까이 지속되고 있다는 점에서도 미국은 예외적인 나라이지만, 독립혁명과 건국의 자유이념을 외교에 그대로 투사한다는 점에서도 예외적인 나라인 것이다.

미국 외교의 이러한 특수성은 '미국 국민'의 기원과 미국 민족주의의 형성방식에서 유래한다. 흔히 미국과 유럽을 하나로 보고 서구(West)나 구미(歐美)라는 표현을 쓰지만 미국과 유럽은 기독교 문명이라는 뿌리만 같을 뿐 정치적으로 서로 다른 문명이다. 2003년의 이라크 전쟁을 둘러싸고 노출된 미국과 유럽의 세계관 차이(Kagan 2003)는 미국이 유럽과 다른 독특한 정치문명의 국가라는 것을 확인시켜 주었다. 따라서 미국 외교 전통의 심층을 이해하려면 근대의 보편적 민족주의와는 다른 미국 민족주의의 특성부터 이해할 필요가 있다. 일반적으로 시민혁명을 거치면서 수립된 보편적 근대국가는 자신의 정체성과 민족의식을 '피와 역사'에 대한 집단적 기억을 바탕으로 해서 구축했다. 그러나 미국은 '이념과 정신'에 대한 집단적 기억을 조작함으로써 국가의 정체성을 구축해 왔다.

원래 북미대륙의 동해안에 첫 영국 식민지가 건설된 1607년 이후 독립을 선언한 1776년에 이르기까지 아메리카 식민지인들은 자신들이 영국인이라는 사실을 당연히 받아들였다. 즉 애초에 이들에게 '아메리카인'이라는 자기 정체성은 없었다. 피로 보나 기억으로 보나 그들은 분명히 영국인이었다.[7] '독립전쟁'이 '독립혁명'으로 불리는 이유도 그 전쟁이 '영국인'이 영국 왕과 영국 의회에 대항해서 치른 내전이기 때문이다. 이러한 정체성의 부재상황에서 독자적 정체성을 구축할 유일한 소재는 독립선언과 연방헌법으로 표명된 '정신'뿐이었다.

신비한 건국신화를 가진 다른 나라들처럼 긴 세월에 걸쳐 전승된 집단적 기억이 없기 때문에 미국은 18세기 말의 독립혁명과 건국을 이끈 이념과 정치적 기억을 국가 정체성으로 삼을 수밖에 없었다. 미국이 지금까지 토머스 제퍼슨이나 제임스 매디슨과 같은 200년 전의 실존인물을 건국시조(Founding Fathers)로 신격화하고 독립을 선언한 7월 4일을 최대의 국가적 축제로 기념하는 것은 이 때문이다. 수천 년의 세월과 혈연의 그물망이 없기 때문에 그 자리에 '찬란한 정치적 기억'과 '국가의 정신(헌법)'을 모셔왔고, 또 이것을 국민통합의 토대로 삼은 것이다(권용립 2003b : pp. 82-108).

이런 배경 때문에 다른 나라의 정당정치와 달리 미국의 양대 정당은 정치적 대립과 이해관계를 초월한 이념과 세계관을 공유해 왔다. 미국 정치는 이데올로기적으로 '고정된 울타리' 안에서 전개되어 온 것이다. 현대의 미국이 표피적으로는 '보수'와 '리버럴' 또는 공화당과 민주당으로 양분되어 있지만, 이것은 극단적으로 말하면 미국 정치의 근본을 이루는 정치이념과 세계관을 공유한 바탕에서 전개되는 이불속 싸움에 불과하다. 미국 정치의 특징으로 "다양하고 폭넓은 이념적 스펙트럼의 부재"가 거론되는 것은 이 때문이다. 예컨대 미국 대통령 선거에서 낙태, 동성애, 세금, 총기 휴대의 권리와 같은 생활 관련 이슈들이 정치이념화하면서 핵심 쟁점이 된다는 사실 자체가 미국에서는 유럽처럼 다양한 정치이념의 스펙트럼이 존재하지 않는다는 점을 보여준다. 따라서 보수와 진보(리버럴)를 하나로 수렴시킨 공동의 신념과 철학, 즉 선민의식과 메시아니즘, 그리고 미국 특유의 이분법적 세계관을 파악하면 '친미'나 '반미'에서 비롯되는 선입견에 좌우되지 않고 미국을 있는 그대로 볼 수 있게 된다. 다시 말해서 우리 같은 외부 관찰자가 미국에 대한 선입견으로 인해 생기는 착시현상을 겪지 않으려면 영국 식민지 시대부터 지금까지 미국 정치를 일정한 틀 속에 가둬놓은 이념과 정신적 전통을 먼저 꿰뚫어 봐야 한다.

탈냉전 시대의 미국 외교는 이처럼 지난 2백 년간 거의 변하지 않은 사고의 원초적 틀을 탈냉전이라는 전략적 환경에 맞게끔 구현하고 있을 뿐이다. 따라서 '9 · 11' 이후 미국 외교에 나타난 단독주의와 군사주의는 '9 · 11'의 충격이나 미국이 헤게모니를 잡고 있는 단극구조 때문에 새로 생긴 것이 아니라, 미국 외교의 오랜 전통이 변화한 안보환경에 적용된 결과일 뿐이다. 미국 정치의 이념적 토대가 자유주의, 공화주의, 캘빈주의라는 것은 미국 역사학계의 통설이지만(권용립 2003a : 83-176) 이런 이념적 토대로부터 미국 외교의 확고한 전통, 즉 도덕적 절대주의, 급진주의와 혁명적 변화에 대한 반감, 미국의 위대성에 대한 확신과 비전(우월의식과 "명백한 숙명"의 이데올로기), 자유교역주의, 팽창 또는 개입주의, 인종 간 위계질서에 대한 믿음, 제3세계 민족주의와 혁명에 대한 무지와 몰이해 등이 유래한다는 사실(Hunt 1987 : 17-18)은 아직도 널리 이해되지 않고 있다.

3. 21세기 미국 외교의 규범

이상에서 살펴본 미국 외교의 역사적 정향성에 따라 21세기에도 미국 외교는 다음과 같은 기본 속성을 크게 벗어나지 못할 것이다.[8)]

첫째, '고독주의'와 '안보 강박증'이다. 지구에서 외세로부터 가장 안전한 나라가 미국이지만 이 미국이 오히려 절대적인 안보를 확보하려는 편집증과 강박증에 걸려 있는 것이다. 실제로 지난 2백 년간 미국 외교사는 외부의 위협으로부터 '완벽한 안전'을 일관되게 추구해 온 역사이다. 미국은 현존하는 위협뿐만 아니라 "예상 또는 상상할 수 있는" 모든 종류의 위협(예컨대 미국을 사정권에 두는 적대국의 미사일 개발이나 대량살상무기가 조금이라도 확산될 가능성 등)에 대처하기 위해 단독으로 또는 일방적으로 군사적 수단을 사용하는 데 주저하지 않는다. 이것은 근래의 현상이 아니라 미국의 전통인 안보 강박증 때문이다. 적의 미사일을 사전에 요격하는 레이건의 전략방위구상(SDI)과 부시 행정부의 미사일방어계획(MD), 그리고 이라크 침공과 선제공격의 정당성을 선언한 부시 독트린도 절대 안보 강박증의 표출이다. '국가안보'(National Security)라는 용어가 미국 외교정책의 개념으로 대두한 것은 1947년에 트루먼 대통령이 국가안보회의(NSC)를 설치한 이후지만, 미국은 건국 초기부터 다른 나라의 개입이나 협조 없이 국가안보를 보장하려는 강박증과 편집증을 보여왔던 것이다.

이 강박증 때문에 미국은 경제문제를 다룰 때와는 달리 안보문제에 대해서는 '고독할' 정도로 단독 플레이를 선호하는 경향이 있다. 안보문제에 대해서만큼은 타국의 힘이나 의지가 우월적으로 개입할 여지를 주지 않겠다는 것이다. 이런 '고독주의'는 양보와 타협보다는 군사적 수단을 통해 안보문제를 해결하는 '총잡이 문화'(Slotkin 1998)를 반영한 것만은 아니다. 미국이 세계정치에서 눈을 떼지 못하는 것도 미국이 세계의 초강대국이라서만은 아니다. 잠재되어 있는 안보 강박증 때문이다. 200년이 넘도록 바꾸지 않고 있는 미 국무부(Department of State)의 명칭이 시사하는 것처럼 미국에게 세계는 외교의 대상이 아니라 미국 '국무'의 대상이다. 그런데도 미국 외교에 대한 기존의 통설은 미국 외교의 전통을 미국 바깥 문제에 가급적 개입하지 않는 고립주의로 단정해 왔다. 비록 1899년의 미-스페인 전쟁 이후 고립주의 전통이 깨지기는 했지만, 원래 미국은 1823년의 '먼로 독트린'에 표방된 고립주의의 나라라는 것이다. 표면적으로만 보면 이런 주장은 진실처럼 보인다. 즉 미국은 크리미아 전쟁이나 프러시아-프랑스 전쟁과 같은 19세기 유럽의 큰 전쟁에 일체 관여한 적이 없으며, 미국 대통령이 유럽에 간 것도 제1차 세계대전을 결산한 1919년의 베르사유 회의에 참석하기 위해 우드로 윌슨 대통령이 프랑스에 간 것이 최초였다. 그러나 이 관점은 미국이 북미대륙의 서부와 중남미에 대해서는 일찍부터 팽창하고 개입해 왔다는 사실을 놓치고 있다. 즉 유럽의 관점에서만 미국을 보고 내린 잘못된 결론이다.[9)]

말을 바꾸면 애초부터 건국 이후 미국의 정치사는 외부의 위협으로부터 완벽한 안전을 추구해 온 역사, 즉 절대 안보의 역사이다. 민병 수준의 부족한 병력으로 잘 훈련된 영국의 정규군에 맞서야 했던 독립혁명의 경험도 안보 강박증을 야기한 원인이었지만 그 결정적 계기는 1812년에 발발한 영국과의 두 번째 전쟁이다. 1812년부터 1814년까지 계속된 '1812년 전쟁'의 막바지인 1814년 8월에 영국군의 침공으로 백악관과 연방의회가 불타버린 이후 미국을 불가침으로 만들겠다는 강박증, 즉 "공략이 불가능한 미국"(America Invulnerable)을 만들겠다는 편집증은 미국의 정치적 전통이 되었다(Chace and Carr 1989). "포탄의 붉은 섬광이 지나간 새벽 여명, 어제 해질녘에 휘날리던 성조기를 다시 보게 되는" 감격으로 시작하는 미국 국가도 1814년 8월 영국 군대에 의해 백악관과 의사당을 유린당했던 1812년의 전쟁을 묘사한 시를 가사로 채택한 것이다. 이처럼 잠재적 또는 상상 가능한 모든 위협에 대해서 군사력으로 대처하는 절대 안보 강박증이야말로 미국만의 고유한 특징이다. 탈냉전 미국 외교의 특징인 군사적 일방주의, 다시 말해서 안보문제에 대해서는 고독한 단독 플레이를 마다하지 않는 것도 다른 나라의 힘과 의지가 안보문제에 개입할 여지를 주지 않는 전통 때문이며, 미국이 끊임없이 '전쟁의 그림자' 속에 살고 있는 것(Sherry 1997)도 이런 이유 때문이다.

고립주의가 아니라 고독주의에 가까운 이러한 전통 때문에 미국은 '동맹'에 의존하거나 집착하지 않는다.[10] 사정만 허락하면 동맹국과의 협조보다는 자신의 필요성과 신념에 더 충실한 것이다. 미국식 고독주의는 유엔의 반대와 나토 동맹국들의 반대에도 불구하고 이라크를 침공한 2003년에 집약되어 나타났다. 그리고 예상되는 모든 위협, 예컨대 적성국이 미국을 사정권에 두는 미사일 개발을 하는 것이나 적성국의 대량살상무기가 테러집단으로 이전될 가능성을 차단하기 위해 군사적 수단을 미리 사용하는 전통을 볼 때, 성공 가능성과 군사적 조건만 충족되면 이란이나 북한에 대해서 이것을 적용하지 못할 이유가 없다.

둘째, 고독주의와 안보 강박증은 불가피한 상황이 닥치지 않는 한[11] 미국 외교의 두 번째 속성인 '군사주의'로 연결된다. 미국 행정부 내에 대북 강경파와 협상파가 공존하고 있지만 미국 외교의 전통은 궁극적으로 군사주의이다.[12] 독립전쟁, 1812년 전쟁, 멕시코와의 전쟁, 남북전쟁, 스페인과의 전쟁, 제1차 세계대전, 제2차 세계대전, 한국전쟁, 베트남 전쟁, 두 차례에 걸친 이라크 전쟁 등 굵직한 전쟁 말고도 군사작전 수준의 '작은 전쟁'이 미국 외교사에는 놀랄 만큼 많다. 1800년부터 1934년까지 미 해병대가 다른 나라 해안에 상륙한 건수만 어림잡아 180회이다. 육군과 해군 작전까지 합하면 그 수는 더 늘어난다. 게다가 1961년 쿠바 픽스 만 침공이나 1965년 도미니카 침공, 1983년 그레나다 침공, 1988년 파나마 침공, 1994년 아이티 침공 등 냉전 시대의 '저강도 전쟁'까지 포함하면 미국이 치른 크고 작은 전쟁은 일반의 추측과 달리 엄청나게 많다(Boot 2002 : pp. xiii–xx).

미국 외교의 군사주의적 속성을 잘 보여주는 것은 바로 이 '작은 전쟁'들이다. 한때 북한과 이란에 대한 정밀폭격(surgical strike)을 주장했던 목소리들도 이 전통에서 자연스레 나온 것이다. 이런 군사주의적 본능은 미국의 문화적 전통에 내재되어 있다. 클린턴과 레이건 그리고 소아마비를 앓은 프랭클린 루스벨트를 제외한 역대 미국 대통령 대부분이 해군 또는 육군장군이나 장교 출신이라는 점도 다른 나라에 비해 특이한 점이다. 그러나 무엇보다도 독립전쟁을 비롯한 건국 당시의 '찬란한 기억들'과 남북정쟁을 애국적이고 정치적인 기억으로 채색해서 각인하는 정치문화, 영웅과 애국자를 찬양하는 독특한 영웅주의는 미국 정치문화의 뚜렷한 전통이다.

그래서 미국의 전쟁은 헐리우드 영화처럼 선과 악의 대결이다. 미국 외교의 군사주의는 단순한 군사력 중심주의가 아니라 십자군적 군사주의이며, 일부 군부 관료나 강경파의 군사주의가 아니라 미국 국민성에 깔린 도덕주의에 기반한 군사주의이다(Bacevich 2005 : 5–6). 그 바탕에는 자유주의와 공화주의 이념도 깔려 있고 캘빈주의의 천년왕국관념(millennialism), 즉 전쟁을 그리스도와 적그리스도의 최후의 대결인 아마겟돈의 싸움으로 보는 십자군의 징벌적 전쟁관도 깔려 있다. 전쟁을 국제적 갈등을 해결하는 마지막 외교수단으로 보는 유럽의 전쟁관념하에서는 상상할 수 없었던 '무조건 항복'이라는 징벌적 종전(終戰) 개념을 발명하고 핵폭탄을 나가사키와 히로시마 시가지에 투하하는 징벌적 전쟁관념을 현실에 적용한 유일한 나라도 미국이다.

'자유의 전파'를 위해 자유와는 거리가 먼 군사력까지 동원하는 미국적 역설은 이런 전통에서 생긴 것이다. 스스로 정의의 무력을 자처하는 미국으로서는 테러와 독재자를 처단하기 위해 전지구적 군사 패권을 확립하고 유지하는 것이 도덕적 의무다. 이렇게 보면 미국이 주도하는 세계화는 경제와 금융의 세계화에 그치는 것이 아니라 안보규칙의 세계화까지 포함하는 것이다. 테러집단을 비호하면 안 된다거나 대량살상무기를 만들거나 유출해서는 안 된다는 '미국의 안보를 위한 규칙'을 세계화하는 것도 미국이 그리는 세계화의 비전에 포함된다.

셋째, 미국 외교의 또 다른 속성은 '반사 민족주의'에서 유래하는 대결적 속성이다.[13] 미국 민족주의의 특성상 미국은 적을 통해서만 자신의 정체성을 확인하는 특유의 습성이 있다. 앞에서 말했듯이 식민지 시대 북아메리카 정착민의 정체성은 영국인이었기 때문에 독립 직후 미국이 영국과 자신을 구별할 정체성으로 삼을 대상은 독립과 건국의 '자유정신'뿐이었다. 따라서 미국적 정체성의 표상으로 삼게 된 '자유'는 '영국에 없는 그 무엇'이었고, 영국은 미국의 '타자'로서 미국에 정체성을 제공해 주는 최초의 대결상대였던 것이다.

이처럼 어떤 '타자'(otherness)를 먼저 적으로 설정하고 난 다음 그 타자와 반대되는 모습을 자신의 정체성으로 규정하는 순서를 통해 스스로를 '타자의 타자'로서만 규정해 온 미국의 민족주의는 일종의 '반사 민족주의'라고 할 수 있다. 영국인임을 부정할 수 없는 시대적 상황에서 영국에서 분리된 새 나라를 인공적으로 설계해야 했던 만큼 영국, 즉 '헌 나라'의 모습을 반사해서 그와 반대되는 '새 나라', 즉 미국의 정체성을 규정하는 것은 자연스럽고 불가피한 것이었다. 선과 악, 구세계와 신세계, 자유와 독재의 이분법에 빠져 있는 미국의 독특한 세계관은 캘빈주의의 이분법적 선악관에서 유래하는 측면도 있지만 미국 민족주의의 이와 같은 특성에서 비롯되는 측면도 있다. 결국 스스로를 '타자의 타자'로 규정하게 되면서 미국은 특별한 나라라는 믿음(American Exceptionalism)을 부수적으로 갖게 되었고, 특별한 나라인 미국이 북미대륙의 서쪽과 태평양 너머 세계로 계속 팽창해야 한다는 "명백한 숙명"(Manifest Destiny)이라는 자의식을 갖게 되었으며, 제2차 세계대전을 전후해서는 헨리 루스(Henry Luce)가 만들어낸 '미국의 세기'(American Century)라는 슬로건처럼 미국이 전세계를 지도하고 구원할 소명을 갖는다는 메시아니즘의 외교철학을 확립했다.

일단 대결할 '타자'를 설정하고 나서 그 타자의 모습을 반사해서 자신의 정체성을 규정하는 속성 때문에 시대별로 미국의 대결상대가 달라지면 미국의 정체성인 자유의 내용도 달라졌다. 제1차 세계대전 당시에는 유럽의 외교적 악습과 전쟁, 제2차 세계대전 당시에는 파시즘과 군국주의가, 냉전 시대에는 공산주의와 제3세계의 급진주의(혁명)이, 그리고 탈냉전 시대에는 테러와 '악의 축'이 미국의 타자로 설정되었고, 미국의 자유는 언제나 그 타자와 대결하고 그 타자의 속성과 반대되는 내용이 되었다(Foner 1998). 그 결과 미국은 언제나 악으로부터 자유를 지키는 전사이며, "노예상태인 적"과 "자유의 미국"을 갈라놓는 이분법이 바로 미국 민족주의의 바탕이 된 것이다.

거슬러 올라가면 19세기 초에 이미 미국을 자유의 제국(Empire of Liberty)으로 선포한 토머스 제퍼슨, 1819년의 대륙횡단 조약(Adams-Onis조약)과 1823년의 먼로 독트린을 통해 아메리카 대륙에서 미국의 헤게모니를 선포한 제임스 먼로, 텍사스 병합 등 민주당 주도하의 서부 팽창을 실현한 1840년대의 제임스 포크 대통령은 모두 미국이 자유를 전파할 명백한 숙명(Manifest Destiny)을 신으로부터 부여받았다는 선민의식을 갖고 있었다.

이처럼 미국 역사 전체를 보면 '9 · 11' 이후에 네오콘이 보여준 강박적 독선은 그들만의 예외적인 독선이 아니라는 것이 드러난다. 이 독선은 반사방식을 통해 구축된 미국 민족주의와 미국 건국 초기부터 미국 정치의 집단 무의식처럼 잠복해 있던 안보 강박증이 미 본토 심장부가 기습당한 '9 · 11'의 충격 때문에 분출된 것뿐이다. 그리고 21세기 미국의 한반도 정책도 이러한 미국 외교의 역사적 정향과 그 속성에서 그리 자유롭지 못하다.

4. 미국의 한반도 정책 비전과 한미동맹

21세기 미국 외교의 근본 규범에서 연역될 미국의 한반도 정책은 한미동맹과 북한에 대한 미국의 정책기조에서 나타나고 있다.

첫째, 위협에 대한 '예방적 대처'는 미국이 양보하지 않을 부동의 외교원칙이다. 실재적 위협과 잠재적 위협의 구별은 의미가 없다. 이런 태도는 미국의 전통에 내재된 것이며, '미국을 위협할 북한'에 대한 어떤 타협과 양보도 어렵게 만들어 왔다. 1994년 클린턴 행정부가 핵동결을 조건으로 북한과 타협한 제네바 기본합의(Agreed Framework)도 미국이 북한에 대해 보상을 하고 외교적으로 타협하겠다는 원칙을 갖고 체결된 것이라기보다는 탈냉전 환경하에서 북한이 곧 '자연사'할 것으로 예상하고 체결한 것이다.

둘째, 반사 민족주의의 특성상 미국은 대결할 적을 필요로 하기 때문에 대적할 가능성이 있는 특정 대상이나 국가를 설정하는 성향이 있다.

'악의 축'이나 알카에다 등 추상적이고 한시적인 적대세력으로는 불충분하기 때문에 소련 멸망 직후부터 미국은 중국과의 대결구도를 불가피하게 상정해 왔다. 냉전 종식 직후부터 미국 내부에서 중국 위협론이 과도하리만큼 대두한 것도 소련 이후의 새로운 대결상대를 무의식적으로 찾는 반사 민족주의의 속성을 반영한 것이다. 한반도에 대한 미국의 정책과 전략도 궁극적으로는 중국과의 대결구도와 연관해서 전개되고 있다.

셋째, 윌슨식 개입주의(Wilsonian Interventionism), 즉 민주, 인권, 평화를 강조하는 수사적 휴머니즘(Rhetorical Humanism)이 군사력 사용을 위한 명분으로 계속 작동할 것이다. 스탠리 호프만의 말처럼 미국의 전쟁은 두 가지 대의를 표방할 때 국민적 지지를 받는다. 하나는 국가 안보요, 다른 하나는 미국의 이상이다(Hoffmann 2004 : 67). 미국이 세계의 구원자라는 메시아니즘과 미국의 리더십에 대한 원대한 비전은 앞으로도 미국 외교의 군사주의를 지탱하는 요인이 될 것이다.

미국의 한반도 전략은 이런 기조 하에서 전개되어 왔다. 첫째, 한미동맹에 대한 미국의 비전이다. 이론적으로 군사동맹은 세력의 불균형을 조정(power balancing)하거나 강대국에 편승(bandwagoning)하는 것이 그 목적이다. 따라서 북한과 공산주의에 대한 공동 방어동맹인 한미동맹은 공산권이 붕괴되고 한국 내 일각에서 반미감정이 표출되기 시작하면서 그 비전과 목표가 모호해졌다. 한미동맹의 의미와 목표를 새로 규정할 필요가 생긴 것이다.

그런데 중국이 한국을 군사적으로 위협하는 상황도 아니고 한국이 미국에 편승해서 중국을 견제할 상황도 아닌 지금 한미동맹이 전통적 의미의 군사동맹으로 지속되어야 할 명분은 북한의 위협뿐이다. 실제로 한미동맹의 텍스트인 한미상호방위조약도 한국전쟁 휴전 직후 우세했던 북한의 군사력을 겨냥해서 체결된 것이다. 그러나 이제는 미국이나 남한에 대한 북한의 선제공격은 자살행위가 되는 상황으로 변했다.

미국이 한미동맹의 변환을 꾀하는 것은 이 때문이다. 탈냉전 시대에 한미동맹을 지속할 새로운 명분을 확보하기 위해 부시 행정부 당시 럼스펠드 국방장관이 추진한 군사력 변환전략(Rumsfeld 2002 ; Barnett 2004)에 따라 주한미군의 성격과 구조를 변화시키는 것이다. 상식적으로 봐도 미국은 장기적으로 북한의 붕괴를 가정하고 그 이후 급변할 한반도와 동북아 정세에 미국의 이익이 투사될 수 있게끔 한미동맹을 유연하고 기민한 광역동맹으로 바꾸는 것이 목표다. 북한의 위협에 대응하기 위해 체결된 1953년의 한미상호방위조약에 따라 수비형 국지동맹으로 정착된 한미동맹을 전략적 유연성에 바탕을 둔 공세적 지역동맹으로 변환하려는 것이다.[14] 동북아 전략의 주요 고리로서의 한미동맹을 전략적 유연성에 바탕을 두고 재편하려는 이 비전은 테러와 같은 비재래식 위협과 중국 군사력의 현대화, 북한의 정세 변화에 적극적으로 대처해 가면서 한반도 통일의 과정을 통제해야 한다는 비전을 제시한 2002년 9월의 미 국가안보 전략 보고서에 나타난 바 있다.

둘째, 한미동맹에 관한 이 비전에 의거해서 미국은 중국의 군사력 증강과 북한의 정세 변화에 대한 대처, 대만문제를 비롯한 동북아 역내 사태에 대한 유기적 공동 대응, 한반도 통일과정에 대한 적극적 개입을 가정하고 있다. 즉 북한의 위협에 대한 억지력 확보를 넘어서 미국의 동북아 전략 차원에서 주한미군의 개념을 '9 · 11 테러' 이전부터 재정립해 왔다(Wortzel 2000 : 2–3). 한미관계의 주요 현안인 전략적 유연성 문제, 전시작전통제권 문제 등은 모두 이와 같은 비전에 연관되어 있다.[15] 우선 주한미군은 대만문제를 비롯한 중국과의 마찰을 관리할 전력인 동시에 주일미군과 함께 유사시 합동전력으로 동북아 역내 사태에 개입하게 된다. 주한미군 기지 이전과 전시작전권의 한국 이양에 대비해서 미 국방부가 육군 중심인 주한미군을 공군력과 해군력 주축으로 재편한 다음, 주한미군을 하와이에서 괌으로 이전하는 태평양 사령부의 전진기지로 이용하려는 것도 이런 맥락에서이다.

수비형 동맹인 한미동맹을 북한에 대한 예방적 · 선제적 군사 개입까지 가능한 공수 겸용 동맹으로 변화시키려는 미국의 의도는 한미동맹의 전통적 기능인 대북억지는 주로 한국군에게 맡기고, 주한미군은 대북제재와 중국을 겨냥한 기동전력으로 운용하는 것이다. 미국은 태평양 사령관과 주한미군사령관 등을 통해 한국 방어에서 한국의 보다 적극적인 역할을 지지하며, 한국의 시야가 한국 안보에서 동북아 안보로 확장되는 것을 환영한다고 수차례 밝힌 바 있다. 또 한국에 대한 전시작전권 이양을 위해 주한미군을 공군력과 해군력 중심으로 재편한 다음 괌으로 이전할 미 태평양 사령부의 전초기지로 운용할 계획도 밝혀왔다. 이것은 중국이 동북아에서 미국을 억지할 세력으로 대두하는 것을 막을 예방적 전략이며, 궁극적으로는 '절대 안보'와 '예방 안보' 개념을 한미동맹에 투사한 결과이기도 하다.

그렇기 때문에 미국은 주한미군의 전략적 유연성 문제를 한미동맹 차원이 아니라 미국 군사력의 세계적 운용 차원에서 본다. 다시 말해서 전략적 유연성은 미국의 군사주권 문제이며, 이에 대한 한국의 이의는 수용하기 어렵다는 입장이다. 미국 입장에서는 미 국방부가 추진 중인 군사 변환의 기본 개념인 전략적 유연성을 세계전략의 한 매듭에 불과한 한미동맹에 적용하는 것은 당연한 일이기 때문이다. 실제로 부시 행정부 시절 이라크 전쟁에 주한미군을 투입함으로써 주한미군의 전략적 유연성은 기정사실화되어 버렸다.

문제는 한국이다. 한미동맹의 재편으로 인해 한미동맹에 대한 한국과 미국의 시각 차이도 드러나고 있다. 한국은 한미동맹을 미국의 대북공격과 이에 따를 한반도 전쟁을 막을 수단으로, 그리고 궁극적으로 한반도 평화체제의 중심축이 되기를 바라지만 미국은 한미동맹을 대테러전과 '변환 외교', 그리고 중국 견제를 위한 세계전략의 한 고리로 간주한다. 다시 말하면 한반도 평화수단으로서의 한미동맹과 세계전략 도구로서의 한미동맹이 상충하고 있다. 특히 한국은 주한미군의 전략적 유연성이 중국의 양안문제, 또 장기적으로는 미국의 중국 봉쇄전략과 연관될 가능성을 우려할 수밖에 없다. 물론 미국의 대중정책 기조는 당분간 변화가 없을 것이다.

부시 행정부 초기에는 중국을 "전략적 동반자"에서 "전략적 경쟁자"로 바꿔 부르면서 중국 위협론을 부각하기도 했지만, 2006년에 나온 미국방부의 4개년 국방 보고서(U. S. Department of Defense 2006)는 중국에 대해 양다리 전략(hedging strategy), 즉 봉쇄와 포용을 병행하는 전략을 선언한 바 있다. 그것은 미중관계가 대만문제, 인권문제, 통상문제, 환율문제뿐만 아니라 북핵문제처럼 미국과 중국의 타협 또는 대결이 사태 전개의 변수가 될 현안까지 포괄하고 있기 때문이다. 그리고 중국이 '화자위선'(和字爲先)을 대미정책 기조로 표방하면서 대결보다 내실 다지기에 주력하는 한 미국도 대중정책의 현 기조를 유지할 수밖에 없다. 2003년 미국 외교평의회의 중국 군사력 보고서(Council on Foreign Relations 2003)도 향후 20년간은 중국이 미국의 군사력을 따라잡기 어렵다면서 과장된 중국 위협론을 경고한 바 있다. 따라서 미국이 중국을 의식해서

인도와 중앙아시아에 대한 외교를 강화하고는 있지만, 그 목표는 아직까지는 중국 봉쇄가 아니라 에너지 자원 확보 전쟁의 주 경쟁자로 부상한 중국에 대한 예비적 견제에 머물러 있다.

그러나 이것은 어디까지나 중단기적 관측일 뿐이다. 반사적 세계관 때문에 미국은 언젠가는 거대 중국의 존재 자체를 최대의 안보위협으로 받아들일 수밖에 없다(Feigenbaum 2001 ; Shambaugh 2000 ; Kagan 1997 ; Wolfowitz 1997). 최근 미국의 경제위기와 중국 경제의 급격한 성장은 한편으로는 미국과 중국의 상호 의존도를 높이면서도 다른 한편으로는 미국이 중국과의 대결구도로 선회할 개연성도 높이고 있다. 따라서 한국 정부는 전략적 유연성 개념을 불가피하게 수용하되 장기적으로 미국과 중국의 대결구도에 연루되지 않을 묘수를 한미관계나 한중관계 같은 양자 틀보다는 제3의 틀(한국과 미국, 중국, 일본 등이 함께 참여하는 동북아 안보체제의 구축)을 통해 찾아야 한다.

5. 미국 외교의 특징과 북미대결[16)]

2001년부터 적어도 2006년까지 북한에 대해 부시 행정부가 취했던 강경책의 원인은 단순히 북한 정권에 대한 증오와 불신만이 아니었다. 앞에서도 말했지만 부시 독트린을 비롯한 미국의 대북강경책은 미국 외교의 전통과 속성이 고스란히 반영된 것이다. 민주당의 오바마 행정부 하에서 미국의 대북정책이 획기적으로 바뀔 것이라는 일각의 순진한 기대가 무너진 것은 이 점에서 보면 당연하다.

우선 미국에게는 북한의 현존하는 핵 자체보다는 잠재적인 핵개발과 확산 가능성이 더 큰 위협이다. 북한이 보유한 핵보다는 북한이 개발해서 유출할 핵에 대한 우려가 더 크다는 말이다. '핵테러가 과연 일어나느냐'가 아니라 '핵테러가 언제 일어나느냐'는 관점에서 미국에 대한 공격에 대비하는 워싱턴 정책결정자들의 경계심은 상상을 초월한다(Allison 2004 : 5–6). 부정확하고 불충분한 정보만으로 이라크를 선제공격한 것도 석유 때문만은 아니었다. 미국에게 북한 정권과 북한 핵문제는 "9 · 11 테러의 재발 방지", 즉 절대적 안보의 확보라는 21세기 미국 외교의 기본 목표와 직결되어 있다.

구소련과 파키스탄의 핵유출에 대해서는 상대적으로 침착했던 미국 정부가 '9 · 11' 이후 이란과 북한에 대해 강박증 일변도로 대처한 까닭은 '9 · 11 테러'가 불붙인 절대 안보 강박증, 즉 앞에서 말한 '1814년의 기억' 때문이다. 핵확산금지조약에 가입하지 않은 인도에게는 핵기술 지원을 약속하면서 북한에게 경수로를 거부한 이중 잣대도 이런 맥락에서 보면 '정당한' 것이었다. 북한이 상대하는 미국은 실현 가능성이 희박한 북한의 핵공격을 겁내는 미국이 아니라 북한 핵이 유출되어 미 본토 테러에 사용될 가능성을 막으려는 미국이다. 문제의 본질은 이것이기 때문에 한때 한국의 노무현 행정부가 북한과 미국의 중재자가 되겠다고 나섰던 것도 미국이 보기에는 방화범(북한)과 소방대(미국) 사이에서 중립을 선언하는 배신행위로 비쳐졌던 것이다(Armacost and Okimoto eds., 2004 : 17).

조지 W. 부시 행정부가 2005년의 '9 · 19 베이징 공동성명' 이후 북핵문제를 인권, 마약, 위조지폐, 미사일, 재래식 군사력, 생화학무기 등 북한발 위협에 관련된 현안을 모두 포괄하는 '북한문제'로 확대했던 것은 북핵문제를 절대 안보의 문제로 보기 때문이었다. 북한의 위협보다는 아예 위협의 주체인 북한 정권을 없애거나 변화시키는 전략으로 선회했던 것이다.

그 이후 북한은 두 차례의 핵실험을 감행하면서 중국의 묵시적 후원하에 미국을 압박하고 있고, 최근 들어 미국은 경제위기와 긴 해외전쟁들로 지쳐 있다. 2차 북핵위기만 해도 2002년 이후 8년 넘게 계속되고 있는데, 이 비대칭적 대결의 특징은 대결을 끝낼 군사력은 미국이 갖고 있고 대결을 평화적으로 끝낼 열쇠는 북한이 갖고 있다는 점이다. 그런데 미국과 한반도의 제반 상황으로 볼 때 군사적으로 대결을 끝낼 가능성은 희박하다. 이와 동시에 평화적 해결의 열쇠인 북한의 선제적 핵포기도 왕조적 수령체제와 선군이념, 반미반제 적개심으로 버텨온 북한체제의 속성상 현실적으로 기대난망이다. 미국의 '선 핵개발 포기' 요구를 수용하는 것을 북한 지도부는 체제를 판돈으로 내건 도박으로 보기 때문이다.

이렇게 보면 '양보의 상대적 가격'이 더 싼 쪽은 미국이지만 미국도 큰 원칙에서는 양보할 가능성이 없다. 미국 대북정책의 방식은 누가 미국 대통령이 되느냐에 따라 변하지만 그 근간은 변하지 않는다. 북한문제가 터질 때마다 워싱턴에서는 대북강경파와 협상파간의 파워게임이 벌어졌지만 협상파라고 해서 북한과의 관계를 무조건 정상화하자는 것이 아니다. 북한의 도발과 위협을 적정 수준으로 관리하기 위해서는 협상이 압박보다 비용이 적게 든다는 현실론에 더 충실한 것뿐이다. 오바마 행정부의 대북정책이 입증하듯 온건파가 워싱턴을 장악해도 한미동맹의 존속과 북한의 핵포기라는 전제조건 없이 대북관계 정상화에만 급급하지는 않는다. 미국 외교의 근본 규범이 대북양보의 마지노선인 북한의 핵포기를 미리 획정하고 있기 때문이다. 이처럼 한쪽은 안보와 도덕을 양보할 수 없고 다른 한쪽은 체제를 양보할 수 없는 비대칭적 대결이 극한으로 갈 경우 이기는 쪽은 강자일 수밖에 없다. 즉 이론적으로 보면 북한의 선 변화가 북미대결의 종식을 위한 조건이다.

그러나 문제는, 다시 말하지만 북한이 선제적으로 핵무장을 진정으로 포기할 가능성은 희박하다는 점이다. 중국의 태도, 서울과 평양의 물리적 거리 등 미국이 북한을 직접 공격할 가능성을 제약하는 현실적 요인들로 봐서 북한당국은 핵이 대내적으로 선군정치의 승리를 선전하는 상징이며, 대외적으로는 언젠가 마주 앉게 될 미국과의 협상 테이블에서 많은 것을 얻어낼 수 있는 유일한 담보물이라고 믿기 때문이다. 이처럼 서로 먼저 양보하기 힘든 속성을 보유한 상태에서 진행되어 온 미국과 북한의 대결은 평행선을 달릴 수밖에 없고, 적어도 현 단계에서는 북한의 '검증 가능한 변화' 말고는 북한문제의 외교적 해결을 위한 단초가 별달리 없다.

북한 체제의 속성과 미국 외교의 근본 규범이 정면으로 충돌하면서 북한문제를 타결하기 어렵게 만드는 측면도 있지만 이에 못지않은 제3의 요인도 있다. 북핵문제의 타결 또는 종결방식이 동북아시아에서 미국과 중국의 향후 역학관계에 결정적 영향을 끼칠 것이라는 점 때문에 미-중 양국의 '외교적' 협조가 근본적으로 불가능하다는 점이다. 2010년의 천안함 사건과 연평도 사건을 둘러싼 중국의 태도도 북한문제에 관한 한 중국은 언제라도 미국과 대결할 것이라는 메시지를 '예방적' 차원에서 보낸 것으로 봐야 한다.

이런 상황에서 북한문제의 해결방식은 이론적으로만 보면 몇 가지로 압축된다. 첫째, 미국이 북한 핵시설을 직접 공격할 가능성이다. 그러나 이 가능성은 부시 행정부 시절에 비해 현저히 줄었다. 우선 미국 국방부

내의 일부 강경파와 달리 미군 지휘관들은 군사공격 실행 여부를 철저히 군사적 가능성을 기준으로 삼기 때문에 산악지형이 많은 북한의 지하 엄폐시설에 대한 군사공격에는 우선 미 군부가 신중을 기할 것이다. 부시 행정부가 이란에 대한 군사공격을 주저했던 가장 큰 이유도 이란의 광대한 산악지형에, 그것도 수십 미터 지하에 분산된 핵시설을 정밀유도 폭격으로 파괴할 가능성을 확신하지 못했기 때문이다. 또 군사공격으로 북한 정권을 붕괴시킨다 해도 이라크와 달리 북한문제는 사후처리 문제를 둘러싼 주변 강대국간 충돌이 불가피하다. 그리고 이라크에서 공격보다 점령 이후가 더 어렵다는 교훈을 얻은 미국으로서는 북한이 남한이나 미국에 대해 자살적인 전면 도발을 강행하지 않는 이상 대북 군사공격 카드는 마지막 카드다. 설사 미국이 무력으로 북한을 붕괴시킨다 해도 중국과 미국의 충돌이 불가피하고 북한문제도 한국의 손을 떠나게 된다는 점에서 결국 모두 패자가 될 가능성이 크다. 따라서 미국의 대북군사공격의 실현 가능성은 일단 배제된다.

둘째, 대북금융제재를 비롯한 전 방위 압박을 통해 미국이 북한을 붕괴시킬 가능성도 그리 높지 않다. 2005년 하반기에 미국은 이 방법을 쓰기 시작했지만 그 결과는 북한의 연이은 핵실험이었다. 물론 이 방법은 중동문제로 인해 지상군 전력의 추가 확보가 어려운 상황에서 미국이 북한에 대해 부담 없이 쓸 수 있는 효율적인 방법이다. 다만 '질식상황'이 장기화할 경우 사실상 핵보유를 선언한 북한으로서는 핵실험이나 미사일 시험발사보다 더 강경한 무력시위를 선택할 우려가 있다. 즉 체제의 속성상 고사보다는 전사를 택할 가능성이 있는 북한 정권이 인접한 한국을 인질로 활용할 가능성이 크다. 따라서 이 방식은 협상으로 가기 위한 과도기적 시나리오로서만 의미가 있을 뿐, 어떤 규모든 한반도의 군사적 충돌을 각오해야 한다는 점에서는 대북공격과 같은 범주에 속한다.

셋째, 중국과의 경제통합을 통해 북한이 중국의 자치독립국 또는 '동북 제4성'으로 전환하는 경우이다. 물론 이것은 김정일 체제 이후의 과도기에나 가능한 방식이다. 장기적으로 미일동맹과의 대치구도를 상정하고 완충지대가 필요한 중국으로서는 열악한 북한을 떠맡는 부담도 있지만 미국의 동의를 얻는다면 이 방식을 마다할 이유도 없다. 한반도의 미국화를 막을 가장 확실한 방법이기 때문이다. 특히 개방과 대미관계 정상화를 통한 북한의 독자생존이 체제 속성상 어렵다면 동북공정과 중화주의에 부합되는 이 방식을 거부할 이유가 특별히 없다. 다만 이 경우 한국까지 포함한 한반도 전체의 중국화 가능성이 문제가 된다. 따라서 일차적으로 당사자인 한국, 그리고 미국이 동의하기 어렵고 일본이나 러시아 입장에서도 이 방식은 인정하기 어렵다.

넷째, 6자회담 같은 다자회담 틀 속에서 실질적인 북미간 양자협상을 통해 외교적 타결을 보는 방식이다. 앞의 시나리오들에 비해서 현실성이 상대적으로 높은 시나리오이다. 그러나 지금까지의 경과로 볼 때 6자회담은 북미대결 해소를 위한 궁극적 장치가 될 수 없다. 6자회담이 재개된다 해도 어디까지나 그 형식만 빌릴 것이며, 결국 북미간 양자협상을 중심으로 하고 그 주위를 6자회담이 둘러싸는 형태로 가닥이 잡힐 것이다. 또 협상이 시작된다 해도 북한이 원하는 체제 보장 수준과 미국이 원하는 북한의 핵포기 수준이 맞아 떨어질 가능성도 일단 낮다. 북한은 체제의 선 보장을 요구할 것이고, 미국은 자국의 북한의 검증 가능하고 완벽한 선 핵포기를 요구할 것이기 때문이다. 이렇게 볼 때 북미간 직접 대화도 충돌을 잠시 미루고 북한에게 시간을 벌어주는 방법일 뿐 북한문제의 궁극적 해결을 보장하지 못한다.

결국 가장 유연한 방식은 북한이 플루토늄 재처리와 우라늄 농축을 검증 가능한 방식으로 '동결'하고 미사일 발사 '유예' 조치를 취하면 미국이 대북적대정책을 '즉각' 중단하고 한국전쟁 종전 및 평화조약 협상과 불가침 협정을 포함한 양자 수교협상에 바로 들어가는 것이다. 즉 북한이 핵폐기 이전에 핵동결 선언부터 하고 그 이행에 들어가면 미국이 종전 및 수교협상에 동시에 착수하는 방식이다. 그리고 종전 및 수교협상 과정에서 북한이 보유한 기존 핵의 '폐기' 방식 및 일정과 북미수교 이후의 한반도 집단안보체제(약속의 상호 이행을 보장하기 위해 한반도 관련국들이 모두 참여하는)를 6자회담과 연계시켜 마련하는 방법이다. 이럴 경우 핵폐기를 조건으로 북한이(그리고 중국이 간접적으로) 들고 나올 주한미군 문제가 가장 큰 걸림돌이 될 가능성은 있지만, 북한 내부의 급변사태 말고 북한의 핵포기를 유도할 방법이 현실적으로 이것뿐이다. 미국과 북한에게 '체제 보장'과 '핵억지력 포기'는 서로 가장 받고 싶으면서 가장 주기 싫은 선물이지만 방법은 이것뿐이다.

이처럼 미국 외교의 역사적 속성과 규범을 변수로 놓고 보면 북한의 선 양보나 선 변화가 북미대결의 종식을 위한 첫 단추이다. 미국의 역사적 속성으로 볼 때, 그리고 미국이 급격히 쇠락해서 동아시아에 대한 군사적 개입을 포기할 가능성이 당장은 낮다는 사실을 감안할 때 미국이 북한이 원하는 방식으로, 북한의 행태를 수용하면서, 핵을 가진 북한 체제를 보장할 가능성은 매우 낮다. 북한이 핵억지력만으로 끝끝내 미국을 제어할 수 있다고 믿고 버틴다면 그 귀결은 둘 중 한 가지이다. 하나는 규모와 시간의 문제이긴 하지만 제2의 한국전쟁이고, 다른 하나는 일본의 핵무장으로 시작될 동북아 지역 전체의 핵확산이다.

물론 2008년의 금융위기를 계기로 미국이 경제적 · 외교적으로 위축되고 있기 때문에 미국이 전술적으로 먼저 양보해서 북한과의 타협이 이뤄질 가능성도 있다. 그러나 안보 강박증과 반사 민족주의에서 자유롭지 못한 미국이 북한에게 먼저 양보한다 해도 그것은 북한을 '정상국가'로 만들기 위한 잠정적이고 전술적인 양보일 것이다. 외교를 도덕과 분리된 이권투쟁의 게임으로 보는 유럽과 달리 도덕주의적 선악관에 종속된 미국 외교는 이권이나 득실과 함께 적의 도덕성과 위험성을 기준으로 전쟁을 결정하고 수행해 왔다.[17] 북한이 핵무장이나 미사일 발사 같은 무력시위로 일시적으로 미국을 견제하는 데 성공한다 해도 그것은 한시적으로 유효한 전략이다. 미국에 대해 근본적인 타격을 가할 수 없는 제한적 억지력만 가지고 냉전 시대의 미소대결처럼 핵과 미사일로 미국을 견제하려는 북한식 '선군 외교'는 시한부 생존전략일 뿐이다.

다시 말하지만 군과 당이 정치적 의제를 설정하고 결정하는 북한의 속성상, 그리고 모든 내치와 외교를 혁명투쟁의 연장선에서 바라보는 북한의 19세기적 세계관 하에서는 체제의 개방과 민주화가 불가능하므로 외교적 필요에 따른 체제의 변화는 체제 붕괴로 직결될 가능성이 크다. 그래서 북한으로서는 '미 제국주의'를 상대로 한 전술적 후퇴가 쉬운 일이 아니다. 그렇다 해도 핵과 미사일로 강화된 자위력은 자신과 한반도를 인질로 삼은 자살적 자위력이며, 자살행위나 마찬가지인 한미와의 전면전에서나 사용할 수 있는 조건부 자위력이다. 이런 제한적 억지력으로는 대북정책을 외교문제가 아니라 정치적 신념의 문제로 접근하는 미국의 정책 근간을 바꿀 수 없다. 북한에게 필요한 것은 군사력을 전면에 내세운 선군 외교가 아니라 미국의 속성을 꿰뚫어 보고 국제사회에 정상적으로 편입되기 위한 선제 외교이다. 즉 미국과 정면 대결을 불사해 온

'전술'보다는 미국의 정책 뒤에 숨은 속성을 역으로 활용하는 '외교'를 선택해야 한다.

6. 맺는 말

한반도 평화체제에 관한 논의는 많다. 그러나 대부분 평화와 통일을 민족 내부문제로 접근하는 도덕적 당위론에서 벗어나지 못하거나 남북한의 평화방안 비교 내지 동북아 국제정치의 역학관계 및 전략환경을 분석하는 데 그치고 있다. 이 때문에 한반도 평화체제의 첫 관문인 미국과 북한의 비합리적 극한 대결의 근원적 원인 분석과 처방 없이 북미대결의 현상을 따라잡고 서술하는 데 치중해 왔다. 즉 한반도 통일과정에서 가장 중요한 변수가 될 미국 외교의 속성과 그 숨은 규범을 북미대결의 교착상태와 관련시켜 살펴보는 시도가 없었다. 미국에 대한 북한의 적개심은 냉전이 끝난 이후 오히려 더 격해졌는데도, 상호간 불신과 공포심만 칡넝쿨처럼 얽힌 미국과 북한의 대결구조를 해소할 방책 없이 공허한 한반도 평화체제 논의에 치중해 온 것이다.

한반도 평화의 전제조건은 북미대결의 본질부터 이해하는 것이다. 이를 위해서는 한반도에 투사되는 미국 외교의 속성과 규범부터 간파해야 한다. 한반도 평화체제의 구축과정에서 미국이 유일한 변수는 아니지만 가장 중요한 변수이기 때문이다. 지금까지의 논의를 바탕으로 해서 미국 한반도 전략의 기본 테두리를 정리하면 다음과 같다.

첫째, "미국적 가치와 미국식 세계화"를 미국 안보의 목표로 설정한 미국은 중국을 견제하고 김정일 이후의 한반도 지도 작성에 개입할 권리를 확보하기 위해 한미동맹을 유연한 지역동맹으로 변환시키고 있다. 미국은 북한이 붕괴할 경우 통일된 한국이 친미보다는 중립정책을 펼 가능성이 높다는 점도 예상하고 있다(Kaplan 2006). 또 한국이 미국과 거리를 둘 가능성, 나아가서 주한미군 철수 가능성까지 점치고 있다. 미국은 한국 정부가 한국과 중국 양국의 경제적 유대와 평화 수립과정에서 중국의 몫을 고려할 수밖에 없다는 사실도 알고 있다.

한국은 미국의 이러한 우려를 역으로 활용할 필요가 있다. 한미동맹이 미국의 동북아 전략 비전에 따라 일방적으로 재편되어서도 안 되겠지만, 그렇다고 중국을 미국 견제를 위한 지렛대로 섣불리 사용해서는 안 된다는 말이다. 한국은 중국에 대한 미국의 반사적 대결 속성을 꿰뚫어보고 미국의 전략에 필요한 파트너로 일단 남아 있어야 한다. 중국과 마찬가지로 미국도 한반도가 상대방의 일방적 영향권에 편입되지 않을 것이라는 계산이 있어야 한반도 평화에 협조할 것이기 때문이다.

둘째, 북핵문제는 북한 체제에 대한 미국의 인식이 호전되거나 북한이 선군정치를 포기하지 않는 한 6자회담이나 미북간 협상에서 일시적 성과가 나온다 해도 궁극적 해결책은 아니다. 미국과 북한이 둘 다 양보할 수 없는 마지노선을 갖고 있다면 마지막에 이기는 것은 강자의 마지노선이다. 오히려 협상을 희망할수록 북한은 더 강경해지는 경향이 있었다(Yongho Kim and Yurin Yi 2005). 이것은 강경한 메시지 없이 강경한 행동에 돌입해 온 미국의 행동 패턴과 다른 점이다.

셋째, 미군의 전략적 유연성은 주한미군이 철수하지 않는 한 한국 정부로서는 수용할 수밖에 없다. 그러나 우리로서는 전략적 유연성 개념이 미국과 중국의 대결상황이 벌어지면 동북아 정세의 뇌관이 될 수도 있다는 점에 대비해야 한다.

넷째, 일단 미뤄졌지만 전시작전통제권 이양문제에 대한 미국의 입장은 전시작전권 이양과 더불어 한국이 자국군의 지상군 전투를 독자적으로 지휘하고 미군은 해군과 공군 중심의 지원 역할로 바꾸는 것이다. 주한미군의 지상군 규모를 축소하고 해군과 공군 위주로 첨단전력을 보강하고 있는 것도 한국군의 전시작전권 단독행사에 대비하는 한편 전략적 유연성을 활용해서 북한과 동북아 사태에 기민하게 대처하려는 포석이다. 따라서 작전통제권의 법적 환수 자체가 중요한 것이 아니라, 동북아 지역 내 급변사태 및 한반도 유사시에 한국군의 행동범위와 방식을 어떻게 규정할 것인지에 대한 구체적 구상이 중요해진다. 또 당장은 아니지만 일본과 중국을 포함한 다자간 안보체제를 전제로 한반도 평화체제 수립이 추진될 경우 주한미군의 전략적 유연성이 걸림돌로 떠오를 가능성도 염두에 두어야 한다.

북 · 미 대결의 근본적 해결책도 한반도 평화의 윤곽도 제대로 잡히지 않는 현 단계의 한국 정부로서는 몇 가지 기본 원칙의 확립부터 필요하다. 중국과 미국의 직접 대결에 연루되지 않겠다는 원칙, 미국과의 동맹을 유지하고 중국을 배제하지 않으면서도 한반도 국제정치를 공동 경영한다는 원칙이다. 그러기 위해서는 미국이 양보하지 않을 테러와 안보문제에 대해서는 대국적으로 협조하되 한미동맹의 성격 변화와 전략적 유연성, 작전통제권 문제는 신중하고 선별적으로 협조해야 한다.

미국과 중국의 경쟁과 갈등이 불가피한 21세기의 동북아시아는 당분간 미국 외교에서 가장 중요한 지역이며[18] '하나의 지역' 으로서의 조건도 갖추었다(Katzenstein 2000). 이 점에서 한반도 평화는 동북아 평화의 관문이다. 그런데 21세기 한반도의 평화를 저해하는 조건들은 대륙세력과 해양세력의 충돌지점이라는 한반도의 지정학적 특성과 '민족' 과 '제국'의 투쟁으로 점철된 근대 동북아시아의 역사적 특성에서 나온 것이다. 이 조건들은 결정되어 있다. 첫째, 일본의 미사일 방어체제 구축을 포함한 미일동맹의 강화, 둘째, 우경화하는 일본의 군사대국화 및 이에 대한 미국의 지지, 셋째, 동북아 패권을 둘러싼 미국과 중국의 대결, 넷째, 한반도를 사이에 둔 미일동맹과 중국의 대결구도이다. 그리고 한·중·일 세 나라 간의 민족주의적 불신과 경계심(Rozman 2004)도 여기에 추가된다. 이 다섯 가지 기본 조건은 북미대결의 종결방식과 그 이후의 한반도 정세에 따라 완화될 수도 있고 악화될 수도 있다. 분명한 것은 미국의 힘이 급격히 쇠퇴해서 동북아시아에서 군사적으로 '철수'하는 일이 당장 벌어지지 않는 한 미국은 북한의 '선군 외교'와 타협하지 않을 것이고, 북한의 핵무장은 일본을 비롯한 동북아의 핵확산만 초래하고 미국과 중국의 대결국면을 앞당김으로써 이상의 조건들을 악화시킬 것이라는 점이다. 한국(주한미군), 일본, 중국, 북한이 모두 핵무장한 채 이마를 맞댄 동북아시아에서 평화는 환상이다.

이렇게 보면 현 단계에서 한반도 평화체제에 관한 구상들은 현실성이 낮다. 남북한의 비핵화, 주한미군, 일본의 우경화, 미중 대결구도의 장래 등 한반도 평화의 조건들은 북한과 미국의 대결이 어떤 방식으로 끝나느냐에 따라 달라질 것이기 때문이다. 만약 협상 대신 전쟁이나 충돌로 이 대결이 끝난다면 그것은 한반도 평화의 시작이 아니라 한반도를 둘러싼 또 다른 대결의 시작이 될 것이다.

주

* 이 글은 권용립, "21세기 미국 외교와 한반도-미국 외교의 역사적 정향을 토대로," 『사회과학연구』 제22집 2호(2006, 경성대학교 사회과학연구소), pp. 253-282를 일부 수정해서 수록한 것이다. 이 글이 한반도 정세의 작은 변화들과는 상관없는 문제, 즉 미국 한반도 정책의 틀을 결정해 온 미국 외교의 역사적 속성을 다루는 것이기 때문에 지난 5년간 있었던 한미관계의 변화나 북한의 핵실험 및 2010년의 도발 등 한반도 정세의 추이는 자세히 다루지 않는다.

1. 역사학의 관점이나 국제정치학의 관점에서 미국 외교의 반급진적 속성과 군사주의적 · 보수적 정향을 다룬 미 문헌목록은 방대하다. 대표적 이론서로 Barnet (1973) ; Hunt(1987) ; Mead(2001) 등을 참조.
2. 미국 외교 200년 역사를 통해 독특한 '정치문명으로서의 미국'이 보여준 외교적 특징과 정향에 대해서는 권용립, 2003 : 273-328 ; 권용립, 2010 : 55-88, 670-679을 참조.
3. 미국이 표면상 일방주의와 군사 우선주의로 급선회한 9 · 11 이후의 세계를 일반적으로 '단극구조하의 세계'를 뜻하는 '탈냉전 이후의 새로운 세계', 즉 '탈탈냉전 세계' (Post post-cold war)로 볼 수도 있다. 이에 대해서는 Lee(2003)를 참조할 것. 이 글에서는 시기적으로 '9 · 11' 이후의 미국 외교를 지칭하기 위해 '21세기 미국 외교'라는 개념을 사용한다.
4. 이에 대해서는 Scott(1998) ; Brown(1995) ; Ruggie(1996) ; Nye, Jr.(1991, 1992)를 참조.
5. '9 · 11' 테러 이후 네오콘 외교의 철학은 네오콘 대부인 딕 체니 전 미국 부통령에게 고대 그리스의 비극적 전쟁철학을 전수한 핸슨의 글에 집약되어 있다. Hanson(2002)를 참조할 것.
6. 미국 예외론의 대표적 해설서로는 Shafer(1991) ; Lipset(1996) 등을 참조.
7. 아메리카 식민지의 '영국적' 정체성에 관해서는 Colley 1994 : 134를 참조. 또 '영국인'으로서의 자의식에 대해서는 Greenfeld 1997 : 21-25를 참조.

8. 미국 외교의 기본 속성에 관해서는 권용립, 『미국 외교의 역사』(삼인 2010)를 참조.
9. 중남미에 대한 미국의 개입 역사는 잘 알려져 있지만(Musicant 1990) 미국이 서부로 영토를 확장해 간 서부개척의 역사는 대부분 미국 국내 정치사로 분류되고 있다. 그러나 미국은 북미대륙 내에 있던 타국 영토, 즉 영국, 프랑스, 스페인, 멕시코, 러시아와 인디언의 땅을 전쟁으로 빼앗거나 돈으로 사들여 연방을 확장했다. 따라서 이것은 정치사가 아니라 외교사이다. 1803년의 프랑스로부터 루이지애나 매입, 1818년 스페인 영토인 플로리다 점령, 1840년대 캘리포니아 경략과 멕시코와의 전쟁을 통한 남서부지역 개척과 텍사스 병합의 역사를 보면 서부 개척사는 명백히 미국의 대외정책사이다. 미국 안보를 위협하는 '외세'가 북미대륙에 존재하지 못하도록 '남의 땅'을 강제로 또는 협상을 통해 미국으로 계속 편입시켰다는 점에서는 예방 안보의 역사이기도 하다. 미국 외교의 전통을 고립주의로 규정한 기존의 해석들은 이 점을 놓치고 있다.
10. 1948년에 결성된 북대서양조약기구, 즉 NATO가 미국이 역사상 외국과 맺은 최초의 군사동맹이라는 사실을 아는 사람은 많지 않다. 그 전까지 160년간 미국은 어느 나라와도 동맹을 맺은 적이 없었고, 동맹군의 자격으로 전쟁을 치른 적도 없다. 제1차 세계대전 당시에도 미국은 연합국에 대한 지원군의 자격으로 참전했고 당시 미국이 유럽에 파견한 미군의 공식 명칭도 일부러 동맹군이 아니라 '미 원정군'(American Expeditionary Forces)으로 결정되었다. 태평양 전쟁도 일본의 진주만 기습에 대한 응전으로 시작된 것이지 미국이 연합군의 동맹군 자격으로 대일 선전포고를 한 것은 아니다. 또 한미동맹도 한국전쟁 이후에야 맺어진 것이며, 유엔군의 일원으로 한국전쟁에 참전한 미군은 결코 한국의 '동맹군' 자격으로 싸운 것이 아니다.
11. 여기서 "불가피한 상황"이란 2008년 금융위기 이후 급속히 확산되고 있는 미국 쇠퇴론이 현실화해서 미국이 국방비와 군사적 개입의 폭을 불가피하게 줄여야 하는 경우를 상정한 것이다.
12. 미 외교의 군사주의를 노골적으로 구현한 최초의 대통령은 19세기 초반의 앤드류 잭슨 대통령이다. 그래서 미국 외교의 군사주의 전통을 잭슨주의 전통(Jacksonian)으로 부르기도 한다(Mead 2001 : 218-263).
13. 이에 대한 구체적인 논거 및 설명은 권용립(2003b)을 참조할 것.
14. 미 국방부가 'Big Army' 또는 'Mother Army'라는 개념을 폐기처분하면서

추진하는 군사 변환은 크게 두 가지이다. 하나는 기지 재조정 및 재배치와 미국 내 군사기지의 축소이며, 다른 하나는 기동성이 떨어지고 규모가 큰 사단병력 중심의 편제에서 탈피해 보다 신속하게 동원하고 전투지역에 배치할 수 있는 여단 규모의 '모듈 전력' 중심으로 육군을 재편하는 것이다. 이것은 테러 대처 등 안보환경의 변화와 군사기술, 병참, 수송 및 정보기술의 혁신을 반영한 것인데, 실제로 미국은 더 이상 서유럽에서 동북아시아까지 걸치는 수많은 곳에 대규모의 군사기지와 병참 기지를 둘 필요가 없다. 그 대신 규모가 작고 작은 규모의 병력으로 운용되는 군사기지와 전진 작전기지(forward operating sites), 또 평시에는 미국의 동맹국이 운용하지만 유사시 미군이 배치되면 합동작전 사령부가 되는 협동 안보기지(cooperative security locations) 등을 중심으로 전략을 운용하게 된다.

15. 전시작전권, 전략적 유연성 문제와 한미동맹의 관련성은 이상현(2006), pp. 243-251을 참조할 것.
16. 이 부분은 계간『황해문화』통권 제52호(2006년 가을호)에 발표한 졸고 "북미대결은 끝날 수 있는가?"의 내용을 발췌 · 수정한 것이다.
17. 이에 대한 자세한 설명은 권용립(2010)을 참조할 것.
18. 아시아를 21세기 미국 안보정책의 중심축으로 삼으려는 미국의 전략구상은 Khalilzad, et. als.(2001)을 참조.

참고문헌

권용립. 2010. 『미국 외교의 역사』. 서울 : 도서출판 삼인.

______. 2009. "부시독트린의 재해석–미국 외교의 변화 가능성과 관련하여." 『사회과학연 구』. 제25집. 1호(경성대학교 사회과학연구소). 95–116.

______. 2003a. 『미국의 정치문명』. 서울 : 도서출판 삼인.

______. 2003b. "미국 민족주의의 본질–반사와 투영." 『역사비평』. 통권 제64호. 82–108.

______. 1987. "미국의 대한정책에 나타나는 아메리카니즘에 관한 고찰–미국적 보수주의를 중심으로." 『부산정치학회보』. 창간호. 227–254.

이상현. 2006. "한반도 평화체제와 한미동맹." 『한국과 국제정치』. 제22권. 제1호. 226–256.

Allison, Graham. 2004. *Nuclear Terrorism : The Ultimate Preventable Catastrophe*. New York : Times Books.

Armacost, Michael H. and Daniel I. Okimoto, eds. 2004. *The Future of America's Alliances In Northeast Asia*. Palo Alto, Cal., Asia Pacific Research Center : Stanford University.

Bacevich, Andrew J. 2005. *The New American Militarism : How Americans are Seduced by War*. New York : Oxford University Press.

Barnet, Richard J. 1973. *Roots of War : The Men and Institutions Behind U.S. Foreign Policy*. New York : Viking Press.

Barnett, Thomas P. 2004. *The Pentagon's New Map : War and Peace in the Twenty–First Century*. New York : G. P. Puntam's Sons.

Boot, Max. 2002. *The Savage Wars of Peace : Small Wars and the Rise of American Power*. New York : Basic Books.

Brown, Seyom. 1995. *New Force, Old Forces and the Future of World Politics, Post–Cold War Edition*. New York : Harper Collins.

Chace, J., and Caleb Carr. 1989. *America Invulnerable : The Quest for Absolute Security from 1812 to Star Wars*. New York : Summit Books.

Colley, Linda. 1994. *Britons : Forging the Nation 1707–1837*. New Haven, CT. : Yale University Press.

Council on Foreign Relations. 2003. *Chinese Military Power*. CFR Task Force Report No. 44.

Feigenbaum, Evan A. 2001. "China's Challenge to Pax Americana." *Washington Quarterly*. vol. 24, no. 3(Summer). 31–43.

Foner, Eric. 1998. *The Story of American Freedom*. New York : W. W. Norton.

Fousek, John. 2000. *To Lead the Free World : American Nationalism and the Cultural Roots of the Cold War*. Chapel Hill, N. C. : University of North Carolina Press.

Gaddis. John Lewis. 2004. *Surprise, Security, and the American Experience*. Cambridge, MA. : Harvard University Press.

Greenfeld, Liah. 1997. "The Origins and Nature of American Nationalism in Comparative Perspective," in Knud Krakau, ed. *The American Nation–National Identity*– Nationalism. Somerset, N. J. : Transaction Publishers, 21–25.

Hanson, Victor Davis. 2002. *An Autumn of War, What America Learned from September 11 and the War on Terrorism*. New York : Anchor Books.

Hoffmann, Stanley. 2004. *Gulliver Unbound, America's Imperial Temptation and the War in Iraq*. Lanham, MD. : Rowman & Littlefield Publishers.

Hunt, Michael H. 1987. *Ideology and U.S. Foreign Policy*. New Haven, CT. : Yale University Press.

Kagan, Robert. 2003. *Of Paradise and Power, America and Europe in the New World Order*. New York : Knopf.

______. 1997. "What China Knows That We Don't, The Case for a New Strategy of Containment." *Weekly Standard*(January 20).

Katzenstein, Peter J., N. Hamilton–Hart, Kozo Kato, and Ming Yue. eds. 2000. *Asian Regionalism*. Ithaca, N.Y. : Cornell University Press.

Khalilzad, Zalmay, et. als. eds. 2001. *The United States and Asia : Toward a New U. S. Strategy and Force Posture*. Santa Monica, Cal. : Rand Corporation.

Kim, Yongho and Yurim Yi. 2005. "Security Dilemmas and Signaling During the North Korean Nuclear Standoff." *Asian Perspective* vol. 29, no. 3. 73–97.

Kim, Samuel S. ed. 2004. *The International Relations of Northeast Asia*. New York : Rowman and Littlefield.

Krauthammer, Charles. 1990/1991. "The Unipolar Moment." *Foreign Affairs*. vol. 70, no. 1

Lee, Sang Hyun. 2003. "9 · 11 and International Security : Implications for the Post Post-Cold War Era." *Peace forum* (Graduate Institute of Peace Studies Kyunghee University). vol. 17, no. 29. 32-42.

Lieven, Anatol. 2004. *America Right or Wrong : An Anatomy of American Nationalism*. New York : Oxford University Press.

Lipset, Seymour Martin. 1996. *American Exceptionalism : A double-Edged Sword*. New York : W. W. Norton.

Mead, Walter Russell. 2001. *Special Providence : American Foreign Policy and How It Changed The World*. New York : Alfred A. Knopf.

Musicant, Ivan. 1990. *The Banana Wars : A History of United States Military Intervention in Latin America from the Spanish-American War to the Invasion of Panama*. New York : Macmillan.

Nye, Joseph S., Jr. 1992. "The Changing Nature of World Power," *Political Science Quarterly*. 105-2 (Summer). 177-192.

______. 1991. *Bound to Lead : The Changing Nature of American Power*. New York : Basic Books

Rozman, Gilbert. 2004. *Northeast Asia's Stunted Regionalism : Bilateral Distrust in the Shadow of Globalization*. New York : Cambridge University Press.

Ruggie, J. G. 1996. *Winning the Peace : American and Word Order in the New Era*. New York : Columbia University Press.

Rumsfeld Donald H. 2002. "Transforming the Military." *Foreign Affairs*. vol. 81, no. 3 (May/June).

Scott James M. ed. 1998. *After the End : Making U. S. Foreign Policy in the Post-Cold War World. Durham*. N.C. : Duke University Press.

Shafer, Byron ed. 1991. *Is America Different? : A New Look at American Exceptionalism*. Oxford : Eng., Clarendon Press.

Shambaugh, David. 2000. "Sino-American Strategic Relations : From Partners to Competitors." *Survival*. vol. 42, no. 1 (Spring).

Sherry, Michael. 1997. *In the Shadow of War : The United States since the 1930s*. New Haven, Conn. : Yale University Press.

Slotkin, Richard. 1998. *The Gunfighter Nation : The Myth of the Frontier in Twentieth-Century America*. Norman, OK. : University of Oklahoma Press.

U. S. Department of Defense. 2006. *Quadrennial Defense Review Report*. Washington D.C.

White House. 2002. *National Security Strategy of the United States of America*. Washington, D.C.

Wolfowitz, Paul. 1997. "Bridging Centuries-Fin de Siecle All Over Again." *National Interest*. no. 47 (Spring).

Wortzel Larry M. 2000. "Planning for the Future : The Role of U.S. Forces in Northeast Asian Security." *The Heritage Foundation Backgrounder*. no. 1388 (July 26).

변화보다는 답습을 택한 오바마의 대외정책*

마이클 H. 헌트(노스캐롤라이나대)

버락 오바마는 변화를 공약으로 내세워 대통령에 당선되었다. 그 공약이 국내정책 차원에서는 어느 정도 이행될 수 있을 것으로 보이지만, 현재까지 전개된 정황으로 보면 대외정책 차원에서는 오바마 행정부 역시 기존 행정부와 크게 다르지 않을 것으로 보인다. 이른바 '테러와의 전쟁'과 관련된 법적 장치와 과도한 조치들이 여전히 상존하고, 이란과 북한에 의한 핵확산 문제도 계속 미국의 고민거리로 남아 있다. 환경을 보호하려는 국제사회의 진지한 노력에 대한 미국 정책 입안자들의 냉담한 태도도 달라진 것이 없다. 유난스러운 동맹관계 속에서 미국의 정책을 쥐락펴락하는 이스라엘의 로비 행태도 여전하다. 결국 백악관의 주인이 누가 됐든 미국 외교정책의 기조가 결코 바뀌지 않는다는 통설을 오바마 행정부 역시 여실히 보여준다. 미국의 아프간 및 중국 정책은 이 같은 외교기조의 연속성을 가장 극명하게 엿볼 수 있는 곳이다. 세계 주요 지역에서 이들 두 국가의 미국의 대외정책에 대한 중대한 도전이 계속되는데도 불구하고 워싱턴은 문제가 많은 낡은 관념에만 매달려 있는 것처럼 보인다.

오바마는 대통령에 당선되고 나서 병력 증파와 함께 미국이 후원하는 카불 정부에 대한 지원을 늘려나갔다. 그는 선거운동 중에 아프간 문제를 해결하기 위해 한층 더 노력하겠다고 다짐한 바 있기에 그가 아프가니스탄에 크게 관심을 기울이는 것은 그리 놀랄 일이 아니다. 정작 놀라운 것은 대통령인 그의 결정을 뒷받침하는 내용들이 대단히 진부하다는 점이다. 2009년 12월 초 아프간에 병력을 증파해야 할 이유를 설명하는 자리에서 동원된 그의 말과 논리는 우리에게 너무나도 익숙한 것들이었다.

그것은 지난 60여 년 동안 미국의 대통령들이 제3세계 국가에 대한 미국의 개입을 정당화시키기 위해 수십여 차례 해왔던 연설의 판박이였다. 연설의 핵심적 구성도 전혀 다르지 않았다. 국가안보에 따른 책무는 값진 것이기 때문에 미국으로서는 선택의 여지가 없는 만큼 그 책무를 완수하고 좋은 결과를 이끌어내야 한다는 내용으로 시작한 것부터가 이전 연설의 답습이었다. 그런 다음 국민들로 하여금 미국의 안보가 심각하게 위협받을 수 있다는 우려를 갖도록 유도한 것도 똑같다. 다만 이번에는 그 위협이 '폭력적 극단주의의 진앙'에서 활동하는 탈레반과 알카에다에 의한 것이란 점만 다를 뿐이다. 결론 부분에서도 으레 있어 왔던 자유의 이상과 글로벌 리더십의 의무라는 가치가 새삼스럽게 언급되었다. 물론 그 가치는 미국을 자리매김하는 것이며 아프간을 구하고 파키스탄을 지원하는 데 어느 정도 필요한 것이다. 또한 그런 목표를 방기했을 경우 미국의 정체성과 국제적 위상에 대한 의문이 암암리에 제기될 수도 있다. 하지만 한 가지는 단언할 수 있다. 민족주의자들이 애용하는 그 같은 틀에 박힌 논리와 미국을 비롯한 다른 나라 국민들의 평화와 번영을 위한다는 상투적 언사에 대해서 오직 명령에 따라 움직이는 군을 제외하고서는 그 누구도 큰 박수를 보내지 않았다는 점이다.[1)]

오바마는 지금 낡아빠진 두 가지 냉전논리에 기대어 아프간 정책의 성공을 바란다. 그 중 중요한 개념이 '국가건립'(nation building)이다. 1940년대 말경에 미국 학계에 처음 등장하여 1950년대에 정책수립 분야에서 각광을 받았던 이 용어는 사실 적절치 못한 것이다. 미국의 국가건립 정책은 한 국가의 정체성을 함양시키는 데 목적을 두지 않는다. 그보다는 오히려 미국의 목표를 위해 일사불란하게 움직일 수 있는 국가를 만드는 데 실질적인 목적이 있다. 그렇기에 대부분의 경우 미국이 위험하다고 간주한 해당 국가의 내부 정치세력을 제거하거나 억압하는 형태로 국가건립이 진행되었다.[2)]

국가건립을 목표로 부단하게 공을 들이고 막대한 비용을 지불했던 곳이 바로 베트남이었다. 베트남은 오바마 정부의 아프간 정책에도 암시하는 바가 크다. 아이젠하워와 케네디는 공산주의의 확산을 막는다는 명분으로 베트남 이남지역에서 친미정부를 수립했다. 존슨은 바로 그 정부를 지키기 위해 전쟁까지 벌였으며, 1968년 초 월맹군으로부터 구정공세(Tet Offensive)를 당한 이후부터는 베트남군에 대한 훈련과 병참지원에 역점을 두었다. 베트남군의 자립화에 초점을 맞춘 이 새로운 정책은 이른바 베트남화(Vietnamization)로 일컬어졌으며, 이것은 추후 전쟁의 부담을 미군으로부터 베트남군에게로 떠넘기기 위해 닉슨이 펼친 정책의 요체가 되었다. 미국의 각 행정부가 펼친 베트남 정책이 성공하기 위해서는 무엇보다도 베트남 정부의 역량 발휘가 필수적이었다.

하지만 미국의 역대 대통령들은 베트남 정부의 역량이 최소한의 기대치에도 훨씬 미치지 못하는 수준임을 알게 되었다. 그리하여 케네디는 1963년 응오 딘 디엠(Ngo Dinh Diem)을 무능하다는 이유로 축출시키는 공작을 벌인 바 있다. 존슨 시절에는 베트남군 장성들의 나눠먹기식 행태를 중단시키기 위해 무진 애를 쓰기도 했고, 또 지역 민심을 달래기 위해 베트남 지도부에게 역할을 할당하고 독려했지만 모두 허사에 그치고 말았다. 결국 베트남 정부 인사들은 정치적 정당성을 확보하는 데 실패했고, 군사력을 증강시키거나 행정능력을 증진시키는 성과도 거두지 못했으며, 관료의 부정부패를 근절시키지도 못했다.[3)]

최근 들어 미국이 중동문제에 깊이 개입하면서 국가건립이라는 낡은 개념이 되살아났다. 사실 2000년 선거기간만 해도 조지 부시 자신은 국가건립에 관한 문제를 염두에 두어본 적도 없었고 이라크 침공을 계획하지도 않았다. 하지만 미국의 침공 이후 전개된 혼돈으로 상황은 급반전되었다. 부시 행정부 인사들과 그 지지자들의 생각은 일거에 바뀌었다. 과거 미국이 제2차 세계대전 이후에 독일과 일본에서 시행했던 정책을 이라크에서 다시 시행할 수 있을 것으로 확신한 것이다. 이에 따라 바그다드의 미국 점령 정부는 이라크의 정치, 문화, 경제 각 분야의 개편작업에 착수했다. 그것은 바트주의자(Bathist)들이 주도했던 국가를 해체하기 위해 군대 해산은 물론, 바트 당원들을 일소하고 전범들을 재판에 회부하며 교육제도 개혁과 자유시장에 대한 규제 철폐 등을 골자로 하는 내용이었다. 이라크를 점거한다는 것이 무모한 일이라는 우려가 없지 않았으나 몇몇 부작용에도 불구하고 미국 총독부는 상당한 성과를 이뤄냈다. 이라크의 구체제 타파라는 임무를 완벽히 수행했으며, 그 위에 새로운 국가를 건립하는 작업도 아직까지는 순조롭게 진행되었다.

그 국가가 구체제로 회귀하게 될지, 아니면 미국의 구미에 맞는 국가가 될지는 좀더 지켜볼 일이다.[4)]

오바마는 지금 국가건립 정책을 아프간에도 적용시키려 한다. 하지만 현재의 아프간 상황은 이라크보다는 오히려 베트남에 더 가깝다고 할 수 있다. 이에 따라 전문가들 사이에서도 이 정책에 대한 회의론이 확산되었다. 특히 아프간 내부 사정에 정통한 칼 에이켄베리 아프간 주재 미국 대사는 이 같은 회의론에 힘을 실어주었다. 그는 아프간이 주요 인종 간의 분열로 인해 강력한 중앙집권적 군사체제나 통치체제를 경험한 역사가 없는 만큼 국가건립 정책의 성공 가능성은 아주 희박하다는 입장을 밝히면서 다음과 같이 말했다. "카르자위 대통령은 미국의 전략 파트너로서는 대단히 부적절한 인물이다. … 그는 아프간의 방위, 통치, 개발 등 제반 문제에 대해 주권자로서 져야할 책임을 계속 회피하고만 있다. 그와 주변 인물들은 미국이 떠나지 않기만을 바라면서 우리가 더 많은 물자를 쏟아 붇는 것에 마냥 행복해 할 따름이다. … 그렇다고 카르자위를 능가하는 능력을 갖추고서 지역적 연대 차원을 넘어 국민적 통합을 이뤄낼 수 있는 신뢰할 만한 인물이 따로 있는 것도 아니다."[5)]

국가건립만큼이나 문제점이 많은 것이 반군진압 정책인데, 오바마가 이를 수용한 것도 국가건립 정책을 채택한 것과 밀접하게 연관되어 있다. COIN이라는 별칭을 갖는 이 정책은 끈질기기로 유명한 아프간 토착세력의 저항을 외국 군대가 충분히 물리칠 수 있다는 믿음을 보여주는 것이다. 그리고 설령 외국 군대가 반군세력을 물리치지 못한다 해도 최소한 카불 정권이 힘을 키우고 군대를 육성할 수 있는 시간은 벌어줄 수 있을 것으로 보는 것이다. 오바마를 설득시켰던 군사이론가들은 각종 자료를 통해 자신들의 논리를 보강했다. 그들은 미군을 대량투입시켜 표면상 성공을 거둔 것처럼 보이는 이라크의 경우를 대표적인 사례로 인용했다.

하지만 지금 이라크 정책의 성공 여부에 대한 논란은 끊이지 않는다. 그들은 프랑스와 영국 장교들이 식민지 전쟁에서 교훈을 얻을 목적으로 썼던 글까지도 동원했다. 그들은 또 미국이 개입했던 기간에 있었음직한 다양한 형태의 국가건립 정책을 장황하게 늘어놓으면서 베트남에서 체험한 실패의 그림자를 덮어나갔다. 그러나 온갖 것을 뒤섞어서 만든 이러한 만능적 정책으로는 다인종 국가의 역사적 특수성을 이해할 수 없으며, 특정 국가에서 이 정책을 폈을 때 제기될 수 있는 문제점도 정확하게 짚어낼 수 없다.[6]

미국이 아프간에서 성공을 거둘 가능성은 대단히 낮다. 우선 미국의 국내상황이 만만치 않다. 지지부진한 사태전개에 따라 국민들의 인내심이 한계에 이르렀고, 그로 인해 고조되는 불만이 정치적 부담으로 작용할 가능성이 있기 때문이다. 그 다음으로 문제가 되는 것은 외세에 대한 아프간 국민들의 뿌리 깊은 반감이다. 중동의 여타 국가처럼 아프간에서도 미국의 영향력을 강조하려는 시도는 그것이 어떤 것이든 제국주의적 색채를 띠지 않을 수 없을 텐데, 그럴 경우 식민주의와 외침의 피해를 겪으며 생겨난 아프간 국민들의 반감을 자극할 수 있다. 하지만 오바마는 이런 역사적 특성을 무시한 채 무작정 백지에다 자신의 구상을 그려나가는 것처럼 보인다.

마지막으로 미국의 구상이 이데올로기적 측면에서 대단히 불리하다는 점을 들 수 있다. 미국은 중동 주변 지역의 여러 권위주의적 정권과 밀접한 관계를 가지면서 위신에 손상을 입었다. 그리고 다른 한편으로는 테러를 줄기차게 비난하면서 미국식 모델을 장려하고 있지만 이 또한 자생적으로 정착한 이슬람권의 다양한 정치적 견해와 제도에 대응하기에는 역부족이다. 여기에다 국가기능을 제대로 수행하지 못하는 파키스탄까지 연루되면서 상황은 더욱 꼬여가고 있다. 일각에서는 파키스탄을 두고 국가가 군대를 보유하는 것이 아니라 군대가 국가를 보유한다는 우스갯소리를 할 정도이다. 그런데 바로 그 군마저도 아프간의 미래에 대해서 나름의 확고한 입장을 가지고 있다. 파키스탄은 몇 개의 인종으로 나뉘어져 있는데다 국경을 따라 펼쳐진 미국 군사작전의 압박 때문에 심각하게 분열될 위기에 놓였다(베트남 전쟁으로 동요를 겪은 캄보디아와 유사한 경우라 할 수 있다).[7)]

오바가 행정부가 과거 정부의 정책을 답습한 사례는 중국 정책에서도 발견할 수 있다. 중국이 꾸준히 힘을 기르고 자신감을 갖게 되면서 미중관계는 중국이 주도하는 방향으로 서서히 움직여 가고 있다. 그런 상황 속에서 미국의 기존 대외정책은 자가당착에 빠져들었다. 그럼에도 불구하고 오바마는 그 같은 정책적 모순을 해결하기는커녕 오히려 기존 정책을 구체화하고 영속화시키려는 기미마저 보인다.

미국의 대외정책에서 가장 큰 문제가 되는 것은 중국이 국제문제에서 자신의 목소리를 높이면서 60여 년 만에 다시 세계무대의 주역으로 등장했다는 점이다. 중국의 부상은 지금 많은 미국인들에게 우려를 안겨주고 있다. 중국이 오늘날과 같은 위상을 갖는 데는 마오쩌둥의 공헌이 절대적이었음은 두말할 나위가 없다. 그의 공헌을 단적으로 얘기하자면 강력한 중국을 재건(성공적인 국가건립)함으로써 19세기에 상실되었던 국제적 위상을 회복시켜 놓은 것이라고 말 할 수 있다. 마오의 통치행위에 지나친 점이 없지 않았지만 그것은 눈부신 업적을 이룩하는 데 따른 불가피한 측면으로 치부될 수도 있다.

마오가 권좌에 오르면서 중국을 장기간 점거했던 외세가 물러남에 따라 중국은 마침내 영토 주권을 회복했으며, 경제에서도 외국의 간섭을 배제하고 자체적인 개발정책을 펼쳐나갔다. 그로 인해 1세기가 넘도록 하락세였던 국민소득이 상승세로 돌아섰다. 후기 사회주의 국가에서 성장에 절대적으로 필요한 교육·의료·통신 분야의 주요 기반시설도 구축되었다. 이어서 중국은 순식간에 주변 국가들에게 영향력을 행사할 수 있는 지역 강국으로 부상했는데, 이는 중국 지도부의 오랜 관심사이기도 했다.[8] 달리 말하면 남미, 아시아, 아프리카, 중동의 수많은 개발도상국들이 전후시기에 어려움을 겪었지만 중국은 유달리 순조로운 발전 행보를 보였다고 말 할 수 있다. 중국 역시 이들 국가와 마찬가지로 1949년까지만 해도 수십 년 동안 외국의 원조에 기댔던 빈국이었다. 그것도 가장 많은 원조를 받았던 나라 중 하나였다. 중국과 함께 원조에 의존했던 여타 국가들은 아직도 가난한 약소국의 상태를 벗어나지 못했다. 하지만 마오는 '부강한 나라'라는 국민들의 오랜 열망이 실현될 수 있도록 중국을 일정궤도에 올려놓은 것이다.

미국인들은 다양한 수준의 불안과 적대감을 갖고서 중국이 강대국으로 성공하는 과정을 지켜봤다. 그 중에는 선의의 태도를 취한 사람도 물론 있다. 중국은 국가로 출범하는 시작단계에서부터 미국의 대아시아 정책에 대한 가장 큰 도전세력으로 자리를 잡았다. 마오의 군대는 1949년에 중국에서 미국이 지원한 정권을 무너뜨렸고, 그 다음해에는 전선을 한국으로 옮겨 당시 중국을 향해 진군하던 미군을 물리쳤다. 마오가 이끄는 중국은 1950년부터 1954년 사이에 베트남에서 미국의 동맹국을 물리치는 데도 크게 기여했다. 그 이후 미국은 프랑스가 실패했던 것을 이루기 위해 1965년 베트남에 군대를 파견했지만 또 다시 중국에 의해

저지되었다.[9)]

마오와 그의 후임자들은 군사적 대결 이외의 측면에서도 줄곧 미국에 도전했으며, 특히 신자유주의적 태도의 확산을 어렵게 만들었다. 미국인들은 자유주의 시장경제체제에서 각 시민이 자유를 누리는 상태에 도달하는 것을 가장 '자연스런' 발전경로로 간주한다. 그리고 그것이 자유를 신봉하는 사람들에게 최상의 환경을 만들어 줄 것이라고 본다. 하지만 중국의 발전과정은 그 같은 모델과는 전혀 맞아 떨어지지 않는다. 오히려 그와는 정반대로 중국은 국가의 강력한 통제를 통해 번영의 길로 들어섰다. 중국의 경제적 성공은 사회주의 혁명으로 시작되었으며, 국가가 시장에 깊숙이 개입하는 가운데 성공의 길을 내달렸다. 중국에서는 민주에 대한 그 어떤 요구도 위계적이고 권위적인 기존의 관습과 충돌하기 마련이다. 또한 그런 요구는 정치에 관여하는 지식인들의 특정한 입장과도 배치된다. 세계에서 마지막 남은 대제국에 대한 미련이 어떤 상황에서든 자유를 위험한 것으로 만들어 버리는 것 같다.

닉슨은 중국이 눈부신 성장을 통해 지역 맹주로 부상하는 사실을 간파했다. 그리고 국제사회에서 중국이 차지하는 위상을 명확하게 파악할 수 있는 안목을 갖고 있었다. 따라서 닉슨은 중국과 냉전적 적대감을 해소시키고 중국이 세계 강국으로 발돋움하려는 야망을 지닌 아시아의 맹주임을 기정사실로 받아들였다. 미국이 중국을 진지하게 대하지 않을 수 없었던 것은 중국이 이룩한 성과를 뒤엎거나 중국의 야망을 꺾어놓을 마땅한 수단도 미국에게는 없었고, 그럴 의지 또한 없었기 때문이었다. 결국 공동의 관심사에 대해서는 합의를 이루되 주요 차이점은 차이점대로 인정하는 것이 가장 현명한 방법으로 여겨졌다. 오늘날까지도 미국의 지도자들은 미국이 단극체제의 유일한 초강대국이라는 입장을 고집하려 한다. 하지만 닉슨은 이것이 착각에 불과하며, 지역적 다양성을 인정하고 각 지역 맹주들과의 협력관계를 이루는 것이 미국이 선택해야 할 길임을 꿰뚫어 보았던 것이다.

닉슨의 후임자들 모두가 사실상 닉슨이 펼친 화해정책의 논리를 받아들이기는 했다. 그렇지만 저마다 개인적 혹은 정치적 속셈을 바탕에 깔고 있었다는 점에서 닉슨과는 달랐다. 그들은 모두 하나같이 선거운동 기간에는 중국을 비난하는 데 열을 올렸다가도 일단 취임하고 나면 닉슨의 논리에 따라 중국의 힘을 조심스럽게 인정하는 태도를 취했다.[10] 그와 같은 태도는 행정부 바깥에서 더욱 두드러졌다. 대외정책을 다루는 기관이나 단체에서는 중국에 대한 양보가 미국의 가치를 훼손시키는 것은 물론 오랜 동맹관계에 있던 대만에 대한 배신이라는 비난의 목소리를 높였다. 중국이 천안문 시위를 강경진압한 1989년 이후부터는 그처럼 부도덕한 정권이 유지되기란 힘들다는 주장과 함께 비난의 강도가 더욱 커졌다. 그들은 결국 붕괴될 수밖에 없는 공산 정부와 긴밀한 관계를 맺음으로써 미국의 위신을 실추시키는 일이 결코 있어서는 안 된다고 주장했다. 사실상 최선의 방책은 대만문제에서 티베트 문제에 이르기까지 민주화 운동에 대한 중국의 탄압에 맞섬으로써 올바른 역사의 편에 서는 것이라 할 것이다.

오바마는 지금 진퇴양난에 빠져 있다. 그는 북한과 이란의 핵문제에서부터 무역 및 환경문제에 이르기까지 중국과 함께 풀어야 할 현안이 산적해 있음을 알고 있다. 하지만 그는 공개연설에서 중국의 부상과 미국의 한계에 대한 문제는 접어둔 채 원론적 입장만을 밝히고 있을 뿐이다. 오바마는 지난 11월 상하이에서 행한 연설을 통해 "우리는 어느 나라에서든 특정 정부형태를 강요할 생각이 없을 뿐더러 우리가 표방하는 원칙이 미국 고유의 것이라고 생각하지도 않으며, 정보에 접근할 수 있고 정치에 참여할 수 있는 표현의 자유와 신앙의 자유는 보편적 권리라고 본다. 따라서 그 권리는 미국이든 중국이든 또 그 어느 나라든 가릴 것 없이 인종 및 종교적 소수자들을 포함하여 누구나 누릴 수 있어야 한다"라고 얘기했다.[11] 그는 미중관계를 우호적 협력관계로 한껏 치장하면서 양국간의 잦은 마찰은 사소하고 일시적인 것으로 치부했다. 그러면서 "중국에 대해 어느 선까지 미국적 가치를 내세워야 하는가?"라는 결정적인 문제에 대해서는 아무런 답변을 내놓지 않았다. 상황을 낙관적으로 보는 사람들은 아마도 그 문제를 크게 중시하지 않는 것 같다.

오바마는 자신이 바꾸겠다고 공언한 정황들이 미국의 세계적 위상을 감소시킨다고 스스로 착각하거나 아니면 적어도 대중을 속이고 있다. 그는 부진한 투자와 낮은 교육 수준으로 인해 미국의 경쟁력이 약화되었다는 것을 알고 있다. 그는 또 무책임한 세금감면 정책과 재정적자로 인해 발생된 중국에 대한 부채를 민감하게 받아들이고 있다. 하지만 그가 먼저 깨달아야 할 것이 있다. 미국이 내세우는 제도가 사실은 유권자의 참여도도 떨어지고, 선거나 입법과정에 돈이 영향을 미치기 때문에 미국이 주장하는 것처럼 결코 민주적인 모델이 될 수 없다는 점이 그것이다. 오바마는 중국을 변화시키려는 쓸데없는 노력 대신 미국을 먼저 변화시키는 데 힘을 쏟아야 할 것이다.

미국과 중국의 껄끄러운 관계가 깊어지면 전략적으로 대단히 민감한 중국 주변의 동북아 지역에 대한 미국의 입지는 좁아진다. 현재 오바마 행정부의 한국과 일본 정책을 보면 시간이 멈추어진 듯 아무런 변화를 감지할 수가 없다. 이 지역의 상황전개를 재래식 군사력과 국가 간의 분쟁이라는 시각에서 바라보는 미국 정책입안자들의 태도는 과거나 현재나 전혀 달라진 것이 없다. 오바마는 부시 못지않게 북한의 핵문제에 집착한다. 그러면서 미일동맹의 중요성을 그 이유로 내세웠다. 오바마는 2009년 11월 도쿄에서 "미일동맹은 양국뿐 아니라 아시아 태평양 지역의 안보와 번영을 위한 토대이며, 이 동맹관계를 통해 두 나라가 세계 2대 경제권을 형성하는 데 도움이 되었다"고 주장했다.[12] 이 주장에는 미국과 일본이 비록 지리적으로는 상당히 떨어져 있지만, 미국은 일본에 대해 단순한 이해관계자의 차원을 넘어 일본에게 동북아 지역의 안보를 맡기겠다는 암시가 들어 있다.

미국이 막강한 군사력으로 세계 안정에 없어서는 안 될 국가로 자리잡은 것은 태평양 전쟁을 치르면서 미군이 동북아 지역에 깊이 개입했던 1940년대로 거슬러 올라간다. 그리고 그 지위는 냉전을 통해 계속 유지되었다. 한국과 일본에서는 상호방위조약에 따라 현지에 미군기지를 두기 시작했으며, 중국의 팽창주의, 공격적이고 예측하기 힘든 북한의 태도, 군국주의 일본의 부활에 대한 두려움이 가중되면서 미군 주둔기지는 당연한 것으로 여겨졌다. 60여 년이 지난 지금도 미국은 이 지역에서 영향력을 유지하기 위해 낡은 조약에 기대어 현지기지를 고수하려는 결심을 다지고 있다. 일본에서는 지금 미국과 오랜 동맹관계를 주도했던 자민당 정권이 몰락했고, 오키나와에서는 미군기지 철수 시위가 벌어지고 있다. 한국에서도 반미감정이 분출하고 많은 사람들이 주둔군지위협정(SOFA)의 개정을 요구한다. 미국 지도자들은 현상유지를 위협하는 이 같은 상황들을 우려스럽게 바라본다.

미국은 군사적 방법을 통해 동북아의 미래에 개입하려고 하지만 이 같은 시도는 시대착오적 발상에 지나지 않는다. 이 지역 강국들 간에는 느슨하나마 경제 및 정치적 합의에 기초한 협력체제가 수십 년 넘게 구축되었는데, 그런 합의는 민족주의자들의 영향을 받아 형성된 외세의 간섭에 대한 적개심을 바탕으로 하고 있다. 동북아의 가장 두드러진 특징은 활기찬 경제강국들과 그와는 정반대 성격의 북한이 공존한다는 사실이다. 한국, 일본, 중국은 상호 수교와 역내무역 강화를 통해 동북아의 중심으로 자리 잡았으며, 환경 및 여타 국제문제에 대해서도 관심을 공유한다. 반면 외톨이 신세로 전락한 북한은 20년 넘게 심각한 경제난을 겪었고, 국제적으로도 고립당하면서 쇠락의 길을 걸었다. 북한은 미국도 어찌할 수 없는 매우 이례적인 나라다. 북한을 가장 잘 다룰 수 있는 나라는 한반도 정세에 따라 이해가 엇갈리는 주변국들이다. 미국은 이 같은 상황을 이용하여 한편으로는 안보를 보장하고 다른 한편으로는 핵확산의 위험을 제기하면서 이 지역에 긴장의 씨를 뿌리면서 상호 갈등을 영속화시키려 할지도 모른다.[13)]

미국의 정책입안자들이 철저하게 부정하지만 현재 미국의 동북아 정책은 국내 기반의 약화로 어려움을 겪고 있다. 미국의 재정악화에 따른 그 같은 우려는 많은 비용이 소요되는 타지역의 개입정책에도 의문을 불러일으킬 여지가 있다. 동북아 지역에 심각한 위기가 발생했을 경우 여기에 대처하기 위해서는 아마도 지금과는 비교 할 수 없을 정도의 막대한 비용이 소요될 것이다. 따라서 항상 최악의 경우를 상정하고 이에 대비해야 하는 정부 관료들은 그렇지 않아도 이라크와 아프간에서 헤어나지 못하는 상황에다 다른 문제까지 겹쳤을 때 미국이 감당하기가 쉽지 않다는 것을 잘 알고 있을 것이다. 지금 당장 대외정책에 대한 추궁은 없지만, 지금까지 '책임 있는' (adult) 감독관 역할을 맡았던 곳에서 미국이 발을 뺄 경우 해당 지역의 국가들은 과연 어떻게 될 것인지 걱정하지 않을 수 없다. 또 미국의 철수가 미국의 국제적 위상에 미치는 상징적 의

미도 적지 않을 것이다. 이미 상당히 퇴색하기는 했지만 아시아에서 미국의 시대를 열겠다는 미국의 꿈이 좌절되는 데 따른 후유증 역시 클 것이다. 끝으로 미국의 패권적 힘(global power)의 한 요소인 군사적 무력의 투사 능력을 마음껏 펼칠 수 있는 지역이면서 경쟁자 없이 남아 있고 미국 정부가 풍부한 자원을 아낌없이 쏟고 있는 지역을 왜 포기해야 하는가?

오바마는 취임 첫 해부터 자신의 대통령직 수행은 물론 미국에도 심각한 위험이 되고 있는 국면을 맞고 있다. 실패로 끝나거나 지지부진해지는 아프간 개입정책으로 말미암아 시급한 국내 현안이 뒤로 밀릴 상황에 있으며, 오바마의 정치적 자산이 낭비되고 직무수행이 원활하게 이루어지지 못할 가능성도 있다. 마지막으로 아프간에는 죽음보다 더한 고통이 가해지고, 파키스탄은 덤으로 현대판 캄보디아가 될 공산마저 크다. 중국과 긴장관계를 이루는 각종 문제도 미국의 입지를 좁히고 있다. 그 문제들이 미국에게 대단히 중요한 주요 국제문제를 해결하는 데 걸림돌로 작용하여 양국 간의 원한을 깊게 할 수도 있고 폭발성이 큰 난제의 씨앗을 뿌려놓을 가능성도 있다. 과거와는 달리 미국이 쉽게 다룰 수 없는 위험요소들이 생기면서 미국이 과연 동북아의 평화와 번영에 기여하는가라는 문제에 대해서도 논란이 일고 있다.

참신한 아이디어로 새로운 정책을 추진하려는 제아무리 영민한 지도자라 할지라도 흘러간 과거의 방식을 떨쳐버리고 오직 정책으로 승부하기란 결코 쉽지 않다. 최근까지의 오바마의 행적을 살펴보면 그가 과거에 얽매여 있다는 것이 분명하게 드러난다. 왜 이처럼 과거에 얽매여서 '새 시대'(new era)를 향한 '진보의 길'(the way of forward)이 결국은 과거로 치닫고 마는 것인지 모를 일이다. 이 점은 역사가로서 수십여 년 동안 대외정책을 지켜봐 왔던 본인으로서도 도무지 이해가 되지 않는다. 과거를 벗어나지 못한 채 참신한 대외정책을 수립하지 못하는 이유는 과연 무엇이며 어디에서 그 해답을 찾아야 하는 것인가? 이 의문에 대해 오바마의 외교력 부족을 필두로 그를 둘러싼 구 클린턴 정부 출신 인사들, 혹은 당리당략적 계산이나 관료들의 압박에 이르기까지 많은 것을 따져보지 않을 수 없다.

그러나 그 무엇보다도 엘리트나 대중을 망라해서 미국인의 상상력을 장악하는 미국 민족주의를 확실하게 이해하는 것이 가장 중요한 문제인 것 같다. 미국 민족주의의 주장에 따르면 미국적 실험을 보호하는 유일한 길은 세계를 자신의 이미지로 변형시키거나 혹은 적어도 세계 주요 지역에서의 발전을 확실하게 장악하는 것이다. 이 민족주의는 세계를 가로질러 영향력을 행사하는 꿈을 확산하고 반복되는 간섭을 추동했으며, 지난 세기와 금세기에 미국을 일련의 전쟁으로 몰아넣었고, 패배와 심지어 저항까지도 핵심적 정체성에 대한 공격으로 간주하여 왔다.[14] 이런 엄청난 일련의 제약이 주어진다면 오바마나 어떠한 대통령이라도 그들의 외교정책이 처해 있는 일반적인 개념적 질곡을 깨고 나온다는 것을 상상하기는 힘들다. 그러므로 우리에게는 아래와 같은 명백하면서도 거의 불가능해 보이는 질문이 남아 있다. 즉 어떤 종류의 발전이 미국 외교정책에 실질적인 변화를 가져올 자극을 줄 수 있을까?

주

* 이 글은 UNC Press blog, 7 May 2009(http://uncpressblog.com/2009/12/02/oba ma-pronounces-on-afghanistan/)에 게재한 "오바마, 아프간 정책을 말하다 : 과거 방식 그대로!"(Obama Pronounces on Afghanistan : Deja Vu All Over Again!)와 2010년 3월 10일자 American Diplomacy(http://www.unc.edu/depts/diplomat/item/2010/0406/comm/hunt_china challenge.html)에 발표한 "중국의 도전에 대한 대응"(Responding to the China Challenge)을 부분적으로 참고하면서 작성했다.

1. 연설문 원고는 2009년 12월 2일자《뉴욕타임스》인터넷판에 실려 있다.
2. 이 주제를 선구적으로 연구한 사례로는 Michael E. Latham, *Modernization as Ideology : American Social Science and "Nation Building" in the Kennedy Era*(Chapel Hill : University of North Carolina Press, 2000). 국가건립과 관련된 사례연구로는 Nick Cullather, "Damming Afghanistan : Modernization in a Buffer State," *Journal of American History* 89(September 2002), pp. 512-37.
3. 나는 최근에 출간한 독본에서 미국이 사이공에 효율적인 정부를 세우려다 실패한 사례를 주요 주제로 다룬 바 있다. Michael H. Hunt, ed., *A Vietnam War Reader : A Documentary History from American and Vietnamese Perspectives*(Chapel Hill : University of North Carolina Press, 2010).
4. 미국의 이라크 점령정책이 동시에 초래한 회의와 열정을 예리하게 포착하고 그 정책으로부터 파생된 수많은 실패를 고찰한 사례로는 Rajiv Chandrasekaran, *Imperial Life in the Emerald City : Inside Iraq's Green Zone*(New York : Alfred A. Knopf, 2006).
5. 2009년 11월 9일에 에이켄베리 대사가 힐러리 클린턴 국무장관에게 보낸 전문 중에서 유출된 일부 내용을 인용한 것인데, 같은 내용이 2010년 1월 25일자《뉴욕타임스》에 실린 바 있다. 이 전문은 다음 주소에서 확인할 수 있다. http://documents.nytimes.com/eiken berry-s-memos-on-the-strategy-in-afghanistan#p=1 (accessed 2 April 2010).

6. COIN에 관한 요약 내용은 다음 자료를 참조. Nathaniel C. Fick and John A. Nagl, "The U.S. Army Marine Corps Counterinsurgency Field Manual : Afghanistan Edition," *Foreign Policy* 170(January–February 2009), pp. 42–47(available at http://www. foreignpolicy.com/story/cms.php?story_id=4587). 이 문제를 전반적으로 비판한 사례는 Rory Stewart, "The Irresistible Illusion," London Review of Books, 9 July 2009, pp. 3, 5–6(available at http://www.lrb.co.uk/v31/n13/stew01_.html) ; Edward N. Luttwak, "Dead End : Counterinsurgency Warfare as Military Malpractice," *Harper's Magazine* 314(February 2007), pp. 33–42 ; and Gian P. Gentile, "The Selective Use of History in the Development of American Counterinsurgency Doctrine," *Army History*, no. 72(Summer 2009), pp. 21–35.
7. 이른바 아프팍 갈등(AfPak conflict)에 따른 위험을 아주 잘 소개한 사례로는 Ahmed Rashid, *Descent into Chaos : The United States and the Failure of Nation Building in Pakistan, Afghanistan, and Central Asia*(New York : Viking, 2008). 미국의 정책결정자와 평론가는 미국의 개입과 통제를 받는 지역의 실상을 대체로 무시한다. 그런 실상을 생생하게 기록한 사례로는 Rhashid Khalidi, *Resurrecting Empire : Western Footprints and America's Perilous Path in the Middle East*(Boston : Beacon Press, 2004).
8. Martin Jacques, *When China Rules the World : The Rise of the Middle Kingdom and the End of the Western World*(London : Allen Lane, 2009). 이 책은 선정적인 제목과는 달리 중국의 변화과정과 그것이 미국 및 국제기구에 미치는 영향을 대단히 참신한 시각으로 깊이 있게 분석했다.
9. 이런 사항들을 명확하게 고찰한 사례로는 Chen Jian, *Mao's China and the Cold War*(Chapel Hill : University of North Carolina Press, 2001).
10. 미국의 대중국 정책을 특징짓는 양면적 태도를 자세히 고찰한 사례로는 James Mann, *About Face : A History of America's Curious Relationship with China, from Nixon to Clinton*(New York : Alfred A. Knopf, 1999). 미국에서 중국과 닉슨이 취한 현실주의 정책을 비판하는 대중적 저널리즘의 전형적 사례로는 James Mann, *The China Fantasy : How Our Leaders Explain away Chinese Repression*(New York : Viking, 2007) ; Richard Bernstein and Ross H. Munro, *The Coming Conflict with China*(New York : Knopf, 1997).
11. 오바마가 2009년 11월 16일 발표한 연설내용을 확인하려면 다음 주소를 참

조. http://www.whitehouse.gov/the-press-office/remarks-president-barack-obama-town-hall-meeting-with-future-chinese-leaders(accessed 31 January 2010).

12. 오바마가 2009년 11월 13일과 14일 동경에서 발언한 내용은 다음 주소에서 확인할 수 있다. http://www.whitehouse.gov/the-press-office/remarks-president-barack-obama-and- prime-minister-yukio-hatoyama-japan-joint-press and http://www.whitehouse.gov/the-press- office/remarks-president-barack-obama-suntory-hall(both accessed 14 May 2010).

13. 미국의 고정관념이 동북아 지역의 두드러진 변화상과 유리되는 과정을 예리하게 분석한 사례는 Mel Gurtov, *Pacific Asia? Prospects for Security and Cooperation in East Asia*(Lanham, Md. : Rowman & Littlefield, 2002).

14. 미국 민족주의의 모습을 구체적으로 확인하려면 마이클 H. 헌트, 권용립·이현휘 옮김, 『이데올로기와 미국 외교』(산지니, 2007) ; 권용립, "양날의 자유 : 미국 민족주의 서론," 『사회과학연구』 17 : 2(2001), pp. 5-32 참조(편집자).

참고문헌

Bernstein, Richard and Ross H. Munro. 1997. *The Coming Conflict with China*. New York : Knoft.

Chandrasekaran, Rajiv. 2006. *Imperial Life in the Emerald City : Inside Iraq's Green Zone*. New York : Alfred A. Knoft.

Cullather, Nick. 2002. "Damming Afghanistan : Modernization in a Buffer State," *Journal of American History* 89. 512−537.

Fick, Nathaniel C. and John A. Nagl. 2009. "The U.S. Army Marine Corps Counterinsurgency Field Manual : Afghanistan Edition," *Foreign Policy* 170. 42−47. (available at http://www.foreignpolicy.com/story/cms.php?story_id=4587).

Gentile, Gian P. 2009. "The Selective Use of History in the Development of American Counterinsurgency Doctrine," *Army History*, no. 72. 21−35.

Gurtov, Mel. 2002. *Pacific Asia? Prospects for Security and Cooperation in East Asia*. Lanham, Md. : Rowman & Littlefield.

Hunt, Michael H. 2010. *A Vietnam War Reader : A Documentary History from American and Vietnamese Perspective*. Chapel Hill : University of North Carolian Press.

Jacques, Martin. 2009. *When China Rules the World : The Rise of the Middle Kingdom and the End of the Western World*. London : Allen Lane.

Jian, Chen. 2001. *Mao's China and the Cold War*. Chapel Hill : University of North Carolina Press.

Khalidi, Rhashid. 2004. *Resurrecting Empire : Western Footprints and America's Perilous Path in the Middle East*. Boston : Beacon Press.

Latham, Michael E. 2000. *Modernization as Ideolory : American Social Science and "Nation Building" in the Kennedy Era*. Chapel Hill : University of North Carolina Press.

Luttwak, Edward N. 2007. "Dead End : Counterinsurgency Warfare as Military

Malpractice," *Harper's Magazine* 314. 33−42.

Mann, James. 1999. *About Face : A History of America's Curious Relationship with China, from Nixon to Clinton*. New York : Alfred A. Knoft.

__________. 2007. *The China Fantasy : How Our Leaders Explain away Chinese Repression*. New York : Viking.

Rashid, Ahmed. 2008. *Descent into Chaos : The United States and the Failure of Nation Building in Pakistan, Afganistan, and Central*. New York : Viking.

Stewart, Rory. 2009. "The Irresistible Illusion," *London Review of Books*, July (available at http://www.lrb.co.uk/v31/n13/stew01_.html).

저자 소개

임상원

서울대학교 철학과 졸업. 미국 UCLA 언론학 석사, 미국 미주리대학 언론학 박사. 고려대 정경대 학장, 언론대학원 초대원장, 고려대 신문방송학과 명예교수(현). 주요 역서 및 논문으로는 『아레오파지티카』, 『커뮤니케이션 모델』, "자유언론과 인간의 존엄성", "갈등과 전환기의 한국 저널리즘", "자유주의와 언론" 등이 있다.

김홍우

서울대학교 정치학과를 졸업하고 조지아대학에서 정치학 박사학위를 받았다. 현재 서울대학교 정치학과 명예교수, 경희대학교 인류사회재건연구원 명예원장, 대한민국학술원 회원으로 활동한다. 주요 저서로는 『현상학과 정치철학』, 『한국 정치의 현상학적 이해』 등이 있다.

이동수

서울대학교 정치학과를 졸업하고 동 대학원에서 석사학위를 취득한 후 미국 밴더빌트대학교에서 정치학 박사학위를 취득하였다. 현재 경희대 공공대학원 원장으로 재직 중이며, KBS 객원해설위원, 행정안전부 지방행정연수원 겸임교수, 한국정치사상학회 연구이사, 한국정치평론학회 총무이사, 경희대 NGO대학원 원장 등을 역임하였다. 대표 저작으로는 『미래와의 소통』, 『탈20세기 대화록』, "지구화 시대 시민과 시민권", "소통정치와 미디어" 등이 있다.

김대영

서울대학교 정치학과를 졸업하고 동 대학원 정치학 석사와 박사를 받았다. 현재 민주사회정책연구원 연구교수, 동북아역사재단 홍보교육실장으로 재직 중이다.

최진홍

고려대학교 정치학과를 졸업하고 서울대 정치학과에서 석사와 박사학위를 받았다. 저서로는 『법과 소통의 정치』가 있으며, 현재 서울대 한국정치연구소 선임연구원으로 있다.

장명학

서울대학교 철학과와 동 대학원 정치학과를 졸업했다. 독일 베를린자유대학교에서 정치학 박사학위를 취득하고 현재 경희대학교 NGO국제연구소 연구교수로 재직하고 있다. 학문적 주요 관심분야는 서양정치사상, NGO와 글로벌 거버넌스 등이다. 최근 논문으로는 "지구화 시대 한국의 공화민주주의", "해방정국과 민주공화주의의 분열", "제국과 영방의 긴장 속의 신성로마제국 정부" 등이 있다.

이현휘

고려대학교 정치학 박사. 현 성신여대 강사. 주요 역서 및 논문으로는 『파멸의 묵시록 : 과학적 패러다임과 일상의 사유양식』, "소명으로서의 전쟁 : 미국 대외정책 정신과 신의 눈물", "미국 대외정책의 관습과 21세기 미중관계의 전망", "화이트헤드와 근대 세계관의 철학적 성찰" 등이 있다.

홍성구

강원대학교 행정학과를 졸업하고 동 대학교 신문방송학과 석사와 고려대학교 신문방송학과 박사를 취득했다. 현재 강원대학교 신문방송학과 교수로 재직 중이며 한국방송통신심의위원회 보도 교양 특위 위원으로 활동하고 있다. 주요 논문으로는 "밀턴의 아레오파지티카에 나타난 공화주의와 언론자유", "숙의민주주의의 이론적 보완 : 공화주의적 대안 모색을 중심으로" 등이 있다.

이병택

서울대학교 정치학과를 졸업하고 럿거스대학에서 정치학 박사학위를 받았다. 현재 서울대학교 정치외교학과 BK 연구원으로 있다. 주요 논문으로는 "흄의 법사상", "정파의 대립과 법치", "고대 아테네의 발전과 공동성(the common)의 변천-『아테네 헌정』을 중심으로" 등이 있다.

다카시로 코이치

일본 주오(中央)대학 경제학과와 서울대학교 정치학과를 졸업. 서울대학교 대학원 정치학과에서 정치학석사와 박사학위를 받음. 아주대학교 국제학부 조교수를 역임한 후 현재는 일본에서 활동 중이다. 저서로는 일본의 이중권력, 쇼군과 천황이 있으며 정치평론가 후쿠자와 유키치 관련 논문들이 있다.

권용립

서울대학교 외교학를 졸업하고 동 대학원에서 석사와 박사학위를 받았다. 현재 경성대학교 정치외교학과 교수로 재직 중이다. 저서로는 『미국의 정치 문명』과 『미국 외교의 역사』가 있다.

마이클 H. 헌트

예일대학교 역사학 박사. 현 노스캐롤라이나대학교 역사학과 '에버렛 에머슨' 명예교수. 주요 저서로는 『베트남 전쟁 독본』(*A Vietnam War Reader : A Documentary History from American and Vietnamese Perspectives*, 2010), 『미국의 패권』(*The American Ascendancy : How the United States Gained and Wield Global Dominance*, 2007), 『린든 존슨의 전쟁』(*Lyndon Johnson's War : America's Cold War Crusade in Vietnam, 1945-1968*, 1996), 『이데올로기와 미국 외교』(*Ideology and U.S. Foreign Policy*, 1987, 2009 재판. 권용립과 이현휘가 2007년 산지니출판사에서 초판 번역 출간)가 있다. 정치평론 웹사이트, "워싱턴과 세계에 관해서"(On Washington and the World) 운영. http://www.unc.edu/~mhhunt/washworld.html

미디어와 공론정치
- 정치평론이란 무엇인가?

초판1쇄 / 2011년 9월 10일

엮은이 **(사) 한국정치평론학회**
펴낸이 **여국동**
펴낸곳 **도서출판 인간사랑**
인 쇄 **백왕인쇄**

출판등록 1983. 1. 26. / 제일 3호

(411-815) 경기도 고양시 일산구 백석동 1178-1
TEL (031)901-8144, 907-2003
FAX (031)905-5815
e-mail/igsr@yahoo.co.kr / igsr@naver.com

정가 20,000원
ISBN 978-89-7418-039-3 93300
※ 잘못된 책은 교환해 드립니다.